读客文化

小李飞刀 3

九月鹰飞 上

古 龙 著

文匯出版社

目 录

001 / 第一章　青城死士

024 / 第二章　南海娘子

033 / 第三章　摄魂大法

055 / 第四章　红颜薄命

084 / 第五章　飞狐杨天

106 / 第六章　七岁美人

119 / 第七章　要命娃娃

137 / 第八章　金钱帮主

148 / 第九章　嵩阳铁剑

162 / 第十章　群鹰飞起

178 / 第十一章　东海玉箫

195 / 第十二章　冷夜离魂

208 / 第十三章　海市蜃楼

223 / 第十四章　夺命飞刀

237 / 第十五章　惺惺相惜

259 / 第十六章　虎穴娇娃

第一章

青城死士

晨。

久雪初晴，酷寒却使得长街上的积雪都结成冰，屋檐下的冰柱如狼牙交错，仿佛正等待着择人而噬。

可是街上却没有人，家家户户的门窗都紧紧地关着。密云低压，天地间竟似充满了一种足以冻结一切生命的杀气。

没有风，连风都似已被冻死。

童铜山拥着貂裘，坐在长街尽头的一张虎皮交椅上，面对着这条死寂的长街，心里觉得很满意。

因为他的命令已被彻底执行。

他已将这条长街辟为战场，不出半个时辰，他就要以西城老杜火烫的血，来洗清这条街上冰冷的积雪。

在那一刻到来之前，若有一个人敢走上这条长街，他就要杀了这个人，若有一只脚敢踏上这条长街，他就要砍断这只脚。

这是他的城市，无论谁都休想在他的地盘上插一脚，西城老杜也休想。

除了卫八太爷外，他绝不许任何人在他面前，挡住他的路。

数十条青衣劲装的大汉，束手肃立在他身后。

他身旁却还摆着两张同样的虎皮交椅。一个脸色惨白、满面傲气的年轻人，身上披着件价值千金的紫貂，懒洋洋地靠在左面一张椅子上，用小指钩着柄镶着宝石的乌鞘长剑，不停地甩来甩去。

对他说来，这件事根本就很无聊，很无趣。

因为他要杀的并不是西城老杜这种人，这种人还不配他出手。

右面的一个人年纪更轻，正在用一柄雪亮的雁翎刀，修自己的指甲。

他显然尽量想作出从容镇定的样子来，但一张长满了青春痘的脸，却已因兴奋而发红。

童铜山很了解这年轻人的心情。

他自己第一次被卫八太爷派出来执行任务时，也同样紧张。

但是他也知道，这年轻人既然能在卫八太爷门下的十三太保中名列十二，手上的一柄雁翎刀，就必定不会令人失望。

卫八太爷门下的十三太保，徒手也没有令人失望过。

紧闭着的屋子里，忽然传出一阵孩子的哭声，划破了天地间的寂静。

哭声刚响起，就停止，孩子的嘴显然已被大人们堵住。

一条皮毛已脱落的老狗，夹着尾巴，从墙角的狗洞里钻出来，蹿过长街。

那脸上长着青春痘的少年，看着这条狗蹿到街心，眼睛里仿佛带着种很奇怪的表情，左手慢慢地伸入衣襟里，突又很快地挥出。

刀光一闪，狗已被钉死在街心，恰巧贯穿了它的咽喉，它的血流过雪地时，也同样是鲜红的。

童铜山精神一振，脱口而赞，道："好，十二弟好快的出手。"

这少年显然也对自己的出手很满意，傲然道："童老大既然已传令下去，无论是人是狗，只要敢闯到这里来，我段十二都要他的命。"

童铜山仰面大笑，道："有辛四弟和十二郎这样的少年豪杰在这里，莫说只有一个西城老杜，就算有十个，又何足惧？"

辛四却冷冷道："只怕今日还轮不到我来出手。"

他小指上钩着的长剑突然停止晃动，童铜山的笑声也突然停顿。

古老而僻静的长街另一头，已有一行人很快地走了过来。

一行二十七八个人，全都是黑短袄，紫脚裤，脚上薄底快靴，踏在冰雪上，"沙沙"地发响。

为首的一个人浓眉大眼，满面精悍之色，正是西城第一条好汉——"大眼"老杜。

看到了这个人，童铜山的脸立刻绷紧，连毛孔都似已收缩。

一个劲装佩剑的少年，突然从后面蹿出来，一步蹿到他身后，扶剑而立。

只听弓弦之声急响，后面的数十条青衣大汉，一个个都已弓上弦，刀出鞘，严阵以待。

杀气更浓，除了那一阵阵如刀锋摩擦的脚步声外，天地间再也听不见别的声音。

眼见对面这一行人已愈走愈近，谁知就在这时，街道旁一扇窄门突然被推开，十三四个白衣人鱼贯走了出来，迎上了西城老杜，其中一个人低声说了两句话，西城老杜竟一言不发，原地站住。

这一行白衣人却向童铜山走了过来，童铜山这才看出他们身上竟只穿着件白麻单衣，背后背着卷草席，手上提着根短杖，赤足穿着草鞋。

在这种酷寒的天气里，这些人看来竟丝毫没有寒冷畏缩之色，只不过手脚都已冻得发青，脸也是铁青的，青中透白的脸上，竟全没有表情，就像是死人的脸一样，显得说不出的诡秘可怕。

走过那死狗旁边时，其中一人突然俯下身，解下背后的草席，卷起了这条死狗，用本来系草席的长绳捆起，拴在木杖上，再大步追上他的同伴。

段十二的脸色已变了，左手又慢慢地伸入怀里，似乎又要发刀。

童铜山却用眼色止住了他，压低声音，道："这些人看来都透着点古怪，我们不如先摸清他们的来意再说。"

段十二冷笑道："就算他们现在看来有点古怪，变成死人后也不会有什么古怪了。"

他嘴里虽这么说，毕竟还是没有出手。

童铜山却又沉声唤道："童扬。"

身后那劲装佩剑的少年，立刻应声道："在。"

童铜山道："等一会儿你先去估量估量他们的武功，一不对就赶紧回来，千万莫死缠滥斗。"

童扬的眼睛里已发出了光，扶剑道："弟子明白。"

只见刚才说话的那白衣人一摆手，一行人竟都在一丈外站住。

这人青黪黪的一张马脸，双眼狭长，颧骨高耸，一张大嘴不笑的时候都已将咧到耳下，装束打扮虽然也跟别人完全没什么两样，但无论是谁都能一眼就可看出，他必定是这些人之间的首领。

童铜山当然也已看出，一双发亮的眼睛，正盯在这人身上，突然问道："尊姓大名？"

这人道："墨白。"

童铜山道："哪里来的？"

墨白道："青城。"

童铜山道："来干什么？"

墨白道："但望能化干戈为玉帛。"

童铜山突然纵声长笑，道："原来朋友是想来劝架的。"

墨白道："正是。"

童铜山道:"这场架就凭你也能劝得了吗?"

墨白脸上还是全无表情,连话都不说了。

童扬早已跃跃欲试,此刻一个箭步蹿出去,厉声道:"要劝架也容易,只不过先得问问我手中这柄剑答不答应。"

他一反手,"锵"的一声,剑已出鞘。

墨白连看都没有看他一眼,反而有个最瘦最小的白衣童子走了出来,竟是个十四五岁的孩子。

童扬皱眉道:"你这小鬼来干什么?"

白衣童子的脸上居然也是冷冰冰的全无表情,淡淡道:"来问问你的这柄剑答不答应。"

童扬怒道:"就凭你?"

白衣童子道:"你是用剑的,我恰巧也是用剑的。"

童扬突然也纵声狂笑,道:"好,我就先打发了你再说。"

笑声中,他掌中的剑已毒蛇般刺出,直刺这白衣童子的心口。

白衣童子双手一分,竟也从短棍中抽出了柄窄剑。

童扬一招"毒蛇吐信"刺过来,他居然不避不闪,连眼睛都没有眨一眨。

只听"哧"的一声,童扬手里的剑,已刺入了他的心口。

鲜血红花般地飞溅而出时,他手里的剑,竟也刺出一招"毒蛇吐信",刺入了童扬的心口。

突然间,所有的动作全部停顿,连呼吸都似已完全停顿。

眨眼间这一战已结束。

每个人的脸色都变了,几乎不能相信世上真有这么样的人,真有这么样的事。

鲜血雨一般落下,雾一般消散。

雪地上已多了点点血花,鲜艳如红梅。

白衣童子的脸上还是完全没有表情，只不过一双眼睛死鱼般凸出，也还是在看着童扬，眼睛里竟似还带着极冷酷的讥诮之意。

童扬的脸却已完全扭曲变形，眼睛里更充满了惊讶、愤怒、恐惧。

他死也不信世上竟真的有这种人，这种事。

他死也不相信。

他们竟这样面面相对，站在那里，突然间，两个人的眼睛全都变得空洞无神。

然后两个人竟全都倒了下去。

一个白衣人从后面慢慢地走出来，解下了背后的草席，抱起了死者的尸体，用系草席的长绳捆住，拴在短杖上，又慢慢地走了回去。

他脸上也仍然冷冰冰地全无表情，就和他的同伴刚才卷起那条死狗时完全一样。

狂风突起，从远方吹过来，风中还带着远山上的冰碴子。

但童铜山身后的大汉们，却只觉得全身在冒汗。

墨白凝视着童铜山，徐徐道："阁下是否已肯化干戈为玉帛？"

段十二突然冲出去，厉声道："你还得再问问我这柄刀。"

一个白衣人慢慢地从墨白身后走出来，道："我来问。"

段十二道："你也是用刀的？"

这白衣人道："正是。"

他的手一分，果然从短杖中抽出了一柄刀。

段十二这才看出，他们手里的短杖，有宽有窄，有圆有扁，里面藏的兵器显然都不同。

别人用的若是剑，他们就用剑来对付；别人用的若是刀，他们就也用刀。

段十二冷笑道："好，你先看这一刀。"

他身形未转，雁翎刀已带着劲风，急削这白衣人的左肩。

白衣人居然也不避不闪，掌中刀也同样以一招"立劈华山"，急削段十二的左肩。

但段十二的武功，却显然不是童扬所能比得上的，他招式明明已用老，突然悬崖勒马，转身错步，刀锋反转，由八方藏刀式，突然变为倒打金钟，刀光如匹练般反撩白衣人的胸肋。

谁知白衣人竟也悬崖勒马，由八方藏刀式，变为倒打金钟。

他出手虽慢了半招，但段十二若不变招，纵然能将对方立毙刀下，自己也万万避不开对方的这一刀。

白衣人不要命，他却还是要命的。

他一刀削出时，已先防到了这一招，突然清啸一声，振臂而起，凌空翻身，挥刀急刺白衣人的左颈。

他这一招以上凌下，占尽先机，白衣人全身都似已在他刀风笼罩下，非但无法变招，连闪避都无法闪避。

可怕的是，他根本也不想闪避。

段十二一刀砍在他左颈上时，他的刀也已刺入了段十二的小腹。

三尺长的刀锋，竟全都刺了进去，只剩下一截刀柄。

段十二狂吼一声，整个人竟像是旗花火箭似的，直蹿上两丈。

鲜血雨点般落下来，一点点全都落在这白衣人身上。

他的一身白衣突然间已被染红，但脸上却还是冷冰冰的全无表情，直等段十二人从半空中跌下来，他才倒下去。

对他来说，死，就像是回家一样，根本就不是件值得畏惧的事。

童铜山脸色已变了，霍然长身而起，厉声道："这算是什么武功？"

墨白淡淡道："这本就不能算什么武功。"

童铜山怒道："这算什么？"

墨白道："这只能算一点教训。"

童铜山道："教训？"

墨白道："这教训告诉我们，你若一定要杀别人，别人也同样能杀你。"

辛四突然冷笑道："只怕未必。"

他还是用小指钩着剑上的丝带，慢慢地走了出来，剑鞘拖在冰雪上，发出一阵阵刺耳的摩擦声。

可是他惨白的脸上，却似已有了光彩，眼睛里也在发着光，冷冷道："我若要杀你时，你就休想能杀得了我。"

一个白衣人淡淡道："只怕未必。"

四个字说完，他的人已到了辛四面前，身手显然比刚才两人快得多。

辛四道："未必？"

白衣人道："无论多辛辣狠毒的剑法，都有人可破的。"

辛四道："杀人的剑法，就无人能破。"

白衣人道："有一种人。"

辛四道："哪种人？"

白衣人道："不怕死的人。"

辛四道："你就是不怕死的人？"

白衣人道："生有何欢，死有何惧？"

辛四冷笑道："你活着就是为了要准备死的？"

白衣人道："是的。"

辛四道："既然如此，我不如就成全了你。"

他的剑突然出鞘，眨眼间已刺出七剑，剑风如破竹，剑光如闪电，只见满天剑影如花雨，令人根本就无法分辨他的出手方位。

白衣人也根本就不想分辨，也不想闪避，只是静静地站在那里，静静地等着。

他根本早已准备要死的，对方的剑无论从什么地方刺过来，他根本就不在乎。

辛四七剑刺出，这白衣人竟连动都没有动，辛四的剑一发即收，七剑都被逼成了虚招，突然一滑步，已到了白衣人旁边。

他已算准了这部位正是白衣人的死角，没有人能在死角中出手。

他要杀这个人时，绝不给一点机会让这个人杀他。

这一招刺出，虚招已变成实招，剑光闪电般刺向白衣人的背脊。

只听"哧"的一声，剑锋已入肉。

他甚至可以感觉到剑锋在摩擦着对方的骨头。但就在这时，他赫然发现这一剑并没有刺上对方背脊，却刺上了对方的胸膛。

就在他招式已用老的那一刹那间，白衣人竟突然转身，以胸膛迎上了他的剑锋。

没有人能想到这一招，无论谁也不会用自己的血肉之躯来抵挡剑锋。

但这白衣人竟以他自己的身体做武器。

辛四的脸色变了，用力拔剑，剑锋赫然已被对方的肋骨夹住。

他想撒手时，白衣人的剑已无声无息地刺了过来，就像是个温柔的少女，将一朵鲜花慢慢地插入瓶中一样，将剑锋慢慢地刺入了他的胸膛。

他甚至连痛苦都没有感觉到，只觉得胸膛上一阵寒冷。

然后他整个人就突然全部冷却。

鲜血红花般地飞溅出来，他们面对面地站着，你看着我，我看着你。

白衣人脸上还是全无表情，辛四的脸上却已因惊惧而扭曲变形。

他的剑法虽然比童扬高得多，出手虽然比童扬快得多，但结果却是同样的。

这一战突然已结束。

童铜山霍然站起，脸上已全无血色。

他并不是没有看过杀人，也不是没有看过人被杀。

但他却从未想到过，杀人竟是件如此惨烈、如此可怕的事。

杀人或被杀都同样惨烈，同样可怕。

他突然觉得想呕吐。

墨白凝视着他，慢慢道："你若要杀人，别人也同样能杀你，这教训你现在想必已经相信了。"

童铜山慢慢地点了点头，什么话都没有说，因为他根本已无话可说。

墨白道："似乎你也该明白，杀人和被杀往往会同样痛苦。"

童铜山承认，他已不能不承认。

墨白道："那么你为何还要杀人？"

童铜山双眉紧皱，忽然道："我只想明白，你们这么样做，究竟是为了什么？"

墨白道："不为什么。"

童铜山道："你们不是老杜找来的？"

墨白道："不是，我既不认得你，也不认得他。"

童铜山道："但你们却不惜为他而死？"

墨白道："我们也不是为他而死的，我们死，只不过是想要别人活着而已。"

他看了看血泊中的尸体，又道："这三个人虽已死了，但却至少有三十个人，可以因他们之死而活下去，何况，他们本来也不必死。"

童铜山吃惊地看着他，道："你们真是从青城来的？"

墨白道:"你不信?"

童铜山实在不信,他只觉得这些人本该是从地狱中来的。

世上本不该有这种人。

墨白道:"你已答应?"

童铜山道:"答应什么?"

墨白道:"化干戈为玉帛。"

童铜山忽然叹了口气,道:"只可惜我就算答应也没有用。"

墨白道:"为什么?"

童铜山道:"因为还有个人他不会答应。"

墨白道:"谁?"

童铜山道:"卫八太爷。"

墨白道:"你不妨叫他来找我。"

童铜山道:"到哪里去找?"

墨白冷淡的目光忽然凝望远方,过了很久,才慢慢道:"长安城里,冷香园中的梅花,现在想必已开了……"

卫八太爷心情好的时候,也会像普通人一样,微笑着拍你的肩膀,说一些他自己认为得意的笑话。

但他愤怒时,他就会变得和你认得的任何人都不一样了。

他那张通常总是红光满面的脸,突然就会变得像是一头饥饿而愤怒的狮子的面孔,眼睛里也会射出一种狮子般凌厉而可怕的光芒。

他的人看来简直已变成头怒狮,随时随刻都会将任何一个触怒他的人抓过来,撕成碎片,再一片片吞下去。

现在正是他愤怒的时候。

童铜山皱着眉头,站在他面前,这威震一方的武林大豪,现在却像是突然变成了只羔羊,连气都不敢喘。

卫八太爷用一双布满红丝的眼睛瞪着他，咬着牙道："你说那婊子养的混蛋叫墨白？"

童铜山道："是。"

卫八太爷道："你说他是从青城来的？"

童铜山道："是。"

卫八太爷道："除此之外，你就什么都不知道了？"

童铜山的头弯得更低，道："是。"

卫八太爷喉咙里发出怒狮般的低吼道："那婊子养的杀了我两个徒弟，你却连他的来历都不知道，你还有脸来见我，我奋死你亲娘奶奶。"

他突然从椅子上站起，冲过来，一把揪住童铜山的衣襟，一下子就撕成两半，接着又正正反反，给了童铜山十七八个耳刮子。

童铜山的嘴角已被打得不停地流血，但看来却连一点愤怒痛苦的表情都没有，反而好像觉得很欢喜，很安心。

因为他知道卫八太爷打得愈凶，骂得愈凶，就表示还将他当作自己人。

只要卫八太爷还将他当作自己人，他这条命就算捡回来了。

卫八太爷若是对他客客气气的，他今天就休想活着走出这屋子。

十七八个耳光打完，卫八太爷又给他肚子上添了一脚。

童铜山虽已被打得一脸血，一头冷汗，却还是乖乖地站在那里，连动都不敢动。

卫八太爷总算喘了口气，瞪着他怒吼道："你知不知道小四子他们是去帮你杀人的？"

童铜山道："知道。"

卫八太爷道："现在他们已被人弄死，你反而活蹦乱跳地回来了，你算是个什么东西？"

童铜山道："我不是个东西，可是我也不敢不回来。"

卫八太爷道："你个王八蛋，你不敢不回来？你难道不会夹着尾巴逃得远远的，也免得让我老人家看着生气。"

童铜山道："我也知道你老人家会生气，你老人家要打就打，要杀就杀，我都没话说，但若要我背着你老人家逃走，我死也不肯。"

卫八太爷瞪着他，突然大笑，道："好，有种。"

他伸手搂住了童铜山的肩，大笑道："你们大家看着，这才是我的好儿子，你们全都该学学他，做错事怕什么？他奶奶的有谁这一辈子没做错过事，连我卫天鹏都做错过事，何况别人。"

他一笑，大厅里十来个人立刻全都松了口气。

卫八太爷道："你们有谁知道墨白那婊子养的是个什么东西？"

这句话虽然是问大家的，但他的眼睛却只盯在一个人身上。

这人白白的脸，留着两撇小胡子，看来很斯文，也很和气。

不认得他的人，谁也看不出这斯斯文文的白面书生，就是卫八太爷门下第一号最可怕的人物，黑白两道全都闻名丧胆的"铁锥子"韩贞。

他这人的确像是铁锥子，无论你有多硬的壳，他都能把你钻出个大洞来。

但看起来，他却绝对是个温和友善的人，脸上总是带着安详的微笑，说话的声音缓慢而稳定。

他确定了没有别人回答这句话之后，才慢慢道："多年前，有一家姓墨的人，为了避祸而隐居到青城山，墨白也许就是这一家的人。"

卫天鹏又笑了，睥睨四顾，大笑道："我早就说过，天下的事，这小子好像没一样不知道的。"

韩贞微笑道："但我却也不知道他们究竟隐居在青城山里的什么地方，多年以来，从未有人找到他们的隐居处，只不过每隔三五年，他们自己都要出山一次。"

卫天鹏道："出来干什么？"

韩贞道："管闲事。"

卫八太爷的脸又沉了下去，他一向不喜欢多管闲事的人。

韩贞道："他们不能不管闲事，因为他们自称是墨翟的后代，墨家的弟子，本就不能做一个独善其身的隐士。"

卫天鹏皱眉道："墨翟又是个什么东西？"

韩贞淡淡道："他不是东西，是个人。"

卫天鹏反而笑了，敢在他面前顶撞他的人并不多。

就像是大多数被称为"太爷"的人一样，他也喜欢有人来顶撞顶撞他。

韩贞道："墨翟就是墨子，墨子的精神，就在于急人之难，甚至不惜摩顶放踵、赴汤蹈火的，所以墨家的弟子，绝不能做隐士，只能做义士。"

卫天鹏又沉下了脸，道："难道墨白那王八蛋也是个义士？"

韩贞笑了笑，道："义士也有很多种的。"

卫天鹏道："哦？"

韩贞道："有种义士，做的事看来虽冠冕堂皇，其实暗地里却别有企图。"

卫天鹏道："他就是这一种？"

韩贞道："看来好像是的。"

卫天鹏道："这种义士好对付。"

韩贞道："怎么对付？"

卫天鹏道："宰一个少一个。"

韩贞道："宰不得。"

卫天鹏道："为什么宰不得？"

韩贞道："义士就跟君子一样，都宰不得的。"

卫天鹏居然大笑，道："不错，你若宰了他们，就一定会有人说你是个不仁不义的小人。"

韩贞道："所以他们宰不得。"

卫天鹏瞪瞪眼道："当然宰不得，谁说要宰他们，我就先宰了他。"

韩贞道："何况，要宰他们也不是件容易事。"

卫天鹏道："那王八蛋难道真的有两下子？"

韩贞道："他本身也许并不可怕，可怕的是他手下那些死士。"

卫天鹏道："死士？死士是什么意思。"

韩贞道："死士的意思，就是说这些人随时都准备着为他而死。"

卫天鹏道："那些人难道都不要命？"

韩贞点点头道："不要命的人，就是最可怕的人；不要命的武功，就是最可怕的武功。"

卫天鹏在等着他解释。

韩贞道："因为你杀他一刀，他也同样可以杀你一刀。"

卫天鹏显然对这解释还不满意。

韩贞道："你的出手纵然比他快，但你杀他时，他还是可以杀了你，因为你一刀砍下，他根本就不想闪避，所以在你刀锋砍在他肉里那一瞬间，他已有足够的时间杀你。"

卫天鹏突然走过去，用力一拍他肩头，道："说得好！说得有理！"

韩贞看着他，已明白他的意思。

不是仇人，就是朋友。

我若杀不了你，就交你这个朋友。

这不但是卫天鹏的原则，也是古往今来，所有武林大豪共同的原则。

对他们这种人来说，这原则无疑是绝对正确的。

韩贞道："童老大说过，他们要到长安城去。"

卫天鹏慢慢地点了点头，道："听说冷香园是个好地方，我也早就想去看看了。"

韩贞道："冷香园占地千亩，种着万千梅花，现在正是梅花开得最艳的时候，所以……"

卫天鹏道："所以怎么样？"

韩贞道："墨白既然能到那里去，我们为什么不能到那里去？"

卫天鹏道："咱们当然能去。"

韩贞道："既然要去，不如就索性将那地方全包下来。"

卫天鹏道："有理。"

韩贞道："等墨白来了，我们就好好地请请他，让他看看卫八太爷的场面，他若不是呆子，以后想必就不会跟我们作对了。"

卫天鹏道："他是不是呆子？"

韩贞道："当然不是。"

卫天鹏扬脸大笑，道："好，好主意。"

长廊里很安静，廊外也种着梅花。

童铜山和韩贞慢慢地走在长廊上，他们本就是老朋友，却已有多年不见了。

风很冷，冷风里充满了梅花的香气。

童铜山忽然停下来，凝视着韩贞，道："有件事我总觉得奇怪。"

韩贞道："什么事？"

童铜山道："为什么只要你说出来的话，老头子就认为是好主意？"

韩贞笑了笑，道："因为那本就是他的主意，我只不过替他说出来而已。"

童铜山道："既然是他的主意，为什么要你说出来？"

韩贞沉吟着，道："你跟着老头子已有多久？"

童铜山道："也有十多年了。"

韩贞道："你看他是个什么样的人？"

童铜山迟疑着，道："你看呢？"

韩贞道："我想你一定也认为他是个很粗野，很暴躁，从来也不懂得用心机的人。"

童铜山道："他难道不是？"

韩贞道："昔年中原八杰，纵横天下，大家都认为最精明的是刘三爷，最厉害的是李七爷，最糊涂的就是卫八爷。"

童铜山道："我也听说过。"

韩贞笑了笑，道："但现在最精明的刘三爷，和最厉害的李七爷都已死了，最糊涂的卫八爷却还活着，而且过得很好。"

童铜山也笑了，他当然也已明白韩贞的意思。

只有会装糊涂，也肯装糊涂的人，才是真正最精明、最厉害的。

童铜山忽又叹了口气，道："只可惜装糊涂也不是件容易事。"

韩贞道："的确不是。"

童铜山道："看来你就不会装糊涂。"

韩贞苦笑道："现在我就算真的糊涂，也不能露出糊涂的样子来。"

童铜山道："为什么？"

韩贞道："因为糊涂人身旁，总得有个精明人的，现在我扮的就是这个精明人。"

童铜山道："所以只要是你说出来的，老头子就认为是好主意。"

韩贞道："就算后来发现那并不是好主意，错的也是我，不是老头子。"

童铜山道:"所以别人恨的也是你,不是老头子。"

韩贞叹了口气,道:"所以你现在也已该明白,精明人为什么总是死得特别快了。"

童铜山忽然笑了笑,道:"但有种人一定死得比精明人还快。"

韩贞道:"哪种人?"

童铜山道:"跟老头子作对的人。"

韩贞也笑了,道:"所以我一直都很同情这种人,他们要活着实在不容易。"

冯六慢慢地走过一条积雪的小径,远远看过去,已可看见冷香园中那片灿烂如火焰的梅花。

"去把冷香园包下来,把本来住在那里的客人赶出去,无论是活的,还是死的,全都赶出去。"

这是卫八太爷的命令,也正是卫八太爷发令的典型方法。

他只派你去做一件事,而且要你非成功不可。

至于你怎样去做,他就完全不管了,这件事有多少困难,他更不管。

所有的困难,都要你自己去克服,你若不能克服,就根本不配做卫八太爷门下的弟子。

冯六正是受命而来的。

他一向是个谨慎的人,非常谨慎。

他已将所有可能发生的困难,全都仔细地想过一遍。

穿过这条积雪的小径,就是冷香园的门房,当值的管事,通常都在门房里,他希望这管事的是个聪明人。

聪明人都知道,卫八太爷的要求,是绝不容拒绝的。

冷香园今天当值的管事是个三十多岁的中年人，看来虽不太聪明，却也不笨。

"在下杨轩。公子无论是来赏花饮酒，还是想在这里流连几天，都只管吩咐。"

冯六的回答直接而简短："我们要将这里全都包下来。"

杨轩显得很意外，却还是微笑着道："这里一共有二十一个院子，十四座楼，七间大厅，二十八间花厅，两百多间客房，公子要全包下来？"

冯六道："是的。"

杨轩沉吟着，道："公子一共要来多少人？"

冯六道："就算只来一个人，也要全包下来。"

杨轩沉下了脸，冷冷道："那就得看来的是什么人了。"

冯六道："是卫八太爷。"

杨轩动容道："卫八太爷，保定府的卫八太爷？"

冯六点点头，心里觉得很满意，卫八太爷的名头，毕竟是很少有人不知道的。

杨轩看着他，眼睛里忽然露出种狡猾的笑意，说道："卫八太爷的吩咐，在下本来不敢违背的，只不过……"

冯六道："不过怎么样？"

杨轩道："刚才也有位客官要将这地方包下来，而且出了一千两银子一天的高价，在下还没有答应，现在若是答应了公子，怎么去向那位客官交代？"

冯六皱了皱眉头，道："那个人在哪里？"

杨轩没有回答，目光却从他肩头上看了过去。

冯六回过身，就看见了一张青中透白，完全没有表情的脸。

一个人就站在他身后的屋角里，身上穿着件很单薄的白麻衣衫，背后背着卷草席，手里提着根短杖。

冯六刚才走进来时，并没有看见这个人，现在这个人竟然也没有看见他，一双冰冰冷冷、完全没有表情的眼睛，仿佛正在凝视着远方。

这世上所有的一切人、一切事，好像都没有被他看在眼里。他关心的仿佛只是远方虚无缥缈处一个虚无缥缈的地方。只有在那里，他才能获得真正的平静安乐。

冯六只看了一眼，就转回身。他已知道这个人是谁了，并不想看得太仔细，更不想跟这个人说话。他知道无论同这个人说什么，都是件非常愚蠢的事。

杨轩的眼睛里，还带着那种狡猾的笑意。

冯六微笑道："你是做生意的？"

杨轩道："在下本就是个生意人。"

冯六道："做生意是为了什么？"

杨轩笑道："当然是为了赚钱。"

冯六道："好，我出一千五百两银子一天，再给你一千两回扣。"

他知道和生意人谈交易，远比和一个不要命的人谈交易容易得多。

在卫八太爷手下多年，他已学会了如何下正确的判断和选择。

杨轩显然已被打动了，却听那白衣人冷冷道："我出一千五百两，再加这个。"

冯六只觉得身后突然有冷森森的刀风掠过，忍不住回过头。

白衣人已从短杖里抽出柄薄刀，反手一刀，竟在腿股间削下了一片血淋淋的肉，慢慢地放在桌上，脸上还是全无表情，竟似完全不觉得痛苦。

冯六看着他，已可感觉到眼角在不停地跳，过了很久，才深深道:"这价钱我也出得起。"

白衣人一双冷漠空洞的眼睛,只看了他一眼,又凝视着远方。

冯六慢慢地抽出柄短刀,也在自己腿股间割下了一片肉。他割得很慢,很仔细。他无论做什么事,都一向很仔细。肉割下虽然很痛苦,但卫八太爷的命令若无法达成,就一定会更痛苦。这一次他的判断和选择也同样正确,也许他根本就没什么选择的余地。

两片血淋淋的肉放在桌上,杨轩的人已经软了下去。

白衣人又看了冯六一眼,突然挥刀,割下了自己的一只耳朵。

冯六只觉得自己的臂膀已僵硬,他割过别人的耳朵,当时只觉得有种残酷的快意。但割自己的耳朵,就是另外一回事了。他本可挥刀杀了这白衣人,可是韩贞的话他也没有忘记。

——你的出手纵然比他快,但你杀他时,他还是可以杀了你。

谨慎的人,大多数都珍惜自己的性命,冯六是个谨慎的人。他慢慢地抬起头,割下了自己的耳朵,割得更慢,更仔细。

白衣人的肩上已被他自己的鲜血染红,一双冷漠空洞的眼睛里,竟忽然露出种残酷快意的表情,冯六的这只耳朵,就好像是他割下来的一样。

两只血淋淋的耳朵放在桌上,杨轩似已连站都站不住了。

白衣人望望冯六耳畔流下的鲜血,冷冷道:"这价钱你也出得起?"

他突然挥刀,向自己左腕上砍了下去。

冯六的心也已随他这一刀沉下。就在这时,他忽然感觉到一阵风吹过,风中仿佛带有种奇异的香气。然后他就看见了一个人。

一个女人。

一眼看过去,冯六只觉得自己从来也没有看过这么美丽的女人。她就像是被这阵风吹进来的。

白衣人看见她时，立刻就发觉自己握刀的手已被她托着。

她也正在微笑着，看着他，多么温柔而甜蜜，说话的声音也同样甜蜜："刀砍在肉上，是会疼的。"

白衣人冷冷道："这不是你的肉。"

这美丽的女人柔声道："虽然不是我的肉，我也一样会心疼。"

她春笋般的纤纤手指轻轻一拂，就好像在为她的情人从瓶中摘下一朵鲜花。

白衣人就发觉自己手里的刀，忽然已到了她的手里。

百炼精钢的快刀，薄而锋利。

她十指纤纤，轻轻一拗，又仿佛在拗断花枝，只听"咔"的一响，这柄百炼精钢的快刀，竟已被她拗断了一截。

"何况，这地方我早已包下来了，你们又何必争来争去？"

她嘴里说着话，竟将拗断的那一截钢刀，用两根手指拈起，放在嘴里，慢慢地吞了下去。然后她美丽的脸上就露出种满意的表情，竟像是刚吞下一片美味的糖果一样。

冯六怔住。他几乎不能相信自己的眼睛，甚至连白衣人的眼睛里也不禁露出了惊吓之色。世上怎么可能有这么奇怪的事，这么可怕的武功？她难道就不怕刀锋割烂她的肠胃？

这美丽的女人却又将钢刀拗下一块，吞了下去，轻轻叹了口气，微笑着道："这把刀倒真不错，非但钢质很好，炼得也很纯，比我昨天吃的那把刀滋味好多了。"

冯六忍不住道："你天天吃刀？"

这美丽的女人道："吃得并不多，每天只吃三柄，刀剑也跟猪肉一样，若是吃得太多了，肠胃会不舒服的。"

冯六直着眼睛，看着她。他很少在美丽的女人面前失态，但现在他已完全没法子控制自己。

这美丽的女人看着他，又道："像你手里这把刀，就不太好吃了。"

冯六又忍不住问："为什么？"

她笑了笑，淡淡道："你这把刀以前杀的人太多了，血腥味太重。"

白衣人看着她，突然转过头，大步走了出去。他不怕死，可是要他将一柄钢刀拗成一块块吞下去，他根本就做不到。没有人能做得到，这根本就是件不可思议的事。

她又笑了笑，道："看来他已不想跟我争了，你呢？"

冯六不开口，他根本无法开口。

这美丽的女人道："男子汉大丈夫，无论跟女人争什么，就算争赢了，也不是件光荣的事，你说对不对？"

冯六终于叹了口气，道："请教尊姓大名，在下回去也好交代。"

她也叹了口气，道："我只不过是个丫头，你问出我名字，也没用的。"

这个风华绝代、美艳照人、武功更深不可测的女人，竟只不过是个丫头。

她的主人又是个什么样的人物？

"你不妨回去转告卫八太爷，就说这地方已被南海娘子包下来了，他老人家若是有空，随时都可以过来玩几天。"

冯六道："南海娘子？"

这美丽的女人点点头，道："南海娘子就是我的主人，你回去告诉卫八太爷，他一定知道的。"

第二章

南海娘子

卫八太爷愉快时和愤怒时,若是变为不同的两个人,那么他现在的样子,就是第三个人了。从来也没有人看见过他现在这么样紧张,这么样惊讶,甚至连他那张总是红光满面的脸,现在都已变成了铁青色。

"南海娘子!难道她真的还没有死?"

他握紧双拳,声音里也充满了紧张和惊讶,甚至还仿佛带有种说不出的恐惧。

没有人敢出声。谁也想不到这世上居然还有使卫八太爷紧张恐惧的人。

卫天鹏突又瞪起眼睛,大声道:"你们知不知道南海娘子是什么人?"

这句话他虽然是问大家的,但眼睛却还是盯在韩贞一个人身上。但这次却连韩贞也没有开口。

卫天鹏已冲过来,一把揪住他衣襟,厉声道:"你连南海娘子都不知道,你还知道什么?"

韩贞的脸忽然也变得像是那些白衣人一样,完全没有表情,一双眼睛也仿佛在凝视着远方。

卫天鹏瞪着他,脸上的怒容似在渐渐退了,抓住他衣襟的手也渐渐松开,忽然长长叹了口气,道:"这也不能怪你,你年纪还轻,南海娘子颠倒众生，纵横天下时，你只怕还没有生出来。"

他忽又挺起胸，大声道："但我却见过她，普天之下，亲眼看见她真面目的，除了我卫天鹏之外，绝不会再有第二个人。"

他脸上又开始发出了红光，能亲眼见到南海娘子的真面目，竟好像是件非常值得骄傲的事。

每个人心里都想问：这南海娘子究竟是什么人？长得究竟是什么样子？

这句话当然并没有人敢真的问出来，在卫八太爷面前，无论任何人都只能回答，不能发问，卫八太爷一向不喜欢多嘴的人。世上又有谁喜欢多嘴的人？

卫天鹏突又大声道："南海娘子就是千面观音，这意思就是说，她不但有千手千眼，还有一千张不同的脸。"

他忽然问冯六："你遇见的那个女人，长得什么样子？"

冯六道："长得好像还不错。"

卫天鹏道："是长得不错，还是非常漂亮？"

冯六垂下头道："是非常漂亮。"

卫天鹏道："她看起来有多大年纪？"

冯六的头垂得更低，他忽然发现自己竟没有看出那女人的年纪。他第一眼看见她时，只觉得她虽然还很年轻，但至少也有二十五六。后来听见她说话，他又觉得她好像只不过是个十五六岁的小姑娘。但当他又看了她两眼时，就发现她眼角似已有了皱纹，应该已有三十多了。现在想起来，她以手拗钢刀，口吞刀锋那种功夫，若没有练过四五十年苦功，又怎会有那么深的火候？

卫天鹏道："你看不出她有多大年纪？"

冯六垂下头，垂得更低。

卫天鹏突然一拍巴掌，道："这女人很可能就是千面观音。"

冯六忍不住道:"她退隐若已有三四十年,现在岂非已应该是个老太婆?"

卫天鹏笑道:"她十七八岁时,就有人认为她是个老太婆,过了二三十年后,却又有人说她只不过是个小姑娘。"

冯六怔住,他实在想不通。

卫天鹏道:"这个人化身千百,你看见过的任何一个人,都可能是她改扮的,据说有一次少林普法大师在泰山讲经,听经的人,其中还有几位是普法大师的老朋友,听了两天两夜后,忽然又有个普法大师来了,于是这才有人知道,先前讲经的那普法大师,竟是南海娘子。"

这种事简直像是神话,几乎没有人能相信,但每个人都也知道,卫八太爷是从不说谎的。

卫天鹏道:"无论谁只要看过南海娘子的真面目一眼,都必死无疑,所以就算在她声名最盛时,也没有人知道她是个什么样的人,只有我知道……只有我知道……"

他声音愈说愈低,脸上忽然露出种很奇怪的表情,过了很久,才缓缓道:"她接放暗器和小巧擒拿的功夫,在当时已没有人能比得上,易容术之精妙,更是前无古人,后无来者,但就在她声名最盛时,却忽然失踪了,谁也不知道是为了什么,更不知道她去了哪里。这三十年来,江湖中从来也没有人再听到过她的消息,连我都没有听到。"

大家面面相觑,更不敢说话。现在每个人都已看出来,卫八太爷和南海娘子之间,必定有种神秘而不同寻常的关系。但大家心里却更好奇。

"这南海娘子既然已失踪了三十年,为什么又突然出现了呢?"

也不知过了多久,卫天鹏突然大声道:"老幺,你过来。"

一个穿着银狐坎肩,长身玉立的少年,应声走了出来。

他的衣着很华丽,剪裁得也非常合身,一张非常漂亮的脸上,不笑时也仿佛带着三分笑意，看来显然很讨女人喜欢，只不过眼睛里带有些红丝，经常显得有点睡眠不足的样子。

也许每一个能讨女人欢心的少年，都难免有点睡眠不足的。

这少年也正是卫八太爷门下十三太保中的老么，"粉郎君"西门十三。

卫天鹏用一双刀锋般的眼睛盯着他，过了很久，才冷冷道："八月中秋的那天晚上，你是不是交了一个叫林挺的朋友？"

西门十三仿佛有点吃惊，却终于还是垂头承认："是的。"

卫天鹏道："自从你跟那婊子养的搭上了之后，这四个月来，你做了些什么？"

西门十三的脸突然涨红，似乎连话都说不出来。

卫天鹏冷笑道："我也知道你不敢说；好，韩贞，你替他说。"

韩贞想也不想，立刻就慢慢地说："八月二十的那天晚上，他们到官库那里借了三万两银子。三十那天，他们又去借了一次。"

卫天鹏冷笑道："十天就花了三万两，这两个王八蛋出手倒大方。"

韩贞又接着说下去："九月初六晚上，他们在醉中和从关外来的昆仑子弟争风，当时虽然忍了口气，但等到昆仑三侠知道他们的来历，连夜逃走了之后，他们却追出八十里，将昆仑三侠杀得一个不留。"

卫八太爷冷冷道："看来昆仑门下的弟子，自从龙道人死了后，就一代不如一代了。"

韩贞道："杀了人之后，他们的兴致反而更高，竟乘着酒兴，闯入石家庄，将一双才十四岁的孪生姐妹架出来，陪了他们一天一夜。"

听到这里，西门十三的眼睛里已露出乞怜之色，不停地悄悄向韩贞打眼色。

但韩贞却像是没有看见，接着又道："从此之后，他们的胆子更大了，九月十三那天……"

西门十三不等他再说下去，已"噗"地跪了下来，直挺挺地跪在卫八太爷面前，他用手撕开了自己的衣襟，道："弟子错了，你老人家杀了我吧。"

卫天鹏瞪着他，瞪了半天，突然大笑，道："好，有种！大丈夫敢作敢当，杀几个不成材的小伙子，玩几个生得美的小姑娘，他娘的算得了什么？"

西门十三吃惊地张大了眼睛，道："你老人家不怪我？"

卫天鹏道："我怪你什么？那两个小姑娘若是不喜欢你，难道不会一头撞死，为什么要陪你一天一夜？若是喜欢你，又有谁管得着？小姑娘看上了小伙子，本就是天经地义的事，连天王老子都管不着。"

西门十三忍不住笑了，道："回禀你老人家，她们前几天还偷偷地来找过我。"

卫天鹏又大笑，道："男子汉活在世上，就得要有胆子杀人，有本事勾引小姑娘，否则还不如一头撞死算了。"

他笑声突然停顿，瞪着西门十三，道："我既然不怪你，你知不知道我叫你出来干什么？"

西门十三道："不知道。"

卫天鹏道："你知不知道那婊子养的林挺，本来是什么人？"

西门十三道："不知道。"

卫天鹏突然飞起一脚，将他踢得滚出去一丈开外，又追过去，一把揪住他的头发，把他整个人都提了起来，正正反反，给了他十七八个耳刮子，然后才问道："你知不知道我为什么要打你？"

西门十三吃吃道："不……不知道。"

他的确不知道，他简直已被打得怔住了。

卫天鹏厉声道："男子汉大丈夫，杀人放火都算不了什么，但若连自己的朋友是什么人都不知道，那才真是个活混蛋，砍头一百次都不嫌多。"

这句话刚说完，忽然间人影一闪，西门十三旁边已多了一个人。大厅里二三十双眼睛，竟全都没有看清这个人是从什么地方来的。灯光照耀下，只见这个人白白净净一张脸，瘦瘦高高的身材，长得很秀气，态度也很斯文，神情间还仿佛带着几分小姑娘的羞涩。可是他倏忽而来，落地无声，轻功之高，连十三太保中都没有一个人能比得上。

他身子一站稳，就长揖到地，道："晚辈丁麟，特来拜见八太爷。"

卫天鹏瞪着他，厉声道："你居然敢来？"

丁麟道："晚辈不敢不来。"

卫天鹏突然大笑，道："好，有种，我老人家就喜欢你们这些有种的小伙子。"

他放开了西门十三，又道："你这混蛋现在应该明白了吧，林挺就是丁麟，你能交得到他这种朋友，造化总算不错。"

西门十三吃惊地看着他的朋友，每个人都在看着他这个朋友。

丁麟这名字，每个人都听见过的，但却没有人能想得到，这斯斯文文，像小姑娘一样的少年，居然就是武林后起一代高手中，轻功最高的"风郎君"丁麟。

——除了韩贞和卫八太爷外，的确没有别人能想得到。

丁麟的脸却已红了。

卫天鹏道："我揍这小混蛋，为的就是要把你扯出来。"

丁麟红着脸道："却不知前辈有何吩咐？"

卫天鹏道："我有件事要你替我去做，这件事非你去做不可。"

他的表情忽又变得严肃，接着道："可是我也不想要你去送死，所以，我还想看看你的轻功究竟怎么样。"

丁麟迟疑着，他的肩没有耸，臂没有举，仿佛连指尖都没有动，但就在这时，他的人忽然像燕子般飞了起来，又像是一阵风似的，从众人的头顶上吹过。等到这阵风吹回来的时候，他的人竟又好好地站在原来的地方，手里却又多了盏灯笼。这盏灯笼本来是高悬在屋外一根竹竿上的，这竹竿至少有三丈多高，距离他站着的地方，至少有五六丈远。

可是他倏忽来去，连气都没有喘。

卫天鹏抚掌大笑，道："好，别人都说'风郎君'轻功之高，已可名列在天下五大高手之中，今日一见，果然名不虚传。"

他用力拍着丁麟的肩，又道："你这样的轻功，尽可去得了。"

丁麟忍不住问道："到哪里去？"

卫天鹏道："到冷香园去，看看那南海娘子究竟是真是假？"

丁麟的脸色突然苍白。

卫天鹏道："你知道南海娘子？"

丁麟点点头。

卫天鹏道："你也知道她的厉害？"

丁麟又点点头。

卫天鹏又盯着他看了半天，突又问道："你师父是什么人？"

丁麟迟疑着，忽然走上两步，在他耳旁轻轻说了个名字。

卫天鹏立刻动容，道："这就难怪你知道了，昔年天山一战，你师父也曾领教过她的手段。"

丁麟道："家师常说，南海娘子的轻功与暗器，天下无人能及，晚辈只怕……"

卫天鹏道："你只怕去得了，回不来？"

丁麟红着脸，道："晚辈虽不敢妄自菲薄，却还有点自知之明。"

卫天鹏道："但有件事却是你不知道的。"

丁麟道："请教。"

卫天鹏道："南海娘子为了要驻颜长生，练了种很邪门的内功，但也不知为了什么，却没有练好，所以一到子午正时，真气就会突然走岔，至少有半盏茶的时候，全身僵木，连动都不能动。"

丁麟静静地听着。

卫天鹏道："可是她的行踪素来很隐秘，真气走岔的这一刻，时间又非常短，所以虽然有人知道她这唯一的弱点，也不敢去找她的。"

他慢慢地接着道："现在我们既已知道她这几天必定在冷香园，你的轻功又如此高明，只要能找到她的练功处，就不妨在子午正时那一刻，想法子进去揭开她的面具来……"

丁麟忍不住道："面具？什么面具？"

卫天鹏道："她平时脸上总是戴着个面具的，因为她没有易容改扮时，也从不愿以真面目示人。"

丁麟道："既然没有人见过她的真面目，晚辈纵然能揭开她的面具，也同样分不出她是真是假。"

卫天鹏道："我见过她的真面目，她脸上有个很特别的标记，你只要能看见，就一定能认出来。"

丁麟道："什么标记？"

卫天鹏也突然俯身，在他耳旁说了两句话。

丁麟的脸色变了变，又迟疑了很久，才试探着道："前辈既然见过她的真面目，想必是她的朋友，为什么不自己去看看她是真是假？"

卫天鹏面上突又现出怒容，厉声道："我叫你去，你就得去，别的事你最好少管。"

丁麟不说话了，卫八太爷盛怒时，没有人敢说话。

卫天鹏瞪着他，厉声道："你去不去？"

丁麟叹了口气，道："晚辈既然已知道了这秘密，想不去只怕也不行了。"

卫天鹏突又大笑，道："好，你果然是个聪明人，我老人家一向喜欢聪明人……"

他用力拍着丁麟的肩，又道："只要你去，别的无论什么事，我都答应。"

丁麟忽然也笑了笑，道："现在晚辈只想求前辈答应一件事。"

卫天鹏道："什么事？"

丁麟道："晚辈想打一个人。"

卫天鹏道："你要打谁？"

韩贞忽然叹了口气，道："我。"

丁麟果然已转过身，慢慢地走到他面前，微笑着道："不错，我的确是想打你。"

他笑得还是很温柔、很害羞的样子，可是他的手却已突然挥出，一拳打在韩贞的鼻梁上。

韩贞整个身子已被打得飞了出去。

丁麟这才转回身，向卫八太爷一揖到地，微笑着道："晚辈这就到冷香园去，五天之内，必有消息。"

"消息"两个字说出来，他的人已不见了。

卫天鹏居然也叹了一口气，喃喃道："这一代的年轻人，好像比我们那一代还不是东西，这倒真是件要命的事……"

第三章

摄魂大法

高墙，寒夜。

高墙下的角门里，忽然有一个人慢慢地走出来，非常英俊的一张脸，已被打肿了半边。正是那风流成性的西门十三。

他一走出这条巷子，就有辆雪亮的黑漆马车，疾驰而来，骤然在他身旁停下。

车门一开，他就跳了进去，车厢里已有一杯酒在等着他。

一杯温得恰到好处的陈年女儿红，一双比女儿红更醉人的姐妹花。

姐姐看起来，就好像是妹妹的影子，妹妹虽娇憨，姐姐更动人。

一个少年人拥着貂裘，端着金杯，懒洋洋地依偎在姐姐怀里，却将妹妹推给了西门十三，笑道："这小子今天挨了揍，你赶快好好地安慰安慰他。"

妹妹已在轻吻着西门十三被打肿了的那半边脸。

马车又疾驰而去，驰向长安。

寒风如刀，已是岁末，车厢里却温暖如春天。

西门十三一口气喝下那杯酒，才看了那坐拥貂裘的少年一眼，道："你知道我会来？"

这少年人当然就是丁麟，只不过现在看来却已不像是刚才那个人了。

刚才那个丁麟，是个很斯文、很害羞的少年，现在这个丁麟，却是个放荡不羁的风流浪子。

他的眼角瞟着西门十三，懒洋洋地笑着，道："我当然知道，那老王八蛋不叫你来等我的消息，还能叫谁来？"

西门十三也笑了，道："你既然很有种，刚才为什么不敢当着他的面，骂他老王八蛋？为什么要装成那种龟孙子的样子？"

丁麟淡淡道："因为我怕你这龟孙子的脸被他打成烂柿子。"

姐姐妹妹都吃吃地笑了。

她们的年纪都不大，可是看她们身材，就算是瞎子，也看得出她们都已不再是孩子。

西门十三又笑道："不管怎么说，你刚才揍韩贞，揍得真痛快。"

丁麟道："其实我不该揍他的。"

西门十三道："为什么？"

丁麟道："因为他说的话，全都是那老王八蛋叫他说的，他只不过是个活傀儡而已。"

他冷笑了一声，又道："那王八蛋其实是个老狐狸，却偏偏要装成老虎的样子，只可惜他能瞒得过别人却瞒不过我。"

西门十三叹了口气，道："难怪老头子说你厉害，他果然没有看错。"

丁麟冷冷道："这一代的年轻人，能在江湖中成名的，有哪个不厉害，真正厉害的，他只怕还没有看见哩。"

西门十三道："江湖中难道还有像你这么厉害的人？"

丁麟道："像我这样的人，至少还有十来个，只有你们这些龟孙子，整天躲在老头子的裤裆里，外面的天有多高，地有多厚，你们连影子都摸不到。"

他冷笑着，又道："我看你们十三太保，是吃得太饱了，所以撑得头晕脑涨，老头子放个屁，你们都以为是香的。"

西门十三非但没有生气，反而叹了口气，苦笑道："近来我们的确吃得太饱，日子也过得太舒服了，所以一出了事，就死了两个。"

丁麟道："在你看来，那也算是件大事？"

西门十三道："虽然不大，也不太小，至少连老头子都已准备为这件事出手了。"

丁麟道："哦？"

西门十三道："就因为他已准备出手，所以才找你到冷香园去探听消息。"

丁麟道："你以为他真是为了对付墨白，才想到冷香园去的？"

西门十三道："难道不是？"

丁麟道："就算根本没有墨白这个人，我保证他还是一样要到冷香园去。"

西门十三目光闪动，道："就算他不找你，你也是一样要去探听南海娘子的行踪？"

丁麟道："一点也不错。"

西门十三道："你们是为了什么呢？"

丁麟道："是为了另外一件事，那才是真正的大事。"

西门十三的眼睛亮了，道："南海娘子莫非也是为了这件事才来的？"

丁麟叹了口气，道："你总算已变得聪明了些。"

西门十三道："这件事不但能令老头子找你出手，而且还把已经失踪了三十年的南海娘子惊动出来，看来倒真是件大事。"

他的脸已由兴奋而发红，他显然也是个不甘寂寞的少年。

丁麟的眼睛也在发光，道："除了你所知道的这些人外，据我所知，五天之内，至少还有六七个人要赶到冷香园去。"

西门十三道："六七个什么样的人？"

丁麟道："当然都是很有两下子的人。"

西门十三道："他们也都知道老头子这次已准备出手？"

丁麟淡淡道："这些人年纪虽然都不大，却未必会将你们的老头子看在眼里。"

西门十三勉强笑了笑，道："老头子也并不是个容易对付的人。"

丁麟道："可是江湖中后起一代的高手，却没有几个人看得起他的，正如他也看不起这些年轻人。"

西门十三忍不住道："不管怎么样，年轻人的经验总是比较差些。"

丁麟道："经验并不是决定胜负的最大关键。"

西门十三道："哦？"

丁麟道："据我所知，这次只要是敢到冷香园去的人，绝没有一个人的武功在卫天鹏之下的，尤其是其中一个人……"

西门十三道："你？"

丁麟笑了笑，道："我本来当然也有雄心的，但自从知道这个人要来后，我已准备在旁边看看热闹就算了。"

西门十三皱眉道："连你也服他？"

丁麟又叹了口气，道："我说过，我是个很有自知之明的人。"

西门十三显得有点不服气的样子，道："那个人究竟是谁？"

丁麟慢慢地喝了口酒，悠然道："你有没有听说过小李飞刀？"

西门十三悚然动容，几乎连手里的酒杯都拿不稳了。

"小李飞刀！"

这四个字本身就仿佛有种慑人的威力。

西门十三失声道:"小李飞刀也要来?"

丁麟又笑了笑,淡淡道:"小李飞刀若也要来,你们的老头子和千面观音只怕都已要躲到八千里外去了。"

西门十三松了口气,道:"我也知道小李探花已有多年不问江湖中的事,有人甚至说,他也跟昔日的名侠沈浪、熊猫儿那些人一样,到了海外的仙山,啸傲云霞,成了地上的散仙。"

丁麟道:"我说的这个人虽不是小李飞刀,却跟小李飞刀有极深的关系。"

西门十三道:"什么关系?"

丁麟道:"他就是普天之下,唯一得到过小李飞刀真传的人。"

西门十三又不禁悚然动容,道:"但江湖中为什么从来也没有人听说过小李飞刀有徒弟?"

丁麟道:"因为他并没有真正拜在小李飞刀门下,他和小李探花的关系,也是最近才有人知道的。"

西门十三道:"我们怎么还不知道?"

丁麟淡淡道:"这也许只因为你们都吃得太饱了。"

西门十三苦笑,却还是忍不住问道:"这个人叫什么名字?"

丁麟又慢慢地喝了口酒,才慢慢道:"他姓叶,叫叶开。"

叶开!

西门十三沉默着,眼睛里闪闪发光,显然已决定将这名字记在心里。

丁麟又道:"叶开虽然了不起,另外那些年轻人也同样很可怕。"

他忽又笑了笑,道:"你是粉郎君,我是风郎君,你知不知道另外还有几个郎君?"

西门十三点点头,道:"我知道有个木郎君,有个铁郎君,好像还有个鬼郎君。"

丁麟悠然道："这次你说不定也会见到他们的，只不过等你见到他们时，也许就会后悔了。"

西门十三道："后悔？"

丁麟眼睛里忽然露出种很奇怪的表情，徐徐道："因为无论谁见到这几人，都不会有好受的，所以你还是永远莫要见到他们的好。"

夜，无云无月。

马车已停在冷香园后一个草棚里，这草棚竟像是为他们准备好在这里的。

那一双可爱的孪生姐妹，都已蜷曲着身子，靠在角落里睡着了。

西门十三看着妹妹已完全成熟的胴体，忍不住叹了口气，道："今天晚上，我们难道竟歇在这里？"

丁麟点了点头，微笑道："你若已憋不住，不妨把我当作瞎子。"

西门十三也笑了，道："我倒还没有急成这样子，只奇怪你今天怎么会忽然变得如此安分的？"

丁麟道："今天晚上我有约会。"

西门十三道："有约会？跟什么人有约会？"

丁麟笑了笑，道："当然是跟一个女人。"

西门十三立刻急着问道："她长得怎么样？"

丁麟笑得很神秘，道："长得很美。"

西门十三更急了，道："难道你想一个人逍遥，把我甩在这里？"

丁麟道："你要去也行。"

西门十三笑道："我就知道你不是重色轻友的人。"

丁麟悠然道："只不过，我们这一去，未必能活着回来的。"

西门十三动容道："你约的究竟是谁？"

丁麟道："千面观音，南海娘子。"

西门十三怔住。

丁麟用眼角瞟着他，道："你还想不想去了？"

西门十三的回答倒很干脆："不想。"

他又忍不住问道："你真的准备今天晚上就去？"

丁麟道："我也急着想看看这位颠倒众生的南海娘子，究竟是个什么样的美人？"

西门十三道："那么你现在还等什么？"

丁麟道："等一个人。"

西门十三道："等谁？"

这句"等谁"刚说出来，他却已听见外面那车夫在弹指作响。

丁麟的眼睛已发光，道："来了。"

西门十三推开车帘，却看见远处黑暗中有个人身披蓑衣，头戴笠帽，手里提着根三丈长的竹竿，竹竿在地上一点，他的人已掠过五丈，轻飘飘地落在草棚外。

丁麟忽然道："你看他轻功如何？"

西门十三苦笑道："这里的人看来果然都有两下子。"

这时那个人已解下了蓑衣，挂在柱子上，微笑着道："我这倒并不是为了要炫耀轻功，只不过怕在雪地上留下足迹而已。"

丁麟道："想不到你做事还是这么谨慎。"

这人道："我还想多活两年。"

他慢慢地走过来，又脱下了头上的笠帽，西门十三这才看出他是个三十多岁的中年人，狐皮袍子外，还套着件蓝布罩袍，看来竟像是个规规矩矩的生意人，只不过一双炯炯有神的眼睛里，总是带着极精明而狡猾的微笑。

丁麟已微笑着道："这位就是冷香园里的杨大总管杨轩。"

杨轩看了西门十三一眼,接着道:"这位想必就是卫八太爷门下的高足十三公子,幸会幸会!"

西门十三吃惊地看着他,忍不住道:"你就是我六哥上次来见过的那个杨轩?"

杨轩道:"是的。"

西门十三苦笑道:"他居然说你只不过是个胆小的生意人,看来他的确吃得太饱了。"

杨轩淡淡道:"我本来就是个胆小的生意人,他并没有看错。"

丁麟道:"我却看错了。"

杨轩道:"哦?"

丁麟笑道:"我还以为你就是'飞狐'杨天哩。"

杨轩皱了皱眉,西门十三也不禁动容。

"飞狐"杨天这名字他听说过。

事实上,江湖中没有听说过这名字的人还很少,他不但是近十年来江湖中最出名的独行盗,也是近十年来轻功练得最好的一个人。

据说你就算用手铐、脚镣锁住了他,再把他全身都用牛筋捆得紧紧的,关在一间只有一个小气窗的牢房里,他还是一样能逃得出去。

像这么样一个人,居然肯到冷香园里来做管事的,当然绝不会没有企图。

他所图谋的,当然也绝不会是件很普通的事。

西门十三忽然发觉这件事虽然已变得愈来愈有趣,也同样变得愈来愈可怕了。

丁麟好像也知道自己太多嘴,立刻改变话题,道:"那位南海娘子已来了?"

杨轩点点头,道:"刚到。"

丁麟道:"你看见了她?"

杨轩摇摇头,道:"我只看见她门下的一些家丁和丫头。"

丁麟道:"他们一共有多少人?"

杨轩道:"三十七个。"

丁麟道:"那个会吃刀的女人在不在?"

杨轩又点点头,道:"她叫铁姑,在那些人里面,好像也是个管事。"

丁麟笑道:"莫忘记你也是个管事的,你们两个岂非正是天生的一对?"

杨轩板着脸,不开口。

看来他并不是个喜欢开玩笑的人。

丁麟轻叹了两声,只好又改口问道:"他们住在哪个院子里?"

杨轩道:"听涛楼。"

丁麟道:"现在距离子时整还有多少时候?"

杨轩道:"已不到半个时辰,里面有敲更的人,你一进去就可以听见。"

丁麟眼睛里又发出光,道:"看来我再喝杯酒,就可以动身了。"

杨轩看着他,过了很久,忽然道:"我们这次合伙,因为我需要你,你也需要我。"

丁麟笑道:"我们本来就是好伙伴。"

杨轩淡淡道:"但我们却不是朋友,这一点你最好记住。"

他不让丁麟再说话,就慢慢地转过身,戴起笠帽,披上蓑衣,手里的竹竿轻轻一点,人已在五丈外,然后就忽然看不见了。

丁麟目送他身影消失,微笑着道:"好身手,果然不愧是'飞狐'。"

西门十三忍不住问道:"他真的就是那个'飞狐'杨天?"

丁麟道:"飞狐只有他这一个。"他忽然又叹了口气,苦笑道,

"也幸好只有他这么一个。"

脱下貂裘，里面就是套紧身的夜行衣，是黑色的，黑得像是这无边无际的夜色一样。

丁麟已脱下了貂裘，却没有再喝他那最后的一杯酒。

他的眼睛里发光，脸上已看不见笑容，漆黑的夜行衣，紧紧裹在他瘦削而灵敏的身子上。

忽然间，他像是又变成另外一个人了。

现在他已不再是刚才那个放荡不羁的风流浪子，已变得非常沉着，非常可怕。

西门十三看着他，眼睛里也带着种很奇怪的表情，仿佛是羡慕，又仿佛是妒忌。

丁麟道："你最好就在这里等着，一个时辰之内，我就会回来。"

西门十三忽然笑了笑，道："你若不回来呢？"

丁麟也笑了笑，淡淡道："那么你就可以把她们两个全都带走——你岂非早已这么想了……"

这句话还没有说完时，他的人已消失在黑暗里。

西门十三坐在那里，连动都没有动。

他本来总以为他的武功绝不在别的年轻人之下，现在才知道自己想错了。

这一代的年轻人，远比他想象中可怕得多。

他抬起手，轻抚着自己被打肿了的脸，眼睛里又露出种很痛苦的表情。

姐姐本来好像已睡得很沉，这时却忽然翻了个身，抱住了他的腿。

西门十三还是没有动。

姐姐不是他的,妹妹才是。

谁知道姐姐又忽然在他腿上咬了一口,咬得很重,当然很痛。

但西门十三眼睛里的痛苦之色却忽然不见了。

他忽然发现一个人若想胜过别人,并不一定要靠武功的。

于是他脸上又露出微笑,微笑着将丁麟没有喝的那杯酒,一口气喝了下去……

听涛楼听的并不是海涛,是竹涛。

冷香园里除了种着万千梅花外,还有几百株苍松,几千竿修竹。

听涛楼外,竹浪如海。

丁麟伏在竹林的黑暗处,打开了系在腰上的一只革囊,拿出了一支喷筒。

喷筒里装满了一种黑色的原油,是他从康藏那边的牧人处,用盐换来的。

他旋开了喷筒上的螺旋盖子,有风吹过的时候,他就将筒中的原油,很仔细地喷出去,喷得很细密。

那雾一般的油珠,就随着风吹出,洒在听涛楼的屋檐上。

然后他就藏起喷筒,又取出十余粒比梧桐子略大些的弹丸,用食中两指之力,弹了出去,也打在对面的屋檐上。

突然间,只听"嘭"的一声,听涛楼的屋檐,已变成一片火海,鲜红的火苗,蹿起三丈开外。

远处传来更鼓,正是子时。

更鼓声被惊呼声淹没。

"火!"

数十条人影,惊呼着从听涛楼里蹿了出来,如此猛烈的火势,就连最镇静的人也难免惊惶失措。

也就在这一刹那间，丁麟已从楼后的一扇半开的窗子里，轻烟般掠了进去。

布置得非常幽静的小厅，静悄无人。

丁麟突然大呼："火，失火了！"

没有人来，没有声音。

丁麟已推开门蹿出去，他并不知道南海娘子的练功处在哪里，所以他的动作必须快。

他还得碰碰运气。

他的运气好像还不坏，第三扇门是从里面闩起的，他抽刀挑起门闩，里面是间佛堂。

案上的铜炉里，燃着龙涎香，一缕缕香烟缭绕，使得这幽静的佛堂，更平添了几分神秘。

香案后黄幔低垂，仿佛也没有人。

但丁麟却不信一间从里面闩起门的屋子里会没有人。

他毫不犹豫，就蹿了过去，一把掀起了低垂的神幔。

他怔住。

神幔后竟有四个人。

四个穿着紫缎长袍的人，一头青丝高高绾起，脸上戴着个用檀木雕成的面具。

四个人的穿着打扮竟完全一样，全都动也不动地盘膝而坐，楼外闪动的火光，照着他们脸上狰狞呆板的面具，更显得说不出的诡秘可怖。

这四个人全都可能是南海娘子，但南海娘子却只有一个。

丁麟知道这种机会绝不会再有第二次了，他决定冒一冒险。

他蹿过去，拉开了第一人的面具。

面具下是一张苍白而美丽的脸，脸上长长的睫毛，置在紧闭着的眼睑上。

无论谁都看得出她绝不会超过二十岁，南海娘子绝不会这么年轻。

丁麟已揭起第二人的面具。

这人竟赫然是个男人，脸上还有青黪黪的胡茬子。

南海娘子当然更不会是男人。

第三个人看来虽然也很年轻，但眼角上却已有了鱼尾般的皱纹。

第四个人是个满面皱纹，连嘴都已瘪了下去的老太婆。

丁麟怔住。

他并没有看见他想看到的那张脸，但这时他无法再停留下去。

他一转身，人已随着这转身之势跃起，就在这时，他仿佛看见那脸上长着胡茬子的男人手动了动。

他知道不对了，想闪避，但这人的出手竟快得令人无法思议。

他刚看见这人的手一动，已觉得腰上一阵刺痛，就像是被尖针轻轻刺了一下。

然后他就跌了下去。

佛堂里还是同样幽雅，外面闪动的火光已灭了，铜炉中香烟缭绕，却已换了种清淡的沉香木。

丁麟张开眼，忽然发现自己身上已换了件女人穿的绣裙。

他大惊之下，伸手摸了摸头发，他的头发早已绾成了一种当时女人最喜欢梳的杨妃坠马髻，歪歪的发髻上，还插了根凤头钗。

"风郎君"丁麟从十六七岁的时候，就开始闯荡江湖，不出三年，已博得很大的名声。

江湖中人人都知道，他不但轻功极高，而且非常机警，也非常沉得住气。

但现在他却已忍不住要跳了起来。

他没有跳起来,因为他从腰部以下,已完全是软的,连一点力气都使不出。

他整个人都软了,心中沉了下去。香案上一座三尺高的南海观世音菩萨,手拈着普度众生的杨柳枝,仿佛正在看着他微笑。

从缭绕的香烟中看过去,她的笑容看来也仿佛带着种说不出的诡秘之意。

丁麟忽然发现这观音菩萨的脸,竟和刚才那戴着面具的美丽少女完全一样。

难道那少女就是南海娘子?

但出手制住他的,却是那脸上长着胡茬子的男人,他本已认为这男人就是南海娘子改扮的。

但现在他却已完全迷惑,甚至连想都不敢多想。

他怕想多了会发疯。

幸好这时他就算要想,也没法子再想下去了,佛堂的门,已慢慢地被推开。

一个人慢慢地走了进来,脸上带着种美丽而诡秘的微笑,就像神案上观音菩萨的笑容一样。

丁麟看着观音神像,再看看她,忽然叹了口气,闭上眼睛。这少女的脸简直就是这观音菩萨的脸。

他已不想再看了,他怕看多了会发疯。

只可惜不看也一样会发疯的。

这少女已走到他面前,忽然笑道:"你今天头发梳得好漂亮,是谁替你梳的?"

丁麟忍不住张开眼,瞪着她,道:"我正想问你,这是谁替我梳的?"

这少女仿佛很惊讶,道:"难道连你自己也不知道?"

丁麟道:"我怎么会知道?"

这少女道:"你难道连一点都想不起来?"

丁麟苦笑道:"我怎么会想起来,我根本连一点感觉都没有,而且你就算打破我的头,我也猜不出你们为什么要把我扮成个女人。"

这少女仿佛更吃惊,道:"你说什么?你说是我们把你扮成女人的?难道你已连你本来就是个女人都忘了?"

丁麟忍不住叫了起来,道:"谁说我本来就是个女人的?"

这少女吃惊地看着他,脸上的表情,就好像突然看见个疯子一样。

丁麟又忍不住道:"你说我本来就是个女人,你一定疯了!"

这少女叹了口气,道:"不是我疯了,是你!"

她忽然回头叫道:"你们大家全来看呀,丁小妹怎么会忽然变成这样子了?"

丁小妹?

"风郎君"丁麟竟变成了丁小妹!

丁麟想笑也笑不出,想哭也哭不出,只见门外已有四五个女人走了进来,其中有一个也正是刚才还戴着面具的中年美妇。

原来她就是铁姑,因为那少女正在招呼她。

"铁姑,你快来看看,丁小妹本来还是好好的,现在怎么忽然变成……变成这样子?"

铁姑也在看着丁麟,微笑着道:"她看来岂非还是好好的,而且头发梳得比平时都漂亮。"

这少女道:"可是……可是她居然不肯承认自己是个女人。"

丁麟已经在尽量控制着自己,他知道现在非冷静下来不可。

但他却还是忍不住要分辩："我本来就不是个女人。"

铁姑看着他，忽然叹了口气，道："我了解你的心情，有时连我也希望自己不是个女人，在这个世界上，做女人的确太吃亏了。"

丁麟叹了口气道："其实，我并不反对做女人，只可惜我一生下来就是个男人，一直到刚才还是个男人。"

他实在已尽了他最大的力量，来控制他自己。

铁姑的脸上却露出了很惊讶的表情，忽然回头问另几个女人："你们几时认得丁小妹的？"

"也有两三个月了。"

"她是个男人，还是个女人？"

"当然是个女人。"

所有的女人都在吃吃地笑："丁小妹若是个男人，我们大家就全都是男人了。"

丁麟已可感觉到自己的脸在发青，却还是忍耐着，道："只可惜我也不是丁小妹。"

铁姑带着笑问道："那么你是谁呢？"

丁麟道："我也姓丁，叫丁麟。"

铁姑道："我知道你叫丁灵琳。"

丁麟道："不是丁灵琳，是丁麟。"

铁姑道："不是丁麟，是丁灵琳，你怎么会连自己的名字都忘了？"

那个长得跟观音菩萨一样的少女忽然笑了笑，道："幸好她说话的声音还没有变，无论谁都听得出那是女人的声音。"

丁麟冷笑道："无论谁都应该认得出我是男……"

他的声音突然停住，冷汗突然从背脊上冒出来。

他忽然发现自己说话的声音也变了，变得又尖又细，竟真的像女人一样。

——难道我真的已忽然变成了女人?

他只觉一种说不出的恐惧之意,像尖针般刺入了他的后脑。

他想试着运动一下他身上某部分肌肉,只可惜他从腰部以下,竟已完全麻木。

他甚至想伸手去摸摸那部分,可是当着这么多女人,他实在又没有这种勇气。

铁姑看着他,眼睛里仿佛充满了同情和怜悯,柔声道:"最近你心情不好,又喝了很多酒,难免会忘记一些事的,何况,以前的事,你本就不愿再想起。"

丁麟只有听着。

铁姑道:"但我们都可以提醒你,往事虽然悲伤,但若完全忘记了,对自己也不好。"

丁麟只有叹了口气,道:"好,你说吧,我在听着。"

铁姑道:"你是丁灵琳,是个非常好看的女孩子,你本来有个很好的情人,后来不知道为什么闹翻,所以你跑到海边要自杀,幸好心姑救了你。"

那微笑如观音的少女原来叫心姑,她立刻接着道:"若不是我拉得快,那天你已跳下海去。"

丁麟咬着牙,不开口。

他忽然变得很怕听见自己的声音。

铁姑道:"你那情人姓叶,叫叶开,他……"

叶开!

听见这名字,丁麟只觉得自己脑子间"轰"的一声响。

忽然间,他什么都明白了。

他知道自己已落入一个最恶毒,最诡谲,也最巧妙的圈套里。

这圈套本是为叶开而准备的,他却糊里糊涂地掉了进来。

铁姑在说什么,他已完全听不见,他正在拼命集中思想。

他一定要想个法子从这个圈套里脱身出来,但他也知道这绝不是件容易事。

非常不容易。

时间仿佛已过了很久,铁姑的话却还没有停。

原来她已将这些话反反复复地说了很多次,好像在强迫丁麟接受这件事。

"你那情人姓叶,叫叶开,他本来是昔年'神刀堂'堂主的儿子,后来过继给叶家的。

"你的父亲叫丁乘风,你的姑姑叫丁白云,本是叶家的仇人,但后来这件仇恨却被叶开解开了,你们的情感,反而因此而更加深厚。你本来已非他不嫁,他本来也非你不娶,但这时却忽然出现了个叫上官小仙的女人。这女人据说是昔年威震天下的'金钱帮主'上官金虹,和当时天下第一美人林仙儿所生的女儿。林仙儿虽然美丽如仙子,却专门引诱男人下地狱。她生的女儿,也跟她一样恶毒,你跟叶开,就是被她拆散的。

"这件事你当然不会忘记,也绝不能忘记。"

丁麟听着她说了一遍,又说一遍,忽然发现自己的思想非但已完全无法集中,而且似已被她刚刚说的话左右了。

忽然间,他竟已对这个叫上官小仙的女人,生出种说不出的痛恨之意。

他几乎已快要承认自己就是丁灵琳,承认自己本来就是个女人。

炉中的香烟一阵阵飘过来,随着他的呼吸,渗入他的脑子里。

他竟似已完全失去判断是非的能力。

铁姑看着他,脸上已露出一种诡秘而得意的微笑,慢慢地又接着道:"你叫丁灵琳,是个非常好看的女孩子,你……"

丁麟突然用尽所有的力气咬了咬嘴唇,剧痛使得他突然清醒。

他立刻大吼道:"不要再说了,我已明白你的意思。"

铁姑微笑道:"你真的已明白?"

丁麟道:"我一定长得很像丁灵琳,所以你们想利用我来害叶开。"

铁姑道:"你本来就是丁灵琳。"

丁麟冷笑道:"其实你用不着这么样做,你们要我做的事,我也可以答应。"

铁姑道:"哦?"

丁麟道:"但你们也得答应我几件事。"

铁姑道:"你说。"

丁麟道:"我要你先告诉我,你们究竟是恰巧发现我像丁灵琳,才定下这个圈套的,还是早已算准了我要来?"

铁姑忽然不开口了。

丁麟道:"然后你们至少还得解开我的穴道,让我见见南海娘子,这件事成功之后,我至少还得要占一份。"

铁姑忽又点了点头,道:"南海娘子本来就一直都在这里,你难道看不见?"

丁麟动容道:"她在哪里?"

只听一个优雅而神秘的声音慢慢道:"就在这里。"

这声音赫然竟是神案上那观音神像发出来的。

丁麟霍然回头,看了这神秘的雕像一眼,目光再也无法移开。

从缥缈氤氲的烟雾中看过去,他忽然发现这雕像竟已换了一张脸。

本来带着微笑的脸,现在竟已变成冷漠严肃,眉宇间竟似还带着怒意。

这个没有生命的雕像，忽然间竟似已变得有了生命："我就是你想见的人，所以，你现在就应该看着我，我说的话，每个字你都不能不信。"

烟雾缭绕，这声音竟真是她发出来的。

丁麟只觉得全身都已冰冷，竟不由自主点了点头，心里虽然不想再看，但目光却偏偏无法从这神秘而妖异的雕像上移开。

"你就是丁灵琳，叶开本来是你的情人、你的丈夫，但上官小仙却从你身边抢走了他。

"现在他们日日夜夜，时时刻刻都厮守在一起，你却只剩下孤孤单单的一个人。"

丁麟看着她，脸上竟不由自主露出种痛苦而悲伤的表情。

"我知道你怪她，这种仇恨本就是任何人都忘不了的，所以你一定要报复。"

丁麟脸上果然又露出怨毒仇恨之色，喃喃道："我一定要报复……我一定要报复……"

"现在叶开很快就要帮着那可恨的女人到这里来了，你正好有机会。"

丁麟在听着，发亮的眼睛已变得迷惘而空洞，但脸上的怨毒之色却更强烈。

"叶开绝对想不到你会在这里，所以你若忽然出现，他一定会觉得很吃惊。

"但他却绝不会对你有警戒之意，所以你就可乘机将那恶毒的女人从他身边抢走带到这里来，毁了她那张美丽的脸，叫她以后永远也没法子再勾引别的男人。

"我的意思现在你已明白了？"

丁麟慢慢地点了点头,道:"我已明白了。"

"你是不是肯照我的话去做?"

丁麟道:"是。"

"只要是我说的话,你全都相信?"

丁麟道:"是。"

"好,你现在就站起来,你的穴道已解开了,你已经可以站起来。"

丁麟果然慢慢地站了起来。他早已完全麻木软瘫的两条腿,现在竟似已突然有了力量。

"好,你身上有把刀,现在我要你用这把刀去替我杀一个人。"

丁麟道:"杀什么人?"

"杨轩!"

丁麟慢慢地转过身,慢慢地从心姑和铁姑面前走了出去。他的目光直视前方,手里紧握着怀中的刀,心里只有一个念头:"用这把刀去杀杨轩。"

门房里虽然生了盆火,却还是很寒冷。杨轩静静地坐在火盆旁,看来已显得有些焦急不安。他在等丁麟的消息。丁麟竟直到现在还没有消息。就在这时,一个人慢慢地推开了门,慢慢地走了进来。一个很美的女人,满头乌黑的青丝,绾着个时新的坠马髻,发髻上还插着根凤头钗。

杨轩站起来,微笑道:"姑娘有什么吩咐?"

他显然已将这女人视为南海娘子的门下,连看都不敢多看一眼。这女人却一直在盯着他,眼睛里带着种很奇怪的表情。

杨轩忍不住又抬头看了她一眼,忽然发现她很像一个人。

这女人的眼睛却还是在看着他，一字字道："你就是杨轩？"

杨轩点点头，忽然失声道："你是丁麟？"

丁麟道："我不是丁麟，是丁灵琳。"

杨轩吃惊地看着他，道："你……你怎么会变成这个样子？"

丁麟道："我本来就是这个样子，我本来就是个女人。"

杨轩的脸色也变了，道："你莫非疯了？"

丁麟道："我没有疯，疯的是你，所以我要杀了你。"

他忽然从怀中抽出柄短刀，一刀刺入了杨轩的胸膛。杨轩做梦也想不到他会突然下这种毒手，根本就没有提防，也来不及闪避。鲜血花雨般从他胸膛上飞溅出来，一点点洒在丁麟衣服上。

丁麟的脸上却全无表情，冷冷地看着杨轩倒下去，然后就慢慢地转过身。

门外冷雾凄迷。夜更深了。

他慢慢地走入雾里，黑暗中忽然又传来那优美而神秘的声音："你做得很好，可是你已经太累了，已累得连眼睛都张不开。"

丁麟道："我的确太累……太累了……"

他的眼睛果然慢慢地闭上。

"这里就是张很舒服的床，现在你已可睡下去，等到叶开和那恶毒的女人来时，他们会叫醒你的。"

地上积着很厚的冰雪，但丁麟却已躺了下去，就真的像是躺在一张很舒服的床上，忽然间就已睡着。

第四章

红颜薄命

雾愈来愈浓了。

妹妹一直都睡得很熟,姐姐轻轻地喘息着,眼帘终于也闭起,脸上还带着疲倦而满足的甜笑。

西门十三看着她们,心里忽然也觉得有种说不出的愉快和得意,就好像他已将丁麟击败了一样。

"一个人总不能在每件事都得胜的,我也总有比你强的地方。"

他微笑着,正想喝杯酒,车厢外忽然有人在敲门。

是不是丁麟回来了?

车窗上的帘子已然拉了下来,他看不见门外是什么人。

"谁?"

没有回应。

西门十三迟疑着,终于忍不住推开车门。

外面也没有人。

外面一片黑暗,冷雾刚刚从地面上升起。

刚才是谁在敲门?

他拉紧了衣襟,再问,没有回应。那个一直在外面望风的车夫呢?

天气实在太冷,他本不想离开这温暖的车厢,可是一个人做了亏心事后，总不免会疑神疑鬼的。

他终于穿上靴子，跳下车，四面一片黑暗，寒冷而寂静。

那个穿着青布棉袄的车夫，躲在一堆稻草里，头枕着膝盖，手抱着头，似乎睡着了。

刚才敲门的人呢，难道他听错了？

他绝不会听错的。

他的年纪还轻，眼睛和耳朵一向都很灵。

这车夫也不知道是丁麟从什么地方找来的，刚才真有人来过，他终于听见一些动静。

西门十三走过去，正想推醒他问问。

谁知道这车夫突然从草堆上弹起，凌空一个翻身，箭一般蹿了出去，身手之快，虽然比不上丁麟，却绝不在西门十三之下。

西门十三竟没有看见他的面目，但稍微一迟疑间，这车夫的人影已消失在黑暗里。

冷雾凄迷，寒风如刀。

他忽然激灵灵打了个寒噤，决定先到车厢里等丁麟回来再说。

车厢的门竟又关了起来，也不知是否他自己刚才随手带上的。

嵌在车顶下那盏制造得很精巧的铜灯，还是亮着，柔和的灯光从紫绒窗帘里透出来。

西门十三实在很后悔，刚才本不该离开车厢的，他很快地走回去，拉开车厢。

然后他的心就沉了下去，整个人都怔在车厢外，连动都不会动了。

车厢里竟多了一个人。

一个秃顶鹰鼻、满面红光的锦袍老人，箕踞在他刚才坐的地方。

赫然正是卫八太爷。

那姐妹两人还是蜷曲在角落里,睡得更沉了。

卫八太爷一双炯炯有神的眼睛,正刀锋般瞪着他,冷冷道:"上来。"

西门十三垂下了头,跨上车厢,眼睛忽然瞥见刚才那个车夫竟已又回到草堆上打盹了,连姿势都没有改变,好像根本就没有动过。

车厢很低,无论谁都站不直的。

西门十三却不敢坐下来,只有垂着头,弯着腰,站在那里。

卫八太爷冷冷地看着他,道:"你那好朋友呢?"

西门十三道:"他已经进去了。"

卫八太爷道:"什么时候去的?"

西门十三头垂得更低,他无法回答,也不敢回答,因为他刚才根本就忘了时间。

刚才他简直连什么都忘了。

卫八太爷瞪着他,厉声道:"他走了之后,你在干什么?"

西门十三更不敢回答。

他早已知道自己做的事很有点见不得人。

男子汉大丈夫,玩几个生得贱的女人,虽然算不了什么,可是在荒地里玩朋友的女人,却完全是另外一回事了。

卫八太爷冷笑道:"看来你真是色胆包天,难道你就不怕丁麟知道?"

西门十三红着脸,嗫嚅着道:"我们……我们是好朋友。"

卫八太爷怒道:"你们既然是好朋友,你怎么能对好朋友做这样的事,他若在背地里抢了你的女人,你会怎么样?"

西门十三不敢搭腔。

卫八太爷道:"你若以为丁麟不会出手,你就错了,这种事只要是男人就一定会出手的。"

西门十三只有承认。

卫八太爷道："凭你这点本事，他一个人就可对付你八个，他知道了这件事后，若要对付你，你准备怎么办？"

西门十三终于鼓起勇气，喃喃道："我想他大概不会知道。"

卫八太爷冷笑道："你想他大概不会知道，你凭哪点这么想？"

西门十三苦笑道："我自己当然绝不会告诉他的……"

卫八太爷打断了他的话，道："你虽然不会说，可是这女人呢？"

西门十三道："是她自己要的，她怎么会告诉别人？"

卫八太爷道："你以为她真的看上你，所以才勾引你？"

西门十三虽然不敢承认，却也不愿否认。

卫八太爷道："我问你，这两个女人是不是你们从石家庄抢来的？"

西门十三点点头。

卫八太爷道："你难道以为她们很愿意被你们抢走？"

世上绝没有任何人愿意被人在半夜里抢走的。

卫八太爷冷笑道："你难道还看不出，这婊子勾引你，为的就是要让你跟丁麟争风吃醋，她们才有报复的机会。"

西门十三显然还有点不服气，忍不住道："她也许……"

卫八太爷怒道："难道你还以为她是真的看上了你？你有哪点比丁麟强？而且，一个十四五岁的小姑娘就算生得再贱，也不会当着自己妹妹面前，做这种事的。"

西门十三不敢再辩了。

卫八太爷道："何况，你们刚才在车厢里玩的把戏，我远远就听见了，她妹妹又不是猪，你们就在她旁边，她难道还能真的睡得着？"

西门十三的脸色又变了，他忽然想到，这件事的确可能是她姐妹早已说好了的，所以丁麟才刚走，姐姐立刻就醒了，妹妹一直在酣睡，为的就是故意要使他们方便。

他忽然发现，姜毕竟还是老的辣。

卫八太爷忽又问道："这两个婊子是不是生长在石家庄的？"

西门十三道："好像不是，我以前也到石家庄去过，却从未见过她们。"

卫八太爷冷笑道："果然不出我们所料。"

他目光刀锋般盯在这姐妹两人身上，慢慢地接着道："像这样两个如花似玉的小姑娘，连我都实在不忍看着她们死在我面前。"

姐妹两人还是垂着头蜷伏在那里，鼻息还是很均匀，居然还好像睡得很沉。

卫八太爷突又转头，瞪着西门十三，道："所以你杀她们的时候，我一定会闭上眼睛的。"

西门十三怔了怔，道："我？"

卫天鹏沉声笑道："不错，你。"

西门十三道："我……我要杀她们？"

卫天鹏冷冷道："你若舍不得杀她们，我也可以让她们杀了你。"

西门十三脸色已发白，道："但丁麟回来时，若看见她们已死了，岂非……"

卫八太爷打断了他的话，道："他看不见的。"

西门十三道："为什么？"

卫八太爷道："死人是什么都看不见的。"

西门十三失声道："丁麟也得死？"

卫八太爷道："他不死，你就死。"

西门十三看着他，终于已明白他的意思。

他要丁麟到这里来的时候，已没有打算要丁麟活下去。

无论这件事是否发生,无论是否能探查出南海娘子的真相,他只要一回来,就得死!非死不可。

所以卫天鹏才会跟到这里来,那车夫当然也早已换成了他门下的人。

西门十三看着他脸上冷静而残酷的表情,几乎不能相信他就是那个性如烈火、胸无城府、粗野而暴躁的老人。

他忽然间也像是完全变成了另外一个人,变得比丁麟更彻底。

西门十三忽然发现一个人若想在江湖中出人头地,就好像都有几种完全不同的面目,就连他们身边最亲近的人,都很难知道他们的真面目究竟是什么样子。

卫天鹏刀锋般的目光还是盯在他脸上,淡淡道:"等死比死还痛苦,你若真的有怜香惜玉之心,就不如让她们快死来得快乐。"

西门十三咬了咬牙,突然出手,中指指节凸起,以鹰啄拳击向妹妹脊椎下的死穴。姐姐毕竟刚才还向他奉献出火一般的热情,他毕竟不是个心狠手辣的人。

谁知就在这时,一直像是死一般沉睡着的姐妹两人,突然同时翻身,手里已多了对形状奇特、碧光闪闪的弯刀。

她们本来温柔得就像是对鸽子,但现在的出手,却比毒蛇还毒,比豺狼还狠。

姐姐一翻身,脚已踢在他小腹上,手里的弯刀,已闪电般去割卫八太爷的咽喉。

西门十三疼得眼泪鼻涕一起流出,捧着小腹弯下腰时,妹妹已挥刀急斩他的左颈。

卫八太爷脸上竟全无表情,竟似早已算准了她们有这一招。

姐妹两人的刀刚挥出,只听"叮,叮,叮,叮"四声响,四柄刀的刀锋都已被打断。

卫八太爷手里已忽然出现了根一尺三寸长的短棍。

短棍是漆黑的，暗无光华，也看不出有什么奇特的地方。

但那四柄寒光熠熠，百炼精钢打造的弯刀，竟被它一敲而断。

姐妹两人吃惊地看着手里半截断刀，几乎还不能相信这是真的。

然后她们才感觉到手臂上一阵酸痛，连这半截断刀都拿不稳了。

卫八太爷冷冷地看着她们，冷冷道："你们的随身双宝，还有一件为什么不使出来？"

姐姐忽然长长叹了口气，苦笑道："原来你早已看出了我们的来历。"

卫天鹏道："哼。"

姐姐道："晚辈正是东海筷子岛，珍珠城欧阳城主的门下，特来拜见卫八太爷的。"

她看来并没有惊惶恐惧的表情，只不过对卫八太爷这个人好像很是尊敬。

卫天鹏道："你们是来拜访我的？"

姐姐道："欧阳城主也早已久闻卫八太爷的大名。"

卫天鹏道："是他叫你们来的？"

姐姐道："正是。"

卫天鹏道："你们躲在石家庄，就是为了要等着看我？"

姐姐道："你老人家府上门禁森严，像我们姐妹这种人，想见到你老人家当然不是件容易事。"

卫天鹏冷笑道："所以你们就故意让这好色胆小的登徒子看见你们，你们早已算准了他迟早一定会去找你们的。"

姐姐的脸居然红了，红着脸笑道："不瞒你老人家，我们实在也没有想到他会在半夜里去找我们的，他用的法子虽然不好，却很有效。"

卫天鹏突然大笑，道："久闻欧阳城主的门下，都是聪明美丽的姐妹花,今日一见果然不假。"

他仰面而笑,似已忘了她们的护身双宝还有一件未使出来。

就在这时,姐妹两人已又同时出手,只听"铮"的一声,已有数十点寒星,从她们衣袖中暴射而出,暴雨般急打卫天鹏的胸膛。

卫天鹏笑声不绝,只不过将手里的短棍很快地画了个圆弧。

那数十点暴雨般的寒光,竟像是突然被一种奇异的力量吸引,投入了这圆弧,又是"叮叮叮"一连串轻响后,这数十点寒光就已全都被这根短棍粘住,就像是一群苍蝇钉在一根铁棒上。

姐妹两人又怔住。

卫天鹏淡淡道:"我早已知道你们若不将这一宝使出来,是绝不会死心的。"

妹妹忽然也长长叹息了一声,苦笑道:"看来他们都看错你了。"

卫天鹏道:"哦?"

妹妹道:"他们以为你已老了,以为今日之江湖,已是他们这一代年轻人的天下,但现在以我看来,你一个人就可以抵得上他们十个。"

她垂着头,用眼角偷偷地瞟着卫天鹏,眼波中带着种说不出的温柔崇敬之色。

少女们只有在看着她们心目中真正的英雄时,才会有这种眼色。

卫八太爷看来也仿佛忽然年轻了许多,微笑着道:"姜是老的辣,这句话年轻人都应该记着的。"

妹妹垂着头道:"我们刚才出手,实在是不得已的,我们姐妹都是可怜人,别人叫我们做什么,我们就得做什么,既不能反抗,也不敢反抗。"

她说着说着,眼泪似已将流下。

卫八太爷面上已露出了同情之色,叹息着道:"我不怪你们,欧阳城主对门下弟子的手段,江湖中人人都知道的。"

姐姐恨声道:"但除了你老人家这种大英雄外,可有谁会体谅我们的痛苦呢?"

卫八太爷的声音也变得很温柔,道:"只要你们说出你们的来意,我绝不会为难你们的。"

姐姐道:"在你老人家面前,我们也不敢说谎。"

妹妹道:"你老人家当然也已知道,我们是为了叶开和上官小仙来的。"

卫天鹏道:"为了这件事,珍珠城里一共来了多少人?"

妹妹道:"只有我们姐妹两个。"

姐姐道:"欧阳城主的意思,并不是真的想要那些东西,只不过要我们来看看,叶开究竟是个怎么样的人,究竟有多厉害。"

卫天鹏道:"你们很快就会看得到的,他很快就会来了。"

姐姐道:"可是我们……"

卫天鹏微笑道:"你们已经可以走了,以后有机会,随时都可以去看我,用不着再躲在石家庄等。"

姐姐也笑了,道:"以后我们一定会去拜访你老人家。"

妹妹立刻接着道:"我们一定会去。"

姐妹两人甜甜地笑着,转身推开了车厢的门,跳了出去,就像是一双刚飞出笼子的燕子。

一直垂头丧气,站在那里的西门十三,好像觉得很意外。

他想不到卫八太爷会让她们走,就在这时,他忽然听见两声很奇怪的声音,就像是锥子刺入肉里。

接着,他又听见两声尖锐而短促的惨呼。

他忍不住回头去看,就看见一个穿着青布棉袄的人,正站在车厢外,用一条雪白的手巾擦锥子上的血。他手里拿的,竟赫然真是一柄发亮的锥子。

韩贞!

西门十三直到现在才知道,把他们送到这里来的车夫竟是韩贞。

韩贞的鼻子是歪着的,鼻梁已被丁麟一拳打碎,这歪斜碎裂的鼻子,使得他脸上看来总好像带着种奇特而诡异的表情。

卫八太爷脸上却无表情,忽然道:"两个都死了?"

韩贞点点头。

卫八太爷淡淡道:"看来你实在不是怜香惜玉的人。"

韩贞道:"我不是。"

卫八太爷目中露出笑意,道:"丁麟若知道你杀了她们,你的鼻子就更危险了。"

韩贞道:"他不会知道。"

卫天鹏道:"哦?"

韩贞道:"死人是什么事都不会知道的。"

卫天鹏笑了。他喜欢别人学他说话的口气。

韩贞却又道:"他走的时候,只要我们等他一个时辰。"

卫天鹏道:"他当然已将时间算得很准。"

韩贞道:"什么事他都算得很准。"

卫天鹏冷冷道:"他的确是个很厉害的人,唯一的缺点就是太年轻。"

韩贞道:"年轻毕竟气盛,所以他才会急着赶去。"

卫天鹏道:"你确定他去了就不会走?"

韩贞道:"他永远不会走的。"

卫天鹏道:"为什么?"

韩贞道:"死人是不会走的。"

卫天鹏又笑了。

韩贞道:"现在早已过了一个时辰,他还没有回来。"

卫天鹏目光闪动，道："所以他只怕已永远不会回来了。"

韩贞点点头。

卫天鹏沉吟着，徐徐道："所以这个南海娘子，绝不会是假的。"

韩贞同意："能让丁麟留下的人并不多。"

卫天鹏的脸色忽又变得很阴沉，徐徐道："青城山的墨白，珍珠城的欧阳，再加上南海娘子，这世上本来已没有什么事能打动他们的了，但现在他们却都已出手。"

韩贞道："叶开若知道，一定会觉得很愉快。"

卫天鹏道："愉快？"

韩贞道："能够要这些人出手，并不是件容易事，除了他之外，世上也许已没有第二个人还能引动他们到这里来。"

卫天鹏沉默着，居然也承认。

西门十三当然更不敢开口，但心里却更好奇。

他忽然发觉每个人提起叶开这名字时，都会露出种很奇怪的表情，无论是敬佩，是憎恶，还是畏惧，都表现得非常明显强烈。

一个陌生的年轻人，怎会有这么大的魔力，这岂非令人不可思议？

西门十三只觉得自己很幸运。

因为他不是叶开，他忽然发觉做一个平凡庸碌的人，有时也是件很幸运的事。

卫天鹏沉默了很久，才徐徐道："一年之前，我还没有听见过叶开这名字。"

韩贞道："一年前江湖中根本就没有人听见过这名字。"

卫天鹏道："但现在他好像忽然已变成了江湖中最有名的人。"

韩贞道："这个人崛起江湖，的确就像是个奇迹。"

卫天鹏道："要造成奇迹也不是件容易事。"

韩贞道:"绝不是。"

卫天鹏道:"他真的有传说中的那么可怕?"

韩贞道:"他并没有杀过什么人,甚至根本就很少出手,江湖中没有人知道他的武功深浅。"

卫天鹏道:"也许这就正是他的可怕之处。"

韩贞道:"但最可怕的,还是他的刀。"

卫天鹏道:"什么刀?"

韩贞道:"飞刀!"

他脸上忽又露出种很奇怪的表情,一字字接着道:"据说他的飞刀只要出手,从未落空过一次。"

卫天鹏的脸色也变了,他忽然想起了一句话:"小李飞刀,例不虚发!"

这句话本身就像是有种足以夺人魂魄的魔力。

数十年来,江湖中从没有任何人对这句话有过丝毫怀疑。

更没有任何人敢去试一试。

甚至连昔年威震天下的少林四大高僧都不敢。

二十年前,小李探花独上嵩山,竟将武林中从未有人敢轻越雷池一步的少林寺,当作了无人之地,少林寺上下数百高手,竟没有一个敢出手的。

今日之叶开,难道也有那样的威风、那样的豪气?

就算他也有那样的本事,珍珠城主和南海娘子的手段,也绝不是那些出家人能比得上的。

卫天鹏徐徐道:"珍珠城远在海外,城主欧阳兄妹武功之奇诡,就连昔年的百晓生都莫测高深,所以才没有将他们列在兵器谱上。"

韩贞道:"那也因为筷子岛上的门徒弟子,都是同胞双生的兄弟姐妹,就像是筷子一样,从来分不开的,所以兵器谱上不列。"

卫天鹏点点头，道："兵器谱上也不列魔教高手，但就连百晓生自己也不能不承认，若以杀人制胜的武功而论，魔教中至少有七个人可排名在兵器谱上的前二十人之内。"

韩贞道："魔教中人互相猜疑，自相残杀，魔宫中的高手，据说早已快死光了。"

卫天鹏道："但是南海娘子千变万化，魔功秘技，绝不在魔教四大天王之下。"

韩贞笑了笑，道："你老人家手里这根十方如意棒，只怕也可和昔年兵器谱上，排名第一的天机棒比一比高下了。"

卫天鹏突然纵声大笑，道："叶开若知道我们这些人都在这里等着他，他还敢来么？"

突听一个人悠然道："他一定会来的，因为他非来不可。"

这声音优雅而神秘，说话的人仿佛就在他们身旁，又仿佛在很远。

卫天鹏的笑声突然停顿，脸色也变了，过了很久，才试探着问："南海娘子？"

"多年的故人，你难道连我的声音也听不出来？"声音仿佛更近，却看不见人。

卫天鹏额上似已有了冷汗，勉强笑道："既已来了，为何不现身相见？"

"你真的想见我？"

"多年渴想，但求一见。"

"好，你跟我来。"

声音仿佛又已到了远方的黑暗中，黑暗中忽然亮起一点灯光。

碧磷磷的灯光，就像是鬼火，在寒风中闪烁不停，却还是看不见人。

卫天鹏走近几步，忽然拍了拍韩贞的肩，道："你也跟我来。"

西门十三总算坐了下来，心里却比刚才弯腰站着时还要难受。

天地间仿佛已只剩下他一个人。

卫八太爷是他的师父，却带着那个多嘴的韩贞走了，好像根本已忘了还有他这么样一个人在旁边。

这世上竟似没有一个人看重他，简直就没有一个人将他看在眼里。

——一个人若连自己都轻视自己，又怎么能期望别人看重你。

他用力握紧了双拳，心里充满了委屈和愤怒，他发誓要做几件惊人的事，让大家都知道西门十三并不是个没出息的人，让大家都跪在他面前，吻他的脚。

只不过，要怎样才能做出惊人的事呢？他根本连一点头绪都没有。

这使他又觉得很悲哀。

——不如还是找个地方去痛痛快快地大喝一顿，等到喝醉了时，就会觉得自己是个打遍天下无敌手的大英雄了。只可惜这大英雄现在还是要去套马赶车。

他叹了口气，没精打采地站起来，忽然听到车厢外有人说："你一个人坐在这里，也不觉得寂寞？"

还是刚才那神秘而优雅的声音，口气却比刚才更温柔。

西门十三突然觉得全身的寒毛竖了起来，失声道："你是什么人？你在哪里？"

"我就在这里，你难道看不见我？"

车厢外，果然可以隐约看到一个人，穿着轻柔的长袍，乌黑的头发披散在双肩。

西门十三全身都已冰冷，就像一下子跌入了个深不见底的冰洞里。他已看见了这个人，看得很清楚。她的脸是死灰色的，轻柔的长袍上，鲜血淋漓，咽喉上还有个血洞，赫然正是刚才已死在韩贞锥下的那个姐姐。她那死灰色的脸上，完全没有任何表情，美丽的眼睛已死鱼般凸出来，嘴角也带着血迹，在黑暗中看来，更是说不出的诡秘可怖。

西门十三的腿已软了，冷汗已湿透了重衣。他实在不敢再看她，但也不知为了什么，目光竟偏偏无法从她脸上移开。

"你看着我，我知道你一定会看着我的。"

这本不是她生前说话的声音，但这声音却的确是她发出来的。

"我本来是真心喜欢你的，本来已决心永远陪着你，但他们却狠心杀了我，让你孤孤单单的，没有人陪伴。"

声音又变得凄凉而幽怨，那死鱼般凸出的眼睛里，竟似有两行血泪流下来。西门十三只觉得自己的心已碎了，刚才的恐惧，忽然又变成了满腔悲愤。这世上毕竟还是有人看重他的，但这个人却已死了，而且就死在他面前，他却只有在旁边眼睁睁地看着。

"他们好狠的心，竟当着你的面杀了我，他们根本就没有把你当作人。"

她的声音更幽怨。

"可是我知道你一定不会让我就这样含冤而死的，你一定会替我报仇，让他们知道，你并不是个胆小无用的懦夫。"

西门十三握紧双拳，慢慢地点了点头，恨恨道："我会让他们知道的，我一定会让他们知道。"

"这里有柄刀，你为什么不去杀了他们？"

半空中忽然有样东西落下来，"叮"的一声，落在地上，果然是柄锋利的刀。

"你只要杀了韩贞和卫天鹏，你就是江湖中最了不起的大英雄，从此以后，绝没有人敢再看不起你，我死在九泉下也瞑目了。"

声音又渐渐叹息，渐渐遥远："这是我最后的要求，你一定要答应我，一定要答应我……"

声音愈来愈远，终于消失在凄迷的冷雾中。然后她的人就倒了下去。

黑暗，无边无际的黑暗。

西门十三突然冲出去，抓起了她的手，她的手早已冰冷僵硬，显然已死了很久很久。但刚才的确是她在说话，地上的确有柄闪动着寒光的短刀。西门十三用他掌心已沁出冷汗的手，拾起了这柄刀。

"你只要杀了卫天鹏，你就是江湖中最了不起的大英雄……"

他的脸已因兴奋而扭曲，但一双眼睛却是空空洞洞的，就像是死人一样。他握紧了这柄刀，藏在衣袖里，慢慢地走了过去。

凄迷的冷雾，弥漫着大地，风更冷了。但他却已完全不觉得寒冷，他心里已只剩下一个念头："用这柄刀去杀了卫天鹏。"

无风无雪，却有一阵阵暗香浮动，香沁心脾。碧磷磷的鬼火在风中闪烁，卫天鹏和韩贞走在积雪的小径上。

他们都知道，现在已到了应该闭着嘴的时候。应该闭着嘴的时候，他们就绝不开口。

路很滑，雪已经结成冰，宽阔的园林中，只有寥寥几点灯火，疏若晨星。

忽然间，前面也出现了一点鬼火，一行十余个白衣人，幽灵般跟在鬼火后，忽然间又全都消失。

卫天鹏走出梅林，才看出前面有一排低矮的平房，建筑的形式很奇特。那些幽灵般的白衣人，想必已走了进去。

就在这时，引路的鬼火也突然消失，风中却又响起了那优雅而神秘的声音。

这次她只说了两个字:"请进。"

走进去之后,才发觉这屋子非但不低,而且显得特别高阔。地上铺满了崭新的、一尘不染的草席,迎面一副屏风上,画着积雪的高山,鲜红的花树,看来不像是中原的风物。再看画上的题字,才知道画的是海外扶桑岛上的景色,那鲜红的花树,正是扶桑的名种樱花。樱花虽也如梅花同样鲜艳,却少了梅花的几分气节,一身傲骨。

这一排平房,显然也是依照扶桑岛上的形式建造的,屋子里竟没有桌椅,只摆着几张矮几,几上的青铜烛台,烛火低暗,屋角还燃着一炉香,香气却很浓郁。正中的一张矮几上,摆着个三尺高的观音佛像,手拈杨柳枝,面露微笑。

两个白衣如云的绝色丽人,垂眉敛目,肃立两旁,年纪较长的风华绝代,仪态万千;年纪较轻的却更美,美得超凡脱俗,美得令人不可思议。

她们当然就是铁姑和心姑。那些白衣人已盘膝坐在草席上,一个个脸上仍然全无表情,目光仍然凝视着远方。他们的人虽在这屋子里,却完全不像是这世界上的人。

香烟缭绕,屋子里显得说不出的神秘安静。现在还不是开口说话的时候。

卫天鹏也在草席上坐下,然后才看见屏风后有两个剑眉星目,非常英俊的少年,傲然扶剑而立,剑鞘上还镶满了龙眼般大的明珠,每一粒都是价值连城、人间少有的宝物。

他们不但面貌极相似,眉宇间也同样带着种逼人的傲气,竟似完全没有将屋子里这些人看在眼里。

卫天鹏和韩贞对望了一眼,心里都已知道,这两个少年一定是从

珍珠城来的。又沉默了很久,这兄弟两人中,身材较高的一人竟然问道:

"南海娘子究竟在哪里,既然叫我们来了,为什么还不出来相见?"

他的话刚说完,那优雅而神秘的声音就又突然响了起来:"我就在这里,两位难道看不见?"

声音竟是那观音佛像发出来的,铁姑和心姑,连嘴唇都没有动。

兄弟两人脸色又变了变,一人冷冷道:"我们兄弟不远千里而来,并不是来看一个木雕佛像的。"

"你们要看的人就是我。"

"你就是千面观音,南海娘子?"

"我就是。"

兄弟两人突然同时冷笑,同时拔剑,剑光如匹练,向这观音佛像刺过去。他们的出手、招式、身法,竟都完全一样,一个人就像是另一个人的影子。他们的剑法,一剑刺出后,方向突然改变,剑光错落,落花缤纷,突又"哧"的一响,两道剑光竟似已合二为一,闪电般刺向观音佛像的脸。

就在这一瞬间,他们忽然发现这观音佛像脸上的表情竟已变了,变得严肃而冷漠。

也就在这一瞬间,那风华绝代的中年美妇,已突然出手。只听"啪"的一声,两柄剑锋已全部被夹在掌心,接着又是"砰"的一响,剑锋竟硬生生被她折断了一截。

珍珠兄弟显然是因为观音佛像表情的改变而受惊失手,此刻居然临变不乱,脚步一滑,竟同时后退了八尺,回到屏风后,两柄断剑又已入鞘。他们应变虽快,但脸上却还是忍不住露出了惊讶之色。因为他们俩看见这美丽的女人,竟将他们的断剑吃了下去。

他们几乎不能相信自己的眼睛,这两柄剑的锋利,他们自己当然知道得很清楚。

这女人的肠胃难道真是铁铸的?

南海娘子那神秘的声音却似在轻轻叹息,道:"欧阳城主不该叫你们来的。"

珍珠兄弟现在只有听着。

南海娘子道:"就凭你们兄弟这样的人,又怎么能对付叶开?"

珍珠兄弟终于忍不住抗声道:"叶开也只不过是个人。"

他们兄弟两人,虽然只有一个说话,另一人的嘴唇仿佛也在动。

南海娘子道:"不错,叶开也是个人,但却绝不是个普通人。"

珍珠兄弟嘴角带着冷笑,满脸不服气的样子。

南海娘子淡淡道:"若论武功,我们这些人之中,也许没有一个能比得上他的。"

珍珠兄弟冷笑道:"他若来了,我们兄弟第一个就要去领教领教。"

南海娘子仿佛又叹了口气,道:"他现在说不定就已来了。"

这句话说出来,不但卫天鹏悚然动容,就连墨白冷漠如死人的脸上,也不禁露出种奇怪的表情。

珍珠兄弟变色道:"他现在真的已来了?"

南海娘子道:"就在你们到这里来的时候,他们的马车,也已驶入了冷香园。"

珍珠兄弟道:"上官小仙呢?"

南海娘子道:"上官小仙不来,他又怎么会来?"

原来叶开是为了上官小仙来的。

珍珠兄弟道:"她真的就是上官金虹和林仙儿的女儿?"

南海娘子道:"是的。"

珍珠兄弟道："上官金虹和小李探花活着时已势不两立，他的女儿又怎会跟着叶开？"

南海娘子道："因为阿飞将她交给了叶开，要叶开保护她到这里来。"

珍珠兄弟道："这件事和飞剑客又有什么关系？"

南海娘子道："林仙儿红颜薄命，晚年潦倒，她这一生中，只有一个真正信任的人，就是阿飞，所以她临终时，就叫她的女儿去找阿飞。"

珍珠兄弟道："她怎么能证明自己就是林仙儿的女儿？"

南海娘子道："她当然有很好的法子证明，否则阿飞又怎么会相信？"

她忽又问道："你们兄弟对这件事知道得好像并不多。"

珍珠兄弟道："我们只知道一件事。"

南海娘子道："哦？"

珍珠兄弟道："我们只知道城主是叫我们来将上官小仙带回去的。"

南海娘子道："所以你们就准备将她带回去？"

珍珠兄弟道："是的。"

南海娘子道："现在她既已来了，你们为什么还不去？"

珍珠兄弟不再说话，突然凌空翻身，掠过屏风，一眨眼就看不见了。

卫天鹏脱口而赞："好身手。"

南海娘子的声音却忽然变得很冷漠，冷冷地说道："送两口棺材到飘香院，为他们兄弟准备后事。"

珍珠兄弟的剑锋已被折断，可是那出手一剑的变化，剑风破空的力量，和他们身法之轻灵，配合之佳妙，无疑已是当今武林中第一流的高手,尤其是那一招双剑合璧,飞虹贯日,其威力之强,就连卫天鹏也未必有把握抵挡。

但是在南海娘子看来,好像他们只要一去找叶开交手,就已经是两个死人了。南海娘子当然绝不会看错的。

大厅中忽然变得静寂如坟墓,大家竟似都在等着别人将珍珠兄弟的尸体抬回来。

也不知过了多久,卫天鹏才沉吟着道:"上官金虹纵横天下时,神刀堂还未崛起,现在神刀堂的后代都已长大成人,上官小仙的年纪想必已有不小。"

南海娘子的声音道:"她算来至少已应该有二十多了。"

卫天鹏道:"二十多岁的女人,难道一直都没有成亲?"

南海娘子道:"她若已有了夫婿,又怎会再要叶开来保护她?"

卫天鹏道:"林仙儿号称天下第一美人,她女儿也应该长得不丑。"

南海娘子道:"非但不丑,而且也可以算是人间少见的美人。"

卫天鹏道:"既然是个美人,为什么还找不到婆家?"

南海娘子叹了口气,道:"只因她虽然长得美如天仙,但她的智力,却连七八岁孩子都比不上。"

卫天鹏皱眉道:"这么样的一个美人,难道竟是白痴?"

南海娘子道:"她并不是个天生的低能儿,据说只不过是因为她在七岁的时候,受了一次重伤,脑力受损,所以智力一直停留在七岁。"

卫天鹏道:"哦。"

南海娘子道:"可是她的美丽,却足以令任何男人动心。"

卫天鹏也叹了口气,道:"天妒红颜,造化弄人,看来她的命运,竟似比她的母亲还要悲惨。"

南海娘子道:"像这么一个女人,若是没有人保护她,也不知要被多少男人欺骗玩弄。"

卫天鹏道："所以林仙儿临死前，对她还是放心不下，才要找飞剑客来保护她。"

南海娘子道："但阿飞一生流浪，到现在还没有家，所以他在江南遇见叶开时，就将这副担子交给了叶开。"

卫天鹏道："他难道也能像林仙儿信任他一样信任叶开？"

南海娘子道："无论谁都可以信任叶开的，这个人虽然洒脱不羁，不拘小节，但是朋友托他的事，他就算赴汤蹈火，也在所不辞。"

墨白一直在静静地听着，此刻突然道："好，好男儿，好汉子。"

南海娘子道："就为了他答应照顾上官小仙，他的情人丁灵琳，才会跟他吵翻，一怒而去，到现在还没有消息。"

卫天鹏笑了笑，道："我也听说过丁家这位姑娘，是个醋坛子。"

南海娘子叹道："世上的女人，又有哪个是不吃醋的？"

直到现在，她说的话才像是个女人，才有了些人类的感情。

卫天鹏沉吟着，又道："昔年金钱帮威震天下，南七北六十三省全部在他们控制之下，家中的财宝，富可敌国，但上官金虹本身却是个很节俭的人。"

南海娘子道："他并不节俭，只不过世上所有的奢华享受，都不能让他动心而已。"

除了权力外，世上绝没有任何事能让上官金虹真的动心。就连林仙儿那样的绝代美人，在他看来，也只不过是个工具。

卫天鹏道："据说上官金虹生前，已将金钱帮的财富，和他的武功心法，全部收藏到一个很秘密的地方。"

南海娘子道："江湖中的确久已有了这种传说。"

卫天鹏道："但上官金虹去世至今已有二十多年，却从未有人能找到这笔宝藏。"

南海娘子道:"的确从来也没有人找到。"

卫天鹏眼睛里闪着光,徐徐道:"但这宝藏的所在地,并不是没有人知道的。"

南海娘子道:"哦?"

卫天鹏道:"知道这秘密的只有荆无命,但他也是个对任何事都绝不动心的人,所以多年来,从未对这宝藏有过野心。"

南海娘子道:"他本就是上官金虹的影子。"

卫天鹏道:"他剑法狠毒,出手无情,别人也不敢打他的主意,何况他的行踪也一向飘忽不定,就算有人想找他,也找不到。"

南海娘子道:"就算找到了,也必定死在他的剑下。"

卫天鹏道:"但是现在他却已将这秘密告诉了一个人。"

南海娘子道:"哦?"

卫天鹏道:"他已将这秘密告诉了上官金虹唯一的骨血。"

南海娘子道:"上官小仙?"

卫天鹏道:"不错,正是上官小仙,所以她现在不但是世上最美丽的女人,也是世上最富有的女人,再加上上官金虹留下的武功心法,无论谁只要能找到她,不但立刻可以富甲天下,而且必将纵横武林,这诱惑实在不小。"

南海娘子道:"只可惜她自己并不知道,她只不过还是个七八岁的孩子。"

卫天鹏道:"所以无论谁要保护这么样一个人,都几乎是件不可能的事。"

南海娘子道:"可能。"

卫天鹏道:"不可能。"

南海娘子道:"别人不可能,叶开能。"

卫天鹏冷笑道:"他就算是武林中的绝代奇才,武功就算已能无敌于天下，但只凭他一个人，难道就能抵抗天下武林中的数十高手？"

南海娘子道："他并不是只有一个人。"

卫天鹏道："不是？"

南海娘子道："一心想杀了他，夺走上官小仙的人固然不少，但为了昔日的恩义，决定要全力保护他的人，也有几个。"

卫天鹏道："昔日的恩义？"

南海娘子道："莫忘记他是小李探花唯一的传人，昔年受过小李探花恩惠的人也并不少。"

卫天鹏冷冷道："事隔多年，那些人纵然还没有死，只怕也早已将他的恩情忘了，恩情总是比仇恨忘得快的。"

南海娘子道："至少还有一个人未曾忘记。"

卫天鹏道："谁？"

南海娘子道："我！"

这句话说出来，大家又不禁全都悚然动容。

南海娘子道："你们若以为我也想来图谋上官小仙的，你们就错了。"

卫天鹏目光闪动，道："你找我们到这里来，是为了什么？"

南海娘子道："我只不过想要你们看在我的面上，打消这个主意。"

卫天鹏道："你想要我们放过叶开？"

南海娘子道："是的。"

卫天鹏道："我们若不答应呢？"

南海娘子冷冷道："那么你们就不但是叶开的对头，也是我的对头，今日你们若想活着走出这屋子，只怕很不容易。"

卫天鹏突然大笑，道："我明白了，我总算明白了。"

南海娘子道："你明白了什么？"

卫天鹏的笑声突然停顿，道："你要我们打消这主意，只不过想一个人独吞而已，你故意将叶开说得活灵活现，其实你想必有了对付他的法子。"

南海娘子的声音也变了，突然道："卫八，你看着我。"

卫天鹏却已转过头，去看门口的屏风，冷冷道："你若想用魔教中的勾魂摄心大法来对付我，你就找错人了。"

南海娘子道："我只不过想提醒你，三十年前，我已放过你一次了。"

卫天鹏道："不错，三十年前，我几乎已死在你手里。"

南海娘子道："那时你已发下重誓，只要我再看着你，我无论要你做什么，你都绝不违背，否则就宁愿被利刃穿胸而死。"

她的声音突又变得阴森而恐怖，冷冷地接着道："这些话你还记不记得？"

卫天鹏道："我当然记得，只不过……"

南海娘子道："只不过怎么样？"

卫天鹏道："这些话我是对南海娘子说的。"

南海娘子道："我就是南海娘子。"

卫天鹏道："你不是。"

他嘴角带着种奇特的冷笑，一字字接着道："南海娘子早已死了，你以为我还不知道？"

这句话说出来，连墨白也不禁动容。

卫天鹏道："在后面那草棚中，你问我怎会听不出你的声音，那时我就已知，你绝不是南海娘子，就知道她早已死了，否则我又怎么敢来？"

那神秘的声音沉寂了很久，才徐徐道："你怎么会知道？"

卫天鹏道："因为你不该问这句话的。"

"为什么？"

"因为我根本就听不出她说话的声音，我虽然是唯一见过她真面目的人，却从来也没有听见她说过一个字。"

卫天鹏笑得很奇特，接着又道："你虽然知道我是唯一见过她真面目还能活着的人，却一定也不知道我们之间的事，因为她绝不会将这件事告诉你。"

那声音又沉寂了很久，才忍不住问："为什么？"

"因为那是个秘密，天下绝没有别人会知道的秘密。"

这老人的脸上，忽然发出一种青春的光辉，就像是已回到多年前，他还充满了梦想的少年时。然后他就说出了一段奇异而美丽的故事，美丽得就像神话："三十年前，我还是个喜欢惹是生非的年轻人，有一次在苗疆闯了祸，逃窜入深山，却在深山里迷了路。

"苗山中不但到处都可能遇见毒蛇猛兽，而且瘴气极重，我为了躲避每天黄昏时都会出现一次的桃花瘴，躲入了一个很深的山洞里。

"那山洞原是狐穴，我想杀条狐狸，烤来充饥，就为了去追这条狐狸，我才遇见了那件我这一生中永远也无法忘记的事。"

他刀锋般的眼睛也已变得非常温柔，然后他接着又说了下去："我将那条狐狸一直追到山洞最深处，才发现后面的山壁下，还有条秘密的出路。

"我拨开枯藤走进去，没多久之后，就听见一阵阵流水声，沿着水声再往前走，天光豁然开朗，外面竟是个世外桃源般的人间仙境。

"那时正是暮春时节，百花齐放，绿草如茵，山上有道泉水流下来，竟是滚热的。

"然后我就忽然发现那温泉水池中，竟有个美丽的少女在沐浴。"

说到这里，大家当然都已知道他说的这少女是什么人了。

卫天鹏目光温柔地凝视着远方，仿佛又看到了那锦绣的山谷，那沐浴在温泉中的美人。

"那时她也很年轻，乌黑发光的头发，又光滑，又柔软，就像是缎子一样，尤其是她的眼睛，我从来也没有看见过那么美丽的眼睛。

"我就像是个呆子般看着她，已完全看得痴了。

"她起先好像觉得很惊惶，很愤怒，但后来也慢慢地平静下来，也在静静地看着我。

"我们就这样互相凝视着，也不知过了多久，她脸上忽然露出了一丝微笑，大地上所有的花朵，就仿佛已在那一瞬间全部开放。

"我不由自主向她走了过去，竟忘了前面是个水池，也忘了身上还穿着衣裳鞋子。

"我简直什么都忘了，只想走过去抱住她……"

听到这里，每个人脸上都露出温柔之色，仿佛都在幻想着那一刻的温馨和甜蜜。又过了很久，卫天鹏才叹息着，慢慢地接下去："我们始终没有说过一个字，也没有问过对方的姓名和来历。

"所有的一切事，都发生得很自然，一点也没有勉强，就好像上天早已安排好我们这么样两个人，在这地方见面的。

"直到天色已完全黑暗，她已要走的时候，我才知道她是什么人。

"因为直到那时，我才发现她额角上的头发覆盖下，刺着一朵黑色的莲花。

"那正是南海娘子的标志，我惊讶之中，做出了一件令我后悔终生的事。

"我马上叫出了她的名字。

"就在那一瞬间，她的人突然变了，温柔美丽的眼睛里，突然现出了杀机，竟向我施展魔教中最可怕的武功——大天魔手，仿佛要将我的心掏出来。

"我不想闪避,也不能闪避,那时我的确觉得,能死在她手里,乃是件非常幸福的事。

"也许就因为这一点,她才不忍真的下手,我甚至已感觉到她的手插入我的胸膛,她那双柔若无骨的纤纤玉手,竟像是忽然变成了一柄锋利的刀,我甚至已闭上眼睛,准备死了。

"但是她忽然将手缩了回去,等我张开眼时,她的人已不见了。

"夜色已笼罩着山谷,山谷还是同样美丽,但她却似已忽然消失在春风里。

"我却好像刚做了场梦似的,若不是胸膛上还在流着血,我简直不能相信这是件真的事。

"我跪在地上,求她回来,再让我见她一面,但我心里也已知道她是永远不会再回来的了。

"所以我又发誓,只要再见到她,无论她要我做什么,我都不会违背她的意思。

"可是自从那一天之后,我就永远再也没有见着她,永远也没有……"

他声音愈说愈低,终于变成了一声长长的叹息。

这是个美丽、凄凉,而且充满了梦幻般神秘的故事。这故事美丽得就像是神话。但每个人都知道这绝不是梦,也不是神话。你只要看见铁姑和卫天鹏脸上的表情,就知道这故事每个字都是真的。铁姑美丽而冷漠的脸,似乎已因悲痛和震惊而变形。心姑的神色也变了。只有那木雕的观音神像,还是手拈着杨柳枝,在缭绕的烟雾中微微含笑。

也不知过了多久,卫天鹏才恢复镇静,冷冷道:"所以我知道南海娘子已死了,我知道魔教中有种神秘的腹语术,你们利用这木偶就想把我吓走,也未免想得太天真了。"

心姑忽然道："不错，那些话都是我借观音神像的嘴说的，可是我说的话也一样有效。"

卫天鹏道："哦？"

心姑道："你若一定还要打上官小仙的主意，我保证你一定会后悔的。"

卫天鹏突然大笑，道："我卫八自十三岁出道，在江湖中混了五六十年，至今还没有为任何一件事后悔过。"

心姑道："你一定不肯放过他们？"

卫天鹏道："我只希望你们能将这碗饭分给大家吃，莫要一个人独吞。"

心姑冷笑道："好，念在你昔年和本门祖师爷的那一点情分，我现在可以让你活着走出去。"

卫天鹏道："然后呢？"

心姑道："只要你一走出这间屋子，从此就是我南海门的对头，你最好就赶快去准备后事，因为你随时都说不定会死的。"

卫天鹏淡淡地说道："念在我和南海娘子昔年那一点情分，现在我也不能以大欺小，向你们出手，只不过……"

心姑道："不过怎么样？"

卫天鹏道："你们若一定要跟我做对头，也未必还能活多久的。"

他冷笑着，霍然长身而起，忽然又向墨白笑了笑，道："我们以前的恩怨，也不妨一笔勾销，从现在起，你我是友是敌，也就看你了。"

这句话一说完，他就头也不回地走了出去。

第五章

飞狐杨天

门外冷雾凄迷,夜更深,风更冷。

卫天鹏迎着风长长吸了口气,忽然道:"韩贞!"

韩贞已跟过来,道:"在。"

卫天鹏道:"你知不知道那飘香别院在哪里?"

韩贞道:"我们现在就去?"

卫天鹏道:"先下手的为强,这句话你该听说过的。"

韩贞道:"可是那叶开……"

卫天鹏道:"叶开怎么样?"

韩贞道:"叶开现在必定已有防备,我们现在若去跟他硬拼一场,不论谁胜谁负,双方都难免要有伤损,岂非让别人渔翁得利了。"

卫天鹏道:"谁说我们是要跟他去打架的?"

韩贞道:"不是?"

卫天鹏道:"当然不是。"

他嘴角又露出了狐狸一样的微笑,悠然道:"我们是好意去向他通风报信,是跟他交朋友去的。"

韩贞的眼睛亮了,微笑着道:"因为小李探花昔日也对我们有恩,我们这次来并不是为了要算计他,而是为了报恩。"

卫天鹏道:"一点也不错。"

韩贞道："南海娘子既然死了，别的人已不足为虑，我们一定要劝他趁这个好机会，先下手把那些对他有野心的人除去。"

卫天鹏道："他是个聪明人，一定会明白的。"

韩贞道："何况他还有我们做他的后盾，他无论要杀什么人，我们都可以帮他提刀。"

卫天鹏大笑，道："好，你果然愈来愈懂事了，也不枉我对你一番苦心。"

他们已走入了梅林，一阵阵春风吹过，迷雾中忽然出现了一条幽灵般的人影。

卫天鹏低喝："什么人？"

"是我！"

这人垂着头走过来，竟是西门十三。

卫天鹏沉下了脸，道："谁叫你到这里来的？"

西门十三颔首道："弟子有件要紧的事，要禀报你老人家。"

卫天鹏道："什么事？"

西门十三走近几步，走得更近些，道："我知道叶开……"

他声音实在太低，卫天鹏只好把耳朵凑过去。

他一生杀人无数，随时随地都在提防着别人杀他，但此时他却是做梦也想不到，他最宠爱的这个徒弟手里，竟有把准备刺入他胸膛的刀。

两个人身子已凑在一起。

卫天鹏道："有什么话快说。"

西门十三道："我要你死。"

听到这个"死"字，卫天鹏才吃了一惊，但闪避已来不及了。

他已能感觉到冰冷的刀锋，刺入了他的皮裘，刺在他胸膛上。他甚至已能感觉到死的滋味。

就在这间不容发的一刹那间,西门十三突然惨呼着倒下。

他手里那柄杀人的刀,在夜色中闪着碧光,刀锋上已带着血迹。

是卫天鹏的血。

卫天鹏的身子这才开始发抖,才真正感觉到死的恐惧。

西门十三仰面倒在雪地上,眼珠已凸出,耳、鼻、眼、口中,突然同时有鲜血流出。

血竟是黑的。

卫天鹏转头去看韩贞,韩贞也已吓得呆住。

西门十三显然不是被他杀了的。

究竟是谁在暗中出手,救了卫天鹏这条命?

卫天鹏已没空再想了,这梅林冷雾中,处处都仿佛隐藏着杀机。

他跺了跺脚,低声道:"快退出去。"

突听一人道:"你站着不能动,否则刀毒一发,就必死无疑了。"

声音清脆妩媚,一个人幽灵般地在雾中出现,赫然竟是铁姑。

卫天鹏愕然道:"刚才是你救了我?"

铁姑点点头。

卫天鹏道:"叫他来杀我的也是你?"

铁姑又点点头。

只有被她摄心大法所迷的人,才会做得出这种事。

卫天鹏道:"你既然叫他来杀我,为什么又要来救我?"

铁姑苍白的脸上带着种无法描述的表情,谁也猜不出她心里在想什么,更猜不出她为什么要这样做。

可是她看着卫天鹏的时候,眼睛里却仿佛有种很强烈的感情。

她本不是容易动感情的。

她几乎已没有感情。

卫天鹏看着她，眼睛忽然也露出种无法描述的感情，忽然道："你……你是她的女儿？"

铁姑点了点头。

卫天鹏倒退了两步，道："那么你……你……你难道也是我的……"

"女儿"这两个字他并没有说出来，他好像不敢说出来。

可是他不必说出来，别人也知道的。

铁姑居然并没有否认，目中的神色又变得很悲伤，忽然道："她这一生中，只有你一个男人。"

卫天鹏又后退了两步，身子突然又开始发抖。

——南海娘子这一生中，居然只有他一个男人。

他心里也不知道是感动，是惊讶，还是悲伤。

铁姑的眼睛里似已有泪光，道："所以我不能看着你死。"

她当然不能。

世上绝没有任何一个人，能眼见着自己父亲死在别人刀下的。

——难道她竟真的是我亲生女儿？

卫天鹏几乎不相信，却已不能不信。

他一生中最大的遗憾，就是没有女儿，谁知到了垂暮之年，竟忽然有了个女儿。

如此美丽，如此值得骄傲的女儿。

他看着她，眼睛里也不禁有了泪光，已完全忘了自己刚才还想叫人去杀了她的。

血浓于水。

就连野兽都有亲情，何况是人！

卫天鹏颤抖着伸出手，似乎想去摸摸她的头发，摸摸她的脸。

可是他又不敢。

就在这时,梅林外忽然又有个人冲了进来,吃惊地看着他。

心姑也来了。

铁姑忽然长长叹息了一声,道:"你不该来的。"

心姑用力咬着嘴唇,忽然大声道:"我为什么不该来……他既然是你的父亲,就是我的祖父,为什么不能来看看他?"

卫天鹏又怔住。

原来他不但有了女儿,还有了孙女。

他只觉得全身的血都热了,几乎已忍不住要大叫起来。

谁知就在这时,心姑突然反身出手,闪电般点了他胸前七处穴道。

韩贞本来一直在旁边看着,遇见了这种事,他也只有在旁边看着。

看见心姑出手时,他想救已来不及了,谁知心姑竟又扶住了卫天鹏,道:"刀上已见了血,他想必已中了毒,你快抱起他跟我来。"

原来她出手是为了救人。韩贞叹了口气,今天他看见的和听见的这些事,他知道自己这一辈子都永远忘不了的。

他这一生中,也从来没有遇见过这么奇诡的事。

佛堂里燃着香,香烟缭绕,也仿佛梅林中的冷雾一样。

韩贞将卫天鹏放了下来,放在一张软榻上。

神案前摆着几个蒲团,中间一个蒲团上,坐着个云鬓高髻的锦衣少女,仿佛很美。

她重眉敛目,盘膝坐在那里,竟像是老僧入定一样。

这么多人从外面走进来,她居然不闻不问,好像根本没有看到。

但韩贞却忍不住要去看看她。

放着这么美的少女在面前,若是连看都不看,这个人一定不是个男人。

韩贞总算还是个男人。

他看了一眼,就忍不住要多看两眼,他忽然发现这少女很像一个人。

像丁麟。

纵横江湖的"风郎君",怎么会忽然变成了个女人?

韩贞当然不会相信这种事,但却愈看愈像,这少女就算不是丁麟,也一定是丁麟的姐妹。

丁麟的人呢?

他若是已被铁姑她们杀了,他的姐妹又怎么能安心地坐在这里?

韩贞并不是个很好奇的人,一向都不太喜欢管别人的闲事。

可是现在他实在觉得很奇怪,每个人都多多少少难免有点好奇心的。

韩贞毕竟还是个人。

铁姑和心姑已在为卫天鹏治伤疗毒,好像并没有注意到他。

韩贞忍不住慢慢走过去,悄悄唤道:"丁麟。"

锦衣少女果然抬起头来看了他一眼,却像是根本不认得这个人一样,摇了摇头道:"我不是丁麟。"

韩贞又忍不住问道:"你是谁?"

锦衣少女道:"我是丁灵琳。"

丁灵琳!

这名字韩贞是听见过的——丁灵琳岂非就是叶开的情人?

她长得怎么会跟丁麟一模一样?她跟丁麟又有什么关系?

这锦衣少女又闭起了眼睛,连看都不再看他了。

铁姑却在看着他。

韩贞一回头,就触及了铁姑的目光。

比刀光还亮的目光。

韩贞强笑了笑,道:"他老人家想必已脱险了吧?"

铁姑点点头,忽然问道:"你看他是丁麟,还是丁灵琳?"

韩贞道:"我看不出。"

这倒不是假话,他的确看不出,也分不出。

铁姑道:"你应该看得出的,无论谁都该看得出她是个女人。"

韩贞道:"他现在的确是个女人。"

铁姑道:"以前难道不是?"

韩贞笑了笑,道:"我只不过有点奇怪,丁麟怎么会忽然不见了。"

铁姑道:"你很关心他?"

韩贞摸了摸歪斜的鼻子,道:"他打歪了我的鼻子。"

铁姑道:"你想报复?"

韩贞道:"没有人能在打歪我鼻子之后,就一走了之的。"

铁姑道:"他能不能死?"

韩贞道:"他也不像很快就会死的人。"

铁姑道:"可是他偏偏已死了。"

韩贞道:"你是说,丁麟已死了?"

铁姑道:"不错。"

韩贞道:"但丁灵琳还活着。"

铁姑凝视着他,过了很久,才徐徐道:"你已看了出来?"

韩贞又笑了笑,道:"我看不出,我是猜出来的。"

铁姑道:"你还猜出了什么?"

韩贞道:"叶开虽然是个很精明的人,但是对自己的老情人,总不会有什么戒备的。"

铁姑道:"说得好。"

韩贞道："假如这世上只有一个人能暗算叶开，再将上官小仙从他手里抢过来，那么这个人一定就是丁灵琳。"

铁姑道："说得好。"

韩贞道："只可惜丁灵琳是绝不会去暗算叶开的，所以……"

铁姑道："所以怎么样？"

韩贞道："假如有个人长得跟丁灵琳很像，可以改扮成丁灵琳，那么这个人岂非就正是对付叶开的最好武器。"

铁姑道："这个人若是男的呢？"

韩贞微笑道："无论他是男是女都没关系。"

铁姑道："哦？"

韩贞道："据说南海娘子不但易容术妙绝天下，而且还有种手法能控制别人咽喉的肌肉，使他的声音也改变。"

铁姑冷冷道："你知道得倒不少。"

韩贞道："这个人若是不听话，没关系，因为南海门还有种能控制别人心灵的摄魂大法。"

铁姑又盯着他看了半天，才徐徐道："据说江湖中人都叫你'铁锥子'。"

韩贞道："不敢。"

铁姑道："据说别人无论有多硬的壳，你都能把它锥开。"

韩贞道："这只不过是传言而已。"

铁姑道："可是这传说看来好像并不假。"

韩贞道："我纵然还有点名堂，也是卫八太爷一手教出来的。"

铁姑冷笑道："你用不着提醒我，我早就知道你是他最亲信的人。"

韩贞松了口气，道："只要夫人明白这一点，我就放心了。"

铁姑道："我既然让你到这里来，就没有再打算瞒着你。"

韩贞道："多谢。"

铁姑道："这件事你现在是不是已完全明白了？"

韩贞道："还有几点不明白。"

铁姑道："你说。"

韩贞道："夫人莫非早已算准了丁麟要到这里来？"

铁姑道："不错，所以我早已准备好了，在这里等着他。"

韩贞道："但夫人又怎知他一定会来？"

铁姑道："有人告诉了我。"

韩贞道："这个人是谁？"

铁姑道："是个朋友。"

韩贞道："是丁麟的朋友，还是夫人的朋友？"

铁姑道："若不是丁麟的朋友，又怎么会知道他的行动。"

韩贞叹了口气，道："有时候朋友的确比仇敌还可怕。"

他忽又问道："夫人以前见过丁灵琳没有？"

铁姑道："没有。"

韩贞道："那么夫人又怎知丁麟跟她长得很像？"

铁姑道："据说他们本是双生兄妹。"

韩贞道："哦！"

铁姑道："他们那边的习俗，双胞胎生下来若是一男一女，其中一个就一定要送到外面去养。"

韩贞道："这种习俗我们那边也有。"

铁姑道："所以江湖中有很多人都不知道，丁麟也是他们丁家的后代。"

韩贞道："夫人又怎么会知道的？"

铁姑道："是个朋友告诉我的。"

韩贞道："还是刚才说的那个朋友？"

铁姑道："不错。"

韩贞点了点头，道："他既然是丁麟的好朋友，当然知道很多别人不知道的事。"

铁姑道："你是不是很想知道这个人是谁？"

韩贞道："是。"

铁姑道："为什么？"

韩贞淡淡地一笑，道："因为我不想跟他交朋友。"

铁姑目中也有了笑意，道："你实在是个很精明的人。"

韩贞道："而且是个锥子。"

铁姑道："而且是有眼光的锥子。"

韩贞道："鼻子虽然已被打歪了，幸好也还很灵。"

铁姑微笑道："所以你若肯替我到一个地方去看看，那真是再好也没有了。"

韩贞道："但请吩咐。"

铁姑道："你肯去？"

韩贞道："夫人就算要我去赴汤蹈火，我也一样会去的。"

铁姑叹了口气，道："难怪卫八太爷信任你，看来你果然是个够义气的人。"

韩贞道："能得到夫人一句夸奖，韩贞死而无怨。"

铁姑嫣然一笑，道："我并不想叫你去死，只不过要你到飘香别院去。"

韩贞道："去看看叶开的动静。"

铁姑道："顺便也去看看那位只有七岁大的大美人。"

飘香别院飘着花香。

窗户里的灯还亮着，窗上有两个人的影子，一个男人，一个女人。

看不见珍珠兄弟。

雪地上却有柄折断了的剑，剑柄上的剑锋在灯下闪着光。

看来珍珠兄弟今天的运气实在不好。

忽然间，窗户开了。

一个非常美的女人，手里抱着个泥娃娃，站在窗口。

她的脸白里透红，眼睛又圆又亮，红红的小嘴半张着，显得说不出的娇媚，说不出的天真。

她本身看来就像是个泥娃娃。

可是她的身材却不像是个泥娃娃。

她身上每一分，每一寸，都仿佛在发射着一种令人不可抗拒的热力。

孩子的脸，妇人的身材，这虽然很不相称，却形成了一种奇妙的组合，组合成一种美妙的诱惑，一种足以令大多数男人犯罪的诱惑。

要保护这么样一个女人，实在不容易。

她身后还有个男人，看起来很年轻，很英俊。

叶开显然也是个非常好看的男人，只可惜他站得比较远。

韩贞虽然也看见了他，却看不清他的脸。

上官小仙手里抱着泥娃娃，嘴里轻轻地哼着首儿歌，声音也甜得很。

只听叶开道："外面风很冷，你为什么还不关上窗子？"

上官小仙的嘴撅得更高，道："宝宝太闷了，宝宝想透透风。"

叶开叹了口气，道："宝宝已经该睡了。"

上官小仙道："可是他偏偏不肯睡，宝宝精神还好得很。"

叶开苦笑道："这么晚了还不睡，宝宝是个坏孩子。"

上官小仙立刻叫起来："宝宝不是坏孩子，宝宝乖得很。"

她伸出一只又白又嫩的手，轻轻拍着怀里的泥娃娃，柔声道："宝宝不要哭，他才是个坏人，宝宝不哭，妈妈喂奶给你吃。"

她竟真的要解开衣襟，喂奶给这泥娃娃吃了。

她的胸膛成熟而高耸。

韩贞远远地看着，心已跳了起来，跳得好快。

谁知就在这时，叶开却忽然赶过去，"砰"地关起了窗子。

只听上官小仙在窗子里吃吃地笑着，道："你拉我干什么？你是不是也要吃奶？哼……"

佛堂里的香已燃尽了。

卫八太爷闭着眼躺在软榻上，脸色很红润，似已睡着。

铁姑听韩贞说完了，才说道："窗子一关上，你就回来了？"

韩贞苦笑道："我总不能也进去抢着吃奶。"

铁姑眼中又露出笑意，道："看起来你好像很羡慕叶开。"

韩贞叹了口气，道："我也很同情他。"

铁姑道："你同情他？"

韩贞道："整天陪着这么样一个女人，实在不是件好受的事。"

心姑忽然道："她是不是很美？"

韩贞偷偷瞧了她一眼，道："还算过得去。"

这不是老实话，却是聪明话。

没有任何女人，愿意听着男人在自己面前夸奖另一个女人的。

心姑冷冷道："听说白痴都长得很美的。"

韩贞道："是。"

心姑忽又笑了，道："幸好美人并非一定都是白痴。"

她自己当然也是个美人，非常美。

铁姑忽又问道："飘香别院里，是不是只有他们两个人？"

韩贞道:"我前前后后都看过了,好像没有别的人。"

铁姑道:"是好像没有,还是的确没有?"

韩贞想了想,道:"的确没有。"

铁姑道:"也许有别的人已睡了呢?"

韩贞道:"别的屋子里都没有生火,这么冷的天,谁也不会在一个没有生火的屋子睡觉的。"

铁姑终于笑了笑,道:"看来你不但聪明,而且很细心。"

心姑忽然道:"只可惜鼻子歪了一点。"

铁姑瞪了她一眼,道:"你又不想嫁给他,你管人家鼻子歪不歪。"

心姑道:"鼻子歪的男人,也并不一定就是嫁不得的。"

铁姑又笑了,道:"小鬼,胡说八道的,也不怕人家听了笑话。"

韩贞忽然发觉自己的心又在跳,跳得很快。

这种可能他并不是没有想到过,只不过不敢想而已。

现在这母女两人却好像在故意提醒他。

——她们是不是又想出个难题让他做了。

铁姑果然又在问他:"你武功是不是跟卫八太爷学的?"

韩贞道:"不是。"

他并不是卫天鹏的弟子,也不是"十三太保"中的一个。

铁姑道:"你用的兵刃就是锥子?"

韩贞道:"是。"

铁姑道:"我还没听说过江湖中有人用锥子做兵刃的。"

韩贞笑道:"那本是我随便找来用的。"

铁姑道:"锥子也有独门招式?"

韩贞道:"没有,但无论哪种兵刃的招式,都可以用锥子使出来。"

铁姑道:"听你这么说,你会的武功招式一定很不少。"

韩贞道:"只可惜杂而不精。"

心姑忽又"扑哧"一笑,道:"想不到你这个人居然也会假客气。"

韩贞的心跳得又快了。

铁姑道:"你跟着卫八太爷没有几年,就已成了他门下最得力的人,武功想必是不错的。"

韩贞只有承认:"还算过得去。"

铁姑道:"所以我还想请你做一件事。"

韩贞道:"但请吩咐。"

铁姑道:"这件事愈快愈好,今天晚上又正好是下手的好机会。"

韩贞道:"是。"

铁姑道:"所以我想现在就要丁灵琳去动手。"

韩贞沉思着,道:"却不知叶开会不会认出她来?"

铁姑道:"绝不会的,就算她还有点破绽,在灯光下也看不出来。"

韩贞道:"但他们本是老情人,若是多看几眼,也许就……"

铁姑道:"我们怎么会给机会让他看清楚,只要他一让丁灵琳近他的身,大功也就告成。"

心姑笑道:"他出手本来就很快的,否则又怎能一拳打歪你鼻子?"

韩贞只有苦笑,心里却是甜的。

铁姑道:"只不过,我们也不能不多加小心,以防万一,所以我想要你陪着他去。"

韩贞怔了怔,道:"我怎么能陪他去?"

铁姑道:"为什么不能?"

韩贞道："我……算什么人呢？"

铁姑道："算这里的管事，带他去找叶开，因为这地方丁灵琳没来过，当然不认得路。"

韩贞忍不住叹了口气，道："夫人想得真周到。"

铁姑道："若是想得不周到，又怎么敢出手动叶开？"

韩贞道："现在我只担心一件事了。"

铁姑道："担心什么？"

韩贞道："担心叶开的飞刀。"

铁姑道："你怕？"

韩贞苦笑道："我只怕这位丁灵琳姑娘不能一出手就置他于死地，只怕他还有机会出手。"

铁姑冷冷道："莫忘记我也有刀，在我的刀下，没有人还能活得了。"

她忽然挥手，一柄刀"叮"地落在丁麟面前。

一柄碧磷磷的刀。

丁麟立刻睁开了眼睛，直勾勾地看着这柄刀。

铁姑道："捡起这柄刀来，藏在衣袖里。"

丁麟果然就捡起刀，藏入衣袖。

铁姑道："现在你抬起头，看着这个人。"

她指着韩贞。

丁麟就抬起头，眼睛直勾勾地看着韩贞。

铁姑道："你认得这个人吗？"

丁麟点点头。

铁姑道："我要你跟着他走，他会带你去找叶开的。"

丁麟又点点头。

铁姑道："叶开是个无情无义的人，抛下了你，去找别的女人了，所以你看见他,就要用这柄刀杀了他,然后带那个女人回来。"

丁麟道:"我一定要杀了他,然后带那个女人回来。"

铁姑道:"你现在就去吧。"

丁麟道:"我现在就去。"

他脸上带着种很奇怪的表情,仿佛茫然无知,又仿佛很痛苦。

铁姑道:"你为什么还不去?"

丁麟道:"我去。"

他嘴里虽然说去,却还是坐在那里,动也不动。

心姑叹了口气,道:"看来他对叶开真不错,到了这种时候,居然还不忍去杀他。"

铁姑冷笑道:"他会去的。"

她当然知道一个人的心灵纵然已受了控制,但你若要他去做一件他最不愿意的事,他的理智还是会做最后一番挣扎的。

这本是很正常的现象,所以她早已有了准备。

她忽然拍了拍掌。

旁边的一扇门竟立刻无风自开,一个人慢慢地走了进来。

一个三十多岁的中年人,身上穿着件狐皮袍子,外面还套着件蓝布罩袍,看来就像是个规规矩矩的生意人。

这个人赫然竟是飞狐杨天!

丁麟的脸忽然间已因恐惧而扭曲,身子也开始不停地发抖。

杨天冷冷地看着他,脸上一点表情也没有。胸口上竟赫然插着把刀,衣服上也还带着血迹。

铁姑道:"你认得这个人吗?"

丁麟点点头,脸上的表情更恐惧。

他当然认得这个人,他的记忆并没有完全丧失。

铁姑道："他现在已经是个死人了，你还记不记得是谁杀了他的？"

丁麟道："是……是我。"

铁姑道："他本来是你的好朋友，但你却杀了他。"

丁麟道："是你要我去杀的。"

铁姑道："现在我要你去杀叶开，你去不去？"

丁麟道："我……我去。"

铁姑道："你现在就去。"

他果然站了起来，慢慢地走了出去，他的身子还在发抖。

铁姑道："在门外等着，等韩贞带你去。"

丁麟道："我在门外等着，等韩贞带我去，我一定要杀了叶开。"

等他走出门，铁姑才对韩贞笑了笑，道："现在你总该知道，他那好朋友是谁了吧。"

韩贞只有看着杨天苦笑。

铁姑道："你不认得他？"

杨天忽然冷冷道："他不认得我，他不想交我这个朋友。"

他一反手，拔下了插在胸口的刀，却只有刀柄。

只听"噗"的一声，一截刀锋自刀柄里弹了出来，用指尖一按，刀锋就又退入刀柄。

原来竟是把杀不死人的刀。

韩贞叹了口气，道："世上既然有这种刀，就难怪会有你这种朋友了。"

铁姑道："可是你最好记住，这种刀和这种朋友，都不是没有用处的。"

穿过了几百株梅花，又来到飘香别院。

丁麟一直静静地跟在韩贞身后，韩贞走一步，他就走一步。

韩贞忽然停下来。

丁麟也停了下来。

韩贞回过头，盯着他，道："你的朋友西门十三已死了。"

丁麟道："西门十三已死了？"

韩贞道："你想不想知道他是死在什么人手上的？"

丁麟道："我不想知道他是死在什么人手上。"

韩贞道："但你若真是他的好朋友，就应该替他报仇。"

丁麟道："我若真是他的好朋友，就应该替他报仇。"

你说一句话，他就跟着你说一遍，但你永远不知道他是不是已真的了解你的意思。

韩贞叹了口气，道："像你这么聪明的人，居然也会受人控制，我简直不敢相信。"

他用眼角瞟着丁麟，丁麟脸上却连一点表情都没有。

韩贞又叹了口气，道："前面有灯光的地方，就是飘香别院。"

丁麟道："是。"

韩贞道："叶开就在那里。"

丁麟道："是。"

韩贞道："你真的能忍心下手？"

丁麟道："是。"

韩贞道："其实你本来不必真杀了他的。"

丁麟道："我不必？"

韩贞道："你可以抱住他，点住他的穴道，让他动不了。"

丁麟道："我可以让他动不了。"

韩贞道："那时我就会把那个坏女人带走，带得远远的，让她永远也看不见叶开。"

丁麟道："让她永远也看不见叶开。"

韩贞道："那么你以后就可以永远跟叶开厮守在一起了。"

他看着丁麟，丁麟迷惘的眼睛里，果然像是发出了光。

韩贞道："你说这法子是不是很好？"

丁麟道："以后我就可以永远跟叶开厮守在一起了？"

韩贞道："不错，而且我还可以保证，以后永远再也没有人会来拆散你们。"

丁麟想了想，目中又露出恐惧之色，道："可是我杀了杨天，他做鬼也不会放过我的。"

韩贞微笑道："你并没有杀死他，他并没有死。"

丁麟道："我明明杀了他。"

韩贞忽然拿出了那柄他刚从地上捡起来的刀，道："你是用这把刀杀了他的？"

丁麟道："是。"

韩贞道："但这柄刀却是杀不死人的，你看……"

他微笑着，反手将这柄刀向自己胸上刺了下去。

他脸上的笑容突然僵硬。

刚才他轻轻一按，刀锋就缩了回去。

但现在刀锋竟不肯缩回去了。

他轻轻一刺，刀锋竟已刺入了他胸膛，刺得虽不深，却已见了血。

"见血封喉，必死无救。"

韩贞只觉得全身都已冰冷，从心口一直冷到了脚底。

突听一人冷冷道："你最好站着不要动，毒气一动就发，你就死定了。"

韩贞当然站着不敢动，他已听出了这是心姑的声音。

心姑果然已从梅林外走了过来，后面还跟着一个人，竟是杨天。

韩贞连腿都软了，想勉强笑一笑，却偏偏笑不出。

心姑冷冷地看着他，道："这把刀是魔刀，虽然杀不死别人，却杀得死你。"

杨天冷笑道："世上既然有你这种人，就有这种刀。"

心姑嫣然道："一点也不错，这种刀本就是专门为了对付他这种人的。"

韩贞咳声道："我……我只不过……"

心姑沉下了脸，冷冷道："你只不过是想出卖我们而已，所以你就得死。"

韩贞道："但望姑娘看在卫八太爷面上，放过我这一次。"

心姑道："你还想活下去？"

韩贞点点头，冷汗已滚滚而下。

心姑道："好，那么你就乖乖地站在这里，一动都不能动，连头都不能点，等我高兴的时候，也许会来救你的。"

韩贞苦着脸道："却不知姑娘什么时候会高兴？"

心姑悠然道："这就难说得很了，通常我总是很高兴的，可是一看见你这种人，我说不定又会忽然变得很生气。"

韩贞咬着牙，只恨不得一拳打碎她的鼻子。

只可惜他就算真的有这种本事，他也不敢动，连指尖都不敢动。

心姑忽然伸出手，轻抚着他的脸，柔声道："其实我本想嫁给你的，可惜你竟连一点考验都经不起，真叫我失望得很。"

她叹了口气，在韩贞脸上拧了一把，又正正反反给了他十来个耳刮子。韩贞简直已忍不住要吐血，却又只有忍受着。

心姑好像这才觉得满意了，回过头对杨天一笑，道："现在你已可带这位丁姑娘走了。"

杨天道:"是。"

心姑微笑着,看着他,道:"我知道你绝不会像他这么没良心的,是不是?"

杨天道:"我至少不会像他这么笨。"

韩贞忽然觉得自己实在很笨,简直恨不得自己一头撞死。丁麟看着他,脸上还是一点表情也没有。

杨天拍了拍他的肩,道:"跟我来。"

丁麟就跟着他走了。

杨天走一步,丁麟就走一步。两个人很快地就已走出梅林。晚风中隐约传来一阵歌声,正是孩子们唱来哄泥娃娃的那种歌声。

雾更浓了。窗户里的灯还亮着,杨天敲门。

"谁?"

"在下杨轩,是这里的管事。"

"杨管事莫非不知道现在是什么时候了?"男人的声音,并不太客气。

无论谁听见半夜有人来敲门,都不会太客气的。

杨天道:"在下也知道时候已不早,可是有位客人,一定急着要来见叶公子。"

"谁要来找我?"

"是位姓丁的姑娘,丁灵琳姑娘。"

"开门的一定就是叶开。"杨天已告诉丁麟,丁麟正站在门口。

门里的灯光照出来,刚好照在他身上。一个穿着很随便,长得却很好看的年轻人刚拉开门,就怔住,脸上的表情又是惊讶,又是欢喜。

"真的是你。"

丁麟垂下了头："真的是我。"

叶开大笑，大笑着跳出来，一把抱住了她："你不生我的气了？"

他也抱住了叶开，他的手已点上了叶开脑袋的"玉枕穴"。叶开惊呼，放手，吃惊地瞪着丁麟。

丁麟道："你不该为了那个坏女人离开我的。"

叶开叹了口气，倒下。

第六章

七岁美人

叶开倒在地上。

这个被大家认为是江湖中最难对付的一个人,忽然就已倒下,动也不能动了。

忽然间,这件事就已结束。

杨天在旁边看着,也显得很吃惊,他好像也想不到这件事竟结束得如此容易。

看来大家以前根本就不必那么紧张的。

丁麟垂首看着地上的叶开,脸上带着种迷惘的表情。

就在这时,一个人从屋里冲出来——一个非常美的女人,手里抱着个泥娃娃。

她看到了地上的叶开,美丽的眼睛里充满了愤怒和惊讶,忽然大叫:"你们打死了他,他是个好人,你们为什么要打死他?"

杨天忍不住问道:"你就是上官小仙?"

上官小仙点点头,道:"你打死了他,你一定是个坏人。"

丁麟忽然大叫:"你才是个坏女人……"

他大叫着扑过去,仿佛要去掐断这女人的咽喉。

可是他的手却被拉住——被铁姑拉住。

"你的事已做完了,现在一定很累,为什么不躺下去睡一觉?"

声音还是那么神秘而优雅。

丁麟眼睛又发直,慢慢地点了点头,道:"我累了,我要睡了。"

他竟真的躺了下去,就躺在门外的雪地上,就好像躺在一张最舒服的床上一样。

上官小仙又吃惊地看着他,忽又大叫:"我不是坏女人,我是个乖孩子,你才是坏女人,所以你现在死了。"

铁姑柔声道:"不错,他才是个坏女人,叶开也是个坏男人。"

上官小仙道:"叶开是好人。"

铁姑道:"他不是好人,他一直不肯让你喂奶给宝宝吃,对不对?"

上官小仙想了想,道:"对,他一直不肯让我喂奶给宝宝吃。"

铁姑盯着她的眼睛,道:"宝宝现在一定饿得要命了。"

上官小仙道:"对,宝宝早就饿了,宝宝不哭,妈妈喂奶给你吃。"

她竟真的拉开了衣襟,露出了坚挺雪白的乳房。

杨天的呼吸立刻停止,心跳却加快了三倍。

铁姑叹了口气,目中却有了笑意,道:"看来她简直连七岁都不到。"

心姑冷笑道:"那也得看你看的是什么地方了。"

铁姑笑了。

心姑道:"你看她这对胸脯,我就不信她还没有碰过男人。"

她咬着嘴唇,眼睛里充满了嫉妒。

无论哪个女人,看见上官小仙的胸脯,都一定会嫉妒的。

铁姑已走到上官小仙身旁,搂住了她的肩,道:"你的宝宝好漂亮。"

上官小仙脸上立刻露出纯真甜美的笑容,道:"他本来就是个乖宝宝。"

铁姑道:"你让我抱抱好不好?"

上官小仙迟疑着,道:"可是你一定要小心点,不能抱得太紧,宝宝怕疼。"

铁姑笑道:"我知道,我也有个宝宝。"

上官小仙又迟疑了半晌,终于将泥娃娃交给了她。

铁姑接过泥娃娃,忽然转身就跑。

上官小仙立刻大叫:"你为什么要抢走我的宝宝……你是个坏女人。"

铁姑在前面跑,她就在后面追。

两个人一前一后,很快就跑出去了。

杨天还是呆呆地站在那里,好像很惊奇,又好像很同情。

心姑瞪了他一眼,冷冷道:"喂奶的大姑娘已去了,你还在发什么呆?"

杨天勉强笑了笑,道:"我……我只不过觉得这件事好像太简单了。"

心姑道:"无论多困难的事,你只要先计划得好,动手时都会很简单的。"

杨天叹了口气,他不能不承认:"这件事计划得实在很好。"

心姑看着他,忽又嫣然一笑,道:"我的胸脯比她还好看得多,你信不信?"

杨天怔了怔,脸已涨红了,吃吃道:"我……我……"

心姑媚笑道:"以后我会让你看看的,那时你就相信了。"

杨天心跳得更快。

心姑道:"现在你先把这姓叶的弄回去。"

杨天道:"这丁……丁姑娘呢?"

心姑道："他会跟我走的。"

她用力踢了丁麟一脚，又回头向杨天一笑，柔声道："只要你肯做个乖孩子，妈妈以后也会喂奶给你吃。"

铁姑跑进了佛堂。

上官小仙也跟着追了进来："把宝宝还给我，快还给我。"

铁姑道："你乖乖地坐下来，我就还给你。"

上官小仙立刻在蒲团上坐了下来。

铁姑道："我还有几句话问你，你也要乖乖地跟我说。"

上官小仙点点头。

铁姑道："你叫什么名字？"

"上官小仙。"

铁姑道："你爸爸是什么人？"

上官小仙道："我爸爸是个神仙，我从来也没有见过他。"

铁姑道："你妈妈呢？"

上官小仙道："妈妈在睡觉。"

铁姑道："在什么地方睡觉？"

上官小仙道："在一个长长的木头盒子里睡觉，已睡了很久很久了。"

她脸上露出了悲哀之色，又道："她说她很快就会醒的，可是她一直都没有醒。"

铁姑道："你妈妈睡着了后，你就跟着谁了？"

上官小仙道："我就跟着一个会飞的叔叔，妈妈要我叫他飞叔叔。"

铁姑道："然后呢？"

上官小仙道："后来飞叔叔就去找叶开，叫我跟着他。"

铁姑目中露出满意之色，道："那个飞叔叔一定对你很好。"

上官小仙道："他很喜欢我，他对我很好，很好。"

铁姑道："他是不是送了很多东西给你？"

上官小仙道："他替我买新衣服穿，又替我买好东西吃哩。"

铁姑道："还有个一只手的叔叔呢，是不是也送了很多东西给你？"

上官小仙皱眉道："一只手的叔叔？"

铁姑道："你难道不记得他了？他身上总是穿着件黄衣服，样子看起来很凶的。"

上官小仙突然拍手笑道："我想起来了，有一天他去找飞叔叔，看见了我，还带我去捉蝴蝶。"

铁姑道："他没有送东西给你？"

上官小仙道："他捉了好多好多蝴蝶送给我，好多好多蝴蝶，好好看。"

铁姑道："除了蝴蝶外，他还送了什么东西给你？"

上官小仙道："没有了。"

铁姑沉下了脸，道："真的没有了？"

上官小仙道："真的。"

铁姑目光闪动，道："他有没有告诉你什么话？"

上官小仙道："有。"

铁姑立刻追问，道："他告诉你什么？"

上官小仙道："他说有个地方，有好多好多好玩的东西，要我长大了去拿。"

铁姑的眼睛又亮了，道："他有没有告诉你，那个地方在哪里？"

上官小仙点点头。

铁姑道："你记住了吗？"

上官小仙道:"他跟我说了好多好多遍,一定要我记住。"

铁姑笑了,柔声道:"我知道你是个又聪明、又听话的乖孩子,只要你把他说的话告诉我,我就把宝宝还给你。"

上官小仙道:"可是那个叔叔说,叫我千万不能告诉别人的。"

铁姑道:"你告诉我没关系,我是他很好很好的朋友,他不会怪你的。"

上官小仙迟疑着道:"可是他说,只要我把这件事告诉别人,我妈妈就永远不会醒了。"

铁姑又沉下脸,道:"你若不告诉我,我就把宝宝摔死。"

上官小仙的脸色变了,大叫道:"你不能摔死我的宝宝,他是个乖宝宝。"

铁姑冷冷道:"我知道他又乖又听话,可是只要我往地上一摔,你以后就再也见不到他了,也没有人陪你玩了。"

上官小仙已经哭了出来,流着泪道:"求求你……求求你……"

铁姑道:"你求我也没有用的,除非你能把那地方告诉我。"

上官小仙道:"只要我告诉你,你就把宝宝还给我?"

铁姑道:"而且还帮你买好多好多新衣服穿,好多好多东西吃。"

上官小仙道:"好,我告诉你,那地方就在……"

她还没有说出来,铁姑突又大声道:"等一等再说。"

上官小仙道:"为什么?"

铁姑冷笑,道:"因为这件事你只能告诉我一个人,千万不能让别人听见。"

只听门外有人轻轻咳嗽了一声,杨天已抱着叶开走进来。

心姑也同时走了进来,丁麟跟在后面。

铁姑沉着脸,厉笑道:"谁叫你把他们带回来的?"

心姑道:"不带回来怎么办?"

铁姑道:"你难道不会杀了他们?"

心姑道:"两个人都杀?"

铁姑道:"你还想留下谁?"

心姑道:"现在就杀?"

铁姑道:"现在就杀!"

叶开蜷曲在地上,看来已经像是个死人,丁麟虽然还能站着,可是两眼发直,别人说要杀他,他却好像听不见。

心姑叹了口气,道:"这么好看的男人,我实在舍不得下手。"

杨天冷冷道:"我舍得。"

心姑瞟了他一眼,娇笑道:"你在吃醋。"

杨天道:"我不吃死人的醋。"

心姑道:"好,我给你刀。"

"当"的一声,一柄刀落在地上。

杨天弯腰捡了起来,看着丁麟,冷笑道:"你杀了我一次,现在我也要杀你一次,这笔账现在就可以结清了,用不着等到后来。"

丁麟看着他手里的刀,还是一点反应也没有。

杨天目中露出杀机,一刀刺了过去。

突听一人大喝道:"等一等。"

杨天缩回手,皱着眉回过头,才发现叫他等一等的人是卫天鹏。

卫天鹏不知什么时候已醒了,从软榻上慢慢地坐了起来。

铁姑皱眉道:"你为什么要他等一等?"

卫天鹏道:"这两人你一定要杀?"

铁姑道:"非杀不可。"

卫天鹏道:"就在这里杀?"

铁姑道:"就在这里。"

卫天鹏道:"佛堂里也能杀人?"

铁姑道:"我们供的佛,本就是杀人的佛。"

卫天鹏叹了口气,道:"我也知道你绝不会留下叶开的,可是这姓丁的……"

铁姑道:"你想留下他?"

卫天鹏道:"现在他已无异是个废人,又何必还要他的命?"

杨天冷冷道:"卫八太爷莫非动了怜香惜玉之心,想回去收房再养个儿子?"

卫天鹏怒道:"你是什么人,怎敢在我面前如此无礼!"

杨天道:"我只不过提醒你一声,也免得你失望。"

卫天鹏道:"失望?"

杨天道:"这位丁姑娘是不会养儿子的。"

卫天鹏道:"你以为我不知道他是什么人?"

杨天道:"既然知道,为什么还要留下他的命?"

卫天鹏道:"等你到了我这种年纪,你就会知道,能不杀的人,还是不要杀的好。"

他叹息着,慢慢道:"少年时杀人太多,等到老年时,就难免要后悔了。"

杨天冷笑道:"卫八太爷的心,几时变得这么软的?"

卫天鹏道:"刚才。"

杨天道:"刚才?"

卫天鹏叹道:"一个人知道自己有了儿女时,心情就会跟以前不同了。"

铁姑突然冷笑,道:"你有了儿女,你以为我真是你的女儿?"

卫天鹏愕然道:"你不是?"

铁姑冷笑道:"南海娘子这一生中,男人也不知有过多少个,儿女却偏偏连半个也没有。"

卫天鹏道："你呢？"

铁姑道："我不是你的女儿，也不是她的女儿。"

卫天鹏道："你……你究竟是什么人？"

铁姑道："天魔无相，万妙无方，上天入地，唯我独尊。"

卫天鹏突然变色，道："你是魔教的门下？"

心姑悠然道："好叫卫八太爷得知，她就是'四大公主'中的三公主。"

卫天鹏面上已无血色，连话都说不出了。

铁姑道："南海娘子是本教的叛徒，自认为已可与本教教主分庭抗礼。所以我就故意投入她门下，先学她的魔功，用她教给我的功夫杀了她。"

心姑道："这是本教中的'以牙还牙，神龙无相大法'。"

卫天鹏脸如死灰，喃喃道："原来你不是我的女儿……原来我没有女儿……"

他反反复复地说着这两句话，竟似已变得痴呆了，这件事对他的打击，实在比砍他一刀还要令他痛苦。

心姑却又道："我们刚才故意救你，只不过因为那时杀了你，对我们并没有好处。"

铁姑道："但现在韩贞已知道我是你的女儿，父亲死了，家财自然是由女儿继承的。"

心姑道："所以我们还让韩贞活着。"

铁姑道："本教近年来人才辈出，重振雄风，唯我独尊的时候也快到了，所缺少的只不过是一些财力而已。"

心姑道："但有了你和上官金虹的财富后，我们就已万事俱备了。"

卫天鹏嘴里还是在反反复复地说着那两句话，突然大喝一声，吐出了一口鲜血。

然后他的人就倒了下去。

铁姑连看都不再看他一眼，冷冷道："杨天，现在你还不动手？"

杨天也已面无人色，魔教的可怕，他以前只不过听说而已，现在却已亲身体会到。

他手里紧紧握着那柄碧绿碧绿的魔刀，第二次刺了出去。

丁麟动也不动地站着，既不知道躲避，也不知道闪避。

就在这时，突听外面一声惨呼，凄厉的叫声，竟似好几个人同时发出来的，又像是无数条饿狼同时被人割断了咽喉。凄厉的呼声突然响起，又突然停止。

杨天的手一松，似已连刀都拿不稳了，心姑蓦然转身，拉开了门。一个白衣人动也不动地站在门外，雪白的长袍上，溅满了梅花般的鲜血，背后背着卷草席，手里拿着根短杖。

墨白来了。

心姑非但面不改色，反而嫣然一笑，道："你既然来了，为什么站在门口呢？快请进来坐。"

墨白道："站着就很好。"

心姑道："你到这里来，难道就是为了站在这里看门的？"

墨白道："我到这里来，也不是为了上官小仙。"

心姑道："真的不是？"

墨白道："不是。"

心姑道："听说你们在青城山里那地方，开销也很大，也很缺钱用。"

墨白道："我们有来路。"

心姑眨了眨眼，媚笑道："那么，你难道是为了我来的？"

她本来一直冷如秋霜，仿佛神圣不可侵犯的样子，但现在却已变了,变成了个任何男人都想侵犯一下的女人。

谁知墨白却还是无动于衷,冷冷道:"我也不是为了女人来的。"

心姑笑道:"不是为了女人来的,你……你喜欢男人?"

墨白道:"我是为了叶开来的。"

心姑道:"你喜欢他?"

墨白道:"我喜欢杀了他。"

心姑道:"你跟他有仇?"

墨白道:"有。"

心姑道:"他杀了你老子,还是抢了你老婆?"

墨白沉下脸,道:"我只希望你们能把他交给我带回去。"

心姑道:"我们本来就要杀了他的,你要动手,也无所谓,只不过……"

墨白道:"只不过怎么样?"

心姑道:"我又怎知你是要杀他?说不定你是想救他呢?"

墨白沉吟着,道:"我可以当着你们的面杀了他。"

铁姑道:"好,给他刀,让他下手。"

杨天一挥手,抛出了手里的刀,"叮"的一声,落在墨白脚下。

墨白用脚尖钩起,伸手抄住,慢慢地走了进来,眼睛盯着地上的叶开,突然一刀刺出。

他的出手好快。

但这一刀却不是刺向叶开的,刀尖闪电般向铁姑刺了过去。铁姑仿佛完全想不到他这一招,竟来不及闪避。墨白的刀已刺上她心口。铁姑的脸色没有变,他的脸色反而变了。他已感觉到这柄刀的刀锋竟是活的,一刀刺中,刀锋竟缩了回来。

就在这时,只听"叮"的一响,刀柄里竟射出了三点寒星,打在墨白自己胸膛上。

他身子一震，眼珠子却似已凸了出来，冷冰冰的一张脸也已因惊讶恐惧而扭曲变形。

铁姑冷冷地看着他，道："这是柄魔刀，魔刀不杀主人。"

原来刀跌在地上时，那"叮"的一响，刀柄中的机簧已变了。

墨白的脸由白变红，忽然又变成了死灰色，咬着牙道："你杀了我无妨，我的主人不会放过你的。"

铁姑皱眉道："你还有主人……你的主人是谁？"

墨白喉咙里"格格"发响，却已说不出话来，忽然狂吼一声，向铁姑扑过去。

铁姑动也不动。

墨白的手已掐上了她咽喉，可是他自己却已先倒了下去。

铁姑叹了口气，道："这里的人好像总该已死光了吧？"

心姑道："只剩下叶开和丁灵琳两个。"

杨天道："我们为什么不让他们做一对同命的鸳鸯？"

心姑道："你出手若是快些，他们现在也不用再活着受罪了。"

杨天忽然从自己袖子里抽出柄刀，一刀向叶开刺出："这次我先杀他。"

突然间，又有一个人喝道："等一等。"

这次叫他等一等的人，竟是铁姑。

杨天忍不住叫道："为什么还要等一等？"

铁姑道："墨白是为了他而来的，而且不惜冒着生命危险，要带他回去。"

心姑道："他若真的跟叶开有仇，本来是可以在这里动手的。"

铁姑道："只不过，看来他好像一定要将叶开带回去。"

心姑道："他为什么要这么做呢？"

铁姑道："墨白不是呆子，他这样做当然有用意。"

心姑眼珠子转动着，道："莫非叶开身上有什么秘密？"

铁姑道："很可能。"

心姑笑道："好，我先来搜一搜他。"

杨天道："他是个男人，不如还是让我来动手的好。"

心姑瞪眼道："男人为什么我就搜不得？我就喜欢搜男人的身，尤其是搜漂亮的男人。"

杨天咬了咬牙，闭上了嘴。

心姑又笑了笑，道："你若吃醋，等会儿我也可以搜一搜你。"

她媚笑着，蹲下身，伸手去解叶开的衣襟。

可是她的手刚伸出去，突然惊呼了一声，缩回了手，就好像被毒蛇咬了一口。

铁姑皱眉道："什么事大惊小怪的，难道你从来没碰过男人？"

心姑满面惊讶之色，道："但他却是个女人。"

铁姑动容道："女人？你说叶开是个女人？"

心姑道："是个不折不扣、货真价实的女人，胸脯好像比上官小仙还大。"

铁姑目光闪动，冷笑道："丁灵琳是个男人，叶开反而是个女人，这件事情真有趣。"

心姑道："简直愈来愈有趣了。"

铁姑沉着脸，道："不管他是男是女，先砍下他两只手再说。"

心姑一把夺过杨天手里的刀，一刀砍下。

第七章

要命娃娃

这把刀寒光四射，显然很锋利，要砍下一个人的手来，实在比刀切豆腐还容易。

谁知就在这时，本来连动也不能动了的叶开，突然翻身，一脚踢向心姑的肚子。

心姑大惊，后退，恰好退在杨天面前。

杨天早已在等着她了，右手闪电般点了她背后五处穴道，左手拦腰一把将她抱住。

铁姑的脸色变了。

杨天冷冷道："你最好不要动，否则我就先杀了你这宝贝女儿。"

铁姑没有动。

她当然绝不是轻举妄动的人。

这时"叶开"已笑嘻嘻地从地上站了起来，笑得又美又甜。

铁姑忍不住道："你……你真的是个女人？"

叶开嫣然道："是个不折不扣、货真价实的女人。"

铁姑道："你不是叶开？"

这个"叶开"笑道："叶开是个不折不扣、货真价实的男人，我怎么会是叶开？"

铁姑道："你是谁？"

"丁灵琳。"

铁姑愕然道:"你是丁灵琳?"

"是个不折不扣、货真价实的丁灵琳。"

铁姑怔住。

她脸上的表情,看来就像是忽然被人咬了一口。

那个"丁灵琳"还动也不动地站在那里。

丁灵琳过去看他,笑道:"你一点也不像我嘛,我总要比你漂亮多了。"

他们实在一点也不像。

铁姑忍不住又问道:"你若是丁灵琳,叶开呢?"

丁灵琳道:"叶开早就来了。"

铁姑愕然道:"他早就来了?"

丁灵琳道:"不但早就来了,而且一直都在你面前。"

铁姑道:"莫非是杨天?"

杨天笑道:"杨天就是杨天,不是叶开。"

铁姑几乎要疯了,忍不住大叫道:"叶开究竟是谁?"

只听一个人悠然道:"是我。"

"究竟谁是叶开?"

丁麟道:"是我!我就是叶开。"

他脸上那种迷惘痴呆的表情,忽然完全不见了,

眼睛也不再发直。

忽然间,他已完全变了个人。

铁姑看着他,脸上已连吃惊的表情都没有了,什么表情都没有了。

她整个人都已发硬,硬得像是块木头——她自己也觉得自己像是块木头。

她这一生中，从来也没有这么吃惊过。

丁灵琳吃吃地笑着，从怀里掏出块雪白的丝巾，抛给叶开，道："快把你脸上这些胭脂擦干净，免得我看着恶心。"

叶开微笑道："你恶心？但却偏偏有很多人认为我美极了。"

丁灵琳道："美个屁。"

叶开道："若是不美，怎么会有人认为我像丁灵琳。"

丁灵琳忍不住笑道："我若真的像你这样子，我早就一头撞死了。"

叶开道："我若真的像你这样子，你知道我会怎么样？"

丁灵琳挺起了胸道："我这样又哪点不好？"

叶开道："也没什么不好，只不过胸挺得太高了些，所以才会被人家看破。"

丁灵琳的脸红了，忽然伸手去解心姑的衣襟。

心姑本来一直垂着头，好像奄奄一息的样子，此刻才忍不住大叫道："你想干什么？"

丁灵琳道："也不想干什么，只不过你刚才要搜我的身，我现在也要搜搜你的身，我这人一向不吃亏的。"

杨天道："要搜也该轮到我搜了。"

丁灵琳道："但她是个女人。"

杨天道："女人为什么我就搜不得，我就喜欢搜女人的身，尤其是漂亮女人。"

丁灵琳大笑，杨天也大笑。

他们有资格笑，因为他们做的这件事，实在是精彩绝伦。

铁姑看来却似已连哭都哭不出了。

上官小仙已从她手里抢回了那泥娃娃："宝宝乖，乖宝宝，妈妈再也不会让坏人抢走你了。"

这泥娃娃才是她关心的,别的人无论发生了什么事,她都不管,她也不能管。

孩子们岂非总以为自己的幻想是真实的。

但铁姑的幻想却已成了泡影。

她本来以为所有的人都已入了她的圈套,现在才知道原来她自己一直都在叶开的圈套里,她的幻想岂非也正如这白痴手里的泥娃娃一样?

她看着叶开,忍不住长长叹息了一声,道:"我现在才相信了。"

叶开道:"相信了什么?"

铁姑苦笑道:"相信你是天下最难缠、最可怕的一个人。"

叶开也叹了口气,苦笑道:"我承认,我的确不能算是个君子。"

铁姑道:"能承认自己不是个君子,也是件不容易的事。"

叶开道:"肯自己认输更不容易。"

铁姑道:"你早已知道我们这些人会在这里等着你了?"

叶开点点头。

铁姑道:"所以你就跟杨天商量好,叫他故意来投靠我,让我以为丁麟就是丁灵琳的兄弟,再帮着我出主意,要我将丁麟扮成丁灵琳。"

叶开笑道:"这本来就是个好主意,我知道你一定会接受的。"

铁姑道:"然后你再以丁麟的身份出现,故意让我抓住你。"

叶开道:"我本来就是丁麟。"

铁姑不懂,道:"你究竟是叶开,还是丁麟?"

叶开道:"叶开也就是丁麟。"

铁姑更不懂了。

叶开道:"丁麟只不过是我以前闯江湖的时候,用过的一个名字。"

铁姑终于懂了,苦笑道:"你一共究竟用过几个名字?"

叶开道:"不多。"

铁姑道:"你用过的名字,全都出名。"

叶开笑道:"我运气一向不错。"

铁姑叹了口气,道:"看来我实在不该选中你这么样一个人做对手的。"

丁灵琳嫣然道:"你选错了,我却没有选错。"

她看着叶开,美丽的眼睛里充满了爱慕和尊敬。

铁姑道:"你难道根本就没有跟他吵翻?"

丁灵琳道:"谁说我没有,我跟他不知吵翻过多少次。"

她红着脸一笑,又道:"可是我们每次吵翻了之后,不出三天,我就又想去找他了。"

铁姑叹道:"我本该早就想到的。"

丁灵琳道:"想到什么?"

铁姑道:"像他这样的男人并不多,我若是你,我也绝不会真的不理他。"

丁灵琳道:"所以我一定会好好地看着他,不让别人来打他的主意。"

她的笑容看来也变得有点像狐狸了。

铁姑又叹道:"不管怎么样,我连做梦都想不到你会扮成叶开。"

丁灵琳道:"叶开既然不在,总得有个人保护小仙的,用我来保护她,岂非再安全也没有了。"

铁姑承认:"的确再安全也没有了。"

她悠然接着道:"由你看着她,非但别人动不了她,叶开也动不了。"

丁灵琳道:"叶开根本就不会打她的主意。"

铁姑道:"你好像很有自信?"

丁灵琳道:"我一直都有,所以谁也休想来挑拨离间。"

铁姑只有苦笑着转向叶开:"我也想不到我的摄魂大法,对你竟好像连一点用也没有。"

叶开道:"的确用处不大。"

铁姑道:"其实我也早就该想到的。"

叶开道:"想到什么?"

铁姑道:"听说你的母亲,以前也是本教中的人,可是为了一个姓白的,二十年前就已叛教了。"

叶开目中露出痛苦之色,他显然不愿听别人提起这回事。

所以铁姑就偏偏要提:"魔教中有四大天王、四大公主,你母亲就是其中之一,我也是其中之一,所以你本该叫我一声姑姑才对。"

叶开沉着脸,道:"你们要杀我,这当然也是其中原因之一。"

铁姑也沉下脸,道:"我不否认,本教的叛徒,没有一个能逃脱门规处置的。"

叶开道:"哦?"

铁姑道:"不但她本身要受门规处分,她的后代也一样。"

叶开道:"我只希望你明白一件事。"

铁姑道:"你说。"

叶开道:"家母早已不是你们魔教的人,和你们再也没有半点关系。"

铁姑冷冷道:"无论谁只要入了本教一天,就终生都是本教的人,这种关系是永远也斩不断的。"

叶开淡淡道:"你既然是个聪明人,现在就不该说这种话的。"

铁姑道:"为什么?"

叶开道:"现在你好像只有等着我来处置你。"

铁姑道:"我说这些话只不过要你明白,你的血里也有我们的血,只要你愿意回来,我们随时都欢迎你。"

叶开道:"我会记着的。"

丁灵琳道:"可是他绝不会回去。"

铁姑道:"那么你们两个人都要后悔的。"

叶开道:"哦!"

铁姑道:"本教这次在神山绝顶,重立宗主,再开教门,四大天王和四大公主的三项决议中,其中有一样就是要处置叛徒。"

叶开道:"所以你要我小心些?"

铁姑冷冷道:"五十年来,本教一共只有五个叛徒,如今已死了四个。"

叶开道:"再加上我就是五个。"

铁姑道:"不错。"

叶开道:"只可惜我好像已不会死了。"

铁姑道:"你逃过了第一次,未必还能逃过第二次,就算又逃过第二次,还有第三次、第四次,只要你不死,你就得时时刻刻地提防着,所以你就算活着,也休想过一天安稳的日子。"

叶开道:"我知道了。"

铁姑道:"你不在乎?"

叶开道:"我很在乎,也很怕。"

铁姑道:"那么你现在就该带着上官小仙跟我回去,将功抵罪。"

叶开笑了。

铁姑道:"我说的话并不好笑。"

叶开微笑着,道:"我也很怕狗咬我,难道我就该跟着狗去吃屎?"

丁灵琳吃吃地笑了,笑得弯下了腰。

铁姑的脸色却已铁青。

叶开道:"我早就知道你们要来对付我了,可是我这么样做,却不是为了要对付你们。"

铁姑道:"哦?"

叶开淡淡笑道:"若是为了对付你们,我根本不必费这么多事。"

铁姑冷笑道:"你当然知道卫天鹏和墨白也要来对付你,所以你故意先让我们得手,好叫他们跟我火拼,等我们先自相残杀,你才好暗算于我。"

叶开叹了口气,道:"若是为了对付卫天鹏和墨白,我更不必费这么大的事了。"

丁灵琳笑道:"要他情愿扮成个女人,实在不是件容易事。"

铁姑忍不住道:"你这么样做,究竟是为了要对付谁?"

叶开道:"是另外一个人,这个人远比你们加起来还要可怕得多。"

铁姑不住地冷笑。

叶开道:"我们要到这里来,你们本不会知道的。"

这一点铁姑倒不能不承认。

叶开道:"可是这个人却知道了,所以他故意将消息散布出去,让你们到这里来找我。"

铁姑道:"他也想让我们先跟你拼一场,他才渔翁得利。"

叶开道:"不错。"

铁姑显然也已被打动,沉吟着道:"好几个月前,我们的确曾经接到过一封无头信,信上说的,正是你跟上官小仙的秘密,若不是这封信,我们根本就不会想到来打你的主意。"

叶开道:"你们接到了这么样一封信,难道一点也不觉得奇怪?"

铁姑道:"因为他在那信上说,他是你的仇人,写这封信给我们,为的只不过是要借我们的手,替他报仇。"

叶开叹道："这倒也不能算不合理。"

铁姑道："经过我们查证后，发现他说的并不假，所以我们才决定动手。"

叶开道："墨白、卫八太爷和欧阳城主，想必也因为接到了一封同样的信，所以才出手的。"

铁姑道："现在我才想到，他写这封信，为的可能真是要利用我们来先跟你拼一场，然后他再来捡便宜。"

叶开苦笑道："你总算想通了。"

铁姑道："你也不知道是谁写的这封信？"

叶开道："我连猜都猜不出。"

铁姑道："你们的行动，他全都知道得一清二楚，但你们却连他是谁都不知道？"

叶开道："正因为如此，所以我才觉得他可怕。"

铁姑叹了口气，悠然道："这么样说来，我们也实在很想见见他了。"

叶开道："我本来已算准你们得手之后，他一定就会出现的。"

铁姑道："所以你一直在等着。"

叶开道："我也很想看看他。"

铁姑道："只可惜我们竟在无意中揭穿了你的秘密，所以你也等不下去了。"

叶开叹道："所以你实在应该让我再多等一等的。"

铁姑道："你认为他现在已不肯来了？"

叶开叹了口气，道："他好像不愿当面见我，否则又何必等到现在？"

铁姑道："所以你现在就算再等下去，也没有用了。"

叶开承认。

铁姑忽然笑了笑,道:"那么,你现在为什么还不走?"

叶开道:"迟早我总是会走的。"

铁姑道:"你最好快走。"

叶开道:"哦!"

铁姑道:"带着你的两个女人一起走,我保证以后绝不再找你们。"

叶开也笑了,道:"你难道就叫我这么样一走了之?"

铁姑冷笑道:"你不走又能怎么样?难道还能杀了我?"

叶开微笑道:"魔教中的人,是不是杀不得的?"

铁姑冷笑道:"你若一定要和本教作对,我也无所谓,只不过我也可以保证,无论谁和本教作对,都绝不会有什么好下场。"

叶开又叹了口气,道:"这倒不假。"

铁姑道:"你若杀了本教中一个人,我保证你们从此以后,再也休想过一天太平日子。"

叶开道:"我若放了你呢?"

铁姑道:"我刚才已答应过你,从此以后,你们无论到哪里去,本教中的人都绝不会再去找你。"

叶开沉吟着,道:"这条件好像还不坏。"

铁姑道:"所以你应该考虑考虑。"

叶开道:"可是你刚才还要我们跟着你回去的。"

铁姑道:"现在我已改变了主意。"

叶开道:"你的主意既然随时都会改变,我又怎么能相信你的话?"

铁姑道:"你只好相信。"

叶开又笑了。

铁姑道:"我提醒你,连李寻欢都不愿和本教作对,何况你?"

她冷笑着，又道："莫忘记你还带着个只有七岁大的孩子，就算你能照顾自己，她若万一有了什么意外，你也一样不好交代的。"

叶开忍不住看了上官小仙一眼。

上官小仙正在轻轻抱着怀里的泥娃娃，抬起头来，向他嫣然一笑，道："宝宝已睡觉了，刚才你救了他，现在我可以让你抱他一下。"

叶开眨了眨眼，道："他会不会把尿撒在我身上？"

上官小仙笑道："宝宝不会的，宝宝又乖又听话。"

她竟然真的走过来，将泥娃娃交给了叶开。

叶开只有接过来，苦笑道："我只抱一下子就够了，我一向很容易知足。"

上官小仙拉起了丁灵琳的手，笑道："等他抱过了，你也可以抱一下。"

丁灵琳赶紧摇头，道："我昨天已经抱过他了，这么开心的事，不能天天做的，就像吃糖一样，若是天天吃，就……"

她的声音突然停顿，脸色已变了，吃惊地瞪着上官小仙，失声道："你……"

一个"你"刚说出来，她的人已倒了下去。

就在这时，只听那泥娃娃肚子里"波"的一响，叶开的脸色也变了，突然弯下腰去，就像是被人在肚子上重重打了一拳。

他的手已松开，手里泥娃娃跌在地上，"噗"的一声，跌得粉碎。

一样亮亮的东西从粉碎的泥娃娃肚子里滚出来，竟是个打造得极精巧的机簧暗器钢筒。

叶开双手按着肚子，满脸冷汗滚滚而落，想说话，却连一个字也说不出。

上官小仙撅着小嘴道:"你看你,摔破了我的宝宝,难怪你肚子要痛了。"

叶开看着他,眼睛里充满了恐惧和惊讶,突然大吼一声:"你……"

一句话没说完,他的人也已倒下。

铁姑的脸色也变了,这变化实在连她都觉得大吃一惊。

只有杨天却还是面带着微笑,用一只手搂着心姑的腰。

铁姑看了他一眼,又吃惊地瞪着上官小仙。

上官小仙也笑了,笑得又甜蜜,又娇媚,脸上那种痴痴呆呆的表情,已完全不见了。

铁姑忍不住叹了口气,苦笑道:"是你,原来是你。"

上官小仙娇笑道:"连你也想不到?"

铁姑道:"我实在连做梦都想不到。"

上官小仙道:"你也佩服我?"

铁姑苦笑道:"看来我想不佩服都很难。"

上官小仙拍手笑道:"想不到居然也有人佩服我,我简直开心死了。"

铁姑道:"叶开一定更佩服你。"

上官小仙道:"哦!"

铁姑道:"他一心一意地保护你,想不到你根本竟用不着他来保护,他一心想找出那个主谋要害你的人,想不到这个人就是你自己。"

她又叹了口气,道:"叶开呀叶开,你自以为聪明绝顶,自以为了不起,其实你连人家一根手指头都比不上。"

上官小仙笑道:"你难道忘了我是什么人的女儿?"

铁姑笑道:"我早就该想到的。"

她的确早就该想到的。

上官金虹和林仙儿的女儿，又怎么会是个白痴?

曙色已刚刚降临，灯光已暗淡下来。

上官小仙的眼睛却更亮，现在无论谁都已看得出，她绝不是个白痴。

铁姑道："看来连荆无命和阿飞也全都被你骗过了。"

上官小仙笑道："男人岂非天生就该上女人当的。"

铁姑道："他们都以为你是呆子，是白痴，却不知真正的白痴并不是你，在你眼睛里看来，他们才是真正的白痴。"

上官小仙道："不是白痴的男人还不多。"

铁姑道："杨天不是。"

上官小仙道："他当然不是。"

铁姑道："只有他知道你的秘密。"

上官小仙用眼瞟着杨天，媚笑道："一个女人至少总得找一个能使她依靠的男人，否则她岂不太寂寞了。"

铁姑冷笑道："看来你并没有找错人，像他这样的男人，实在不多。"

上官小仙笑得更甜，道："我的眼光一向都不错。"

铁姑道："那封信是你写的，还是他写的？"

上官小仙道："当然是他，他写的字比我漂亮多了。"

铁姑道："你要我们到这里来，为了你找叶开拼命，等我们两败俱伤，你才好坐享其成。"

上官小仙柔声道："我总觉得这世上的人太挤了，多死几个也没关系。"

铁姑叹道："看来你这计划实在是天衣无缝，神出鬼没，难怪叶开都上了你的当。"

上官小仙道："要他上当，的确并不是件容易事。"

铁姑突然冷笑道："只可惜你还是做错了一件事。"

上官小仙道："什么事？"

铁姑冷冷道："你不该把我们也拉进这圈浑水里来的。"

上官小仙道："哦。"

铁姑道："我说过，无论谁要跟本教作对，都绝不会有什么好处，你也不例外。"

上官小仙瞪着眼，道："谁说我要跟你们作对的？我根本就没有这意思。"

铁姑道："你真的没有？"

上官小仙道："我当然没有。"

铁姑道："可是你……"

上官小仙打断了她的话，道："你知不知道你们的魔教最近跟一个人有了密约？"

铁姑的脸色又变了。

她当然知道，但她却想不出上官小仙怎么会知道的，这本是个极大的秘密。

上官小仙点了点头，又道："你知不知道跟你们魔教订约的那个人是谁？"

铁姑的眼睛突然亮了起来："那个人难道就是你？"

上官小仙嫣然道："其实你早就该想到的。"

铁姑苦笑道："我还是连做梦都想不到。"

上官小仙道："你至少总该知道，你们的魔教四大天王是多精明、多厉害的人。"

铁姑承认。

上官小仙道："不是我们早已有了密约，他们又怎么会为了一封无头信而劳师动众？"

铁姑道："他们难道早已知道那封信是你写的？"

上官小仙正色道："这件事本是我们早就商量好了的，他们怎么会不知道？"

铁姑也笑了，道："你做的事，好像每件都是别人连做梦都想不到的。"

上官小仙嫣然道："我若不是这样一个人，你们的魔教又怎么肯跟我订攻守同盟的密约？"

心姑忍不住道："我们既然是朋友，你为什么还不放了我？"

上官小仙笑道："你看我，竟差点把你忘了。"

心姑也笑道："只要你现在能想起来，就好。"

上官小仙道："杨天，你为什么还不拍开这位姑娘的穴道？"

杨天道："是。"

他微笑着，一掌拍了下去。

心姑突然一声惨呼，一口鲜血随着惊呼声喷了出来，身子突然软软地弯了下来，脊椎竟已被他一掌活生生地拍断。

上官小仙皱眉道："我只不过要你拍开她的穴道，谁叫你用这么大力气的！"

杨天道："我岂非已经拍开了她的穴道？"

上官小仙道："可是她的人也被你拍死了。"

杨天淡淡道："我只管拍开她的穴道，她的人是死是活，我管不着。"

上官小仙嫣然一笑，道："这话倒也并不是完全没有道理。"

铁姑突然凌空翻身，想冲出去。

可是她的去路已被上官小仙挡住。

她咬了咬牙，一把拉下了自己的头发，抬腕抽出柄弯刀。

刀光一闪，竟不是刺向上官小仙，反而向她自己的肩头刺了下去。

谁知上官小仙的衣袖里也已飞出了条缎带，忽然间就像毒蛇般缠住了她的手。

"我想死也不行？"

上官小仙叹了口气，道："你当然可以死，但我却不想死在你手里。"

铁姑道："我并没有要杀你。"

上官小仙淡淡道："我知道，你只不过想用'神刀化血、魔血大法'来对付我而已，你的血溅出来，我只要沾上一点，还不如被你一刀杀了反而痛快些。"

铁姑变色道："你也知道魔血大法？"

上官小仙道："你们魔教的十大神功，我不知道的倒还不多。"

铁姑突然张嘴，像是要咬断自己的舌头。

可是她的下巴忽然也被缠住。

上官小仙的出手，竟仿佛比她的思想动得还快。

铁姑的全身都已冷透。

上官小仙叹道："我说过，你们的十大魔功，在我面前是连一点用都没有的，我甚至可以表演一两种给你看看。"

她忽然放开了铁姑的下巴，夺下了那柄弯刀，送到自己嘴里，竟像是吃甘蔗一样，将这柄刀一截截咬断，吞了下去。

然后她又微笑着道："你看，你们的'嚼铁大法'，我岂非也一样能用？"

铁姑连眼珠子都似已因恐惧而凸出，惊声道："你……你究竟想怎么样？"

上官小仙道："你自己应该知道的，为什么还要问我？"

铁姑道:"你既然是魔教的盟友,为什么要对我们下毒手?"

上官小仙柔声道:"就因为我是魔教的盟友,所以才想不到我会对你们下毒手,所以我才可以放心杀了你们。"

她微笑着又道:"你自己也说过,我们的事,都是别人连做梦都想不到的。"

这句话还没有说完,她已突然出手,手里的半截弯刀,已刺入铁姑的咽喉。

铁姑眼珠子立刻凸出,连一个字都没有再说出来,就已倒下。

上官小仙看着她倒下去,轻轻叹息,道:"我从来也不觉得杀人是件愉快的事,为什么偏偏有很多人喜欢杀人呢?"

杨天微笑道:"因为这世上的人已太多了。"

上官小仙嫣然道:"看来这世上也只有你才是我的知己。"

杨天道:"我本来就是条狐狸,会飞的狐狸。"

上官小仙笑道:"这外号取得倒真不错。"

杨天道:"一个人的名字会取错,外号那是绝不会错的。"

上官小仙道:"可是那兄弟两个人却并不像珍珠,最多也只不过像两个土豆而已。"

杨天大笑。

上官小仙道:"现在他们的人呢?"

杨天道:"刚才他们要我带他们到飘香别院去,我就将他们带进了棺材。"

上官小仙叹道:"可惜了那两口棺材。"

杨天道:"然后我就把他们的断剑,放在飘香别院外的雪地上,故意让韩贞看见,别人才会认为他们是被叶开杀了的。"

上官小仙又笑道:"你果然是条狐狸。"

杨天道:"他们若是真到了飘香别院,逼着冒充叶开的丁灵琳出手,把戏岂非早就揭穿了?"

上官小仙道:"你千万莫小看了这位丁姑娘,她的功夫很不错。"

杨天笑了笑,道:"我从来也不敢小看任何女人的。"

上官小仙又问:"韩贞呢?"

杨天道:"他想必还站在那梅林里,等着心姑去救他。"

上官小仙道:"他想必已等得急死了。"

杨天笑道:"一个人孤孤单单地站在雪地里,那滋味的确不好受。"

上官小仙眼波流动,道:"你为什么还不去解除他的痛苦?"

杨天道:"用不着我去,他自己迟早会替自己解决的。"

上官小仙道:"可是你为什么不去让他少受点罪呢?一个人总该做一两件好事的。"

杨天道:"你要我去?"

上官小仙柔声道:"我要你去,我喜欢常常做好事的人。"

杨天叹了口气,道:"我本来规定自己,一天最多只杀一个人的,今天看样子却要破例了。"

第八章

金钱帮主

杨天走了，曙色已照进窗户。

上官小仙看着倒在地上的墨白、卫天鹏、心姑和铁姑，脸上又露出甜柔的微笑，喃喃道："这地方看来的确已宽敞多了……"

曙色照进窗户，这一夜虽然长，总算已过去。

上官小仙俯下身，轻轻摇着叶开的身子，柔声道："天早已亮了，你这懒虫还不起来？"

叶开呻吟了一声，竟真的张开眼睛，茫然四下望了一眼，仿佛想挣扎着站起来，又跌倒。他全身已连一点力气都没有。

上官小仙看着他，眼睛里充满了关怀，道："你不舒服？"

叶开点点头，苦笑道："我好像病了。"

上官小仙道："什么病？"

叶开道："笨病。"

上官小仙笑道："笨也是病？"

叶开道："不但是病，而且是种很厉害的病。"

上官小仙道："嗯。"

叶开道："你知不知狗熊他奶奶是怎么死的？"

上官小仙道："不知道。"

叶开道："是笨死的。"

上官小仙笑道："怎么会有笨死的人？"

叶开叹道："我本来也不相信，现在才知道，这世上笨死的人好像并不少。"

上官小仙道："你怕你自己也会笨死。"

叶开道："我已经病得很厉害了。"

上官小仙叹道："其实你并不笨，只不过心太软了一点而已。"

叶开苦笑道："若是心不软，我怎么会替人家抱泥娃娃？"

上官小仙道："那不是泥娃娃，那是我的好宝宝，乖宝宝。"

叶开道："他好像并不乖，他会咬人。"

上官小仙也笑了，道："但是他并不想真的咬死你，否则你用不着等到笨死，已经被毒死了。"

叶开道："你把他交给我的时候，已扭开了他肚子里的机簧？"

上官小仙道："并没有完全扭开，只开了一半。"

叶开道："等我看见丁灵琳倒下去，手上一用力，机簧完全开了。"

上官小仙笑道："他虽然叮了你一下，可是你也报了仇。"

她指着地上破碎的泥娃娃，道："你看，他现在岂非已经被你摔死了。"

叶开没有看这泥娃娃。

若有好几个死人在旁边时，谁也不会去看泥娃娃的。

看着地上的尸身，叶开忍不住长叹道："看来你果然不愧是上官金虹和林仙儿的女儿。"

上官小仙道："哦！"

叶开道："林仙儿的心毒，上官金虹的手狠，这两种优点你一个人就占全了。"

上官小仙微笑道："你慢慢就会发现，我别的优点还很多。"

叶开道:"现在我只想问你一句话。"

上官小仙道:"你问。"

叶开道:"你是不是人?"

上官小仙还是面不改色,微笑道:"当然是人,是个女人,而且还是个很好看的女人。"

叶开道:"只可惜我看你并不像是个人,人不会做出这种事来的。"

上官小仙道:"什么事?"

叶开道:"你要害我,我明白,因为你要报仇,因为我恰巧是小李探花的弟子。"

上官小仙笑道:"这真是巧得很。"

叶开道:"但这些人却跟你完全无冤无仇,你为什么要杀了他们?"

上官小仙道:"因为一样东西。"

叶开道:"什么东西?"

上官小仙道:"你看这是什么?"

她果然拿出了一样东西,黄澄澄的,闪着金光。

叶开道:"这是一文钱。"

上官小仙道:"什么钱?"

叶开道:"金钱。"

上官小仙道:"你看不看得出钱上的字?"

叶开当然看得出,钱上有四个字。

"役鬼通神"。

第一缕阳光从窗外照进来,恰巧照在这枚金钱上。

上官小仙的眼睛里也在闪着光,道:"钱能役鬼,也能通神,你慢慢也会发现,这世上绝没有比钱再好的东西了。"

叶开已悚然动容,道:"这就是昔年'金钱帮'的标志。"

上官小仙点点头,道:"金钱帮是上官金虹创立的,我恰巧是上官金虹的女儿。"

叶开叹道:"真是太巧了。"

上官小仙道:"上官金虹虽然死了,我却还没有死。"

叶开道:"所以你要重振金钱帮?"

上官小仙道:"我至少总不能眼看着金钱帮就此毁灭。"

叶开道:"这件事你已计划了很久?"

上官小仙道:"不但已计划了很久,而且计划得很好。"

叶开道:"连杨天都被你收买了?"

上官小仙道:"他本就是条狐狸,会飞的狐狸。"

叶开道:"不但会飞,而且还会咬人,专咬朋友。"

上官小仙笑了笑,道:"幸好我并不是他的朋友。"

叶开道:"你是他的什么人?"

上官小仙道:"是他的老板,是他的帮主。"

叶开动容道:"你已经是金钱帮的帮主?"

上官小仙悠然道:"父亲的事业,岂非总是由子女继承的?"

叶开忍不住问道:"除了杨天外,你的伙计还有多少?"

上官小仙道:"伙计不计其数,大伙计却只有六个。"

叶开道:"六个?"

上官小仙道:"金钱帮的规矩,本有两大护法,四大堂主。"

叶开道:"这规矩我以前怎不知道?"

上官小仙道:"因为这是刚定的规矩。"

叶开道:"是谁定的?"

上官小仙道:"我。"

叶开只有苦笑。

上官小仙道:"现在四大堂主我已找全了,杨天就是其中之一。"

叶开道:"还有三个是什么人?"

上官小仙笑得很神秘,道:"你以后慢慢总会知道的。"

叶开道:"现在我猜不出。"

上官小仙道:"你连做梦都想不到。"

叶开又叹了口气,道:"两大护法呢?"

上官小仙道:"两大护法等于是我的左右手,我当然不能马虎。"

叶开道:"所以你只找到一个。"

上官小仙笑得更神秘,道:"现在我正在找第二个。"

叶开道:"找谁?"

上官小仙道:"你。"

叶开大笑。

上官小仙道:"我并不是在说笑话,只要你答应,你就是金钱帮的第一护法。"

叶开笑道:"我若答应,你肯相信?"

上官小仙也叹了口气,道:"我不相信。"

她凝视着叶开,叹息着又道:"你看来实在不像是个能让女人信任的男人。"

叶开道:"那么我们这交易岂非根本就谈不成?"

上官小仙叹道:"所以这实在是件很遗憾的事。"

叶开道:"所以你只好杀了我。"

上官小仙道:"我并不着急。"

叶开道:"我着急。"

上官小仙道:"你急什么?"

叶开道:"万一我忽然又有了力气,一下子跳起来把你抓住,糊里糊涂地把你当泥娃娃摔破了，岂非很不好意思。"

上官小仙笑道："那实在很不好意思，幸好你不会忽然有力气的。"

叶开道："哦？"

上官小仙道："你中的针上虽然没有毒，却有迷药。"

叶开道："迷药？"

上官小仙道："一种能让人浑身都软绵绵的迷药，只有一口气喝下五斤酒去，才能解得开。"

叶开笑道："这种药一定是酒鬼做出来的，恰巧我也是个酒鬼。"

上官小仙道："不巧的是，这附近连一两酒都没有。"

叶开的笑又变成苦笑，道："你实在不是个好主人，连酒都不为客人准备一点。"

上官小仙眼波流动，媚笑道："你应该知道，我一向只喂奶给别人吃的。"

叶开道："可惜我不是泥娃娃。"

上官小仙笑道："谁说你不是？我以后就要把你当作我的泥娃娃。"

她笑得虽甜，叶开心里却已发冷。

只要真做了这个女人的泥娃娃，那种滋味一定比死还难受。

就在这时，他看见杨天走了进来。

杨天的脸色很难看，看来就像是个嫉妒的丈夫。

上官小仙皱着眉回过头，立刻又嫣然一笑，道："你看来并不像刚杀过人的样子，你杀过人之后，总是很开心的。"

杨天沉着脸，道："我实在没法子开心。"

上官小仙道："为什么？"

杨天道："因为我没有人可杀。"

上官小仙道："人呢？"

杨天道："人不见了。"

人不见了！

上官小仙又皱起了眉，道："你是说，韩贞不见了？"

杨天道："是。"

上官小仙道："他整个人都不见了？"

杨天道："完完全全地不见了，连一根骨头都没有留下来。"

上官小仙道："难道他忽然被个大怪物吞了下去？"

杨天道："他是自己走的。"

上官小仙道："你查过了雪地上的脚印？"

杨天道："查过三遍。"

上官小仙道："脚步是往什么地方去的？"

杨天道："出了梅林，脚印也忽然不见了。"

上官小仙道："你没有到附近找过？"

杨天道："找过三遍。"

上官小仙道："你找不到？"

杨天道："连一根骨头都找不到。"

上官小仙道："地上有没有别人的脚印？"

杨天道："还是只有刚才几个人的脚印。"

上官小仙道："只有心姑、丁麟、我们的脚印？"

杨天道："不错。"

上官小仙道："所以他也不可能是被别人杀了再架走的？"

杨天道："绝不可能。"

在地上留下脚印的人，现在都绝不可能到那里去杀人。

上官小仙沉吟着道："他中了毒，只要一走动，立刻就可毒发致命。"

杨天道:"不错。"

上官小仙道:"所以我们本来都以为他绝不敢走动的。"

杨天道:"不错。"

上官小仙道:"可是他现在却已走了。"

杨天道:"不错。"

上官小仙忽然叹了口气,道:"但我们却错了,我们全都看错了他。"

杨天同意。

上官小仙叹道:"原来他才是所有的这些人里面,最不好对付的一个。"

杨天也同意。

上官小仙目光闪动,道:"他想必早已看穿这件事有蹊跷,所以故意假装中毒,让别人不防备他,他才好全身而退。"

杨天道:"他的外号叫铁锥子。"

上官小仙道:"一个人的外号,是绝不会错的。"

杨天道:"所以无论你外面有多么厚的壳,他都能锥出个洞来。"

上官小仙沉吟着,徐徐道:"对付这种人,只有两个法子。"

杨天在听着。

上官小仙道:"若不能把他拉过来做我们的朋友,就得赶快杀了他。"

杨天道:"可惜他现在已走了。"

上官小仙道:"世上绝没有一个人,能突然一下子完全消失的。"

杨天道:"但是我却找不到他。"

上官小仙笑了笑,道:"你找不到他,并不表示别人也找不到他。"

她走过去拍了拍杨天的肩，微笑着道："莫忘记还有我哩。"

杨天道："你要去找？"

上官小仙柔声道："你乖乖地陪小叶在这里等着，我带糖糖回来给你们吃。"

杨天坐下来，坐在叶开对面。

他规规矩矩地坐在那里，看来真是规规矩矩的生意人。

叶开看着他，忽然叹了口气，道："她说她要带糖回来给我们吃。"

杨天道："嗯。"

叶开苦笑道："自从三岁以后，我就没有吃过糖了。"

杨天道："哦。"

叶开道："现在我只想喝点酒。"

杨天道："你若不喝酒，那才是怪事。"

叶开笑道："你的确很了解我，我们毕竟是老朋友了。"

杨天冷冷道："像我这样的朋友，你幸好还没有几个。"

叶开道："不管你怎么样对我，我们毕竟还是老朋友，朋友跟酒一样，都是老的好。"

杨天道："你真的这么想喝酒？"

叶开叹道："你知道，我现在的心情很不好。"

杨天承认："无论谁遇着你这种事，心情都不会好的。"

叶开道："心情不好的人，总是想喝点酒的。"

杨天也同意："除了喝酒外，你的确已没什么事好做的了。"

叶开道："所以你若看在我们是老朋友的分儿上，就该弄点酒给我。"

杨天考虑着，忽然站起来，道："好，我去替你找酒，你最好乖乖地在这里等着,莫要想逃走。"

叶开看着他走出去,眼睛已亮了起来。

人,总是有人性的。

他对这人性忽然又充满了希望,又觉得杨天这个人并不能算太坏。

杨天居然很快就回来了,手里提着个大铜壶,分量好像很重。

壶里的酒就算并没有装满,至少也有五六斤。

叶开喝酒一向很快的,他已决定,等自己力气恢复了之后,也绝不向杨天报复。

一个人若是还肯去替他的老朋友找酒喝,这个人总算还不是无可救药的。

杨天道:"你没有逃。"

叶开笑道:"因为我知道逃不了的。"

杨天道:"很好。"

他把铜壶摆在地上。

叶开连站都站不起来,道:"你不能送过来?"

"我跟你还是距离远一点好。"

叶开叹了口气,只好挣扎着爬过来,凑过嘴去喝了一口。

只喝了一口。

他的脸色忽然变了:"这不是酒。"

杨天冷冷地看着他,脸上一点表情也没有,冷冷道:"我们也不是朋友。"

叶开道:"你……你为什么骗我?"

杨天道:"因为我想看看你在地上爬的时候,是什么样子。"

叶开连指尖都已冷透,简直恨不得一下子扑过去,把这壶冷水全都灌进他脖子里。

杨天冷笑道:"这只不过是壶水而已,我没有灌一壶尿来给你喝,已经是你的运气了。"

叶开又叹了口气,道:"我实在不懂,你为什么会如此恨我?"

杨天道:"我一向不喜欢泥娃娃。"

叶开忽然明白了:"你在吃醋?"他吃惊地看着杨天,"你难道真的喜欢上官小仙?你难道还不明白她是个什么样的女人?"

杨天眼内的肌肉在跳动,紧握着双拳,一字字道:"我只明白一件事。"

叶开道:"你说。"

杨天的脸发青,厉声道:"只要你再开口说一个字,我就打掉你的满嘴牙齿。"

嘴里若是没有牙齿,那滋味也不好受的。

叶开只有叹息。

他忽然发现,无论多聪明的男人若是真的喜欢上一个女人时,他在这个女人面前立刻就会变成呆子。

现在该怎么办呢?一点办法也没有,无论谁到了这种时候,都只有等着。

等死?

叶开只觉得满嘴发苦,他现在真的想喝酒了。

杨天慢慢地站起来,推开窗子。窗外的风好冷。

杨天长长地吸了口气,突听一个人在身后冷冷道:"你在找我?"

第九章

嵩阳铁剑

韩贞!

铁锥子竟已到了他身后。

杨天没有回头,身子陡然拔起,凌空翻身,贴在屋顶上。

他没有看见韩贞。

门外却又有一个人的声音传进来:

"好轻功,果然不愧是飞狐!"

这又是韩贞的声音。

杨天一翻腕,从腰畔拿下了条银光闪闪的练子枪,在屋顶上滑出一丈,贴着墙壁滑下,滑到门后,突然挥枪冲出。

门外也没有人。

只听身后一个人道:"我在这里。"

韩贞竟已从外面绕过来,向窗外一掠而入,又到了他身后。

杨天反手挥枪,一条软兵刃竟被他抖得笔直,直刺韩贞咽喉。

无论谁都看得出,他在这条练子枪上,至少已有二十年的功夫。

谁知韩贞的武功,竟远比他想象中可怕十倍。

突然出手,就已抄住了他的枪尖。

杨天想不到这人的出手竟如此快,猛一挫腕,全力夺枪。

韩贞的手竟又突然松开。

杨天重心骤失，踉跄后退。

韩贞竟已闪电般地扑了过来，一伸手，就已点了他前胸的大穴。

叶开叹了口气，他也实在想不到，这个被他一拳打扁了鼻子的人，竟有这么高的武功。

"砰"的一声，杨天已重重地跌在地上，韩贞连看都不再看一眼，回身拉住了叶开，沉声道："你还能不能站起来？"

叶开摇摇头，苦笑道："你真是来救我的？"

韩贞沉着脸没开口，拦腰把他抄了起来，道："你先跟我走。"

叶开道："还有丁灵琳。"

韩贞皱了皱眉，道："你还要带她走？"

叶开叹了口气，道："刚才还有人说，我这人最大的毛病，就是心太软。"

韩贞冷冷道："现在你的腿也很软。"

叶开道："幸好小丁只不过是被点了穴道，你只要拍开她的穴道就行了。"

他赶紧又笑了笑，接着道："只不过你出手千万不能像杨天那么重，我并不想要个死老婆。"

地室里阴暗潮湿，而且冷得要命。

幸好屋角还有张木板床，床上居然还有条棉被。

叶开倒在床上，才长长吐出口气，他知道自己现在已不必做人家的泥娃娃了。

丁灵琳用力搓着手，道："这地方好冷。"

韩贞道："冷比不冷好。"

丁灵琳忍不住问道："为什么？"

韩贞道："因为你总算还活着，死人就不会觉得冷了。"

丁灵琳叹了口气，嫣然道："不管怎么样，能活着总是不坏的。"

叶开也叹了口气，道："实在不坏。"

他看着韩贞，忽然问道："你的鼻子怎么样了？"

韩贞道："还在疼。"

叶开苦笑道："我的鼻子若还在痛时，我就绝不会去救那个打扁我鼻子的人。"

韩贞道："也许我的心比你还软。"

叶开道："幸好你的心并不坏。"

他忽又问道："你知不知道一件事？"

韩贞道："什么事？"

叶开道："我见过很多当地的武林高手，都可以算是一等的高手，那其中武功最高的一个你知不知道是谁？"

韩贞道："是我！"

叶开又笑了，道："你好像并不太谦虚。"

韩贞道："我一向很坦白。"

叶开道："所以我奇怪。"

韩贞道："奇怪我太坦白？"

叶开摇摇头，道："奇怪的事很多。"

韩贞道："你可以一件件地说。"

丁灵琳已走过去，依偎在叶开身旁，握着叶开的手，她也在听着。

叶开笑了笑，道："听说你中了一动就死的毒，现在你动了，却还活着。"

韩贞道："无论什么毒，都有解药。"

叶开道："连魔教的毒你也能解？"

韩贞道："我还活着。"

叶开道："所以我在奇怪。"

韩贞道："奇怪我还能活着？"

叶开道："奇怪你活得并不好。"

韩贞道："我活得为什么不好？"

叶开道："像你这样的人，本该活得更好些的。"

韩贞沉吟着，道："你是说，我本不该在卫天鹏门下讨饭吃的？"

叶开道："不错。"

他微笑着，又道："卫天鹏并不是个很好的主人，你本不该如此委屈自己，更不该站在那里挨我一拳的。"

韩贞沉默，似在考虑有些话他是不是应该说出来。

叶开道："你挨我那一拳，显然是因为你不愿在别人面前显露你的武功。"

韩贞终于叹息了一声，道："我有原因。"

叶开道："我知道其中一定有原因。"

韩贞道："我在避仇。"

叶开道："避仇？"

韩贞道："我的仇家绝对想不到我会避在卫天鹏家里做食客。"

叶开道："你本来的名字不是韩贞？"

韩贞道："不是。"

叶开道："你的仇家是谁？"

韩贞道："是个很可怕的人。"

叶开叹道："我想得到，连你这种人都在躲避他，他当然可怕。"

韩贞道："那么你也该想到，我为什么要救你了。"

叶开道："你想要我助你一臂之力，对付你的仇家？"

韩贞道："我知道你是个很有用的朋友，也是个恩怨分明的人。"

叶开笑了笑，道："我也不想太谦虚。"

韩贞道："一个恩怨分明的人，为了报那救命之恩，往往什么事都肯做的。"

叶开道："那么你现在至少应该告诉我，你究竟要我做什么。"

韩贞道："以后我当然会告诉你，现在……"

他突然改变话题，道："你受的伤好像并不重，怎么连站都站不起来？"

叶开道："因为我还没有喝酒。"

韩贞道："现在你想喝？"

叶开微笑道："喝了酒之后，我的心也许会更软，腿却绝不会软了。"

韩贞道："酒能治你的伤？"

叶开笑道："我受的伤很特别。"

丁灵琳忍不住插口笑道："我相信有很多人，一定都愿意受你这种伤的。"

韩贞道："好，我去替你找酒。"

叶开道："酒不能少。"

丁灵琳笑道："下酒菜也不能少，最好再找套男人衣服来，我实在看不惯他这种不男不女的样子。"

韩贞扫了她一眼，淡淡道："你的样子好像也跟他差不多。"

丁灵琳的脸红了，她忽然想起自己身上穿的是套男人衣服。

有很多人都是这样子的，只能看得见别人的错，却忘了自己的。

韩贞已走了。这地方只有一扇门，上面也是冷香园里的一处别院，韩贞认为上官小仙绝对想不到他们还留在冷香园，叶开也同意。

愈是明显的地方，人们反而愈不会留意——这也正是人类的弱点之一。

丁灵琳叹道:"除了我们两个人外,只有上官小仙知道我们的行动,我们本该想到消息是她故意泄漏出去的,这本是件很明显的事。"

叶开苦笑道:"也许就因为太明显了,所以我们才想不到。"

丁灵琳道:"我们也应该想到,上官金虹和林仙儿的女儿若是白痴,天下的人都应该是白痴了。"

叶开道:"她一定已把我们看成白痴。"

丁灵琳道:"看来她好像比她的爹娘还厉害。"

叶开叹道:"上官金虹太专横,林仙儿太软弱,这两种毛病她却没有。"

丁灵琳道:"但她还是有弱点的。"

叶开道:"哦?"

丁灵琳道:"她若没有弱点,我们怎么能到这里来。"

叶开道:"她唯一做错了的事,就是她低估了韩贞。"

丁灵琳道:"我不喜欢这个人。"

叶开道:"不喜欢韩贞?"

丁灵琳道:"嗯。"

叶开笑了笑,道:"他也并不要你喜欢他。"

丁灵琳眨了眨眼睛,道:"这也许只因为他知道我快要做你老婆了。"

叶开好像吃了一惊:"你说什么?"

丁灵琳笑道:"你说你不想要个死老婆,我现在并没有死。"

叶开叹了口气,道:"你这个人的耳朵倒真长。"

丁灵琳道:"我虽然不能动,也不能说话,但你们说的话,我每句都听得清清楚楚。"

叶开道:"哦。"

丁灵琳嘟起嘴，道："那个人要喂你吃奶的时候，我真恨不得咬她一口。"

叶开叹道："老实说，我也很想咬她一口。"

丁灵琳又笑了，忽然抱住了叶开的脖子，轻轻道："老实说，你准备在什么时候娶我？"

叶开道："在你不吃醋的时候。"

丁灵琳笑道："傻瓜，女人若不吃醋，就不是女人了，这道理你都不懂。"

突听一个人冷冷道："他不懂，他只会杀人。"

地室的门在上面，声音就是从上面传下来的。

韩贞走的时候，他们并没有将这扇门从里面闩起，现在再想去闩，已来不及了。

这句话刚说完，已有个人走了下来。

丁灵琳先吃了一惊，又叹了口气，来的不是上官小仙，总算是不幸中的大幸。

来的是个男人。

是个无论谁都不愿见到的那种男人——无论谁都不愿遇见僵尸的。

这个人看来就像是个僵尸，脸是死灰色的，颧骨高耸，鹰鼻阔口，好像连一丝肉都没有，眼睛里却闪动着一种惨碧的光。

他的身材很高，身上穿着件绣满了黑牡丹的鲜红长袍。

袖子也很长，盖住了一双手。

无论谁看见这么样一个人，都难免要大吃一惊的，丁灵琳却反而松了口气。

她想说这个人至少还比上官小仙好看些。

在她眼中，这世上简直已没有比上官小仙更可怕的人了。

叶开看着这个人走下来，心也跟着沉了下去。

他看到这个人走路的姿态，就知道丁灵琳绝不是这个人的对手。

他自己现在却连丁灵琳都比不上，就算是个十来岁的孩子，也可以一拳把他打倒。

丁灵琳却已跳起来，大声道："你凭什么不问青红皂白就闯进人家屋里来，你懂不懂规矩？"

这人冷冷道："我不懂，我也只懂杀人，但我却比不上你。"

叶开苦笑道："你太客气了。"

这人道："刚才我已数了一遍，这地方前前后后，里里外外，一共死了八十三个人。"

墨家的弟子，铁姑的门下，和冷香园中的管事们，竟已没有一个活的。

这人阴恻恻笑道："一夜中就杀了八十三个人，好大的手笔，好大的气魄。"

叶开道："你以为人都是我杀的？"

这人道："我只知道他们都死了，你却还活着。"

叶开道："活着的并不止我一个。"

这人道："只有你一个。"

叶开道："你没有看见别的人？"

这人道："没有。"

丁灵琳忍不住问道："上官小仙呢？"

这人道："我正想问你们，她在哪里？"

丁灵琳道："我们怎么会知道她在哪里？我们也在躲着她。"

这人笑了。

丁灵琳不喜欢这种笑，没有人喜欢这种笑。

这人阴恻恻笑道:"她本是跟着你们来的,你们却在躲着她?"

叶开的心在往下沉,他已知道这件事的确很难解释。

丁灵琳却是一副理直气壮的样子,大声道:"不错,她是跟我们来的,那只不过因为我们也上了她的当。"

这人冷笑。

丁灵琳道:"人都是她杀的。"

这人冷笑着打断她的话,道:"她为什么不连你们也一起杀了?"

丁灵琳道:"因为韩贞将我们救了出来。"

这人道:"韩贞呢?"

丁灵琳道:"找酒去了。"

这人道:"这种时候,你们还想喝酒,他还肯去替你找酒?"

丁灵琳道:"你不信?"

这人道:"上官小仙杀人的时候,你们都在旁边看着?"

丁灵琳道:"因为我也被她点了穴道。"

这人道:"你呢?"

他问的是叶开,丁灵琳却摇头道:"他也中了暗算,全身已连一点力气都没有,怎么能……"

说到这里,她才发现自己说错了话。

这人的眼睛里已发出了光,瞪着叶开,阴森森道:"你已连一点力气都没有?"

叶开只有苦笑。

他忽然发现,要女人不多嘴,简直要比骆驼穿过针眼还困难。

这人盯着他,一字字道:"你若真的已连一点力气都没有,我就杀了你。"

丁灵琳大喝一声,扑了过来。

她的武功并不弱,此刻"夺命金铃"虽不在身上,但这全力一击,也不是别人能轻易招架的。

谁知这人长袖一挥,竟将她的人挥了出去,"砰"的一声,撞在墙上。

这人的手已从长袖中伸出,闪电般向叶开的咽喉抓了过去。

这只手竟是红的。血红!

红魔手!

无论谁只要被红魔手一抓,都必死无疑。

叶开并不想死,也不敢招架,只有用尽全身力气,想往后退。

忽然间,他的人已凌空飞起。

他的力气竟又忽然来了,往后一退,人已飞起,贴着墙壁滑了上去。

红魔手并没有乘势追击,只冷冷地看着他,冷笑道:"你说你已连一点力气都没有,这力气是从哪里来的?"

叶开苦笑道:"我也不懂。"

这是实话,是句没有人会相信的实话。

只听门外一个人冷冷道:"你是不是只懂得杀人?"

这次来的人也不是上官小仙,是个高大魁伟的黑衣人,身后背着柄长剑。

剑是黑的,衣服是黑的,脸也是黢黑的,一双漆黑的眸子闪闪发光。

他本来是个很高大的人,却并不显得臃肿。

他整个人看来就像是一只黑色的鹰,矫健,剽悍,残酷,充满了野性的动力。

红魔手抬起头,看见了他背后的长剑,瞳孔突然收缩。

黑衣人发亮的眼睛,也正在盯着那只血红的手……仿佛并不是只有血有肉的手。

你只有在噩梦中才能看见这么样一只手。

黑衣人的瞳孔似乎也在收缩，一字字道："伊夜哭？"

伊夜哭点点头，缓缓道："青魔日哭，赤魔夜哭，天地皆哭，日月不出！"

黑衣人淡淡道："我知道你。"

伊夜哭道："我也知道你。"

黑衣人道："哦！"

伊夜哭道："你是嵩阳郭家的人？"

黑衣人道："郭定。"

伊夜哭冷冷道："嵩阳铁剑，杀人无算，只怕还比不上这个人。"

郭定道："叶开？"

伊夜哭道："想不到你也知道他。"

郭定冷冷道："一夜之间，连伤八十三条人命，这并不容易。"

伊夜哭道："但他一口否认。"

郭定冷笑。

伊夜哭道："据他说杀人的凶手是上官小仙。"

郭定道："上官小仙是个白痴，世上没有杀人的白痴。"

伊夜哭道："你不信？"

郭定道："不信。"

伊夜哭道："他说他自己也险些死在上官小仙手里，只怕他已全无丝毫力气。"

郭定道："他看来并不像中了暗算的人。"

伊夜哭道："你不信？"

郭定道："不信。"

伊夜哭道："他说他现在还活着，只不过因为韩贞救了他。"

郭定道："据我所知，韩贞才是中了暗算的人。"

伊夜哭道："他说韩贞此刻不在这里，是替他找酒去了。"

郭定道："现在好像并不是喝酒的时候。"

伊夜哭道："他说的话你完全不信？"

郭定道："完全不信。"

伊夜哭道："我也不信。"

叶开叹了口气，连他自己也觉得这些话实在很难令人相信。

丁灵琳忽然道："你们知道韩贞受了暗算，知道上官小仙是跟我们来的？"

郭定凝视着她，慢慢地点了点头。

丁灵琳道："这些事是谁告诉你们的？"

郭定道："一个侥幸未死的人。"

丁灵琳道："杨天？"

郭定默认。

丁灵琳道："你怎么知道他说的是真话？"

郭定道："他是我的朋友。"

丁灵琳忍不住冷笑，道："你有这么样的朋友，真是走运了。"

伊夜哭道："他虽然不是我的朋友，他的话我也相信。"

丁灵琳道："为什么？"

伊夜哭道："事实俱在，我不能不信。"

丁灵琳道："什么事实？"

伊夜哭道："你们杀了所有知道内情的人，藏起了上官小仙，准备以后再嫁祸给别人，金钱帮的宝藏岂非就已稳稳地落入你们手里？"

丁灵琳脸色变了。

她忽然也发觉，这推测实在不能算不合理。

郭定还在凝视着她，深深道："你说的话若有人证明，我也相信。"

丁灵琳的眼睛亮了，道："我们说的话，幸好还有一个人可以证明。"

郭定道："韩贞？"

丁灵琳道："不错。"

郭定道："他去替你们找酒去了？"

丁灵琳道："不错。"

郭定道："既然只不过是去找酒，当然很快就会回来。"

丁灵琳道："你最好等他回来。"

郭定道："好，我们等。"

伊夜哭道："你真的要等？"

郭定道："我已说过。"

伊夜哭道："等他们的帮手来，将我们也一起杀了？"

郭定沉下了脸，冷冷道："你是你，我是我，并不是我们。"

伊夜哭盯着他，目光阴森如鬼火，冷冷道："你莫非还不愿与我为伍？"

郭定冷笑，冷笑的意思也是默认。

伊夜哭道："昔年嵩阳铁剑在兵器谱中排名第四，的确可以算是了不起的大英雄，只可惜……"

郭定沉着脸道："只可惜怎么样？"

伊夜哭道："只可惜你并不是郭嵩阳，郭嵩阳的尸首只怕早已化成灰了。"

郭定黑黝黝的脸，忽然变得铁青。

伊夜哭冷冷道："死人就是死人，所有的死人都一样，莫忘记大剑客死了，尸身也跟别人一样会腐烂发臭的。"

郭定紧握双拳，一字字道："你最好也莫要忘记一件事。"

伊夜哭道:"什么事?"

郭定厉声道:"郭嵩阳虽死了,嵩阳铁剑却没有死。"

伊夜哭冷笑道:"嵩阳铁剑难道还想带着这杀人的凶手来对付我?"

郭定不说话了。

伊夜哭道:"郭嵩阳是死在荆无命剑下的,荆无命的剑法,传自上官金虹。"

郭定的拳又握紧。

伊夜哭道:"你若是郭家的好子孙,就该与我联手,除了叶开,找出上官小仙,再从上官金虹手上的武功秘笈中,找出他们剑法中的瑕疵,与荆无命决一胜负,为郭嵩阳死后的英灵出一口气。"

他看来虽然孤僻古怪,但说出来的话却极有煽动力。

郭定已不禁悚然动容。

伊夜哭看着他脸上的表情,悠然道:"你的意思如何?"

郭定道:"很好。"

伊夜哭道:"你已答应?"

郭定道:"嗯。"

伊夜哭大笑道:"只要你我联手,别说区区一个叶开,放眼天下,又有谁能与我们较一日之短长?"

郭定一反手腕,已握住了剑柄。

伊夜哭的笑声骤然停顿,盯着叶开阴恻恻道:"这地方别无退路,看来今日你已死定了。"

第十章

群鹰飞起

清晨，晴。

风却比昨夜更冷，雪融的时候，总是比下雪时还冷的。

现在雪已将融，东方已有阳光照射，照着灿烂的梅林。

地室中却仍是阴沉的。

丁灵琳已走过来，依在叶开身旁。

叶开静静地站着，既没有开口，也没有动，眼睛里竟似还带着种奇怪的笑意。

伊夜哭盯着他的手，沉声道："你对付他，我杀了这女人再来助你。"

郭定道："嗯。"

伊夜哭道："小心他的飞刀。"

郭定道："你也得小心，小心我的剑。"

伊夜哭愕然道："小心你的剑？"

郭定道："嗯！"

突然间，剑光一闪，他的剑已出手，闪电般向伊夜哭刺了过去。

剑光并不像闪电。剑是乌黑的，并没有什么光华，但森寒的剑气却比闪电更慑人。

这就是嵩阳铁剑。

普天之下，独一无二的嵩阳铁剑。

剑一出鞘，伊夜哭就觉得有股慑人的剑气，逼到了他的眉睫。

他大惊，暴怒，狂吼一声，红魔手已血箭般飞了出去。

昔年青魔手在兵器谱中排名第九，其实他的威力并不在排名第六的鞭神蛇鞭、排名第七的金刚铁拐之下，只不过因为这件兵器太邪，所以百晓生故意抑低了它。

红魔手制作得比青魔手更精巧，招式也更怪异毒辣。

兵器也正如世上很多别的事一样，总是在不停地进化着的。

只见一道鲜红色的光芒闪动，夹带着种令人作呕的血腥气。

郭定冷笑，后退两步，突然长啸一声，冲天飞起，铁剑竟已化作了一道乌黑的长虹。

他的人和剑竟似已合而为一。

这正是嵩阳铁剑的杀手锏，几乎已接近无坚不摧。

只听"叮"的一响，红魔手已被这一剑击碎，碎成了无数片，看来就如满天血雨。

郭定长啸不绝，凌空倒翻，长虹一剑又化作无数点光影。

满天血雨立刻被压了下去，伊夜哭的人也已在剑气笼罩下。

他无论向任何方向闪避，都已避不开了，就在这时，啸声突绝，剑气顿收，郭定身形落下时，铁剑已入鞘。

伊夜哭的手垂落，整个人都似已呆住了，阴森怪异的脸上，汗落如雨。

郭定冷冷地看着他，一字字道："你要和我联手，你还不配。"

伊夜哭咬了咬牙，道："你为何不索性一剑杀了我？"

郭定道："你也不配。"

伊夜哭道："你要怎么样？"

郭定道："要你滚。"

伊夜哭突又阴恻恻地笑了,道:"我若走了,总有一天你要后悔的。"

他并没有逃。

他慢慢地走过郭定面前,慢慢地走了出去。

碎裂了的红魔手落在地上,也像是一滴滴鲜血。

郭定转过身面对叶开。

叶开在微笑。

郭定沉着脸,道:"你很沉得住气。"

叶开点点头。

郭定道:"你不怕我跟他联手对付你?"

叶开道:"我知道。"

郭定道:"知道什么?"

叶开笑了笑,道:"我知道嵩阳铁剑是好人,绝不会跟那种人联手做任何事的。"

郭定凝视着他,但眼睛里带着种很奇怪的表情,过了很久,才徐徐道:"郭嵩阳是我的长兄。"

叶开微笑道:"果然是有其兄必有其弟。"

郭定道:"他英雄一世,竟不幸死在荆无命手里。"

叶开叹了口气道:"那也正是小李探花生平最大的憾事。"

嵩阳铁剑与小李飞刀惺惺相惜,由互相尊重的敌人,变成了互相尊重的朋友,他们一生互相尊重,郭嵩阳为了替李寻欢赴约,才死在荆无命的剑下。那虽然是一段恨事,却也是一段佳话。

郭定道:"伊夜哭并没有说错,我此来的确是为了上官金虹的秘笈。"

叶开道:"我知道。"

郭定道:"所以我还是要等韩贞。"

叶开道:"我知道。"

郭定道:"你的话,我本不该相信,我姑且相信你,只因为你是李寻欢唯一的传人。"

叶开叹道:"他老人家并没有真的将我收为弟子,他的武功,我十成中连一成都跟不上。"

郭定道:"但他却将他的飞刀绝技传给了你。"

叶开没有否认。

郭定道:"家兄在世时,最大的愿望,就是找小李飞刀一较高下。"

叶开道:"我知道。"

郭定黯然道:"兴云庄外,枫林一战,他终于败在小李飞刀之下。"

叶开道:"他并没有败。"

郭定又长叹道:"他败了,败就是败。"

叶开道:"但那一战却被天下武林中人,认为是前无古人,后无来者的一战。"

那一战李寻欢本有三次机会可置郭嵩阳的死命,却都未出手。到后来李寻欢刀钝刃折,郭嵩阳说不定已可置他于死地,但郭嵩阳非但也未出手,反而心甘情愿地认败服输了。

叶开道:"像他们那样,才真正是男子汉大丈夫,才真正无愧于英雄本色。"

郭定道:"只不过无论如何,嵩阳铁剑总算是已败在小李飞刀下。"

叶开只有沉默,他已不能再说什么。

郭定看着他,目中突然又有精光暴射,冷笑道:"据说近日来又有人重作兵器谱,已将你的飞刀,评为天下第一。"

叶开苦笑。他也听过这句话。

自从他听到这句话的那一天,他就已知道他有麻烦要来了,武林好汉们,绝没有任何人会心甘情愿被列在别人之下的。

就凭这一句话,已足够引起无数凶杀,无数血战。

郭定道:"所以无论你说的话是真是假,此事过后我还是要与你一较胜负,看一看今日的嵩阳铁剑,是不是还在飞刀之下。"

叶开还是只有苦笑。

丁灵琳却忍不住道:"你最好明白一件事。"

郭定在听着。

丁灵琳道:"他的刀被评为天下第一,是因为他的刀救过很多人,并不是因为杀人。"

郭定道:"我也听说过。"

丁灵琳道:"所以你若要胜过他,就该去救人,不该去杀人。"

郭定沉着脸,冷冷道:"我若杀了他,就已胜过他。"

丁灵琳叹道:"你错了,你就算真的能杀了他,也永远不能胜过他的。"

郭定冷笑。

冷笑的意思,有时也是否认。

丁灵琳也忍不住冷笑道:"你莫以为你胜了红魔手,就已很了不起,红魔手虽然比青魔手更要恶毒灵巧,却还是比不上青魔手的。"

郭定道:"哦?"

丁灵琳道:"因为伊夜哭这个人既没有气魄,也没有个性。"

郭定道:"哦?"

丁灵琳道:"他看来虽然孤高骄傲,其实却是个花言巧语、投机取巧的人,就凭这一点,他已比不上青魔手了。"

郭定看着她,眼睛里也露出种很奇怪的表情。

丁灵琳道:"古往今来,真正的武林高手,都是特立独行,不受影响的人,一个人若连自己独特的个性都没有,又怎么能练得出独特的武功来?"

郭定忽然冷冷道:"你说的话并不是没有道理,只可惜你的话太多了。"

他背转身,面对着墙,竟连看都不再看丁灵琳一眼。

丁灵琳却笑了,道:"看来这个人倒真是有个性的人。"

叶开微笑道:"他的确是的。"

丁灵琳眨着眼,道:"只可惜他却有点不明是非,不知好歹,居然将杨天那种人当作了朋友。"

叶开叹了口气,道:"我以前岂非也曾将杨天当作朋友?"

丁灵琳道:"所以你现在才会这么倒霉。"

郭定本来似已决心不听他们说的话,此刻忽又回过头,道:"杨天不是个好朋友?"

叶开不能不承认:"他不是。"

郭定道:"他出卖了你们?"

叶开也不能否认。

郭定道:"他和上官小仙串通,出卖了你们?"

丁灵琳道:"他好像已被上官小仙迷住了。"

郭定道:"但你们本来也是要保护上官小仙的,除去你们,对上官小仙并没有好处。"

丁灵琳道:"她要重振金钱帮,杨天已做了金钱帮的堂主。"

郭定道:"所以她要除去所有可能跟金钱帮作对的人。"

丁灵琳叹道:"你总算明白了。"

郭定道:"金钱帮要是再度兴起,我也一定会跟他们作对的。"

丁灵琳道:"所以他约你来,恐怕也不会有什么好意。"

郭定道:"现在我已来了,他们为什么不对我下手?难道她早已知道你们会被韩贞救走?故意要我来对付你们?难道韩贞也是金钱帮的人,故意将你们救出来对付我?"

丁灵琳说不出话来了。

她想的并没有这么多,现在才想到,这并非没有可能。

叶开忽然叹了口气,道:"无论如何,韩贞总是我们的救命恩人。"

郭定道:"他有理由救你们?"

叶开道:"有。"

郭定道:"他是不是也有理由出卖你们?"

叶开道:"我不愿这么样想。"

郭定道:"你是个恩怨分明的人。"

叶开苦笑道:"有人这么说过。"

郭定道:"韩贞若真是你们的朋友,现在就早已该回来了。"

叶开道:"并不是每个地方都能找到酒的。"

郭定道:"据我所知,这地方应该有个酒窖。"

叶开道:"也许上官小仙已将那酒窖毁了。"

郭定道:"为什么?"

叶开道:"因为只有酒才可以解我的毒。"

郭定道:"你现在并没有喝酒,但你中的毒也已解了。"

叶开也说不出话来了。

郭定冷冷地说道:"用酒来解毒,不但荒谬透顶,而且处处矛盾,就连三岁的孩子,只怕都不会相信的。"

叶开不想辩白,也不能辩白。

郭定看着他,忽然长长叹了口气,道:"但也不知为了什么,我居然相信了。"

丁灵琳的眼睛亮了起来，笑道："我就知道你是个明白人。"

郭定又沉下了脸，道："也许就因为我不是个明白人，所以我才会相信。"

丁灵琳道："你放心，我们绝不会让你后悔的。"

郭定冷冷道："但你们若找不到上官小仙、杨天和韩贞，我却一定会要你们后悔的。"

丁灵琳道："用不着你说，我们也一定要找到他们。"

郭定道："我给你们三十六个时辰去找。"

他不让丁灵琳开口，接着又道："三天之后，我还会回到这里来找你们，为了你们自己好，我希望你们能找到那些人。"

丁灵琳道："有三天工夫，想必已足够了。"

郭定已走了出去，忽又回头，道："还有一件事，我要告诉你们。"

丁灵琳道："我们在听。"

郭定道："要找你们算账的人，并不只我一个，就算我相信了你们的话，别人也绝不会相信的，所以这两天你们最好小心。"

叶开忍不住问道："除了你和伊夜哭外，还有些什么人？"

郭定沉吟着，忽然问道："你有没有去猎过狐？"

叶开点点头。

郭定目光似已到了遥远处，徐徐道："猎狐最好的时候，通常是在九月。"

丁灵琳道："九月？"

郭定道："那时秋高气爽，辽阔的原野上，只要有一只狐狸出现，就会有无数只苍鹰飞起，只要有鹰飞起，那只狐狸就死定了。"

丁灵琳道："你现在为什么要说这些话？现在并不是九月。"

郭定徐徐道:"但现在却是猎狐的时候,已有群鹰飞起……"

他眼睛里闪着光,仿佛已看到无数只矫健的苍鹰,在长安城上的天空中飞翔。

丁灵琳终于明白:"难道我们就是那只狐狸?"

郭定没有再说话。

他头也不回地走上石阶,走了出去。

丁灵琳目送着他走出去,痴痴地怔了半晌,喃喃道:"这人究竟是我们的朋友,还是我们的仇敌?"

叶开没有回答,他仿佛也不知道该怎么样回答。

丁灵琳叹了口气,道:"不管怎么样,这个人却不能算是个坏人。"

叶开道:"的确不能。"

丁灵琳道:"他不但很正直,而且还很有趣。"

叶开笑了笑,道:"他看来也很喜欢你。"

丁灵琳道:"他喜欢我?"

叶开道:"我看得出。"

丁灵琳道:"哦?"

叶开道:"男人若是喜欢上一个女人,他看到这个女人时,眼睛里的表情都会不一样的。"

丁灵琳忽然笑了:"你在吃醋了。"

她笑得就像是第一朵在春风中开放的百合:"我喜欢吃醋的男人,想不到你居然也会吃醋了。"

叶开叹了口气,道:"我现在并不想吃醋,只想吃一只炖得很烂的大蹄髈。"

丁灵琳看着他,眼睛里露出种很奇怪的表情,咬着嘴唇道:"还有呢？"

叶开道："还有一大盆水，一张又软又干净的床……"

他看着她，眼睛里也带着种很奇怪的表情。

丁灵琳呻吟般叹了口气，轻轻道："你想的事为什么跟我一样？"

叶开微笑道："因为我们已很久没有见面了，是不是？"

丁灵琳的脸突然红了，忽然跳起来咬了他一口："你实在不是好东西，我咬死你……"

床很软，也很干净。

叶开躺在床上，他还没有被咬死，可是看起来也并不像很快活的样子。

丁灵琳伏在他胸膛上。

他的胸膛宽阔而坚实。

屋子里很温暖，就像是春天一样，盆里的火还很旺。

在这么温暖的屋子里，一个人是不必穿太多衣服的。

两个人更不必。

丁灵琳忽然轻轻叹了口气，轻轻道："我们还没有成亲，本不该这样子的。"

叶开道："嗯。"

丁灵琳梦呓般低语着："我总觉得这样子是不道德的，我总觉得我们好像犯了罪一样，但也不知道为了什么，我每次都没法子拒绝你。"

叶开道："我知道。"

丁灵琳道："你知道？"

叶开看着她，眼睛更充满了爱怜笑意，深深道："你没有拒绝我，只因为你比我更喜欢做这种犯罪的事。"

丁灵琳脸又红了，用力咬着他的耳朵，恨恨道："你这个坏人，你还知道什么？"

突听一人道："他还知道杀人。"

这声音清脆娇美，而且还仿佛带着种孩子般的天真。

上官小仙。

"我们没有去找她，她反而找上门来了。"

丁灵琳爬了起来。

她当然没有真的爬起来，她想爬起来的时候，才发现自己身上少了点东西。

就在这时，从里面闩着的门，忽然开了，上官小仙甜甜地微笑着，姗姗地走了进来，手里居然又抱着个泥娃娃，一双眼睛不停地在两个人脸上打转。

这次丁灵琳实在是真的想将她这双眼珠子挖出来了。

上官小仙摇着头，吃吃地笑道："你们做这种事的时候，本该用张桌子把门顶上的，你们总该知道，要从外面挑开里面的门闩，并不困难。"

丁灵琳恨声道："谁想到会有这么不要脸的人闯进来。"

上官小仙笑道："我不要脸，你们呢？天还没黑就这样子了，你们羞不羞。"

丁灵琳的脸红了，赶紧改变话题，大声道："你来得正好，我们正要去找你。"

上官小仙道："是你们偷偷溜了，为什么又要找我？"

丁灵琳道："你自己做的事，为什么要赖在我们头上？"

上官小仙悠然道："又不是我赖你们，人家要认为是你们，我又有什么法子？"

丁灵琳道："你承认人是你杀的？"

上官小仙道："我承认。"她笑了笑，又道，"不过我只在你们面前承认，若有别人在，我就不承认了。"

　　丁灵琳怒道："不承认就杀了你。"

　　上官小仙笑道："你若真的杀了我，就更糟了，这件事就更变得死无对证，你们就算跳到黄河里去也洗不清了。"

　　丁灵琳咬了咬牙，冷笑道："我们总有法子叫你承认的。"

　　上官小仙道："哦？我想听听你们有什么法子？"

　　丁灵琳道："你若不承认，我就挖出你这双眼珠子来，看你还敢不敢赖。"

　　上官小仙道："你是准备现在挖，还是在别人面前挖？"

　　她微笑着，悠然道："现在我根本就承认了，你们根本不必逼我，若是等到有别人在旁边时，每个人都知道我只不过是个可怜的白痴，只会抱着泥娃娃喂奶，你们就算真的忍心对我下这种毒手，别人也不会答应的。"

　　丁灵琳气得脸都青了，却偏偏想不出法子来对付她。

　　上官小仙柔声道："所以你们既不能杀我，也不能逼我，就算把我抓住，也一样连半点用都没有。"

　　丁灵琳恨恨道："你考虑得倒很周到。"

　　上官小仙道："若是没有考虑周到，又怎么会敢来？"

　　丁灵琳已气得快疯了，忍不住打了叶开一拳，道："你怎么不说话？"

　　叶开叹了口气，道："我没有话说。"

　　上官小仙嫣然道："毕竟还是你聪明，还是你想得开。"

　　叶开道："而且我也很放心。"

　　上官小仙道："放心？"

　　叶开道："现在我们虽然没法子对付你，你也不会对付我们的。"

上官小仙道："哦？"

叶开道："因为你还要逼着我们跟别人拼命。"

上官小仙笑道："一点也不错，郭定、伊夜哭他们，都是很难对付的人，我不费吹灰之力，就找到了你这么样的好帮手，帮着我去对付他们，我又怎么舍得让你死。"

丁灵琳又忍不住道："所以你才故意让韩贞救我们走？"

上官小仙眨了眨眼道："你猜呢？"

丁灵琳道："难道韩贞也是你手下的人？"

上官小仙道："很可能。"

丁灵琳冷笑道："你这么样说，我反而知道他不是了。"

上官小仙道："随便你怎样想都行。"

丁灵琳道："所以只要我们找到他，就可以证明你是个怎么样的人了。"

上官小仙道："别人会相信那样的话？"

她叹了口气，摇着头道："我看你才真的只不过是个七岁大的孩子，韩贞若是真能揭穿我的秘密，我又怎么会让你们找到他？"

丁灵琳变色道："莫非你也把他杀了？"

上官小仙并没有否认，悠然道："不管怎么样，这件事除非我自己肯在别人面前承认，否则你们就只有永远背着这冤名了。"

丁灵琳咬着牙，恨恨道："好狠毒的女人。"

上官小仙淡淡道："背着这样的冤名，实在不是件值得高兴的事，现在长安城里，至少有十七八个人想要你们的脑袋，所以……"

叶开终于开口，道："所以怎么样？"

上官小仙道："所以你就该赶快想个法子，让我承认的。"

叶开道："你肯？"

上官小仙道："别人反正迟早总要知道，金钱帮的帮主是谁的。"

叶开叹道："只可惜他们大概要等我死了之后才会知道。"

上官小仙道："很可能。"

叶开道："难道你肯先告诉他们？"

上官小仙道："只要你肯答应我一件事，我先死也无妨。"

叶开道："你要我答应什么？"

上官小仙道："答应嫁给我。"

叶开怔了怔，道："你要谁嫁给你？"

上官小仙道："要你。"

叶开笑了。

上官小仙道："你笑什么？男人可以娶老婆，女人难道就不能娶个老公？"她居然没有笑，板着脸又说道，"何况，我是天下第一大帮的帮主，以我的身份，就算娶十个八个老公，也是天经地义的事。"

叶开好像已有点笑不出了。

上官小仙又道："我本来是想要你做第一护法的，却又不能信任你，所以只好勉强要你做老公了，老公我总可以管得了你的。"

丁灵琳脸已气得通红，冷笑道："你不必勉强，他已经嫁给了我，根本就轮不到你。"

上官小仙笑了笑，悠然道："莫忘记男人也一样可以改嫁的。"

丁灵琳终于忍不住叫了起来："我死也不会让他嫁给你。"

上官小仙叹了口气，冷冷道："那么你们就只好去死了。"

丁灵琳又用力打了叶开一拳，恨恨道："你怎么又不说话了，难道忽然变成了哑巴？"

叶开道："我正在考虑。"

丁灵琳又叫了起来："你在考虑，考虑什么？"

叶开道："我在考虑应该怎样把她扔出去。"

丁灵琳的闷气立刻平了，展颜笑道："你的确应该再考虑考虑。"

上官小仙叹道："生意不成仁义在，你就是不答应，也不该这样对我的，我至少总是你的客人。"

丁灵琳道："我们并没有请你来。"

上官小仙道："但我却已经来了。"

丁灵琳道："你怎么会找到这里来的？"

上官小仙笑了笑，道："这里不但有最好的厨子，还有最舒服的床，我恰巧又知道你们都是喜欢享乐的人。"

丁灵琳眼珠子转了转，道："你既然是客人，就该做些客人的样子出来。"

上官小仙道："客人应该是什么样子的？"

丁灵琳道："你至少应该先出去，让我们好好来迎接你。"

她现在火气已消了，忽然又变得机灵了起来。

上官小仙笑道："我明白你的意思了。"

丁灵琳道："你应该明白的。"

上官小仙道："我转过身去，不看你们行不行？"

丁灵琳恨得牙痒痒的，但人家硬是不肯出去，她也没法子。

幸好上官小仙已真的转过了身，面对着墙，悠然道："我真奇怪，在这种天气里，你们居然好像一点也不怕冷。"

丁灵琳没有开口，也没空开口。

上官小仙道："听说你以前身上总是挂着很多的铃铛的，若是不摘下来，岂非更好玩。"

丁灵琳本就在后悔。她身上若戴着那些要命的金铃，早已将上官小仙头上打出好几个洞来了。

就在这时，上官小仙突然大叫了一声，就好像忽然见到了鬼一样，撞破窗户，蹿了出去，手里的泥娃娃也掉在地上，摔得粉碎。

丁灵琳也叫了起来，道："不管怎么样，也不能让她走。"

这句话还没有说完，叶开也已蹿出窗子。

女人穿衣服总是慢些的，等她穿好衣服时，上官小仙早已连影子都看不见了。

叶开是个很奇怪的人，他本来并不想太出名，所以他初入江湖时，用过好几个名字。

但世界上的事往往也很奇怪，不想出名的人，反而偏偏会出名。

他用过的名字几乎都已很有名了，其中最有名的一个，当然还是风郎君。

因为他的轻功实在很高，有人甚至认为他的飞刀还比不上李探花，但轻功却已不在任何人之下。

还有的人甚至认为，近八十年，武林轻功最高的一个人就是他。

可是他居然没有追到上官小仙。

上官小仙一出了那间屋子，就好像忽然奇迹般消失了。

叶开追出了很远，却连她的影子都没有看见。

现在已是黄昏。

黄昏的风更冷，叶开并不想像傻子一样站在露天里喝西北风。

既然追不到，就只有先回去再说。

也不知为了什么，他近来对丁灵琳已愈来愈热心。

他从原来的路退回去，刚才被撞破的窗户，被冷风吹得"噗噜噗噜"的直响。

他正想接近窗户，忽然怔住，这屋子里竟然变得热闹起来了。

第十一章

东海玉箫

小小的一间屋子,厅中竟有了八九个人,几乎全都是女人,而且全都是很年轻、很美艳的少女,却又偏偏全部穿着道装。

哪里来的这么多女道士?

叶开几乎已认为自己走错了地方,但丁灵琳却还在屋子里。

她动也不动地坐在那里,眼睛里充满了惊讶之色,不但惊讶,竟然还有些恐惧。

她身后站着两个女道人,前面还有五个,但她的眼睛,却盯在一个男人身上。

一个老人,一个老道人。

他就坐在靠窗的一张椅子上,身上穿着件锦绸道袍,银丝般的头发,绾成了个道士髻,斜插着根碧玉簪,杏黄色的腰带上,也斜插着根晶莹圆润的玉箫。

他的年纪至少也应该在六十以上,但脸色却仍是红润的,竟连一丝皱纹都找不到,一双眼睛也仍然是黑白分明,炯炯有光。

纵然是坐在那里,她也看得出他身材仍然是笔挺的,绝没有丝毫龙钟老态,颔下银丝般的长髯飘拂,修饰得干净而整齐。

叶开从来也没有看过装饰如此艳丽、如此注意仪表的道人。

丁灵琳已看见他,她仿佛想叫,却没有叫出来。

她竟然已被人点住了穴道。

叶开叹了口气:"看来这个屋子的风水真不错,客人刚走了一个,又来了八个。"

这锦袍银发的老道人也正在盯着他,沉声道:"你就是叶开?"

叶开点点头,道:"树叶的叶,开心的开。"

道人道:"风郎君也是你?"

叶开道:"有时候是的。"

道人沉着脸,冷冷道:"近年来江湖中果然是人才辈出,一夜间连伤八十三条人命的好汉,昔日贫道连一个都未曾遇见过。"

叶开道:"我也没有见到过。"

道人厉声道:"你在贫道面前,说话也敢如此轻薄。"

叶开笑了笑道:"道长若是看不惯轻薄的人,为何要到轻薄人的屋里来?"

道人道:"你不知道我是谁?"

叶开道:"不知道。"

道人道:"贫道玉箫。"

叶开道:"东海玉箫?"

道人道:"正是。"

叶开又叹了口气,苦笑道:"我本来实在应该大吃一惊的,只可惜我今天吃惊的次数已太多了。"

东海玉箫!

无论谁听见这名字,本都该大吃一惊。

昔日百晓生作兵器谱,东海玉箫名列第十,这玉箫道人,也正是当年武林十大高手中,除了小李探花外硕果仅存的一个人。

据说他游踪常在海外,叶开实在想不到他居然也到了这里。

玉箫道人沉声道:"贫道是为了什么而来的,你想必也该知道。"

叶开道:"我不知道。"

玉箫道人道:"看起来你并不像如此愚蠢的人。"

叶开道:"可是我会装傻。"

那些年轻的女道人,本已在偷偷地看着他,现在又都忍不住偷偷地笑了。

玉箫道人脸色又变了,冷冷道:"你本该装死的。"

叶开道:"为什么?"

玉箫道人道:"贫道不杀死人。"

叶开道:"活的你都杀了?"

玉箫道人道:"只杀想死的人。"

叶开笑了:"幸好我并不想死。"

玉箫道人道:"一个人若想好好地活着,在贫道面前就该说实话。"

叶开道:"我说的本就是实话。"

玉箫道人道:"这泥娃娃是谁的?"

叶开道:"是上官小仙的。"

玉箫道人道:"她本在这屋子里?"

叶开道:"她是我第一个客人。"

玉箫道人道:"现在她的人呢?"

叶开道:"不知道。"

玉箫道人冷冷道:"她刚才还在这里,现在你就不知道她到哪里去了?"

叶开道:"现在你还在这里,等一等你要到哪里去,我也不会知道。"

玉箫道人忽然叹息了一声,道:"生命如此可贵,为什么偏偏有人一定想死?"

他忽然抽出了腰带上那根晶莹圆润的白玉箫。

昔年的兵器谱上"东海玉箫"名列第十，玉箫道人武功渊博，据说身兼十三家之长，掌中这根玉箫，既可打穴，也可作剑用，箫管中还藏着极厉害的暗器。

叶开本以为他已准备出手了。

谁知玉箫道人还是坐着没有动，反而轻抚箫管，吹奏了起来。

他的箫声开始时很轻柔，就仿佛白云下，青山上，一缕清泉缓缓流过，令人心里充满了宁静和欢乐。

然后他的箫声渐渐低迷，又将人引入了另一个更美丽的梦境中。

在这个梦境里，既没有忧虑和痛苦，更没有愤怒和争杀。

无论谁听到这种箫声，都绝不会再想到那种卑鄙险恶的事。

但就在这时，玉箫道人自己却做了件很卑鄙险恶的事。

他的箫管中竟然飞出了三点寒星，急打叶开的前胸。

是丧门钉一类的暗器，来势疾如闪电。

在这种优美和平的乐声中，又有谁会提防别人如此恶毒的暗算？

可是叶开却好像早就在防备着。

无论多恶毒的暗器，到了他面前，就好像已变得连一点用都没有。

因为他有一种奇特的方法来接暗器，他手上竟似有种奇异的吸引之力。他的手一招，三点寒星就无影无踪。

难道这就是武林中早已绝传的内功"万流归宗"？

玉箫道人脸色已有些变了。

叶开却微笑着道："再吹下去，莫要停，我喜欢听人吹箫。"

玉箫道人果然没有停，可是他的箫声却变了，变得充满了一种原始的挑逗力，就像是有个思春的少女在春闺里辗转反侧，不断呻吟。

男人心里最原始的一种欲望是什么？

两个距离叶开最近的女道人，正在看着他媚笑，笑容中也充满了挑逗力。

叶开不能不去看她们,他发现自己竟好像忽然变成了个第一次看见赤裸女人的少年。

在他想象中,她们竟似已变成完全赤裸的——雪白的胸膛,纤细的腰,修长的腿。

他忽然发现自己的身体竟已不由自主在开始变化,这种欲望本就是任何男人都无法控制的。

她们笑得更媚,媚眼如丝。

她们的腰肢扭动,仿佛正在邀请。

又有谁的目光还能离开她们正在扭曲炫耀着的地方?

又有谁还能注意到别的事?

另两个女道人,竟已架起了丁灵琳,在向外退。

此时此刻,若是别的男人,一定不会注意到她们的。

但叶开不是别的男人。

叶开就是叶开!

他的眼睛仿佛还在盯着那扭动的腰肢,他的人却已掠起。

忽然间,箫声停顿。

一根晶莹圆润的玉箫,已斜斜点了过来,急打他腰上的麻腰穴。

这是判官笔的招式,认穴准,打穴快。

叶开凌空翻身,方向不变,还是向丁灵琳那边扑了过去。

但这时判官笔已变成了剑,剑走轻灵,已将叶开的身形围住。

叶开眼看着丁灵琳被人带走,竟偏偏无法脱身。

他忽然发现自己遇着的这对手,竟是他平生未遇的高手。

他若是再去为丁灵琳忧虑担心,他自己就随时都可能被击倒。

他的身形突然停顿,完全停顿,竟像是一只旋转不息的陀螺,突然被钉死在地上。

高手决战中，绝没有任何人会做这种事的。

玉箫道人身经百战，各式各样的对手都遇见过，却也从未见过这种事。

他的玉箫一招击出，也突然停顿。

他猜不透叶开的用意。

但他却已看出叶开是个绝顶聪明的人，聪明的人绝不会突然做出太愚蠢的事，这其中难道又有阴谋？

玉箫道人冷笑道："你这是什么意思？"

叶开道："没有意思。"

玉箫道人道："没有意思是什么意思？"

叶开道："没有意思就是没有意思。"

玉箫道人道："你想死？"

叶开道："不想。"

玉箫道人道："你莫非不知刚才那一瞬间，我已可让你死十次。"

叶开道："我知道。"

他笑了笑，淡淡道："可是我也知道，我一停下，你也会停下来的。"

玉箫道人道："我若不停呢？"

叶开道："那么我现在就已死了十次。"

玉箫道人的脸色突然苍白，他显然已在后悔，只可惜现在后悔已迟。这种机会一错过，是永远不会再来的了。

叶开道："我停下来，也因为我现在没有把握能胜你。"

玉箫道人冷笑。

叶开道："因为现在我的心已乱，你身旁又有这么多漂亮的帮手。无论谁看见自己心爱的女人被人架走，心都会乱的。"

玉箫道人冷笑道："你倒很坦白。"

叶开道："我不想骗你，也骗不过你，你当然也知道我的心已乱了。"

玉箫道人道："心乱了就得死。"

叶开道："你真的有把握杀我？"

玉箫道人没有开口，他没有把握。因为这少年武功之精奇跳脱，应变之机警奇诡，竟是他生平所遇的对手中，最令人难测的一个。

何况他还有刀，飞刀！

叶开的飞刀还没有出手，玉箫当然并不想逼着他出手。

叶开淡淡道："你我迟早总难免要一战的，但不在今夜。"

玉箫道人道："在什么时候？"

叶开道："在我心不乱的时候，在我有把握胜你的时候。"

玉箫道人冷笑道："就算真有那么一天，我为什么要等到那天？"

叶开道："因为你非等不可。"

玉箫道人道："哦？"

叶开道："现在你就算能杀我，也不会出手的，因为你真正想要的是上官小仙。"

玉箫道人不能否认。

叶开道："现在你就算杀了我，也得不到上官小仙。所以你绑走了丁灵琳，想要我用上官小仙来换她的生命。"

玉箫道人突然长长叹息，道："你果然不笨。"

叶开道："我也不说谎。"

玉箫道人道："哦？"

叶开道："现在我真的不知道上官小仙在哪里。"

玉箫道人冷冷道："那么我也不知道丁灵琳在哪里。"

叶开叹了口气，道："我可以想法子去找。"

玉箫道人道："我给你十二个时辰去找。"

叶开道："十二个时辰？"

玉箫道人点点头，道："明天此刻，你若还不把上官小仙交给我，你今生就再也休想见到丁灵琳。"

他慢慢地接着道："金环无情，飞刀有情；铁剑好名，玉箫好色。这句话你总该听说过。"

叶开当然听说过。

玉箫道人道："丁灵琳是个好看的女人，我是个好色的男人，所以你最好赶快找到上官小仙，否则……"

他没有再说下去。

他的意思无论谁都可以听得出来。玉箫道人已走了，带着他年轻而美丽的女弟子们一起走了。

"明日此刻我再来。"

十二个时辰。

谁能有把握在十二个时辰中找到上官小仙？谁能有把握在短短一天中找到狐狸般狡猾、蝮蛇般阴毒的女人？

叶开也没有把握。

可是，铁剑好名，玉箫好色。又有谁能放心让自己心爱的女人，躺在一个好色的男人身旁？

夜色已临，叶开静静地坐在黑暗里，他没有燃灯，他连动都懒得动。

屋子里仿佛还留着丁灵琳身上的香气，黑暗中仿佛又出现了她那双充满了恐惧的眼睛。

要怎么样才能救出她？要怎么样才能找到上官小仙？

叶开竟连一点头绪都没有。

这里很静，是很适于思索的地方，他的反应本极快，思想本极灵活。

但现在他的头脑却似乎变成了块木头。

这时外面静悄悄的院子里，忽然传来了一阵喧闹的人声，好像一下子有很多人涌了进来。

大家议论纷纷，谈论的竟是郭定。

"嵩阳铁剑的兄弟，果然是名不虚传。"

"南宫兄弟本不该找他比剑的。"

"可是南宫兄弟也是赫赫有名的武林世家子弟，怎么受得了他那种轻视。"

"尤其是南宫远，不但有一身家传的武功，而且还是啸云剑客的入室弟子，剑法之高，据说已可算是当今江湖中的七大高手之一。"

"所以这一战大家本来都看好南宫远的，郭定毕竟是个初出道的人。"

"据我所知，吉祥茶馆里却有很多人以十博一，赌南宫远胜。"

"早知如此，我也该去赌一下子的。"

"那时你敢赌郭定胜？"

"……"

"有谁想得到，像南宫远这么有名的剑客，竟连郭定十招都接不住。"

"嵩阳铁剑，果然真霸道，尤其是他那最后一招'天地俱焚'，我敢打赌，江湖中能接得下他这一招的人，绝不会超过五个。"

"这一下嵩阳铁剑郭定可真是出足了风头，连那几个平日眼高于顶的镖局老总，都抢着要做东，请他去喝酒。"

"现在他已经是城里最出风头的人，莫说镖局里的人要请他喝酒，连我都想请他，能跟这种人喝杯酒，我面子上也有光彩。"

"现在他若想去找女人，我敢保证，一定有很多女人情愿倒贴。"

"他虽然不能算是个小白脸,倒真有点黑里俏。"

"听说皮肤黑的人,对女人都有一手。"

"皮肤黑的女人,那地方也……"

下面说的话,竟愈来愈不像话了。

叶开没有再听下去。

刚才外面那么静,原来是因为人们都赶着去看郭定和南宫远的决战了,若是在平时,叶开一定也会去看看的。

他知道南宫远这个人,也确实知道这个人的剑法得过真传。

近年来,他一直都是在江湖中很露锋芒的人,但现在他的光芒显然已被郭定抢尽。

郭定现在想必一定很愉快。

少年成名,本就是人生中最令人愉快的几件事之一。

叶开了解这种感觉,可是他并不羡慕。

他只想找个安静的地方,静静地喝两杯酒,酒虽然会麻痹人的头脑,但有时也可以令人的头脑清醒。

他慢慢地站了起来,慢慢地走了出去。

没有人注意他,甚至没有人看他一眼,只有赢家才是人们的对象。

他现在却是个输家。

窄巷的尽头,有家小小的酒铺,连招牌都已被油烟熏黑。

屋子里的灯光昏暗,一个没精打采的伙计,正坐在小炭炉旁烤火。

客人也只有一个,背对着门,坐在最阴暗的一个角落里,独自喝着闷酒。

他想必也跟叶开一样,是个输家,是个失意的人。

若是在平时,叶开说不定会过去,找他喝两杯——同是天涯沦落人,相逢何必曾相识?

但现在他却宁愿孤独。

伙计没精打采走过来,替他摆了双筷子,上面还带着霉点的竹筷子。

可是叶开不在乎。

"要点什么?"

"酒,五斤酒,随便什么酒都行。"

"不切点卤菜?"

"有现成的,就给我来一点。"

这客人看来并不挑剔,伙计嘴角终于露出了一丝笑容:"那位客人切了个小拼盘,我就给你照样来一碟怎么样?"

"行。"

那位客人显然也不挑剔。

一个失意的人,又还能挑剔什么呢?

酒还没有来,叶开就静静等着,他本不期望这种地方会有什么殷勤的招待。

那边的客人也一直没有回过头来看看他,此刻却突然道:"我这里有酒,为什么不过来先喝一杯?"

这声音很熟,这人是谁?

叶开回过头,这人淡淡地又道:"其实你应该过来敬我一杯的,你欠我的情。"

"是你。"

叶开终于听出了他的声音。

这个在小酒铺里独自喝着闷酒的失意者,竟是现在这城里的风云人物郭定。

"是我。"

郭定终于回过头，淡淡地一笑，道："你想不到是我？"

叶开的确想不到。

他走过去，坐下，看着郭定道："你本不该在这里的。"

郭定道："为什么？"

叶开道："这种地方，本只有我这种人才会来。"

郭定道："哦？"

叶开笑了笑，道："你知不知道你现在已成了这里最出风头的人？"

郭定冷冷道："就因为我刺了南宫远一剑？"

叶开道："能战胜南宫远，并不是件容易事。"

郭定冷笑。

叶开看着他，道："现在城里也不知有多少大人物在抢着要请你喝酒，你为什么反而一个人跑到这种地方来？"

郭定没有回答，却替他倒了杯酒，道："你说得太多，喝得太少。"

叶开举杯一饮而尽。

郭定也在看着他，忽然问道："你以前有没有战胜过？"

"当然有。"

郭定道："你战胜的时候，是不是也有很多大人物要抢着请你喝酒？"

叶开道："是。"

郭定道："你去不去？"

叶开道："不去。"

郭定笑了，笑容中却带着种说不出的寂寞之意，又喝了杯酒，才徐徐道："以前我总是想战胜别人，压倒别人，可是现在……"

叶开道:"现在怎么样?"

郭定凝视着手里的空杯,道:"现在我才知道,胜利的滋味并不如我想象中那么好。"

他忽然将手里的空杯重重地放在桌上,道:"你看这是什么?"

叶开道:"这是个空酒杯。"

郭定道:"一个人战胜了之后,有时也会忽然变得像这空酒杯一样……"

杯中的酒已空了,一个人战胜之后,心里那种斗志和欲望,也会像杯中的酒一样,突然变空了。

这种感觉他虽然没有说出来,可是叶开能了解这种无法形容的空虚和寂寞,他也曾体验过。

他没有再说什么,替郭定倒满了空杯,微笑道:"你也说得太多,喝得太少。"

郭定举杯。

叶开微笑着,又道:"无论如何,胜利的滋味至少总比失败好。"

寒夜,风在窗外呼啸。

小炭炉里的火似已将熄灭,那没精打采的伙计,将脖子缩在破棉袄里,似已快睡着了。

在如此寒夜里,只有家才是温暖的。

流浪在天涯的浪子们,你们的家在哪里?你们为什么还不回去?

混浊的酒,冷得发苦,可是冷酒喝下肚子里后,也会变成一团火。

已喝了几杯?谁去记它?谁记得清?

叶开满满地倒了一杯,很快地喝了下去。

他想醉？想逃避？

若是遇见了一些无法解决，无可奈何的事，又有谁不想大醉一场？

郭定看着他，道："我本来只想一个人在这里大醉一场，却想不到会在这里遇见你。"

叶开道："你想不到我会到这种地方来喝酒。"

郭定道："我想不到你会一个人来。"

叶开又干了一杯，忽然笑了笑，道："我自己也想不到。"

他笑得很苦。

郭定不懂："你自己也想不到？"

叶开沉默着，过了很久，才问道："你知不知道东海玉箫？"

郭定当然知道，说道："可是我没有见过他。"

叶开道："我见过。"

东海玉箫已有很多年未曾在江湖中出现过，郭定忍不住问："你几时见过他？"

叶开道："刚才。"

郭定的眼睛里突然发出光："你们已交过手？"

叶开点点头。

郭定道："你也胜了他，所以你才到这里来喝酒？"

叶开道："我没有胜，也没有败。"

郭定又不懂。

在他的思想中，两人只要一交上手，就一定要分出胜负。

叶开道："我们虽然已交手，却没有继续下去。"

郭定道："为什么？"

叶开道："因为我不想败给他。"

郭定道："你没有把握胜他？"

叶开道："没有。"

郭定道："你已看出他的武功比你高？"

叶开笑了笑："他的武功很渊博，也许正因如此，所以不能精纯。"

郭定道："你本来可以胜他的？"

叶开并不否认。

郭定道："可是今天你却没有把握胜他？"

叶开道："完全没有。"

郭定道："为什么？"

叶开道："因为我的心很乱。"

郭定道："你看来并不像时常会心乱的人。"

叶开道："我本来就不是时常会心乱的人，可是今天……"

郭定突然明白："难道那位丁姑娘已落入玉箫手里？"

叶开点点头，再次举杯，一饮而尽。

郭定也干了一杯，又一杯，"铁剑好名，玉箫好色"，这句话他当然听说过。

他突然夺过叶开的酒杯，大声道："今天你绝不能喝醉。"

叶开苦笑。

郭定道："你一定要想法子赶快将她救出来。"

叶开道："我想不出法子。"

郭定道："玉箫想怎么样？"

叶开道："他要我用上官小仙去将她换回来。"

郭定道："你不肯？"

叶开道："我肯，可是我找不到上官小仙。"

郭定道："你也不知道她在哪里？"

叶开道："没有人知道。"

郭定道："她真的不是传说中那样的白痴？"

叶开苦笑道："我本来也被她骗过了，我这一生中从来也没有遇见过比她更狡猾、更可怕的人。"

郭定凝视着他，过了很久，才徐徐道："这些话本不能相信的。"

叶开道："我明白。"

郭定道："可是现在我相信了。"

叶开也沉默了很久，才徐徐道："我本不愿将这件事告诉你，可是现在我却说了出来。"

他并没有去看郭定。

郭定也不再看他。

他们竟仿佛在尽量避免接触到对方的目光。

他们都不是那种喜欢将自己情感流露出来、让别人知道的人。

难道他们都生怕自己的情感一时激动，会流下泪来？

但友情这件事，本就不是用眼睛看的。他们虽然不去看，友情却已在他们心里撒下了种子生出了根。

这的确是件很奇妙的事。

一个人往往会在最奇怪的时候、最奇怪的地方，和一个最想不到的人交成朋友，甚至连他们自己都不知道这种情感是怎么来的。

也不知过了多久，郭定忽然道："上官小仙虽然找不到，但东海玉箫却一定可以找得到。"

叶开在听着。

郭定道："他是个喜欢享受的人，这城里的好地方却不多。"

叶开道："最好的地方本来是冷香园，但现在却已只冷不香了。"

郭定道："但他还是很可能会住在那里，据说他无论到哪里，都一向有很多随从的人。"

叶开笑道："就算他在那里又如何？"

郭定道:"他在那里,丁姑娘也就在那里。"

叶开道:"你要我去救她?"

郭定道:"你不去?"

叶开苦笑道:"我现在的心更乱,更没有把握胜他。"

郭定道:"我难道不是人?"

叶开霍然抬起头,凝视着他,道:"你……"

郭定道:"我难道不能跟你一起去?"

叶开道:"可是……可是丁灵琳还在他手里。"

郭定道:"我明白你的意思,你是投鼠忌器,怕他用丁姑娘来对付你,怕他伤害了丁姑娘。"

叶开点点头。

郭定道:"但你却忘了一点。"

叶开道:"哦?"

郭定道:"他一定以为你现在正急着找上官小仙,一定想不到你会去找他的,所以他就一定不会有警戒。"

叶开道:"不错。"

郭定道:"何况,他更不会想到我们已成了朋友。"

朋友!

这是多么温暖、多么美丽的两个字。

这两个字竟真的从这个骄傲冷酷的年轻人嘴里说了出来。

叶开还能说什么?还需要说什么?

他什么都不再说,他已站了起来,忽然用力握住了郭定的肩。

"我们走。"

"走!"

第十二章

冷夜离魂

冷香园。

夜冷,梅香,人踪已杳。

梅林里簌簌的响,是风,还是昨夜枉死在这里的冤魂?

"你一直都没有再见到韩贞?"

"没有。"

"那么他说不定还在这里。"

叶开叹道:"我只希望找到的不是他的尸体。"

那些人的尸体呢?

找不到。

听涛楼上下,连血迹都已被洗得干干净净。

是谁替他们收尸的呢?

"卫天鹏他们的尸体昨夜还在这里。"

"嗯!"

"是谁替他们收了尸?"

没有回答,没有人能回答。

刚隔夜的冰雹,晚上又结成了冰。

风刮在脸上,已不像是风,像是刀。

寒梅在冷香中却更香。

"你看见灯火没有?"

"没有。"

"玉箫难道不在这里?"

突然间,结了冰的小径上,竟似响起了一阵很轻的脚步声。

如此寒夜,有谁会在雪径上独行?莫非是那些人的鬼魂?

鬼魂又怎会有脚步声?

还是没有灯光,无灯,无星,无月。

黑暗中仿佛出现了条人影,正慢慢地走出了梅林中的小径。

他走得很慢,还不时在东张西望,竟似在寻找着什么。

如此寒冷的深夜里,在这无人的梅林中,他寻找的是什么?

走得近了,才听出他嘴里竟一直在喃喃自语:"酒呢……什么地方有酒……"

叶开几乎忍不住要叫了出来:"韩贞!"

这个人竟赫然真的是韩贞。

难道他居然还在替叶开找酒?

雪光反映,照上了他的脸,他的脸上竟赫然全是血,血也已结成了冰。

叶开只觉得胸中一阵气血上涌,立刻从他隐藏的小石后冲了出去,冲到韩贞面前,一把握住了韩贞的肩。

韩贞看了他一眼,忽然道:"酒呢?……你知不知道什么地方有酒?"

他竟已不认得叶开,可是他还在为叶开找酒。

他的脸竟已几乎完全破碎扭曲,竟像是个已被人一脚踩烂了的硬壳果。

叶开不忍再看:"你……你怎么会变成这样子的?这是谁下的毒

手?"

韩贞似乎想笑,却笑不出,嘴里还是喃喃地在问:"酒呢?什么地方有酒?"

叶开的心,也好像被人重重踩了一脚。

郭定就在身后,忍不住道:"他就是韩贞?"

叶开点点头。

郭定也不禁叹息,道:"看来他是在替你找酒的时候,被人痛殴了一顿,打得他神志记忆都丧失。"

叶开用力握紧双拳,默然道:"不过他还记得替我找酒。"

郭定叹道:"看来他也是个好朋友。"

叶开恨声道:"只可惜我不知道这是谁下的毒手,否则……"

郭定道:"我想这绝不是上官小仙。"

叶开道:"哦!"

郭定道:"一个女人,绝不会有这么重的手。"

韩贞实在被打得太惨,不但脸已破碎扭曲,连肋骨都已陷落下去,至少断了六七根。

他怎么能活到现在的?

在这种冰天雪地里,他怎么还没有冻死?

叶开想问,但韩贞却已甩脱他的手:"放开我,我要去找酒。"

除了这件事外,他已记不得别的。

叶开叹了口气,柔声道:"好,我带你去找酒。"

这句话说完,他已点了韩贞的睡穴,将韩贞拦腰托了起来。

郭定道:"只要能安安静静地睡一天,他也许会清醒的。"

叶开叹道:"但愿如此。"

屋子里有床,也有灯。

叶开将韩贞放在床上:"你有没有火折子?"

郭定已燃起灯,灯光照在韩贞脸上,更惨不忍睹。

叶开虽不忍看,却不能不看,他一定要查出这是谁下的毒手。

他虽然是个不愿记住别人仇恨的人,但这次的情况却不同。

若不是为了替他找酒,韩贞又怎么会落得这么惨。

为了这样的朋友,无论什么事他都应该做。

郭定也在凝视着韩贞的脸,道:"这不是铁器打的。"

叶开点点头,若是被铁器打伤,伤痕也可以看得出。

郭定道:"难道有这么重的手法?"

叶开道:"韩贞的武功并不弱,能一拳打到他的脸,这样的人并不多。"

他忽然想起自己也曾一拳打在韩贞脸上,但是那次的伤痕却远比现在轻得多,显得这人的手不但比他重,手上一定还有特别的功夫。

解开衣襟,肋骨断了五根。

如此寒天,韩贞穿的衣服当然也很厚。

郭定皱眉道:"隔着这么厚的衣服,还能一拳打断他五根肋骨,这种人实在不多。"

叶开道:"而且这只是硬伤,并没有内伤。"

若不是衣服上没有铁器的痕迹,无论谁都会认为这是被一柄铁锤打伤的。

郭定道:"难道这人的手竟跟铁锤一样硬?"

叶开道:"看他的伤痕,也不像是被铁砂掌一类的功夫打伤的。"

郭定点点头道:"若是那一类的掌力,必定会震伤内腑。"

叶开叹了口气,道:"所以我实在不明白,这究竟是种什么样的功夫?"

郭定道:"你迟早……"

他的声音突然停顿，无言的寒风中，竟突然传来了一阵凄凉的箫声。

东海玉箫！

郭定一翻手，已扇灭了灯光："他果然在这里。"

叶开道："你能不能在这里替我……"

郭定立刻打断了他的话："韩贞已睡着，用不着我在这里看守，你却不能一个人去。"

这就是友情，友情就是了解和关切。

叶开看着韩贞："可是他……"

郭定又打断了他的话："现在他的死活，对别人已没有影响，所以他才能活到现在，可是你……"

他没有再说下去，也不必再说下去。

叶开只觉得胸中的血又热了，也不能不承认他说的话有道理。

"好，我们走。"

凄凉的箫声，在寒夜中听来，令人的心都碎了。

箫声是从梅林外传来的。

梅林外的假山旁，有个小小的八角亭，亭子里有条朦胧的人影，那人正在吹箫。

叶开他们从后面悄悄地绕了过去，他们的行动当然不会发出任何声音。

吹箫的人还在吹箫，箫声似在颤抖。

叶开忽然发现这并不是"东海玉箫"的箫声，再走近些，又发现这人身上虽穿着道袍，腰肢却很纤细，竟是个女道人。

就在这时，箫声突然停顿。吹箫的这个女道人，竟似在低低哭泣。

叶开迟疑着，终于走过去，轻轻咳嗽了一声。

这女道人却似突然被抽了一鞭子，全身都颤抖起来，哀声道："我吹……我绝不敢再停下来了。"

叶开道："可是我并没有要叫你不停地吹下去。"

女道人回过头，看见他，虽然也吃了一惊，却又仿佛松了口气："是你。"

她认得叶开，叶开也认得她。

她正是玉箫道人的女弟子中，长得最媚的一个。

叶开忍不住问："你怎么会一个人到这里来吹箫？"

女道人道："是……是别人逼我来的。"

"谁？"

"是个蒙着脸的人。"

"他为什么要逼你到这里来吹箫？"

"我也不知道，他逼我到这里来，叫我一直吹，否则他就要脱光我的衣服，把我吊在这里。"

"你怎么会落在他手里的？"

"那时我正……正在后面，只有我一个人，想不到他竟突然闯了进来。"

叶开当然知道"后面"是什么意思，女孩子在方便时，当然也只有一个人，这种事她当然不好意思说出口。

但叶开却又问道："那时你究竟在什么地方？"

"就在鸿宾客栈后面那院子。"

鸿宾客栈就是叶开住的那客栈，那里不但有最好的厨子，也有最舒服的床。

喜欢享受的人，当然会住在那里。

叶开叹了口气，苦笑道："原来你们就在我后面的院子里，我却到这里来找。"

女道人紧紧闭着嘴，死也不开口了。她知道自己已说漏了嘴，现在就算不开口，也已来不及。

叶开道："有句话我要问你，你也可以不说。"

女道人闭着嘴。

叶开道："但你若不说，我就将你留在这里，让那个蒙面人再来找你。"

女道人脸上立刻露出恐惧之色，抢着道："我说。"

叶开道："你们带走的那丁姑娘，是不是也在那院子里？"

女道人虽然还是不开口，却已等于默认。

叶开道："好，我们不妨做个交易，你带我去找她，我就送你回去。"

女道人没有拒绝。她对那蒙面人的恐惧，已远比她对任何事的恐惧都深。

她死也不愿留在这里。

那蒙面人是谁？为什么要逼着她到这里来吹箫？

难道他已知道叶开要来这里找玉箫，所以特地用这法子指点叶开一条明路？

他为什么要这样做？他是不是另有目的？

这些问题，叶开当然都不能解释。他忍不住又问："那蒙面人究竟是个什么样的人？"

"他不是人，简直是个鬼，恶鬼。"想起了这个人，她的身子又开始发抖。

显然这个人一出手就制住了她，她已完全没有抵抗的能力。

可是东海玉箫的女弟子，武功也绝不会太差的。

叶开看着郭定,长长叹了口气,道:"你说得不错,现在虽不是九月,但却已有群鹰飞起,而且全都飞到了这里。"

被褥还是凌乱的,枕上也许还有着丁灵琳的发丝。

一回到这里,叶开的心就开始隐隐作痛——她现在怎么样了,东海玉箫会不会……

叶开连想都不敢想。

郭定看着床上凌乱的被褥,眼睛又露出种奇怪的表情。

他没有再看第二眼,他的心仿佛也在隐隐作痛。

现在他总算已完全明白了叶开和丁灵琳的关系。

韩贞已被放到床上,睡得仍很沉。睡穴实在是个很奇怪的穴道。

那女道人低垂着头,站在屋角,苍白的脸上,总算已有了些血色。

东海玉箫的女弟子都很美,她尤其美。

她美得和丁灵琳不同,不但美,而且媚,她已是个完全成熟的女人。

无论谁看见她黄昏时在箫声中款摆腰肢,媚眼如丝的神情,都难免会心动的。

叶开看了她一眼,道:"坐。"

女道人慢慢地摇了摇头,忽然道:"现在我可不可以回去?"

叶开道:"不可以。"

女道人垂下头,咬着嘴唇,道:"你们若想利用我去要挟玉箫道人,你们就错了。"

叶开道:"哦?"

女道人道:"你们就算当着他面前杀了我,他也不会关心的。"

她眉眼间仿佛带着种幽怨之色,轻轻地接着道:"我从来也没有看见他关心过任何人。"

郭定凝视着她,忽然道:"我们若在你面前杀了他呢?"

女道人道:"我也不会掉一滴眼泪。"

她说得很干脆,连考虑都没有考虑。

郭定道:"那么你为什么要回去?"

女道人道:"因为我……我……"

她没有说下去,她的声音似已哽咽,美丽的眼睛里已有了泪光。

叶开明白她的意思。

她一定要回去,只因她根本没有别的地方可去。

叶开并不是个心肠很硬的人,忽然问:"贵姓?"

"我姓崔。"

"崔?"

"崔……崔玉真。"

叶开笑了笑,道:"你为什么不坐下来,难道怕这椅子会咬人?"

崔玉真也忍不住笑了,她发现自己在笑的时候,美丽的脸上立刻露出红霞。

叶开看见她随着箫声扭动腰肢的时候,本以为她是个已忘记了羞耻的女人。

现在他才发现她还是保留着一份少女的娇羞和纯真。

只不过,无论谁在不得已的时候,都难免会做出一些令别人觉得可耻、自己也会后悔的事。

有时人就像是一头被蒙着眼推磨的驴子,生活就像是一条鞭子。

当鞭子抽到你背上时,你只有往前走,虽然连你自己也不知道要走到什么时候为止。

叶开轻轻叹息了一声,道:"你若不愿回去,就可以不必回去。"

崔玉真又垂下头:"可是我……"

叶开道："我明白你的意思，可是这世界很大，你慢慢就会发现有很多地方都可以去的。"

崔玉真也明白了他的意思，她忍不住抬起头看了他一眼，眼睛里充满了感激。

叶开道："你也不必帮我们去找丁姑娘，只要告诉我们她在哪里就行了。"

崔玉真迟疑着，终于道："就在后面的那个院子里。"

叶开等着她说下去。

崔玉真道："那个院子很大，一共好像有十三四间房，丁姑娘就被锁在最后面的一间偏房里，窗台的外面摆着三盆蜡梅。"

叶开道："有没有人在那里看守她？"

崔玉真道："只有一个人在里面陪她，因为她还不能走动，玉箫也不怕她会跑。"

叶开道："玉箫道人睡在哪里？"

崔玉真道："他晚上很少睡的。"

叶开道："不睡在干什么？"

崔玉真咬紧了牙，没有回答，但脸上又露出那种悲愤幽怨之色。

她不必再说了。

"玉箫好色"，他现在应该已有七十岁，看起来却远比实际的年纪轻。

他有很多美丽而年轻的女弟子。

他晚上在干什么，叶开当然已可猜得出来。

郭定面上已现出怒容，忽然道："你们是不是被他所逼，才跟着他的？"

崔玉真摇摇头，怅然道："我们本来都是贫苦人家的子女。"

郭定道："你们都是被他买来的？"

崔玉真头垂得更低，眼泪已流下面颊。

郭定突然用力一拍桌子，冷冷道："就算没有丁姑娘这件事，我也绝不会放过他的。"

叶开道："可是现在……"

郭定道："我知道，现在我们当然要先救出丁姑娘再说。"

崔玉真忽然又道："他晚上虽然不睡，可是到了天快亮的时候，一定要睡三个时辰。"

现在距离天亮至少还有半个多时辰。冬天的夜总是比较长。

叶开看了看天色，道："好，我们等。"

床上的韩贞忽然翻了个身，发出了梦呓——叶开点他穴道，用的力量并不大。

他仿佛还是在说："酒呢……什么地方有酒……"

反反复复说了几遍后，他的人突然从床上跳起来，大叫道："姓吕的，我认得你，你好狠。"

这句话说完，他又倒了下去，满头都是冷汗。

叶开动容道："姓吕的？"

郭定道："看来打伤他的那个人一定姓吕。"

叶开沉思着，道："你知不知道江湖中有什么姓吕的高手？"

郭定道："近年来好像只有一个。"

叶开道："吕迪？"

郭定点点头，道："不错，'白衣剑客'吕迪。"

叶开道："你见过他出手？"

郭定摇摇头，道："我只知道他虽然是'银戟温侯'吕凤先的堂侄，练的却是武当剑法，武当是内家正宗，绝不会……"

叶开突然打断了他的话，道："你说他是谁的侄子？"

郭定道："吕凤先，'银戟温侯'，昔年兵器谱上排名第五。"

叶开的眼睛里突然发出了光,道:"吕凤先,我怎会忘了这个人。"

郭定道:"你认为是他吗?"

叶开道:"银戟温侯在兵器谱上排名第五,在别人已是件很值得荣耀的事,可是在他看来,却是种耻辱。"

郭定了解这种心情:"有很多人都不能忍受屈居人下的。"

叶开道:"但他也知道百晓生绝不会错,所以他毁了自己的银戟,练成了另一种可怕的武功。"

郭定道:"什么武功?"

叶开道:"他的手!"

郭定的眼睛也亮了。

叶开道:"据说他已将他的手练成钢铁般坚硬锋利。"

郭定道:"你是听谁说的?"

叶开道:"一个曾经亲眼看过他那只手的人,一个绝不会看错的人。"

郭定道:"小李探花?"

叶开点点头,道:"世上若有一个人能赤手将韩贞打成这样子,这个人就一定是吕凤先。"

郭定道:"可是他多年前就已失踪了。"

叶开冷笑道:"连死了的人都可能复活,何况是失踪了的人。"

郭定道:"你认为他也已到了这里?"

叶开道:"你说过,现在虽不是九月,却是猎狐的时候。"

郭定的眼睛里闪着光道:"吕凤先无疑也是只鹰。"

叶开道:"也许他已可算是群鹰中最可怕的一只鹰。"

郭定道:"他若真的来了,你要找他?"

叶开望着床上的韩贞,紧紧闭住了嘴。

他已不必再开口。

郭定的眼睛更亮,却仿佛凝视着远方,喃喃道:"能与昔年兵器谱上排名第五的人决一胜负,倒也是人生一大快事。"

叶开道:"但这却不是你的事。"

郭定道:"不是?"

叶开的表情很严肃:"绝不是。"

郭定微笑着道:"不必怕我抢你的生意,韩贞是你的朋友,不是我的。"

叶开终于也笑了笑,道:"这句话我希望你最好莫要忘记。"

郭定的表情也变得很严肃,道:"你最好也莫要忘记一件事。"

叶开道:"什么事?"

郭定道:"'银戟温侯'排名第五,但是他的手却比他的银戟更可怕。"

他凝视着叶开,慢慢地接着道:"我不想看见你被人打得像韩贞这样子。"

叶开忽然转过身,推开了窗户。

窗外冷风如刀,但他的心却是热的,就像是刚喝下满满一杯醇酒。

远方的空谷,本是一片黑暗,此刻却已变成了灰白色。

然后他就听到了一声鸡啼。

"是最后面靠左的一间屋子,窗台外面还摆着三盆蜡梅。"

第十三章

海市蜃楼

后面的院子果然很大,东方虽已现出曙色,窗子却还亮着灯。

屋里有人在大笑:"贫道此番重入红尘,就是要看看今日之江湖,究竟是谁家的天下?"

这是玉箫道人的声音。

屋子里居然还有另外一个人。

"晚辈当然不敢和道长争一日之短长,只可惜江湖中却偏偏还有些不知天高地厚的无知小辈。"

这不是玉箫道人的声音,听来却很熟。

伊夜哭。

他果然是个很会投机取巧的谄媚小人。

看来他竟已投靠了玉箫道人。

叶开的心沉了下去。

玉箫道人非但没有睡,而且还多了个帮手。

只听玉箫道人在问:"你知道这种无知的小辈有些什么人?"

"嵩阳郭定、武当吕迪、铁锥子韩贞、飞狐杨天、南海珍珠、青城墨氏……据我所知至少已有这些人到长安来了。"

他显然还没有忘记兵器被毁的仇恨,第一个提到的名字就是郭定。

他实在很希望看着玉箫道人杀了郭定。

玉箫道人又问:"还有没有别人要来?"

"当然有。"

"至少还有个叶开。"

伊夜哭冷笑:"叶开不足惧。"

"哦?"玉箫道人显得很惊讶,叶开的武功,他已领教过。

"因为这个人已等于是个死人。"

"哦?"

"现在长安城里,要杀他的人也不知道有多少,他简直已死定了。"

玉箫道人大笑:"玉容,还不为伊先生斟酒?"

看来他们竟打算作长夜之饮,连一点睡觉的意思都没有。

但叶开现在却只剩下二个时辰,此刻若不出手,以后的机会更少。

郭定附在他耳边,慢慢道:"我在这里牵制住他们,你去救人。"

叶开坚决摇头:"不行。"

"为什么不行?"

叶开冷冷道:"我不想替你收尸。"

他的声音虽冷,但这种情感却远比醇酒更能令人发热。

郭定解开了衣襟,冷冷道:"你难道想收丁灵琳的尸?"

叶开道:"我有法子,一定有法子的……"

其实他一点法子也没有,他的心又乱了,为了丁灵琳的安全,他绝不能冒一点险。

郭定知道,他已准备冲进去,他并不是个很冷静的人。

他认为只要自己一冲进去,叶开就只好到后面去救人的。

可是他错了。

他若冲进去，叶开绝不会抛下他，他们虽然可以对付伊夜哭和玉箫道人，可是丁灵琳还在玉箫道人手里。

玉箫道人若用丁灵琳来要挟叶开，叶开就非死不可。

他的身子已腾起——

突然间，窗子里一声惊呼，是伊夜哭的惊呼声。

"你……你这是干什么？"

玉箫道人的声音冰冷："我要杀了你。"

"我好意前来，你竟要杀我？"

玉箫道人冷笑："你将我看成什么人？竟想来利用我，你才是无知的鼠辈，我不杀你杀什么人？"

屋子里已响起了一阵桌椅碰倒声，杯盘跌碎声——

郭定的身子虽已跳起，却改变了方向，贴着墙蹿过去了。

叶开也没有落后。

他们都已看出，现在正是救人的好机会，伊夜哭最少可以抵挡玉箫道人二三十招。

这时间虽然不长，但只要他们的行动够快，就已足够。

所以他们已连一刹那都耽误不得。

幸好窗台上摆着蜡梅，是个很明显的标志，他们连找都不必找。

窗子里也亮着灯。

窗上有两条人影，一个是梳着道髻的女道人，一个正是丁灵琳。

看她们的姿态，仿佛正在对坐着下棋。

郭定已撞破窗户，冲了进去，他无论做什么事都干脆得很。

叶开的心却沉了下去。他知道里面的那人影绝不是丁灵琳。

丁灵琳绝不会下棋的，她的大哥丁灵鹤虽然是此道的高手，她却连子都不会摆。

她一向认为两个人坐在那里，将一些黑白的石头往一块木板上摆来摆去，是件很无聊的事。

　　这难道又是个陷阱？

　　可是郭定既然已闯了进去，叶开也只好硬着头皮往下跳。

　　一闯进屋子，郭定也立刻就发现丁灵琳并不在这屋子里。

　　坐在女道人对面的这少女，虽然穿着丁灵琳的衣服，梳着和丁灵琳一样的发式，却不是丁灵琳。

　　若是换了别人，一定会吃惊，发怔。

　　但郭定做事却有他自己独特的方式。他的手一反，剑已出鞘，剑柄已打在那女道人的咽喉上。

　　她连惊呼都没有发出，就已倒下。

　　另一个少女也没有叫出声来，因为郭定的剑锋已逼住了她的咽喉。

　　"丁姑娘在哪里？"

　　这少女脸色虽已吓得发青，却摆出一副宁死也不说的神情。

　　郭定也没有再问，左手已伸出，抓住了她的衣襟，一把就将她里里外外五六件衣服全都撕成了两半，露出了她雪白的身子，高耸的胸膛，纤细的腰。

　　这少女的脸似已吓得发绿。

　　郭定道："你再不说，我就将你的人撕成两半。"

　　这少女已吓得连声音都发不出来，只是指了指角落里的衣柜。

　　衣柜很大。

　　叶开冲过去，拉开，里面果然有个人，一个穿着道装的女人，似已被人点了睡穴，却正是丁灵琳。

　　郭定道："在不在？"

叶开道:"在!"

两句话一共只有四个字,叶开已抱起丁灵琳,蹿出窗户。

郭定轻轻拍了拍这少女微微凸起的小腹,微笑道:"你已快发胖了,以后记住千万不能吃肉。"

灯已吹熄,曙色刚染上窗纸。

崔玉真正在用一块布巾替韩贞擦冷汗,她果然没有走。

看见叶开抱着丁灵琳回来,她居然笑了。

床上的韩贞犹在沉睡,叶开只有将丁灵琳放在椅子上。

他总算松了口气。

崔玉真道:"后面有没有人在追?"

叶开摇摇头,微笑道:"玉箫就算发现她已被救走,也绝不会想到我们的人还在这里。"

郭定也已回来,冷冷道:"现在我们希望他追到这里来,就算他不来,我也会去找他的。"

叶开笑道:"若不是你,我真不知道该怎么样才能让那女孩子说实话。"

郭定道:"要女人说实话并不难。"

叶开道:"哦?"

郭定道:"一个女人的衣服若突然被撕光,很少还有敢不说实话的。"

叶开道:"看不出你对付女人也很有经验。"

郭定笑了笑,道:"我练的并不是童子功。"

叶开也笑了:"像你这样的男人,想练童子功只怕都很难。"

郭定看了丁灵琳一眼,立刻就转过眼睛,道:"她是不是被人点了哑穴?"

叶开道："嗯！"

郭定道："现在她已不必再哑下去。"

叶开微笑着，拍开了丁灵琳的穴道，看到丁灵琳那双美丽的眼睛又已张开来看着他，他实在觉得愉快极了。

丁灵琳却似还没有睡醒，眼波蒙眬，看了他两眼，迟疑着道："叶开！"

叶开笑道："你难道不认得我了？"

丁灵琳道："我认得你。"

她突然伸出手。她的手里竟有把刀，一刀刺入了叶开的胸膛。

鲜血箭一般喷出来，直喷在丁灵琳脸上，她苍白的脸立刻被鲜血染红。

叶开的脸上却已全无血色，吃惊地看着她。

每个人都在吃惊地看着她，无论谁都做梦也想不到她会向叶开下这种毒手。

丁灵琳却在大笑，疯狂地大笑，突然跳起来，蹿了出去。

叶开一只手按住胸膛上的创口，想追，人已倒下，颤声道："追……追她回来。"

不等他说，郭定已追出。

叶开想过去看看他们是往哪边走的，可是腿已发软，眼前突然变成了一片黑暗。

绝望的黑暗。

他最后看见的，是崔玉真那双充满了惊惧和关切的眼睛。

他最后听见的，是他自己的头撞在桌子上的声音。

凌晨。

天空还是灰暗的，人都还在沉睡。

丁灵琳像是只羚羊，在一重重屋脊上跳跃着，还不时发出疯狂的笑声。

"我已杀了叶开，我已杀了叶开……"

她竟似觉得这是件非常值得高兴的事。

"她疯了。"

郭定已将自己的轻功施展到极限，还是追出了很远，才追上她。

"丁姑娘，跟我回去。"

丁灵琳瞪了他一眼，竟已完全不认得他，突然一刀向他刺了过去。

刀上还有血，叶开的血。

郭定咬了咬牙，回身反手，去夺她的刀。

他并没有夺下她的刀，可是他另一只手已闪电般地扣在她左颈后。

丁灵琳的眼睛突然发直，人已倒下。

四面无人，屋脊上的霜白如银。

丁灵琳的呼叫，居然并没有将玉箫惊动出手。

郭定已抱起了丁灵琳，他急着要赶回去看看叶开的伤势，已顾不得男女之嫌。

可是那屋子里已没有人了……已没有活人了。

一直沉睡昏迷着的韩贞，已被一柄长剑钉死在床上。

地上的血迹已凝结，是叶开的血。

桌角上也有血迹，也是叶开的血。

但叶开的人却已不见了，崔玉真也已不见了。

是谁的长剑？是谁下的毒手？为什么要对一个半死不活的人下毒手？

叶开到哪里去了？难道已被崔玉真带回去献给了玉箫道人？

无论如何，他实在已凶多吉少。

屋子很小，但却收拾得很干净。

屋角里有个小小的木柜，是锁着的，旁边的妆台上，摆着面铜镜。

冷风吹得窗纸簌簌地响，门上挂着布帘，门外传来一阵阵药香。

叶开并没有死。

他已醒了过来，他醒来时，就发现自己是在这么样一个地方。

然后他才发现自己是赤裸裸地躺在床上，盖着三条很厚的棉被。

他胸膛上的伤口已被人用白布包扎了起来，包扎得很好。

是谁替他包扎的？这里究竟是什么地方？

他想坐起来，但胸膛上仿佛还插着一把刀，只要一动，就疼得全身都仿佛要撕裂。

他想呼喊，但这时门帘已掀起，已有个人端着碗药慢慢地走了进来。

崔玉真。

她已脱下了她的道袍，身上是套青布衣裙，蛾眉淡扫，不施脂粉，眉目间却带着浓浓的忧思。

看见叶开已醒，她的眉也已开了。

"我怎么会到这里来的？"

叶开问出了这句话，立刻就发觉这是句废话。当然是崔玉真将他救到这里来的。

崔玉真已走过来，将药碗轻轻地放在床畔的小几上。

她每一个动作看来都那么温柔，已完全不是那个随着箫声扭动腰肢的女道人。

叶开看着她，忽然有了种很安全的感觉，心也已定了下来。

但他却还是忍不住要问："这里是什么地方？"

崔玉真垂着头，轻轻地吹着药，过了很久才回答："是别人的家。"

"是谁的家？"

"是个做茶叶买卖的生意人。"

叶开道："你认得他？"

崔玉真没有回答这句话，却轻轻道："你受的伤很重，我怕玉箫道人他们找来，只有带你赶快走。"

她是个很细心的女人，想得很周到。

叶开若是留在那屋子里，说不定也早已被一柄长剑钉死在床上。

崔玉真又道："可是我第一次到长安城，一个人也不认得，那时天刚亮，我实在不知道应该带你到什么地方去。"

叶开道："所以你就闯到这人家里来了。"

崔玉真点点头，道："这是个很平凡的小户人家，绝对没有人想到你会在这里。"

叶开道："这里的主人你当然也不认得？"

崔玉真只好承认："我不认得。"

她说过，在长安城里，她一个人都不认得。

叶开道："现在他们的人呢？"

崔玉真迟疑着，又过了很久，才轻轻道："已被我杀了。"

她垂着头，不敢去看叶开。她怕叶开会骂她。

可是叶开连一个字也没有说。

他并不是那种道貌岸然的道学君子，他知道若不是崔玉真，现在已不知死在谁的手下。

长安城里，要杀他的人实在不少。

一个半生不熟的女人，冒着生命的危险救了他，又在全心全意地照顾着他，为了他的安全，竟不惜杀人。

你叫他怎么还忍心责备她，怎么还能骂得出口？

崔玉真忽然又道："可是我本来并不想杀他们的。"

叶开等着她说下去。

崔玉真道："我闯进来的时候，有两个人睡在床上，我本来以为他们是夫妇。"

叶开终于忍不住问："难道他们不是？"

崔玉真摇摇头，道："那女的已有三十多岁，男的却最多只有十七八，我逼着他们一问，这孩子就说了实话。"

原来丈夫到外地买茶去了，妻子就勾引了在他们家里打杂的学徒。

崔玉真的脸似已有些发红，接着道："这两人一个背叛了自己的丈夫，一个背叛了自己的师父，所以我才会杀了他们，我……我只希望你不要认为我是个心狠手辣的女人。"

叶开看着她，心里忽然有了种说不出的滋味。

她为他做了这些事，为他冒了这么大的危险，可是她并不要他感激，更不要他报答。

她唯一希望的，竟只不过是希望他不要看轻她。

他的看法对她竟如此重要。

叶开忍不住叹了口气，柔声道："我也希望你明白一件事。"

"什么事？"

叶开道："若有人认为你这样做得不对，认为你是个心狠手辣的女人，那人一定是个伪君子，是个大混蛋。"

他微笑着，接着道："我希望你相信我，我绝不是这种混蛋。"

崔玉真笑了。她笑的时候，就仿佛寒冬已经过去，忽然已到了春天。

"药可以入口了,你喝下去好不好?"

她扶起叶开,就像是母亲哄孩子一样,将这碗药一口口喂他喝了下去。

"这是我自己配的药,我不敢找大夫,我怕别人会从大夫嘴里查出你的行踪。"

她实在是个非常细心的女人,每一点都想得非常周到。

叶开看着她,心里充满了温暖和感激,微笑道:"我遇见你,真的是运气,无论什么事你好像都能想得到。"

崔玉真迟疑着,忽然道:"但我却还是想不到她为什么要杀你?"

叶开的笑容黯淡了下来。

崔玉真道:"我知道我本不该提起这件事的,可是我实在想不通,你不顾一切地去救她,她为什么要对你下这种毒手?"

叶开却又笑了笑,道:"我想……她一定有原因的。"

崔玉真道:"什么原因?"

叶开道:"江湖中有很多邪门歪道的事,我说给你听,你也未必知道。"

崔玉真道:"你难道一点都不怪她?"

叶开摇了摇头,道:"她这么样做,一定是被摄心术一类的邪法所迷,等她苏醒后,她一定会比我更痛苦,我怎么还能怪她?"

他的声音里充满了关怀。

别人几乎一刀将他杀死,他却还在关心着那个人清醒后的感觉。

至于他自己的痛苦,他却一点也不在乎。

崔玉真看着他,美丽的眼睛里突然泪珠一连串流下。

"你在哭?"

"……"

"你为什么忽然伤心?"

崔玉真慢慢地拭了拭泪痕,勉强笑道:"我并不是伤心,我只不过在想,假如有一天,能有个人这么样对我,处处都替我想,那么我……"

她没有说完这句话,她的泪又已流下。因为她知道自己是永远也不会遇着这么样一个人的。因为她知道这个人现在虽然在她怀抱里,但心里却在想着别人,而且很快就会离开她。

她并不是嫉妒,也不是痛苦,只不过觉得有种说不出的感伤。

她已是个成熟的女人,她这一生都很寂寞。

寂寞,多么可怕的寂寞……

冰冷的泪珠,一滴滴落在叶开脸上,但叶开的心里却在发热,热得发疼。

他并不是个铁石心肠的人,也不是块木头。

可是他又能怎么样?

屋子里渐渐暗了,黄昏又无声无息地悄悄来临。

黄昏总是美的,美得令人心疼。

崔玉真将早上煮的冷饭,用酱油拌着吃了一碗,却替叶开熬了锅稀粥。

她红着脸道:"我本来想买点人参来炖汤的,可是我……"

她没有钱。叶开也没有,他忽然注意到她本来插在头上的一根碧玉簪已不见了。

"我本来想打开那柜子,看看里面是不是有银子的,可是我又不敢。"

她实在是个本性很善良的女孩子,而且有一种真正的女性温柔。

叶开慢慢地啜着粥,心里忽然有了种奇妙的感觉。假如他只不过是个做小买卖的生意人,假如他们是夫妻,假如他们都没有过去那些往事，他们是不是会活得更幸福？

可是现在……假如现在他也能抛开一切，假如她也愿意永远陪伴他，假如……

叶开没有再想下去，他不能再想下去。宁静的生活，对他永远是种不可抗拒的诱惑，可是他这人却偏偏好像生来就不能过这种日子。世上又有几人能随心所欲，选择自己的生活方式？

夜色渐渐深了。他们都没有说话，仿佛都在全心全意地享受这片刻宁静。因为他们都知道这种日子是很快就会结束的。

叶开什么都不愿去想，只觉得眼皮渐渐沉重，他流了很多血，他觉得很疲倦，而且很冷。

朦朦胧胧中，他觉得自己仿佛在渐渐地沉入一个冰窖里。他冷得全身都在发抖，冷得嘴唇都发了青。可是她已将这里所有的棉被都替他盖上了——现在怎么办呢？

他的脸色愈来愈可怕，抖得就像是一片寒风中的叶子。有什么法子才能使他温暖？只要能让他温暖，无论要她做什么，她都心甘情愿的。她的脸忽然红了。她已想到了一个法子，一种人类最原始的互相取暖方法。

叶开不再发抖，脸上也渐渐有了血色。然后他就发现，有个人正赤裸裸地睡在他身旁用力抱住了他。她的身子光滑而柔软，热得就像是一团火。

发现叶开的眼睛正在看着她，她脸上仿佛也燃烧了起来，"嘤咛"一声，将头缩入了被里。

叶开心里是什么滋味？那绝不是感激两个字所能形容的，那已不是任何言语所能形容的。他感觉到她的身子也在轻轻发抖。但那也当然不是因为冷。

窗外一片黑暗，冷风在黑暗中呼啸，可是黑暗与寒冷都已距离他们很远。

他们竟忽然有了一个完全属于他们自己的世界，这世界里充满了幸福和宁静。只可惜这种幸福就像是海市蜃楼，虽美丽，却虚幻；又像是昙花的开放，虽美丽却短暂。突然间，门被推开，一个人闯了进来。一个他们永远也想不到的人。

灯还没有灭。灯光照在这人脸上，这人的脸色是铁青的，眼睛里也充满了愤怒的杀气，恨恨地瞪着他们，仿佛恨不得一刀将他们杀死在床上。他们却不认得这个人，连见都没有见过。

崔玉真已失声大叫："你是什么人？为什么闯到这里来？"

这人恨恨地瞪着她，突然冷笑，道："这是我的家，我为什么不能来？"

崔玉真怔住，叶开也怔住。

这一家的主人竟突然回来了。一个男人回到了自己家里时，若发现有两个陌生的男女睡在自己床上，无论怎么愤怒，都是值得同情的。崔玉真本来也很吃惊，很愤怒，现在却像是只泄了气的皮球，连话都说不出了。

这人咬牙瞪住她，怒吼道："我出去才两个月，你就敢在家里偷人了，你难道不怕我宰了你？"

崔玉真又吃了一惊："你……你说什么？"

"我问你，你为什么要做这种见不得人的事，这野男人是谁？"

难道这人的眼睛有毛病，竟将她看成了自己的妻子？

崔玉真道："你……你是不是看错人了？"

这人更愤怒："我看错了人？你十六岁就嫁给了我，就算烧成了灰，我也认得你。"

崔玉真忍不住大叫："你疯了，我连见都没有见过你。"

"你难道还敢不承认是我的老婆？"

"当然不是。"

"你若不是我的老婆，为什么睡在我的床上？"

崔玉真又说不出话来。

这人又瞪着叶开，狠狠道："你又是什么东西？为什么和我老婆睡在床上？"

叶开也不知该说什么，他忽然发现又遇着了件又荒唐又荒谬的事。他实在不知道这究竟是怎么回事。

这人道："幸好我是个宽大为怀的人，不管你们做了什么事，我都原谅了你们，但现在我既然已回来了，你总该起来把这热被窝让给我了吧。"

他居然真的走过来，好像已准备脱衣服睡上床。

崔玉真又大叫，用力拉住叶开："我不是他的老婆，我根本不认得他，你千万不能起来让他。"

叶开当然不会起来，可是他该怎么办呢？一个人赤裸裸地躺在别人床上，遇见这种事，你说他该怎么办？就在这时，突然门外传入了一阵大笑声，一个人捧着肚子，大笑着走了进来。看见了这个人，叶开更笑不出来。

上官小仙！这个要命的人，竟偏偏又在这种要命的时候出现了。

第十四章

夺命飞刀

有种人你想找他的时候，打破头也找不到，你不想见他的时候，他却偏偏会忽然出现在你的眼前。

上官小仙好像就是这种人。

她一只手捧着肚子，一只手指着叶开，吃吃地笑道："你占了人家的屋子，又占了人家的床，人家回来了，什么话都不说，只不过叫你让开，你都不肯，这未免太不像话了吧。"

话没有说完，她已笑出了眼泪，笑弯了腰。

叶开反而沉住了气。现在他总算已明白这是怎么回事了。

这女人不但是条狐狸，简直是个鬼，简直什么事都做得出，什么花样都想得出来。

上官小仙还在笑个不停，就像是从来也没有见过这么好笑的事。

崔玉真吃惊地看着她，忍不住问道："她是什么人？"

叶开道："她不是人。"

上官小仙笑道："对了，我本来就不是人，我是个活神仙，无论你藏到什么地方去，我还是一找就找到。"

叶开并没有问她，是怎么找到的。

她显然一直都在暗中盯着叶开，就像是个鬼影子一样。

上官小仙道："可是我倒真没有想到，这位道士姑娘会把你弄到这么样一个好地方，要不是她急着替你去抓药，这次我们真的差点找不到你了。"

她走过去，拿起床头的空药碗嗅了嗅，又笑道："只可惜她实在不能算是个好大夫，这种药你就算喝八百斤下去，也一样没有用。"

崔玉真已气得满脸通红，却还是忍不住要问："你能治好他的伤？"

上官小仙道："我也不是个好大夫，可是我却替他请了个最好的大夫来。"

刚才那个愤怒的丈夫，现在已连一点火气都没有了，正看着他们微笑。

上官小仙道："这位就是昔年'妙手神医'的唯一传人，'妙手郎中'华子清。你见多识广，想必一定知道他的。"

叶开的确知道。

华家父子，的确都是江湖中有名的神医，医治外伤，更有独门的传授。

可是这父子两人都有同样的毛病，偷病人。

他们根本不需要去偷的，可是他们天生地喜欢偷，无论什么都偷。

去找他们治伤医病的人，往往会被他们偷得干干净净。

"妙手"这两个字，就是这样来的。

叶开笑了笑，道："想不到阁下非但医道高明，而且还很会作戏。"

华子清也笑了笑，道："这点你就不懂，要学偷，就一定要学会作戏。"

"为什么？"

华子清道："因为你一定要学会扮成各式各样的人，才能到各种地方去偷各式各样的东西。"他微笑着,又道,"譬如说,你若要到庙里去偷经,就一定得扮成和尚,若要去偷窑子,就一定要扮成嫖客。"

叶开道:"你若要到大字号的店家去偷,就一定得先扮成大老板的样子去踩道。"

华子清抚掌道:"阁下当真是举一反三,一点就透,若要学这一行,我敢保证不出三个月,就可以成为专家。"

上官小仙嫣然道:"他现在就已经是专家了,所以你去替他治伤的时候,最好小心点,否则你说不定反而会被他给偷得干干净净。"

华子清笑道:"我偷人家已偷了几十年,能被别人偷一次,倒也有趣。"他微笑着走过去,又道:"只要刀上没有毒,我也敢保证,不出三天,阁下就又可以去杀别人了。"

崔玉真忽然大声道:"等一等。"

华子清道:"还等什么?"

崔玉真道:"我怎么知道你是真的来替他治伤的?"

上官小仙叹道:"这位道士姑娘倒真是个细心的人,只可惜脑筋却有点不太清楚,莫非是已经被我们这位叶公子迷晕了头?"

崔玉真红着脸,道:"随便你怎么说,我……"

上官小仙打断她的话,冷冷道:"现在我若要杀他,简直比吃豆腐还容易,我何必费这么大的事?"

崔玉真冷笑。

上官小仙道:"你不信?"

崔玉真还是在冷笑。

上官小仙身子突然轻飘飘飞起,就像是一朵云一样,飘过了他们的头顶。崔玉真只觉得突然有只冰冷的手伸进了被窝,在她的胸膛上轻轻捏了一把。再看上官小仙又已轻飘飘地飞了回去,站在原来的地方,笑嘻嘻地看着她:"据说东海玉箫会采补,可是你身上倒还很结实,看来你对付男人想必也很有一套。"

崔玉真脸上一阵红一阵青,气得几乎已经快哭了出来。

上官小仙悠然道:"这本是女人值得骄傲的事,有什么好难为情的。几时有空,说不定我也要跟你学两手。"

崔玉真的脸色已发白。她知道这女人是在存心侮辱她,可是她只有忍受。为什么人们总是要为已经过去了的事,付出痛苦的代价呢?为什么有些人一定要让别人觉得痛苦,自己才感觉到快乐?崔玉真泪已流下,上官小仙脸上却露出了胜利的微笑。

叶开忽然道:"滚出去。"

上官小仙好像吃了一惊:"你叫谁滚出去?"

叶开道:"你!"

上官小仙道:"我好心好意地请了人来替你治伤,你却叫我滚出去。"

叶开寒着脸,道:"不错,我叫你滚出去。"

上官小仙脸色也有点变了,冷笑道:"你难道不怕我杀了你?"

叶开道:"你以为你真的能杀我?"

上官小仙道:"你也不信?"

叶开道:"我只想提醒你一件事。"

上官小仙道:"什么事?"

叶开道:"这件事。"

他的手慢慢地从被下伸出,手里赫然有柄刀。三寸七分长的刀,飞刀!

薄而利的刀锋,在灯下闪闪发光。上官小仙的脸似已被刀光映成了铁青色,华子清的脸似已发绿。小李飞刀!这就是从小李探花一脉相传下来的飞刀!这就是"例不虚发"的飞刀。江湖中无论多可怕的高手,都从来也没有人能躲过这出手一刀。

叶开冷冷道:"我本来不愿杀人的,可是你最好莫要逼我。"

上官小仙冷笑道:"你现在还能杀人?"

叶开道:"你想试试?"

上官小仙也不敢去试。

没有人敢!没有人敢用自己的生命作赌注,来作这几乎已输定了的孤注一掷。

上官小仙长长吸了口气,勉强笑道:"难道你不想你的伤快好?"

叶开道:"我只想要你滚出去。"

上官小仙叹了口气,道:"我不会滚,我走出去行不行?"

她真的说走就走,华子清当然走得更快。

走到门口,她却突又回头,道:"有件事我差点忘了告诉你。"

叶开道:"什么事?"

上官小仙道:"你想不想知道那位丁姑娘现在的下落?"

叶开不说话了,他当然想知道。

上官小仙道:"她现在正和郭定在一起,也跟你们一样,睡在一张床上。"

叶开冷笑道:"你为什么要在我面前说这种话,你明知没有用的。"

上官小仙悠然道:"你不信他们会做这种事?"

叶开当然不信。

上官小仙悠然道:"他们本来也许会对你很忠实的,可是,假如丁姑娘也冷得要命,郭定也像这位道士姑娘一样好心呢?假如丁姑娘身上有个见不得人的地方,中了什么毒针,郭定为了救她,是不是会替她吮出来呢?"

叶开的脸色也变了。

上官小仙脸上又露出胜利的微笑，挽起华子清的手，笑道："他对我虽然无情，我却不能对他无义，留下一包药给他，我们走。"

这次她总算真的走了。

叶开本已坐起来，现在忽然倒了下去。

崔玉真出声道："你……你怎样了？"

叶开叹了口气，苦笑道："幸好你将我的刀放在枕下，幸好她没有试。"

崔玉真道："你刚才根本无力伤她。"

叶开看着手里的刀，脸上的表情变得很严肃，道："这把刀并不是只用手就可以发出去的，要用全身所有的精神和力量，才能发出一刀，可是我现在……"

他现在已连说话都觉得很吃力。

崔玉真看着他，泪又流下："我知道你是为了我，才赶她走的，可是你何必为了我冒这种险……我本就是个应该受侮辱的人。"

叶开柔声道："没有人应该受侮辱，也没有人有权侮辱别人。"

他的声音虽温柔，却很坚决："他老人家传授我这柄刀，只是为了要我让天下的人都明白这道理，而且莫要忘记。"

崔玉真的眼睛也亮了，缓缓道："我想他老人家一定是个了不起的人。"

叶开目光遥视着远方，带着种说不出的孤寂之色："他自己常说他只不过是个很平凡的人，可是他做的事，却是绝没有任何人能做得到的。"

这也正是李寻欢的伟大之处。所以不管他在什么地方，都永远活在人们的心里。

灯光已渐渐微弱，灯油似已将枯。

崔玉真忽然又长长叹息了一声，道："现在我只担心一件事。"

叶开道："你担心她会将我的下落告诉别人，你担心她还会再回来？"

崔玉真道："嗯！"

叶开道："她绝不会这么样做的，她只希望我的伤快好。"

崔玉真道："为什么？"

叶开道："因为她要我去替她对付别人。"

崔玉真还是不懂。

叶开道："那天她故意将玉箫引去找我，为的就是要我跟他火拼，她还希望我去替她杀郭定，杀伊夜哭，杀所有可能会挡住她路的人。"

崔玉真道："可是，她也知道，你是绝不会去替她杀人的。"

叶开苦笑道："我虽然不会去替她杀那些人，但是那些人却一定要来杀我。"

崔玉真道："只要你们拼起来，无论谁胜谁负，她都可以渔翁得利。"

叶开点点头，道："所以她并不希望我受伤，更不希望我这么快就死。"

崔玉真只觉得手脚冰冷，她实在想不到世上竟有如此阴险恶毒的女人。

叶开目中带着深思之色，忽然又道："所以有件事我更想不通。"

崔玉真道："什么事？"

叶开沉吟着，道："逼着你到冷香园去吹箫的那个人，可能就是玉箫派去的。"

崔玉真愕然道："他为什么要做这种事？"

叶开道："因为他早已知道你是个本性很善良的人，早已知道你对他不满,已经想离开他了。"

崔玉真垂下头,轻轻道:"最近我的确总在想法子避着他。"

叶开道:"他也知道我一定会到冷香园去找,所以他故意要你在那里等,故意让你将丁灵琳的下落透露给我。"

崔玉真又不懂了:"难道他故意想要你去将丁姑娘救出来?"

叶开点点头,道:"因为他已用摄心术一类的邪法,控制了丁灵琳,叫丁灵琳一看见我就杀了我。"

崔玉真动容道:"不错,所以他故意在那屋子的窗外,摆了三盆蜡梅,为的就是要让你容易找到。"

叶开道:"但他为了怕我疑心,所以也不能让我有容易得手的机会。"

崔玉真道:"所以他又故意弄了那么多玄虚,让你永远想不到这一点。"

叶开道:"他将丁灵琳劫走,根本就不是为了上官小仙,而是为了要我的命。"

崔玉真咬着牙,恨恨道:"我以前实在不知道他也是个这么阴险恶毒的人。"

叶开道:"但他却绝不是金钱帮的人,因为上官小仙并不想要我死,也并不知道他用的这一招,所以我大为想不通。"

崔玉真道:"想不通什么?"

叶开道:"想不通他怎么也会摄心术这一类邪法的。"

崔玉真道:"会这种邪术的人很少?"

叶开道:"会的人并不少,可是真正精通的人却没有几个,其中大多数是魔教中的人。"

崔玉真动容道:"魔教?"

叶开道:"你也听说过?"

崔玉真道:"我始终以为那只不过是传说而已,想不到这世上竟真的有魔教。"

叶开道:"你没有听玉箫谈起过魔教?"

崔玉真道:"没有。"

叶开道:"你跟着他已有多久?"

崔玉真垂下头,道:"快两年了。"

她脸上又露出种说不出的悲痛憎恶之色,这两年来她想必就像生活在地狱里一样。

叶开等她情绪略为平定,才问道:"这两年来他平时都在什么地方?"

崔玉真道:"他有条很大的海船,平时他都在船上,但每隔一两个月,都会找个海口停泊,补充粮食和清水。"

她想了想,接着又道:"可是几个月前,他却在一个没有人的荒岛上停留了六七天,没有带别的人去,也不许我们下船。"

叶开的眼睛亮了,他忽然想起铁姑说的话:"……这次本教在神山聚会,另选教宗,重开教门,新任的四大天王和公主……"

崔玉真道:"你在想什么?"

叶开长长叹了口气,道:"我本就在怀疑,却一直不敢相信。"

崔玉真道:"怀疑什么?"

叶开道:"怀疑玉箫也入了魔教,而且是魔教中的四大天王之一。"

崔玉真的脸色苍白,忽然握住他的手,道:"你的伤口疼不疼?"

叶开点点头。

崔玉真道:"据说魔教用的刀都有毒。"

叶开道:"不错!"

崔玉真道:"刀上若有毒,你的伤口竟只有痛?"

刀上若有毒，就不会觉得痛苦，只会觉得麻木。

叶开笑道："刀上就是有毒，也毒不死我。"

崔玉真道："为什么？"

叶开道："因为我是个奇怪的人，我的血里有种抗毒之力，尤其可以消灭魔教的毒。"

崔玉真吃惊地瞪大了眼睛，道："这是天生的？"

叶开摇摇头，道："是最近才有的。"

崔玉真道："怎么会有的？"

叶开道："我的母亲，昔年本是魔教中的大公主。"

崔玉真更吃惊，忍不住问："现在呢？"

叶开笑了笑，道："现在她只不过是个很平凡的老妇人，正在一个宁静的地方，安享她的余年，希望她的儿子能时常回去看看她。"

崔玉真道："可是你却很少回去。"

叶开道："因为她还有个儿子在陪着她。"他目光仿佛又在凝视着远方，徐徐道："这个儿子虽不是她亲生的，却比我这个亲生的儿子更孝顺。"

崔玉真道："他长得也跟你一样？"

叶开微笑道："他跟我不一样，他是个很奇怪的人，却比我好看，废话也没有我这么多，我希望以后能常见他。"

崔玉真嫣然道："我也希望能见到他，他既然是你的兄弟，那么一定也是个很好的人。"

她心里忽然充满了对未来幸福的憧憬，忍不住又问："他叫什么名字？"

叶开说出了他的名字："傅红雪！"

华子清留下的药有两包，一包内服，一包外敷。内服的药性很平和，仿佛还有种镇静的功效，所以叶开睡得很沉。他醒来觉得很愉快，因为他伤口的痛苦似已减轻了很多，而且门外又飘来了熬鸡粥的香气。

崔玉真想必正在厨房里替他熬粥。阳光照在窗户上，风很轻，今天想必是个很好的天气。

叶开几乎已将所有的烦恼全都忘了，大声道："粥煮好了没有，快添三大碗给我。"

"来了！"

门帘忽然掀起，一大碗粥凭空飞了进来，"砰"地打在墙上。叶开怔住。满墙的鸡粥慢慢流下，一个人冷笑着，忽然在门口出现。

伊夜哭。

他身上还是穿着那件绣满了黑牡丹的鲜红长袍，看来还是像个僵尸。

叶开忽然对他笑了笑，道："早。"

伊夜哭冷冷道："你醒得虽不早，倒真巧。"

叶开道："哦？"

伊夜哭道："你若再迟醒片刻，只怕就永远也不会醒了。"

叶开又笑了笑，道："你来得虽不巧，倒真早。"

伊夜哭冷冷道："早起的雀儿吃食，晚起的雀儿吃屎，我若非起得早，又怎么会凑巧看见那个背叛了师门的女叛徒。"

叶开叹道："看来起得太早也不是好事，她若非起得早，又怎么会撞见鬼？"

伊夜哭道："那只怪你。"

叶开道："怪我？"

伊夜哭道："她若非已被你迷住了，又怎么会一大早就起来，溜回那客栈去替你打听韩贞的消息？"

叶开的心沉了下去。昨天晚上，他问过崔玉真。她当真不知道韩贞怎么样了，她看见叶开受伤，只顾着带叶开赶快逃走，哪里还顾得了别人。

叶开虽没有再问，也没有责备她，可是心里却难免有点惭愧，有点难受；他觉得自己对不起韩贞。

所以崔玉真心里也很难受。叶开看得出，却想不到她一早就会溜出去替他打听韩贞的消息。只要他说一句话，她就会不顾一切，去为他做任何事。

伊夜哭道："她算准玉箫一定已走了，却想不到我居然还留在那里。"

叶开忍不住问道："那天晚上他没有杀了你？"

伊夜哭冷笑道："你以为他真要杀了我？"

叶开道："不是真的？"

伊夜哭道："我们只不过是在做戏，特地做给你看的，好让你有机会去救人。"

叶开道："那时你们已发现我在外面？"

伊夜哭道："你们一进了那院子，他就已知道。"

叶开叹了口气，苦笑道："看来我倒低估了他。"

伊夜哭道："他也低估了你，他认为你已死定了。"

叶开道："你呢？"

伊夜哭道："我知道要你这种人死，并不是件容易事。"

叶开道："这次你总算没有看错。"

伊夜哭道："但现在你若不将上官小仙交出来，还是死定了。"

叶开叹道："这次你看错了。"

伊夜哭道："你最好明白一件事。"

叶开道："你说。"

伊夜哭道："我喜欢杀人。"

叶开道："这是实话。"

伊夜哭道："我最想杀的人就是你。"

叶开道："这也是实话。"

伊夜哭道："所以你若不赶快将上官小仙交出来，我绝不会再等的，我宁可不要她，也要杀了你。"

叶开道："你最好也明白一件事。"

伊夜哭道："我也让你说。"

叶开道："我不喜欢杀人，但你这种人却是例外。"

伊夜哭冷笑道："现在你能杀得了我？"

叶开道："我不能，它能。"

他的手一翻，刀已在手。

三寸七分长的刀，飞刀。伊夜哭看着这柄刀，瞳孔立刻收缩。

他当然也知道这就是小李探花一脉相传的飞刀，例不虚发的飞刀。

叶开道："我只希望你莫要逼我杀你。"

他每次出手之前，都要说这句话。

因为这柄刀并不是用手发出来的，要发这柄刀，就得使出全身的精神和力量。刀一发出，就连他自己也无法控制。

伊夜哭盯着这柄刀，徐徐道："我认得这柄刀。"

叶开道："认得最好。"

伊夜哭道："只可惜你不是小李探花。"

叶开道："我不是。"

伊夜哭道："你现在只不过是个受了伤的废物，你这把刀连条狗都杀不死。"

叶开道："这柄刀不杀狗，只杀人。"

伊夜哭大笑，道："我倒要试试它能不能杀得死我。"

他的人已掠起,向叶开扑了过去。他有一双专破暗器的手。但这柄刀不是暗器。这柄刀几乎也已不是刀,而是种无坚不摧、不可抗拒的力量。

刀光一闪。伊夜哭的身子突然在空中扭曲,跌下。他没有呼喊,也没有挣扎,突然间就像个空麻袋般瘫软在地上。

他的咽喉上已多了一柄刀。飞刀!天上地下,独一无二的飞刀。

第十五章

惺惺相惜

叶开静静地坐在那里,眼睛里带着种无法描述的表情,仿佛是怜悯,又仿佛突然觉得很寂寞。

杀人!并不是件愉快的事。

但窗外却突然传来了一阵银铃般的笑声,是上官小仙的笑声。

"好快的刀。"

笑声还在窗外,她的人却已从门外掠进来,轻盈得就像是只灵巧的燕子。

叶开还是静静地坐在那里,甚至连看都没有看她一眼。

现在她无论在什么时候出现,叶开都已不会觉得惊异。

上官小仙拍着手笑道:"我果然没有看错你,我从来也没有看见过这么快的刀。"

叶开突然冷笑,道:"你还想再看看?"

上官小仙道:"我不想,我也知道你不会杀我的,用这种刀来杀一个孤苦伶仃的女孩子,小李探花知道了,一定会很生气。"她娇笑着,又道,"何况,你本该感激我才是,若不是我昨天叫华子清留下那两包药,你今天也未必能杀了他的。"

叶开不能否认。

上官小仙嫣然道:"可是我也很感激你,你总算已为我杀了一个人。"

这句话就像是条鞭子,一鞭子抽在叶开脸上。

明知要被人利用,还是被人利用了,这的确不是件好受的事。

叶开冷冷道:"我既已杀了一个人,就还能杀第二个。"

上官小仙道:"我相信。"

叶开道:"所以你最好赶快走。"

上官小仙道:"你又要赶我走?"

叶开道:"是!"

上官小仙轻轻叹息道:"我长得难道比那女道士难看?我难道就不能像她一样的伺候你?"

床头的几上,已摆着套洗得干干净净、叠得整整齐齐的衣服。

这当然也是崔玉真替他准备的。

可是她的人呢?

丁灵琳的人呢?

叶开拿起了衣服,他已没法子再躺下去。

上官小仙道:"你要走了?到哪里去?"

叶开还是不开口。

上官小仙道:"是不是要去找那女道士?"

叶开还是不开口。

上官小仙悠然道:"你若是去找她,我劝你不如躺下去养养神,因为你一定找不到她的。"

叶开想开口,又闭住。

他已很了解上官小仙,她若不想说的事,没有人能问得出来,她若想说,就根本不必问。

上官小仙道:"你若想去找丁灵琳,还不如陪我在这里谈谈心,因为你就算找到了她,也只有觉得更难受。"

叶开不听。

上官小仙道："也许你现在还能找到一个人。"

叶开已在穿靴。

上官小仙道："现在你唯一可以找到的人就是韩贞，而且一找就可以找到，你知道为什么？"

叶开不问。

上官小仙道："因为他已躺在棺材里，连动都不会动了。"

叶开霍然站了起来，目光火炬般瞪着她。

上官小仙笑了笑，道："你明知道他不是我杀的，瞪着我干什么？你若想替他报仇就该先找出他的仇人来。"

她淡淡地接着道："可是我劝你不要去，你现在唯一应该做的事，就是躺下去好好睡一觉。"

叶开没有听她说完这句话，人已冲了出去。

棺已盖，却还没有上钉，薄薄的棺材，短短的人生。

韩贞的脸，看来仿佛还在沉睡，他本是在沉睡中死的。

"我们发现他的时候，他已经无救了，只好先买口棺材，暂时将他收殓，但我们却连他姓什么都不知道，只希望他还有亲戚朋友来收他的尸。"

这客栈的掌柜，倒不是个刻薄的人。

棺材虽薄，至少总比草席强。

"谢谢你。"

叶开真的很感激，但却更内疚、悔恨。若不是为了他，韩贞就不会受伤。若不是他的疏忽大意，韩贞的伤本可治好的。可是现在韩贞已死了，他却还活着。

"他怎么死的？"

"是被一柄剑钉死在床上的。"

"剑呢？"

"剑还在。"

剑在灯下闪着光。

是一柄形式很古雅的长剑，精钢百炼，非常锋利，剑背上带着松纹。

血迹已洗净，用黄布包着。

"我们店里的两个伙计，费了很大的力气，才将这柄剑拔出来。"

掌柜的在讨好邀功。

他虽然并不是刻薄的人，但也希望能得到点好处，能得到些补偿时，他也不想错过。

叶开却好像听不懂这意思。

他心里在思索着别的事：

"这一剑莫非是从窗外掷入，刺入了韩贞的胸，再钉在床上的？"

"这一掷之力实在不小。"

掌柜的又道："跟大爷你一起来住店的那位姑娘，前天晚上也回来过一次，她好像也病了，是被那位击败了南宫远的郭大侠抱回来的。"

"他们到哪里去了？"

"不知道，他们只出现了一下子。"

一个伙计补充着道："那天晚上是我当值，我刚进了院子，就看见屋里有道光芒一闪，就像是闪电一样。"

"等我赶过去时，大爷你的这位朋友已被钉死在床上。"

"然后郭大侠就抱着那位姑娘回来了，郭大侠和南宫远比剑时，我也抽空去看了,所以我认得他。"

"等我去报告了掌柜,再回去看时,郭大侠和那位姑娘又不见了。"

叶开猜得不错。

这一剑果然是从窗外掷进去的,所以这店伙计才会看见那闪电般的剑光。

等这凶手想取回他的凶器时,郭定已回来。

他是趁崔玉真已将叶开带走后,郭定还没有带丁灵琳回来前,那片刻间下手的。

那时间并不长,也许他根本没时间来取回这柄剑,也许他急切间没将剑拔出来,两个伙计,费了很大的力,才将这柄剑拔出来的。

"郭定又将丁灵琳带到哪里去了?"

"他们为什么不在这里等,又没有去找他?"

这些问题,叶开不愿去想。现在他心里只想着一件事——绝不能让韩贞白死。

他心里的歉疚悔恨,已将变为愤怒。

"这柄剑你能不能让我带走?"

"当然可以……"

叶开说走就走。

掌柜的急了:"大爷你难道不准备收你这位朋友的尸?"

"我会来的,明后天我一定来。"

叶开并不是不明白这掌柜的意思,只不过一个人囊空如洗、身无分文的时候,就只好装装傻了。

阳光灿烂。

十天来,今天是第一次看到如此灿烂的阳光。

街上的积雪已融,泥泞满路。

但街上的人却还是很多,大家都想趁这难得的好天气,出去走走。

"八方镖局"的金字招牌,在阳光下看来,气派更不凡。

一个穿着青布棉袄的老人,正在门前打扫着积雪和泥泞。

叶开大步走了过去。

他只要走得稍微快些,胸口的伤就会发疼,但他却还是走得很快。肉体上的痛苦,他一点也不在乎。

他走进院子的时候,正有两个人从前面的大厅里走出来。

一个是四十多岁的中年人,衣着很华丽,相貌很威武,手里捏着双铁胆,"叮叮当当"地响。

另一个年纪较轻,却留着很整齐的小胡子,白生生的脸,干干净净的手。

叶开迎过去。

他心情好的时候,本是个很有礼貌、很客气的人,可是他现在心情并不好。

他连抱拳都没有抱拳,就问道:"这里的总镖头是谁?"

捏着铁胆的中年人上上下下看了他两眼,沉着脸道:"这里的总镖头就是我。"

对一个如此无礼的人,他当然也不会太客气。

"铁胆镇八方"戴高岗,并不是好惹的人。

"你又是什么人?来找谁的?"

叶开道:"我就是来找你的。"

戴高岗道:"有何见教?"

叶开道:"有两件事。"

戴高岗道:"你不妨先说一件。"

叶开道："我要来借五百两银子，三天之内就还给你。"

戴高岗笑了，眼睛里全无笑意，冷冷地盯着叶开的胸膛："你受了伤。"

叶开的伤口又已崩裂，血渍已渗过衣裳。

戴高岗冷冷道："你若不想再受一次伤，就最好赶快从你来的那条路滚回去！"

叶开凝视着他，徐徐道："我久已听说'铁胆镇八方'是个横行霸道的人，看来果然没有说错。"

戴高岗冷笑。

叶开道："我向你借五百两银子，你可以不借，又何必再要我受一次伤？又何必要我滚回去？"

戴高岗怒道："我就要你滚。"

他突然出手，抓叶开的衣襟，像是想将叶开一把抓起来，摔出去。

他的手坚硬粗糙，青筋暴露，显然练过鹰爪功一类的功夫。

叶开没有动。

可是他这一抓，并没有抓住叶开的衣襟。

他抓住了叶开的手。

叶开的手已迎上去，两个人十指互钩，戴高岗冷笑着轻叱一声："断！"

他自恃鹰爪功已练到八九成火候，竟想将叶开五指折断。

叶开的手指当然没有断。

戴高岗忽然觉得对方手指上的力量竟远比他更强十倍。只要一用力，他的五根手指反而就要被折断。

——飞刀本是用指力发出的，若没有强劲的指力，怎么能发得出那无坚不摧的飞刀。

戴高岗脸色变了，额上已冒出黄豆般的冷汗。

可是叶开也并没有用力，只是冷冷地看着他，淡淡道："你拗断过几个人的手指了？"

戴高岗咬着牙，不敢开口。

叶开道："你下次要拗断别人的手指时，最好想想此时此刻。"

他突然松开手，扭头就走。

那一直背负着双手，在旁边冷眼旁观的年轻人忽然道："请留步。"

叶开停下："你有五百两银子借给我？"

这年轻人笑了笑，反问道："朋友尊姓？"

叶开道："叶。"

年轻人道："树叶的叶？"

叶开点点头。

年轻人凝视着他，道："叶开？"

叶开又点点头，道："不错，开心的开。"

戴高岗悚然动容，道："阁下就是叶开？"

叶开道："正是。"

戴高岗长长吐出口气，苦笑道："阁下为何不早说？"

叶开淡淡道："我并不是来'打秋风'的，只不过是来借而已，而且只借三天。"

戴高岗道："五百两已够？"

叶开道："我只不过想买两口棺材。"

戴高岗不敢再问，后面已有个机警的账房送来了五百两银票。

"请收下。"

叶开并不客气，韩贞的丧事固然要办，伊夜哭的尸体也要收殓。

他并不是那种杀了人后就不管的人，他需要这笔钱。

前倨后恭的戴高岗又在问："阁下刚才是说有两件事的。"

叶开道："我还要打听一个人。"

戴高岗道："谁？"

叶开道："吕迪，'白衣剑客'吕迪。"

戴高岗脸上忽然露出种很奇怪的表情。

叶开道："据说他已到了长安，你知不知道他在哪里？"

那留着小胡子的年轻人忽然笑了笑，道："就在这里。"

这年轻人态度很斯文，长得很秀气，身上果然穿着件雪白的长袍，目光闪动间，带着种说不出的冷漠高傲之意。

叶开终于看清了他。

"你就是吕迪？"

"是！"

叶开解开了左手提着的黄布包袱，取出了那柄剑，反手捏住剑尖，递了过去。

"你认不认得这柄剑？"

吕迪只看了一眼："这是武当的松纹剑。"

叶开道："是不是只有武当弟子才能用这柄剑？"

吕迪道："是。"

叶开道："你是不是武当弟子？"

吕迪道："是。"

叶开道："这是不是你的剑？"

吕迪道："不是。"

叶开道："你的剑呢？"

吕迪傲然道："我近年已不用剑。"

叶开道："用手？"

吕迪一直背着双手，冷冷道："不错，有些人的手，也一样是利器。"

叶开道："可是你若要从窗外杀人，还是得用剑。"

吕迪皱了皱眉，好像听不懂这句话。

叶开道："因为你的手不够长。"

吕迪道："你这是什么意思？"

叶开道："我的意思你应该明白。"

吕迪道："你是说，我用这柄剑杀了人？"

叶开道："你不承认？"

吕迪道："我杀了谁？"

叶开道："你杀人从不问对方的名字？"

吕迪道："现在我正在问。"

叶开道："他姓韩，叫韩贞。"

"韩贞？"吕迪回过头问戴高岗，"你知不知道这个人？"

戴高岗点点头，道："他是卫天鹏的智囊，别人都叫他铁锥子。"

吕迪目中露出了轻蔑之色，转向叶开："这铁锥子是你的什么人？"

叶开道："是我的朋友。"

吕迪道："你想替他复仇？"

叶开道："不错。"

"你认为是我杀了他的？"

叶开道："是不是？"

吕迪傲然道："就算是我杀的又如何？这种人莫说只杀了一个，就算杀了十个八个，也不妨一起算在我账上。"

叶开冷笑道："你以为你是什么人？"

吕迪道："是个不怕别人来找我麻烦的人，等你的伤好了，随时都可以来找我复仇。"

叶开道："那倒不必。"

吕迪道："不必？"

叶开道："不必等。"

吕迪道："你现在就想动手？"

叶开道："今天的天气不错，这地方也不错。"

吕迪看着他，忽然问道："你刚才说要买两口棺材，一口就是给韩贞的？"

叶开点点头。

吕迪道："还有一口呢？"

叶开道："给伊夜哭。"

吕迪道："红魔手？"

叶开道："是的。"

吕迪道："他已死在你手下？"

叶开道："我杀人后绝不会忘了替人收尸。"

吕迪道："好，你若死了，这两口棺材我就替你买，你的棺材我也买。"

叶开道："用不着。我若死了，你不妨将我的尸体拿去喂狗。"

吕迪突然大笑，仰面笑道："好！好极了！"

叶开道："你若死了呢？"

吕迪道："我若死了，你不妨将我的尸体一块块割下来，供在韩贞的灵位前，吃一块肉喝一口酒。"

叶开也大笑，道："好，好极了，男子汉要替朋友复仇，正当如此。"

他忽然转过身，背朝着吕迪。

因为他的伤口又已被他的大笑崩裂，又迸出了血。

阳光灿烂。

有很多人都喜欢在这种天气杀人，因为血干得快。

他自己若被杀，血也干得快。

吕迪站在太阳下，还是背负着双手。

他对自己这双手的珍惜，就像是守财奴珍惜自己的财富一样，连看都不愿被人看见。

叶开缓缓地走过去，第二次将剑递给他。

"这是你的剑。"

吕迪冷笑着接过来，突然挥手，长剑脱手飞出，"夺"地钉在五丈外的一棵树上。

剑锋入木，几乎已没至剑柄。

这一掷之力，已足够穿过任何人的身子，将人钉在床上。

叶开的瞳孔收缩，冷笑道："好，果然是杀人的剑。"

吕迪又背负起双手，傲然道："我说过，我已不用剑。"

叶开道："我听说了。"

吕迪道："你杀人当然也不用剑。"

叶开道："从来不用。"

吕迪盯着他的手，忽然问道："你的刀呢？"

他当然知道叶开的刀。

江湖中几乎已没有人不知道叶开的刀。

叶开凝视着他，等了很久，才冷冷道："刀在。"

他的手一翻，刀已在手。雪亮的刀，刀锋薄而利，在阳光下闪动着足以夺人魂魄的寒光。

若是在别人手上，这柄刀并不能算利刃，但此刻刀在叶开手上。

叶开的手干燥而稳定，就如同远山之巅。

吕迪的瞳孔也突然收缩，远在五丈外的戴高岗，却已连呼吸都已停顿。

他忽然感觉到一种从来也没有体验过的杀气。

吕迪脱口道："好！果然是杀人的刀。"

叶开笑了笑，突然挥刀。

刀光一闪不见。

这柄刀就似已突然消失在风中，突然无影无踪。

就算眼睛最利的人，也只看见刀在远处闪了闪，就看不见了。

这一刀的力量和速度，绝没有任何人能形容。

吕迪已不禁悚然动容，失声问："你这是什么意思？"

叶开淡淡道："你既不用剑，我为何要用刀？"

吕迪凝视着他，眼睛里已露出很奇怪的表情，过了很久，忽然伸出手："你看看我的手。"

在别人看来，这并不能算是只很奇特的手。

手指是纤长的，指甲剪得很短，永远保持得很干净，正配合一个有修养的年轻人。

但叶开却已看出了这只手的奇特之处。

这只手看来竟似完全没有经络血脉，光滑细密的皮肤，带着股金属般的光泽。

这只手不像是骨胳血肉组成，看来就像是一种奇特的金属，不是黄金，却比黄金更贵重，不是钢铁，却比钢铁更坚硬。

吕迪凝视着自己这只手，徐徐道："你看清了，这不是手，这是杀人的利器。"

叶开不能不承认。

吕迪道："你知道家叔？"

他说的就是"银戟温侯"吕凤先。

叶开当然知道。

吕迪道："这就是他昔日练的功夫，我的运气却比他好，因为我七岁时就开始练这种功夫。"

吕凤先是成名后才开始练的，只练成了三根手指。

吕迪道："他练这种功夫，只因他一向不愿屈居人下。"

兵器谱上排名，温侯银戟在天机神棒、龙凤双环、小李飞刀和嵩阳铁剑之下。

吕迪道："百晓生做兵器谱后，家叔苦练十年，再出江湖，要以这只手，和排名在他之上的那些人争一日之短长。"

他没有再说下去。

因为吕凤先败了，败在一个女人手下。

一个美丽如仙子，却专引男人下地狱的女人——林仙儿。

吕迪道："家叔也说过，这已不是手，而是杀人的利器，已可列名在兵器谱上。"

叶开一直在静静地听着，他知道吕迪说的每个字都是真实的。

他从不打断别人的实话。

吕迪已抬起头，凝视着他，道："你怎么能以一双空手，来对付这种杀人的利器？"

叶开道："我试试。"

吕迪不再问，叶开也不再说。现在无论再说什么，都已是多余的。

阳光灿烂。

可是这阳光灿烂的院子，现在却忽然充满了一种说不出的肃杀之意。

戴高岗忽然觉得很冷。

他穿的衣服很温暖,阳光也很温暖,可是他忽然觉得百般寒意,也不知从哪里钻了出来,钻入了他衣领,钻入了他的心。

刀已飞入云深处,剑已没入树里。

这既不是刀寒,也不是剑气,却比刀锋剑刃更冷,更逼人。

戴高岗几乎已不愿再留在这院子里,可是他当然也舍不得走。

无论谁都可以想象得到,这一战必将是近年来最惊心动魄的一战,必将永垂武林。

能亲眼在旁边看着这一战,也是一个人一生中难得的际遇。

无论谁都不愿错过这机会的。

戴高岗只希望他们快些开始,快些结束。

可是叶开并没有出手。

吕迪也没有。

连戴高岗这旁观者,都已受不了这种无形的可怕压力,但他们却像是根本无动于衷。

是不是因为这压力本就是他们自己发出来的,所以他们才感觉不到?

抑或是因为他们本身已变成了一块钢、一块岩石,世上已没有任何一种压力能动摇他们?

戴高岗看不出。

他只能看得出,叶开的神态还是很镇定,很冷静,刚才因仇恨而生出的怒火,现在已完全平息。

他当然知道,在这种时候,愤怒和激动并不能制胜,却能致命。

吕迪的傲气也已不见了,在这种绝不能有丝毫疏忽的生死决战中,骄傲也同样是种致命的错误。

骄傲、愤怒、颓丧、忧虑、胆怯……都同样可以令人判断错误。

戴高岗也曾看见不少高手决战,这些错误,正是任何人都无法完全避免的。

可是现在,他忽然发现这两个年轻人竟似连一点错误也没有。他们的心情,他们的神态,他们站着的姿势,都是绝对完美的。

这一战究竟是谁能胜?

戴高岗也看不出。他只知道有很多人都认为叶开已是当今武林中,最可怕的一个敌手。

他也知道有人说过,现在若是重作兵器谱,叶开的刀,已可名列第一。

可是他现在没有刀。

虽然没有刀,却偏偏还是有种刀锋般的锐气、杀气。

叶开能胜吗?戴高岗并不能确定。

他也知道吕迪的手,已可算是天下武林中,最可怕的一双手。这双手已接近金刚不坏,已没有任何人能将这双手毁灭。

吕迪是否能胜,戴高岗也不能确定。

叶开看来实在太镇定,太有把握,除了刀之外,他一定还有种更可怕的武功,一种任何人都无法思议也想不到的武功。

现在若有人来跟戴高岗打赌,他也可能会说叶开胜的。他认为叶开胜的机会,至少比吕迪多两成。

可是他错了。

因为他看不出叶开此刻的心情,也看不出叶开已看出的一些事。

一些已足够令叶开胃里流出苦水来的事。

自从吕迪的剑掷出后,叶开已对这个骄傲的年轻人起了种惺惺相惜的好感。

可是他听过两句话:

"仇敌和朋友间的分别，就正如生与死之间的分别。"

"若有人想要你死，你就得要他死，这其间绝无选择。"

这是阿飞对他说过的话。

阿飞是在弱肉强食的原野中生长的，这正是原野上的法则，也是生死的法则。在这种生死一瞬的决战中，绝不能对敌人存友情，更不能有爱心。

叶开明白这道理。他知道现在他制胜的因素，并不是快与狠，而是稳与准。

因为吕迪很可能比他更快，更狠。

因为现在他的胸膛，正如火焰燃烧般痛苦，他的伤口不但已崩裂，竟已在溃烂。

"妙手郎中"给他的，并不是灵丹，也不会造成奇迹。

痛苦有时虽能令人清醒振奋，只可惜他的体力，已无法和他的精神配合。所以他一出手，就得制对方的死命，至少要有七成把握时，他才能出手。

他所以必须等，等对方露出破绽，等对方已衰弱，崩溃，等对方给他机会。

可是他已失望。直到现在，他还是无法从吕迪身上找出一点破绽来。

吕迪看来只不过是随随便便地站着，全身上下，每一处看来都仿佛是空门。

叶开无论要从什么地方下手，看来好像都很容易。

可是他忽又想到了小李探花对他说过的话，昔年阿飞与吕凤先的那一战，只有李寻欢是在旁边亲眼看着的。

那时的吕凤先，正如此刻的吕迪。

"那时阿飞的剑，仿佛可以随便刺入他身上任何部位。"

"但空门太多，反而变成了没有空门。"

"他整个的人都似已变成了一片空灵。"

"这空灵二字，也正是武学中至高至深的境界。"

"我的飞刀出手，至少有九成把握。"

"但那时我若是阿飞，我的飞刀就未必敢向吕凤先出手。"

只要是李寻欢说过的话，叶开就永远都不会忘记。

现在吕迪其人是不是也已成了一片空灵？

叶开忽然发觉自己低估了这个年轻人，这个人才真正是他平生未曾遇见的高手。

他虽然并没有犯任何致命的错误，可是他却已失去一点最重要的制胜因素。

他已失去了制胜的信心。

吕迪冷冷地看着他，眼睛愈来愈亮，愈来愈冷酷，忽然又说出了三个字："你输了。"

"你输了。"

叶开还未出手，吕迪就已说他输了。

这三个字并不是多余的，却像是一柄剑，又刺伤了叶开的信心。

叶开居然没有反驳。

因为他忽然发现吕迪终于给了他一点机会——一个人在开口说话时，精神和肌肉都会松弛。

他面上露出痛苦之色，因为他知道自己若是表现得愈痛苦，吕迪就愈不会放过他的。

在这种生死决战中，若有法子能折磨自己的对手，无论谁都不会放过的。

吕迪果然又冷冷地接着道："你的体力已无法再支持下去，迟早一定会崩溃,所以你不必出手,我已知道你输了。"

就在他说出最后一个字的时候,叶开已出手。

这已是他所能找到的最好机会。

吕迪刚说完了这句话,正是精神和肌肉最松弛的时候。

他的身形虽然还是没有破绽,但叶开已有机会将破绽找出来。

叶开没有用刀。

可是他出手的速度,并不比他的刀慢。

他的左手虚捏如豹爪、鹰爪,右手五指屈伸,谁也看不出他是要用拳,用掌?是要用鹰爪功,还是要用铁指功?

他的出手变化错落,也没有人能看得出他攻击的部位。

他必须先引动吕迪的身法,只要一动,空门就可能变实,就一定会有破绽露出。

吕迪果然动了,他露出的空门是在头顶。

叶开双拳齐出,急攻他的头顶,这是致命的攻击。可是他自己的心却已沉了下去,因为他已发觉,自己这一招露出,前胸的空门也露了出来。

胸膛正是他全身最脆弱的一环,因为他胸膛上本已有了伤口。

无论谁知道自己身上最脆弱的部位,可能受人攻击时,心都会虚,手都会软了。

叶开的攻势已远不及他平时之强,速度已远不如他平时快。

他忽然发觉,这破绽本是吕迪故意露出来的。

吕迪先故意给他出手的机会,再故意露出个破绽,为的只不过是要他将自己身上最脆弱的部位暴露。

这正是个致命的陷阱,但是他竟已像鸽子般落了下去。他再想补救,已来不及了。

吕迪的手，忽然已到了他的胸膛。

这不是手，这本就是杀人的利器。

戴高岗已悚然变色。

现在他才知道自己刚才看错了，他已看出这是无法闪避的致命攻击。

谁知就在这时，叶开的身子忽然凭空掠起，就像是忽然被一阵风吹起来的。没有人能在这种时候，这种姿态中飞身跃起，这几乎是不可能的事。

但叶开的轻功，竟已达到了"不可能"的境界。

戴高岗忍不出失声大呼："好轻功！"

吕迪也不禁脱口赞道："好轻功。"

这两句话他们同时说出，这个字还没有说完，叶开已凭空跌下。

吕迪的手，已打在他胯骨上。

叶开使出那救命的一掌时，知道自己躲过了吕迪第一招，第二招竟是再也躲不过的了。

他身子凌空翻起时，后半身的空门已大破。他只有这么样做，他的胸膛已绝对受不了吕迪那一击。

可是胯骨上这一击也同样不好受。

他只觉得吕迪的手，就像是一柄钢锥，锥入了他的骨缝里。

他甚至可以听得见自己骨头碎裂的声音。

地也是硬的。

叶开从没有想到，这满是泥泞的土地，也是硬得像铁板一样。

因为他跌下来时，最先着地的一部分，正是他的骨头已碎裂的那一部分。

他几乎已疼得要晕了过去。

他忽又警醒，因为他发现吕迪的手，又已到了他的胸膛。这一来他才是真正无法闪避的，也无法伸手去招架。

他的手是手，吕迪的手却是杀人的利器。

死是什么滋味？

叶开还没有开始想，就听戴高岗大呼："手下留情。"

吕迪的手已停顿，冷冷道："你不要我在这里杀他？"

戴高岗叹了口气，道："你何必一定要杀他？"

吕迪道："谁说我要杀他？"

戴高岗道："可是你……"

吕迪冷笑道："我若真的要杀他，凭你一句话就能拦得住？"

戴高岗苦笑，他知道自己拦不住，世上也许根本没有人能拦得住。

吕迪道："我若真的要杀他，他已死了十次。"

这并不是大话。

叶开看着这骄傲的年轻人，痛苦虽已令他的脸收缩，但是他的一双眼睛，反而变得出奇地平静，甚至还带着笑意。

他为什么笑？

被人击败，难道是件很有趣的事？

吕迪已转过头，盯着他，忽然问道："你可知道我为什么不杀你？"

叶开摇摇头。

吕迪道："因为你本已受了伤，否则以你轻功之高，纵然不能胜我，我也无法追上你。"

叶开笑了："你根本用不着追，因为我纵然不能胜你，也不会逃的。"

吕迪又盯着他，过了很久，才慢慢地点了点头："我相信。"

他眼睛里也露出种和叶开同样的表情，接着道："我相信你绝不是那种人，所以我更不能杀你，因为我还要等你的伤好了以后，再与我一决胜负。"

叶开道："你……"

吕迪打断他的话，道："就因为我相信你不会逃，所以知道你一定会来的。"

叶开道："到了那一天，我还真败在你手下，你就要杀我了？"

吕迪点点头："到了那一天，你若胜了我，我也情愿死在你手下。"

叶开叹了口气，道："世事如棋，变化无常，你又怎知我们一定能等到那一天？"

吕迪道："我知道。"

突听墙外一人叹息着道："但有件事你却不知道。"

吕迪没有问，也没有追出来看看。

他在听。

墙外的人徐徐道："今日你若真的想杀他，现在你也已是个死人了，他身上并不止一把刀。"

吕迪的瞳孔突然收缩。

就在他瞳孔收缩的一刹那间，他人已蹿出墙外。

戴高岗没有跟出去，却赶过来，扶起了叶开，叹息着道："我实在想不到你居然会败。"

叶开却在微笑："我也想不到你居然会救我。"

戴高岗苦笑道："并不是我救你的，我也救不了你。"

叶开道："只要你有这意思，就已足够。"

戴高岗勉强笑了笑，忽然站起来，大声吩咐："套马备车。"

第十六章

虎穴娇娃

车厢很宽大,很舒服。

这本是借给托运镖货的客商们,走远路时坐的。

八方镖局不但信用极好,为客人们想得也很周到。

叶开想不到戴高岗居然是个很周到的人。

他先在车厢里垫起了很厚的棉被,又自己扶着叶开坐上车。

"你伤得不轻,一定要赶快去找个好大夫。"

他的周到和关心,已使得叶开不能不感激。

叶开叹了口气,苦笑道:"你本不该这么样对我的,我对你的态度并不好。"

戴高岗道:"无论谁在你当时那种心情下,态度都不会好的。"

叶开叹道:"看来我不但低估了吕迪,也看错了你。"

戴高岗也叹了口气,道:"他的确是我生平未见的高手,却还是未必能比得上你。"

叶开道:"我已败了。"

戴高岗道:"可是他若真的要杀你,现在也已死在你手下。"

叶开道:"你也相信这句话?"

戴高岗点点头。

叶开凝视着他,忽然问道:"你知不知道在墙外说这句话的人是谁?"

戴高岗摇摇头:"我正想问你,你一定知道他是谁的。"

叶开道:"为什么?"

戴高岗道:"我想他一定是你的朋友。"

叶开道:"哦!"

戴高岗道:"因为他不但帮你说出了你不愿说的话,而且生怕吕迪再下毒手,所以故意将他引开。"

叶开又叹了口气,道:"你想得的确很周到,却想错了。"

戴高岗道:"这个人不是你的朋友?"

叶开苦笑道:"我本来也以为他是我的朋友。"

戴高岗道:"现在呢?"

叶开道:"现在我只希望以前从来没有见过他,以后也永远不要见到他。"

戴高岗道:"你知道他是什么人?"

叶开没有回答这句话,却反问道:"你要带我去找的大夫是谁?"

戴高岗道:"那个大夫也是个很古怪的人,医道却很高。"

叶开忽然笑了笑,道:"我昨天也认得了一个很古怪、医道很高明的郎中。"

戴高岗也笑了,道:"医道高明的大夫,脾气好像都有点古怪的,就正如真正的武林高手,脾气也都有点古怪一样。"

叶开微笑着,道:"你的脾气并不古怪。"

戴高岗道:"我怎么能算武功高手?"

叶开道:"但我却知道,近年来八方镖局保的镖,从来也没有出过一次岔子。"

戴高岗笑道:"那只不过因为我这两年来的运气不错,而且有很多好朋友照顾。"

叶开慢慢地点了点头，道："我相信你一定有很多好朋友。"

戴高岗还想再说什么，但叶开却已闭上了眼睛。

他看来的确很疲倦，他并不是铁打的。

戴高岗又拉过条棉被，轻轻地盖在他身上，脸上却带着种很奇怪的表情。

看他这种表情，就好像恨不得用这条棉被蒙起叶开的头，活活地闷死这个人。

但他却只不过将棉被盖到叶开身上。

叶开似已睡着。

现在就算真的有人要用棉被闷死他，他既不会知道，更不能反抗。

所以他真的睡着了。

日正当中，正午。

马车还在继续往前走，旅程仿佛还有很长。

"你一定要赶快找个好大夫……"

可是戴高岗要找的这好大夫，却未免住得太远了些。

他看着沉睡中的叶开，嘴里正在咀嚼着一条鸡腿。

他早已有准备，准备要走很长的路，所以连午饭都准备在车上。

他本就是个很周到的人。

但却只有一个人吃的午饭，只有一条鸡腿，一块牛肉，一张饼，一瓶酒。

他竟似早已算准了叶开要睡着，因为临上车之前，他给叶开喝了一碗保养元气的参汤。

牛肉卤得不错，鸡腿的滋味也很好，虽然比不上他平时吃的午饭，可是在执行任务时，一切事都不能不将就些的。

他虽然是个很讲究饮食的人，现在也已觉得很满意了。

何况，现在他的任务眼看着就已将完成，再过一个多时辰，就可以将叶开交出去，他还来得及赶回去享受一顿丰富的晚餐。

喝完了最后一口酒，他忽然也觉得很疲倦。

他本没有睡午觉的习惯，可是现在能趁机小睡半个时辰也不错，精神养足了，晚餐后还可以安排一两个有趣的节目。

车子在摇动，就像是摇篮一样。

他闭上了眼睛，心里已开始在计划着晚上应该去找谁：是那个最会撒娇的小妖精，还是那个功夫特别好的老妖精？

这些节目都是很费钱的，但他却已有两年不必再为金钱烦恼。

"也许应该把两个都找来，比较比较。"

所以现在必须养足精神。

他嘴角带着微笑，终于睡着。

他好像只睡了一下子，可是他醒来的时候，叶开竟也不见了。

车门还是关着的，马车还在继续前行。

叶开却已无影无踪。

戴高岗的脸色突然苍白，大声吩咐："停车！"

他冲下去，拉住了那个赶车的："你有没有看见那姓叶的下车？"

"没有。"

"他人呢？"

赶车的冷笑："你跟他一起在车里，你不知道，我怎么知道？"

这赶车的显然不是他的属下，对他的态度并不尊敬。

戴高岗忽然觉得胃部收缩，忍不住要将刚吃下去的鸡腿和牛肉全吐出来。

赶车的一双眼睛却在盯着他，冷冷道："你最好还是赶快上车，跟我一起去交差。"

戴高岗并没有想逃,他知道无论逃到什么地方去,都没有用的。

马车开始往前走的时候,他就伏在车窗上,不停地呕吐。

恐惧就像是臭鱼一样,总是会令人呕吐。

马车转过一个山坳,前面一块很大的木牌,上面写着:"此山有虎,行人改路。"

可是这辆车却没有改路,路却愈来愈窄,仅能容这辆车擦着山壁走过。

再转过一个山坳后,前面竟是一条街道。

一条和城里一样非常热闹的街道,两旁有各式各样的店铺,街上有各式各样的人。

你若仔细去看,就会发现这条街道和城里最热闹的街道竟是完全一模一样的,连街道两旁的店铺,招牌都完全一样。

到了这里,无论谁都会以为自己忽然又回到了长安城里。

可是走过这条街,前面就又是一片荒山。

现在马车的速度已缓了下来。街上的行人,神情仿佛都很悠闲,好像并没有特别注意这辆大车。

因为他们认得这辆车,也认得这个赶车的人。

若是个陌生的人,赶着车走入这条街道,无论他是谁,不出一刹那,他就会死在街头。

这条街上当然不会有猛虎,却有个比猛虎更可怕的人。

马车已驶入了一家客栈的院子。

这家客栈的字号是"鸿宾",也正和叶开在城里投宿的那一家,完全一模一样。

一个肩上搭着抹布,手里提着水壶的伙计,已迎了上来:"戴总镖头是一个人来的？"

戴高岗勉强笑了笑，道："只有一个人。"

伙计脸上全无表情："房间早已替总镖头准备好了，请随我来。"

后面的跨院里，有七间很宽大的套房，也正和玉箫道人住的那个跨院一样。

前面的客厅里，桌上已摆好了一壶酒，一个很精致的七色拼盘。

一个人正背对着门，在自斟自饮。

一个发髻堆云，满头珠翠，穿得非常华丽的绝代佳人。

戴高岗垂着头走进来，垂着头站在她身后，连大气都不敢出。

她没有回头，慢慢地端起酒杯，浅浅地啜了口酒，才问道："你一个人来的？"

戴高岗道："是。"

"还有个人呢？"

"走了。"戴高岗的声音已在发抖。

这绝色丽人已缓缓地回过头，脸上带着种仙子般的微笑。

上官小仙！

她当然就是上官小仙。

戴高岗看见了这仙子般美丽的女人，却远比看见了恶魔还恐惧。

上官小仙看着他，柔声道："你难道是在说，叶开已走了？"

戴高岗点了点头，牙齿打战，似已连话都说不出。

上官小仙道："我要你替他准备的那碗参汤，他没有喝？"

"他……他喝了。"

上官小仙道："然后呢？"

戴高岗道："然后我就扶他上了车。"

虽然是严冬，但他却已满头大汗。

上官小仙道："在车上他睡着了没有？"

戴高岗道："睡着了。"

上官小仙道："他的伤势怎么样？"

戴高岗道："伤得不轻。"

上官小仙叹了口气，道："这我就不懂了，一个受了重伤又睡着了的人，你怎么会放他走的。"

戴高岗接着道："我……我没有放他走。"

上官小仙道："我也知道是他自己要走的，可是你难道就不能留住他？"

戴高岗的汗愈擦愈多："他走的时候，我根本不知道。"

上官小仙道："你跟他不是坐一辆车来的？"

戴高刚道："是。"

上官小仙道："这又奇怪了，你跟他坐在一辆车上，他走的时候，你怎么会不知道？"

戴高岗道："因为……因为……因为我也睡着了。"

他终于鼓足了勇气，说出了这句话。

上官小仙忽然笑了，笑得又温柔，又甜蜜："我知道你一定也很累，最近你一直都忙得很。"

戴高岗脸上已无人色："我……我不累，一点也不累。"

上官小仙柔声道："你的应酬那么多，不但要应酬客人，还得要应酬那些大大小小的妖精，怎么会不累呢？"

她轻轻叹息着，又道："我想你已经应该好好的休息一阵子了，我就先让你休息二十年吧。"

戴高岗失声道："二……二十年？"

上官小仙淡淡道："二十年后，你一定又是条生龙活虎般的好汉了。"

她掌里拿着双镶银的象牙筷子，忽然向戴高岗咽喉点了过去。

戴高岗没有闪避。他不敢闪避,也根本不能闪避。

上官小仙的出手,这世上已很少有人能闪避得开。

但是,就在这一刹那间,突然有刀光一闪。

"叮"的一声,上官小仙手里的象牙筷子已从中而断,刀光的劲力未绝,又飞了出去,"当"的一声,钉在墙上。

一柄三寸七分长的刀。

飞刀!

飞刀钉在墙上,刀锋竟已完全钉了进去。

一个人手扶着门,慢慢地走了进来。

叶开!

叶开居然还是来了。

他的飞刀出手,杀人的时候少,救人的时候多。

他的脸上没有什么血色,挣扎着走过来,拍了拍戴高岗的肩:"你救我一次,我也救你一次,现在我们的人情已结清。"

上官小仙又笑了:"我说得果然不错,你身上果然带着不止一把刀的。"

叶开也笑了笑:"吕迪呢?"

上官小仙道:"他怎么会追得上我?"她凝视着叶开,笑得更温柔,"除了你之外,世上还有什么男人能追得上我?"

这是句很有趣的双关语,有趣极了。

叶开却听不懂。

——装傻就是他拿手的本领之一。

他甚至连看都没有看她,目光四面打量着,长长叹了口气,道:"这真是个好地方。"

上官小仙道:"你喜欢这地方?"

叶开道："我若一直睡着，到现在才醒，一定以为还在城里，一定想不到金钱帮的总舵会在这么样一个地方。"

上官小仙叹道："只可惜你好像是不肯好好睡一下的。"

叶开淡淡道："我的应酬并不多，认得的妖精也只有一个，所以我总是不太累。"

上官小仙当然知道他说的妖精是谁，可是她装傻的本事也绝不比叶开差。

她吃吃地笑着道："我本来以为你会很累的，最近我看到你的时候，你总是在床上，床上的妖精，却不止一个，所以特地叫人替你准备了碗参汤，养养你的元气，谁知你居然不领情。"

叶开道："我已领过了情。"

上官小仙眨着眼，道："那碗参汤你真的喝了下去？"

叶开道："只可惜那碗参汤下的补药还不够，若要叫我真的睡一觉，最少也得用十来斤补药才行。"

上官小仙叹了口气，道："这只怪我，竟忘了你是魔教中大公主的大少爷。"

叶开道："所以你不能怪戴总镖头，我相信他自己都不知道自己是怎么会睡着的。"

上官小仙道："可是你知道。"

叶开道："我一上车，就发现了他为他自己一个人准备的酒菜。"

上官小仙道："你身上难道也总是带着能令人睡着的补药？"

叶开笑了笑道："我只不过吐了点口水在他鸡腿上。"

上官小仙又笑了："你的口水里还有参汤？"

叶开道："所以那条鸡腿的滋味一定很不错。"

戴高岗垂着头，脸上的表情，就像是忽然被人塞了一嘴烂泥。

上官小仙道："你怎么知道这位戴总镖头是想带你来找我的？"

叶开笑了笑,道:"口水里的一点参汤,就能让人睡着,那种参汤除了你之外,还有谁能做得出?"

上官小仙道:"你既然已走了,为什么还要来?"

叶开也叹了口气,道:"因为我好像已没有别的地方可去。"

这是实话。

读客文化将出版以下古龙经典作品

《小李飞刀：多情剑客无情剑》

《小李飞刀2：边城浪子》

《小李飞刀3：九月鹰飞》

《小李飞刀4：天涯·明月·刀》

《陆小凤传奇：金鹏王朝》

《陆小凤传奇2：绣花大盗》

《陆小凤传奇3：决战前后》

《陆小凤传奇4：银钩赌坊》

《陆小凤传奇5：幽灵山庄》

《陆小凤传奇6：凤舞九天》

《陆小凤传奇7：剑神一笑》

《楚留香新传：借尸还魂》

《楚留香新传2：蝙蝠传奇》

《楚留香新传3：桃花传奇》

《楚留香新传4：新月传奇·午夜兰花》

《七种武器：长生剑·孔雀翎》

《七种武器2：碧玉刀·多情环》

《七种武器3：离别钩·霸王枪》

《七种武器4：愤怒的小马·七杀手》

《萧十一郎》

《火并萧十一郎》

《绝代双骄》

《欢乐英雄》

《三少爷的剑》

《流星·蝴蝶·剑》

《武林外史》

《白玉老虎》

《圆月弯刀》

《大人物》

《绝不低头》

《碧血洗银枪》

《彩环曲》

《苍穹神剑》

《大地飞鹰》

《风铃中的刀声》

《护花铃》

《剑毒梅香》

《剑客行》

《猎鹰·赌局》

《名剑风流》

《飘香剑雨》

《七星龙王》

《失魂引》

《血鹦鹉》

《英雄无泪》

《游侠录》

《月异星邪》

激发个人成长

多年以来,千千万万有经验的读者,都会定期查看熊猫君家的最新书目,挑选满足自己成长需求的新书。

读客图书以"激发个人成长"为使命,在以下三个方面为您精选优质图书:

1、精神成长

熊猫君家精彩绝伦的小说文库和人文类图书,帮助你成为永远充满梦想、勇气和爱的人!

2、知识结构成长

熊猫君家的历史类、社科类图书,帮助你了解从宇宙诞生、文明演变直至今日世界之形成的方方面面。

3、工作技能成长

熊猫君家的经管类、家教类图书,指引你更好地工作、更有效率地生活,减少人生中的烦恼。

每一本读客图书都轻松好读,精彩绝伦,充满无穷阅读乐趣!

认准读客

读客所有图书，在书脊、腰封、封底和前后勒口都有"**读客熊猫**"标志。

两步帮你快速找到读客图书

1、找读客熊猫

2、找黑白格子

马上扫二维码，关注**"熊猫君"**

和千万读者一起成长吧！

图书在版编目（CIP）数据

小李飞刀. 3，九月鹰飞 / 古龙著. -- 上海：文汇出版社，2018.6
（古龙文集）
ISBN 978-7-5496-2372-3

Ⅰ. ①小… Ⅱ. ①古… Ⅲ. ①侠义小说－中国－当代 Ⅳ. ①I247.5

中国版本图书馆CIP数据核字（2017）第273714号

著作权合同登记号：09-2017-966

九月鹰飞

作　　者	/	古　龙

责任编辑	/	甘　棠
特邀编辑	/	周奥扬　周量航
封面装帧	/	文　薇

出版发行	/	文汇出版社
		上海市威海路 755 号
		（邮政编码 200041）
经　　销	/	全国新华书店
印刷装订	/	北京中科印刷有限公司
版　　次	/	2018 年 6 月第 1 版
印　　次	/	2018 年 6 月第 1 次印刷
开　　本	/	890mm×1270mm　1/32
字　　数	/	432 千字
印　　张	/	17.5

ISBN 978-7-5496-2372-3
定　　价 / 89.00 元

古龙著作管理发展委员会　侵权必究

装订质量问题，请致电010-87681002（免费更换，邮寄到付）

读客文化

小李飞刀 ³

九月鹰飞 下

古 龙 著

文汇出版社

目 录

001 / 第十七章　柔情蜜意

022 / 第十八章　相见恨晚

039 / 第十九章　甘为情死

054 / 第二十章　除夕之夜

065 / 第二十一章　鸿宾客栈

084 / 第二十二章　四大天王

098 / 第二十三章　吹笛的人

115 / 第二十四章　悲欢离合

135 / 第二十五章　惊魂一刀

153 / 第二十六章　风流寡妇

165 / 第二十七章　寒夜黑星

177 / 第二十八章　身外化身

189 / 第二十九章　魔教血书

202 / 第三十章　久别重逢

213 / 第三十一章　漫天要价

225 / 第三十二章　飞狐归天

236 / 第三十三章　情深似海

246 / 第三十四章　双重身分

259 / 第三十五章　一决胜负

第十七章

柔情蜜意

他自己知道自己的伤势，若是留在长安城，很可能活不过今天。

——他正像是只被猎人们追逐的狐狸，长安城里却已有群鹰飞起。

上官小仙嫣然道："你总算还有点良心，总算还知道只有我是真正对你好的。"

叶开道："所以我根本就没有走，我一直都留在车里。"

戴高岗道："你没走？"

叶开笑了笑，道："那车子很舒服，座位也很宽大，位子下又是空的，像我这种不太胖的人，正好可以舒舒服服地躺在里面。"

戴高岗咬着牙，道："我只有一件事还不明白。"

叶开道："什么事？"

戴高岗恨恨道："你既然是准备要来的，为什么要耍这一手花样？"

叶开淡淡道："因为我不愿别人将我看成个笨蛋，我无论要到什么地方去，都得先弄清楚去的究竟是什么地方。"

上官小仙又叹了口气，道："现在你总算已知道这里是什么地方了。"

叶开笑道："我说过，这实在是个好地方，连我都想不到。"

上官小仙叹息着，道："幸好现在我也明白了一件事。"

叶开道："哦？"

上官小仙用眼角瞟着戴高岗，道："我总算已知道真正的笨蛋是谁了。"

戴高岗道："我……"

他只说出了这一个字。

这个字是开口音，他的嘴刚张开，突然发现银光一闪，已射入他嘴里。

他只觉得嘴里甜甜的凉凉的，就好像吃了块冰糖一样。

上官小仙微笑道："我知道你喜欢吃，天下杀人的暗器，绝没有一样比我这冰糖银丝更甜、更好吃的了，你说是不是？"

戴高岗没有回答。

他的脸突然变成死黑色，咽喉已突然被塞住，就好像有只看不见的手，突然扼住了他的咽喉。

他的呼吸突然停顿。

他死的时候，嘴里还是甜的。

这冰糖银丝真甜，简直甜得要命，甜得能死人。

上官小仙这人岂非也甜得很？

上官小仙笑得还是那么甜，比冰糖还甜。

叶开却没有笑，也笑不出。

上官小仙道："你不高兴？"

叶开闭着嘴。

上官小仙道："他救过你，你也救过他，你们的账岂非已结清？我杀了他，跟你岂非也没有关系？"

叶开忍不住道："你至少不必在我面前杀他的。"

上官小仙道："我一定要在你面前杀他。"

叶开道："为什么？"

上官小仙道："因为我要你明白两件事。"

叶开在听。

上官小仙道："你若想要一个笨蛋变得不比别人笨，只有一个法子。"

她微笑着，看着地上的戴高岗："现在他岂非已不比别人笨了？"

死人就是死人，死人都是一样的，既没有特别聪明的死人，也没有特别笨的死人。

上官小仙慢慢地接着道："我还要你明白，我若要杀一个人，他就已死定了，世上绝没有任何人能救得了他，连你也不能。"

叶开又闭上了嘴。

上官小仙看着他，忽又嫣然一笑，道："你现在还活着，只因为我根本就不想杀你，也不会拿冰糖银丝给你吃的，你又何必闭着嘴？"

这倒不是假话。她若真的想杀叶开，机会实在多得很。

叶开却在冷笑，他显然并不领情。

上官小仙微笑着，又道："其实你有时也笨得很，你为什么不用你的刀去对付吕迪？"

叶开又沉默了很久，才缓缓道："因为我想证明一件事。"

上官小仙道："什么事？"

叶开道："我想知道韩贞究竟是不是死在他剑下的。"

上官小仙叹道："你若也死在他手下，就算知道了，又有什么用？"

叶开也忍不住叹了口气，道："我本来的确低估了他。"

上官小仙道："他的武功比你想象中还高？"

叶开点点头。

上官小仙道:"现在你已知道韩贞不是死在他剑下的?"

叶开又点点头,道:"他若真的杀了韩贞,就一定也会杀我。"

上官小仙道:"他若真杀你时,你怎么办?"

叶开淡淡道:"你自己说过的,我身上带的不止一把刀。"

上官小仙嫣然道:"所以我也说过,幸好他并没有真的想杀你。"

叶开冷冷道:"对你说来,这并不好。"

上官小仙道:"有什么不好?"

叶开道:"韩贞既不是他杀,就一定是你杀的,你杀了韩贞,再嫁祸给他,为的就是想要我去跟他拼命。"

上官小仙凝视着他,美丽的眼睛里,带着种谁也说不出是什么表情的表情,过了很久才慢慢地说道:"你真的认为一定是我杀了韩贞?"

叶开也在盯着她,道:"除了你,我想不出第二个人。"

上官小仙道:"可是我真的没有杀他。"

叶开冷笑。

上官小仙道:"你不信?"她轻轻叹息了一声,"我就知道你不会相信的,现在无论我说什么,你都不会相信。"

叶开承认。

上官小仙道:"可是假如我能证明我没有杀他,你怎么样?"

叶开道:"你能证明?怎么证明?"

上官小仙道:"我当然有法子。"

叶开冷笑道:"我就知道你有法子,你甚至有法子可以证明韩贞是我杀的了。"

上官小仙道:"我有证据。"

叶开道:"我也知道你有证据,你随时都可以制造出几百个证据来。"

上官小仙道:"我只有一个证据,我拿出这个证据来,你若还是不相信我,我就情愿让你杀了我,替韩贞复仇。"

她说得太肯定,太有把握。

叶开几乎已被她打动了,但立刻又警告自己,绝不能相信:"无论你拿出什么证据来,我都绝不会相信。"

上官小仙道:"你若万一相信了呢?"

叶开道:"你若真的能使我相信你没有杀韩贞,我就……"

上官小仙道:"你就怎么样?"

叶开道:"随便你怎么样。"

上官小仙叹息着,道:"你知道我绝不会对你怎么样的,我既不想杀你,也不想伤你的心,我只不过要你答应我一件事。"

叶开道:"什么事?"

上官小仙道:"一件既不会害到别人,也不会害到你自己的事。"

叶开道:"好,我答应。"

他绝不相信上官小仙能拿得出那种证据来,世上几乎已没有任何一件事,没有任何一个人能让他相信上官小仙的话。

可是他想错了。这世上还有一个人,能证明上官小仙并没有杀韩贞的。

这个人是谁呢?

这个人就是韩贞自己。

韩贞并没有死,他居然又活生生地出现在叶开眼前。

上官小仙招了招手,他就从后面走了出来,手里还捧着一坛酒,微笑着走到叶开面前,道:"酒我总算已替你找到了,若是还不够,我还可以替你去拿。"

叶开怔住。

这次他的确是真的怔住。

上官小仙笑道:"这个人是不是韩贞?"

当然是。

叶开看得出这个人的鼻子上,还留着被他一拳打过的伤痕。

上官小仙道:"他是不是还活着?"

他当然还活着。

上官小仙道:"韩贞既然还活着,我就没有杀韩贞。"

这道理也正如一加一等于二同样简单,同样正确。

上官小仙轻轻吐出口气,悠然笑道:"现在你总该相信我没有杀他了吧。"

叶开没有说话。

他现在当然已明白,死的那个人,并不是韩贞。

上官小仙道:"你认得韩贞,我若将一个人易容改扮成他的样子,绝对瞒不过你的。"

世上并没有那么精妙的易容术。

一个人若真的能改扮成另外一个人,连他自己的亲人朋友都能瞒过,那就没有易容术了。

那就已经是神话、奇迹,而且是很荒谬的神话,绝不可能发生的奇迹。

上官小仙道:"但是那天晚上你见到那个'韩贞'时,他的脸已被打毁了,所以才瞒过了你。"

叶开只有苦笑,苦笑着道:"看来金钱帮的人才,果然不少。"

上官小仙笑道:"的确不少。"

叶开道:"你先将一个人易容改扮成韩贞,再打毁他的脸,叫他来骗我?"

上官小仙道:"是韩贞自己动手打的,他的拳头也很硬,至少比我硬。"

叶开叹道:"但我却还是想不通,怎么会有人肯替你做这种事,挨了一顿毒打后,还替你去骗人。"

上官小仙道:"你刚才从车厢里出来时,看见外面那些人没有?"

叶开点点头。

上官小仙点了点头,道:"只要我随便盼咐一声,无论什么事,他们都肯去为我做的。"

叶开道:"等他们的事做完了之后,你还是一样要杀了他们。"

上官小仙淡淡道:"我本就是个心狠手辣的女人,那些人的性命,在我看来,根本就一文不值。"

她凝视着叶开,灵活的眼睛里又露出种奇怪的表情,轻轻地接着道:"可是我对你……我对你怎么样,你自己心里也该知道。"

叶开冷冷道:"现在我只想知道,你要我做的究竟是什么事。"

为了要让叶开相信韩贞是死在吕迪剑下的,她不惜杀人。

现在为了要让叶开相信她没有杀韩贞,她又不惜让韩贞再活着出现。

为了让叶开相信韩贞是朋友,她已不知费了多少心血。可是现在她的一切心血,显然已白费了。

现在叶开当然已知道,韩贞也是金钱帮中的人,她所做的一切,只不过要叶开答应她一件事。这件事究竟是件什么样的事?

叶开连想都不敢想。

他知道无论什么稀奇古怪的事,上官小仙都能想得出来的。

上官小仙还在凝视着他,慢慢道:"我只要你答应我,留在这里,等你的伤口结了疤之后再走。"

叶开道:"就是这件事?"

上官小仙道:"就是这件事。"

叶开又怔住。

她自己也承认自己是个心狠手辣的女人，别人的性命，在她眼中看来，根本一文不值。

她花了那么多的心血，牺牲了那么多代价，为的只不过要叶开答应她这么样一件事。

这件事非但没有伤害到任何人，对叶开也只有好处。

她算来算去，为的竟不是自己，而是叶开。

叶开看着她，心里忽然涌起一种他自己也无法了解的感情。

——我对别人虽然心狠手辣，可是我对你怎么样，你自己心里也很明白。

叶开一直不明白，就算明白也一直不能相信，不愿相信。

可是现在他已不能不相信。

上官小仙本可乘此机会，用各种稀奇古怪的法子来折磨他的。

她看着叶开时，眼睛里露出的那种情感，难道是真的？

那至少有几分是真的。

上官小仙悠悠地又说："我本来有很多种法子可以把你留在这里的，但是我不愿勉强你，所以我才要你自己答应。"

叶开终于长长地叹息了一声，道："我本来就已答应。"

后院里有个小小的厨房，厨房里飘来了一阵阵粥香。

上官小仙正在厨房里替他煮粥，是用人参炖的鸡粥："我本来想在粥里加点人参的，可是我……"

叶开忽然想起了崔玉真，想起了崔玉真为他炖的粥。

她的确是个善良而可爱的女孩子，她的身世却又偏偏那么悲惨，遭遇偏偏又那么不幸。

现在她更已不知道遭遇到什么事。

还有丁灵琳。

现在她是不是已恢复了神志?郭定是不是还在照顾着她?她的人在哪里?……

她若知道自己一刀刺伤了叶开,她的痛苦一定比叶开的刀伤更深。

这些事,本都是叶开不愿去想的,却又偏偏不能不去想。

可是他想了又能怎么样?

他已答应了上官小仙,他的伤势远比他想象中更严重。

刚才他一直在提着一股劲,这一躺下来,他才知道,刚才能支持那么久,实在是奇迹。

他不但伤口在痛,全身的筋骨都在痛,又酸又痛。

上官小仙已捧着碗粥走进来,嫣然道:"这是我自己亲手做的,你尝尝看怎么样?"

她居然也会下厨房?居然会炖粥?

"过两天等你稍微好一点时,我再下厨房炒几样菜给你吃,我保证连鸿宾楼的大师傅,也没有我的手艺好。"

粥的滋味果然不错,叶开也实在饿了。

上官小仙又笑道:"这粥里也有补药,可不是那种吃了要人睡觉的补药,是真正的补药。"

她已洗尽了脂粉,换上了套很朴素的青布衣裙,现在无论谁看见她,都绝不会相信她就是金钱帮的帮主,更不会相信她是那种心狠手辣的女人。

现在她就像是又变了一个人。

她从一个白痴,变成了一个恶魔,现在又变得像是个温柔的百依百顺的妻子,节俭而能干的主妇。

叶开看着她,现在连他都分不清真正的她,究竟是个什么样的女人了。

也许每个人都有两种面目的。

每个人都有善良的一面，也有邪恶的一面，连叶开自己都不例外。只不过他总是能将邪恶的那一面控制得很好而已。

他是不是也能让上官小仙将邪恶的那面锁起来呢？

他没有把握，但他却已决心要试一试。

上官小仙喂完了粥，正在看着叶开胯骨上的伤，轻轻叹息着，道："你的伤势真不轻，看来吕迪那只手，简直就像是铁打的。"

叶开苦笑道："不像是铁打的，世上绝没有那么可怕的铁。"

上官小仙叹息着，慢慢道："我本来的确是想让你去找吕迪替韩贞复仇，我想要你替我杀了他。"

叶开在听着。

上官小仙道："现在小李探花、飞剑客和荆无命虽然可能还活着，但却已绝不会再过问江湖中的事了。"

这三个人已不算是真正活在红尘中的人，他们的行踪已进入了神话。

上官小仙道："除了他们三个人之外，这世上真正能威胁到我的人，也只有三个人。"

叶开忍不住问道："哪三个？"

上官小仙眨了眨眼，道："你猜呢？"

叶开笑了笑，道："你当然也把我算在里面了。"

上官小仙道："我没有。"

叶开怔了怔，又忍不住问道："我难道不能算是高手？"

上官小仙嫣然道："若论武功，你当然是绝对的高手；若论聪明机智，你也绝不比任何人差；你的飞刀，也是小李飞刀之后，世上最可怕的一种武器。"

这是实话。

叶开从不打断别人的实话,更不愿打断别人在称赞他的话。

无论如何,被人称赞是件很愉快的事。

上官小仙道:"可是你的心不够黑,手段也不够毒辣,你的飞刀出手,总是救人的时候多,杀人的时候少。"

叶开笑了笑,道:"所以我不能威胁你。"

上官小仙凝视着他,柔声道:"我认为你不能威胁我,最重要的,还是因为……因为我们是朋友,我绝不会真的伤害你,我相信你也不忍伤害我。"

她的眼睛温柔而真诚,无论谁在说话时,都不会有这么真诚的眼睛。

叶开心里忽然又涌出一种他自己也不愿承认的感情,立刻改变话题,道:"我既然不算,东海玉箫算不算其中一个?"

上官小仙道:"不算。"

叶开皱眉道:"他也不算?"

上官小仙道:"三十年前,他已能列名在兵器谱中的前十名之内,现在又似已入了魔教,他的武功当然很可怕,但却不能威胁于我。"

叶开道:"为什么?"

上官小仙道:"因为他已走了。而且他有弱点。"

叶开道:"玉箫好色。"

上官小仙笑了笑,道:"所以我一点也不怕他,只要是好色的人,我就有法子对付。"

这也是实话。

她不但极美,极聪明,而且冷酷无情,这种女人恰巧正是好色之徒的克星。

一个年轻美丽的女人,本就有很多法子去对付一个好色的老人。

这世上本就有很多极有智慧的老人，会被一个最愚昧的少女骗得家破人亡，身败名裂。

叶开心里在叹息。

他知道玉箫迟早总要死在上官小仙手上的，他同情的并不是玉箫，而是那些总不肯承认自己对少女失去吸引力的老人。

"玉箫不能算，郭定呢？"

上官小仙道："郭定也不能算。"

叶开不同意道："据我所知，他的剑法之高，已不在昔年的嵩阳铁剑之下。"

上官小仙道："他的剑法很可能已在郭嵩阳之上，南宫远已算是武林中的一流剑客，却连他十招都接不住。"

叶开道："那一战你看见了？"

上官小仙道："当世武林高手的决战，我只要能赶上，就绝不会错过的。"

叶开微笑道："有时你甚至会在墙外偷偷地看。"

上官小仙嫣然一笑，道："他的出手威猛而沉着，变化也很快，几乎已可算是无懈可击，可是他的人也有弱点。"

叶开道："哦？"

上官小仙道："他太多情。"

叶开不能不承认，郭定的确是个多情的人。

他的外表看来，虽然坚强而冷酷，其实却是个感情很丰富，很容易激动的人，有时甚至还有点多愁善感。

上官小仙道："多情的人，就难免脆弱，一个人的本身若是很脆弱，无论他的剑法多么坚强，都已不足惧。"

叶开叹了口气。

他想到了郭定，就想到了丁灵琳，丁灵琳不但多情，而且痴情。

他不愿再想下去："珍珠城主呢？"

上官小仙道："珍珠城主兄妹，的确可以算得上是奇人，他们的剑法之奇，也可称是天下第一。"

叶开道："联珠四百九十剑？"

上官小仙点点头，道："这兄妹两人，各生具异像，一个右臂比左臂长七寸，一个左臂比右臂长七寸，一手使长剑，一手使短剑，而且本是孪生兄妹，心意相通，联手攻敌，两个人就像是一个人，剑法施展开来，一前一后好像变成了四个人。"

叶开道："据说他们的联珠四百九十剑，只要一发动，天下无人能破。"

上官小仙道："非但无人能破，而且世上也很少有人能接得住他们这四百九十剑。"

叶开道："他们算不算？"

上官小仙道："不算。"

叶开很意外："他们也不算？为什么？"

上官小仙道："因为他们已死了。"

叶开更意外："几时死的？怎么死的？"

上官小仙淡淡道："每个人都难免要一死，你又何必惊奇。"

叶开道："他们的人虽已死，可是他们的剑法并没有死。"

上官小仙道："他们的剑法纵然能留传，可是到哪里才能找到他们那样一双奇特的兄妹，来练他们那种奇特的剑法？"

叶开又不禁叹息。

古往今来，也不知有多少绝世的剑法，也都正如这联珠四百九十剑，仿佛昙花一现，就已成绝响。

上官小仙道："你若一直往这些名人上面去想，就永远不会说对的。"

叶开道:"你说的那三个人,难道都不是名人?"

上官小仙道:"至少不是这种名人。"

叶开沉吟着,忽然问道:"你知不知道傅红雪?"

上官小仙道:"我知道,他是你的朋友,也可以算是你的兄弟,他的人很怪,刀法也很怪。"

叶开道:"不是怪,是快,快得惊人。"

上官小仙道:"我见过他出手。"

叶开道:"哦!"

上官小仙道:"他出手那一刀的快与准,已可和昔日的飞剑客前后辉映,可是——"

叶开道:"可是他还不能算?"

上官小仙道:"不能。"

叶开道:"为什么?"

上官小仙道:"因为他根本已不愿再出江湖,他对人生都似已很厌倦,他只想做个与人无争的隐士,并不想做名扬天下的英雄,何况,他还有种可怕的恶疾,就像是他的附骨之疽。"

这次上官小仙又没有说错。

她对当世英雄的武功来历,性格脾气,竟全都了如指掌。

她不但分析得很清楚,而且判断极正确。

最可怕的是,无论谁只要有丝毫弱点,都绝对瞒不过她的。

叶开当然觉得她又变了,又已从一个贤慧的妻子,变成了一个对天下大事都了如指掌的纵横家,变成了一个决胜于千里之外的兵法家。

她甚至已变得有点像是在青梅园中,煮酒论英雄的曹操。

这变化实在太大。

叶开本来已觉得很疲倦,听了她这番话,精神却似突然振奋起来。

他忍不住再问:"你说的那三个人,究竟是谁?"

"我说的这三个人,才真正是世上最可怕的人,因为他们几乎已没有弱点。"

上官小仙眼睛里忽然发出了光,接着道:"第一个人姓墨,叫墨五星。"

叶开道:"墨五星?"

上官小仙道:"你没有听说过这个人?"

叶开道:"他也是青城墨家的人?"

上官小仙点点头道:"他才真正是那些青城死士的主人,墨白也只不过是他的奴才而已。"

墨白也可算是个很可怕的人,但却只不过是这人的奴才。

"你杀了我,我的主人一定会要你死得更惨的……"

想到了墨白临死前的诅咒,想起了他那种凄厉的表情,连叶开心里都不禁觉得有点发冷。

"这墨五星究竟是个怎么样的人?他的武功究竟怎么样?"

上官小仙道:"我说不出。"

叶开道:"你也说不出?"

上官小仙叹了口气,道:"就因为我也说不出,所以才可怕。"

她接着又道:"别的姑且不说,他手下至少有五百人,随时都可以为他去死,就凭这一点,你已可想象他是个多么可怕的人了。"

想到那些死士从容就死时的悲壮惨烈,叶开又不禁毛骨悚然。

上官小仙道:"我说的第二个人,你已跟他交过手。"

叶开道:"吕迪?"

上官小仙道:"不错,吕迪,你也许一直都低估了他。"

叶开苦笑道:"至少我现在已不能再低估他,我已几乎死在他手下。"

上官小仙道："但你却还是不会知道，他真正可怕的地方在哪里。"

叶开道："哦？"

上官小仙道："他的武功你已见过，你觉得怎么样？"

叶开道："他防守时无懈可击，攻击时一发如雷霆，而且，出手机变巧诈，竟能先布好圈套，引人上钩。"

上官小仙道："但你的飞刀若出手，他还是未必能闪避得开。"

叶开没有承认，却也没有否认。对他的飞刀，他自己从来不愿评论。

上官小仙道："这人最可怕之处，一共有十六个字，你只说出了四个。"

叶开道："哪四个？"

上官小仙道："机变巧诈。"

叶开道："还有十二个是什么字？"

上官小仙道："深沉冷酷，机变巧诈，心如豺狼，貌似君子。"

叶开笑道："他还是个年轻人，这十六个字，说得也许过分了些。"

上官小仙忽然问道："你可知道他为什么能击败你？"

叶开摇摇头。他不是不知道，只是不愿说。

上官小仙却替他说了出来："他能胜你，只因为你的飞刀未出手。"

她又问："但你知不知道，你的飞刀为什么会没有出手？"

这次叶开想说话，上官小仙却不让他说出来，就已抢着道："因为他自己先将剑掷了出去，你当然不能再用刀。"

叶开道："难道他先就已算准了这一点，所以根本不用剑的。"

上官小仙道："不错。"

叶开道:"可是他自己也再三声明,他的手也是杀人的利器。"

上官小仙道:"那只因为他已算准了你是个什么样的人,他知道愈是这样说,你愈不会再使出飞刀来的,所以乐得故作大方。"

叶开苦笑。

上官小仙道:"你可知道最后他为什么不杀你?"

叶开道:"因为……"

上官小仙又打断了他的话,道:"因为他知道自己若是真的要下杀手,你的飞刀也可能出手的,他当然也知道你身上带的不止一把刀。"

叶开道:"可是,他最后又和我再度邀战……"

上官小仙道:"他这次已对你手下留情,下次纵然再战,你能对他下杀手?"她笑了笑,又道,"何况,经过这一战之后,你已觉得他是个英雄,已对他起了惺惺相惜之心,以后他纵然还要逼你出手,你也会尽量避免的。"

叶开不能否认。

上官小仙道:"所以他不但击败了你,不但交了你这样一个有用的朋友,还博得了必将传扬天下的侠义名声。"

她慢慢地接着道:"所以我才说他,深沉冷酷,机变巧诈,心如豺狼,貌似君子。这十六个字,一点也没有错。"

叶开只有苦笑。

上官小仙道:"他不但有权术,有城府,还有阴谋,有野心。"

叶开道:"所以你才希望我能替你杀了他。"

上官小仙承认:"这个人活在世上,对我的确是种威胁。"

叶开道:"你也没法子对付他?"

上官小仙叹道:"至少直到现在,我还没有想出个万无一失的法子。"

叶开道:"所以你认为他比墨五星更可怕?"

上官小仙点点头，道："但是最可怕的，却还是第三个人。"

叶开道："第三个人又是谁？"

上官小仙道："韩贞。"

叶开怔住。

上官小仙道："你想不到是他？"

叶开又在苦笑："他的确是个很阴沉、很有机谋的人，可是……"

上官小仙道："可是你却不相信他会比墨五星和吕迪更可怕。"

叶开承认。

上官小仙道："你认为他的武功太差？"

叶开也承认。

上官小仙道："你有没有把握能击败他？"

叶开道："我……"

上官小仙道："你没有把握，因为你根本不知道他的武功是不是真的比你差，世上也许还没有人知道他真实的武功究竟怎么样。"

叶开道："你也不知道？"

上官小仙道："我也不知道。"

叶开沉吟着，道："你认为他并不是真的对你忠心？"

上官小仙道："我没有把握。"

叶开道："但你却一直将他留在身边。"

上官小仙道："因为直到现在为止，我还没有发现他对我做过一点不忠的事，我根本就抓不到他一点错。"

叶开道："也许他根本就对你很忠实，也许你对他的疑心根本就错了，女人的疑心病本就比较大。"

上官小仙道："但女人却有种奇异的感觉。就好像有第三只眼睛一样，往往能看出一些男人看不出的事。"

叶开道："你看出了什么？"

上官小仙道："我早已感觉到，在我最亲信的几个助手中，有一个是奸细，只要我一不小心，就可能毁在他手里。"

叶开道："你怀疑这个人就是韩贞？"

上官小仙道："因为他的嫌疑最大，我甚至怀疑他是魔教的四大天王之一。"

叶开道："但你却没有证据。"

上官小仙叹道："连一点证据都没有。"

叶开道："所以真正的奸细也很可能不是他，是别人。"

上官小仙道："就因为我完全没有把握，所以我一直不能对他下手，他的确帮我做过很多事，的确是个好帮手，我若不明不白地除去了他，不但别人看见要寒心，我自己也觉得可惜。"

叶开淡淡道："看来这'金钱帮'的帮主，并不是容易当的。"

上官小仙道："的确不容易。"

叶开道："那么你为什么一定要做这种又吃力又危险的事？"

上官小仙目光凝视远方，过了很久，才徐徐道："因为我是上官小仙，是上官金虹的女儿。"

叶开道："所以你只有等着那个奸细先对你下手？"

上官小仙点点头，长叹道："我只有等着他先出手。"

叶开道："他的出手一击，很可能毁了你。"

上官小仙道："很可能。"

叶开道："所以你想安心地睡一晚上，却不容易。"

上官小仙的目光已自远方收回，正凝视着他，缓缓道："这些年来，我只有在你陪我的那几个晚上才能安心地睡着。"

叶开避开了她的目光，冷冷道："那是以前的事了，那时我还不知道你是个怎么样的人，现在……"

上官小仙握住了他的手，道："现在也一样，只要你肯留在我身边,我就什么人都不怕了。"

叶开道:"你不怕我……"

上官小仙道:"我不怕你,我信任你,我这一辈子,真正信任的只有你一个人。"她的声音温柔如春风,慢慢地接着道,"只要我们两个人能在一起,就算有十个吕迪、十个韩贞一起来对付我,我也有把握能将他们打回去,只要我们在一起,这天下就是我们的。"

叶开没有再开口,连眼睛都已合起。他居然睡着了。

上官小仙凝视着他,也不知过了多久,才轻轻地放下他的手,轻轻地走了出去;她看着叶开的时候,眼睛里充满了自信,好像已知道这个人是属于她的,看来她竟似已有非常的把握。

韩贞低着头,垂着手,肃立在院子里,也等了很久,因为上官小仙要他在这里等。

上官小仙就算要他站在热锅上等,他也绝不会移动半步,他的服从和忠心,令人不能不感动。

上官小仙正走下石阶,看着他,眼睛里也不禁露出满意之色。

无论多挑剔的人,有了这么样一个帮手,都已该心满意足了。

上官小仙道:"我要你找的人,你已找齐了?"

韩贞点点头,道:"都已找齐了,都在外面等着。"

上官小仙道:"叫他们进来。"

韩贞拍了拍手,外面竟有十来个人走了进来,其中有男有女,有老有少,有货郎,有小贩,有三姑六婆,也有市井好汉,他们的装束打扮虽不同,其实却是同一种人。

金钱帮门下,只有一种人——绝对忠心,绝对服从的人。

上官小仙说的话,就是命令。这次她的命令很简单:"到长安城去,传播叶开的死讯,无论你们用什么法子,只不过一定要令人相信叶开已死了，只要还有一个人认为叶开是活着的，你们就得死。"

她的命令虽简短，却有效。看着这些人走出去，她眼睛里又不禁露出了满意之色。叫这些人去传播谣言，就等于要蜜蜂去传播花粉一样容易。她知道她这次的计划也一定同样有效。

第十八章

相见恨晚

"叶开死了!"

"叶开怎么会死?"

"每个人都会死的,叶开也是人。"

"但他却是个很不容易死的人,据说他已可算是天下第一高手。"

"天下第一高手也一样会死的,以前那些天下第一高手岂非就全都死光了。"

"……"

"高手中永远还有高手,一个人若是做了天下第一高手,死得也许反而比别人快些。"

"但我却还是想不出有谁能杀他。"

"是两个人杀了他的。"

"哪两个人?"

"一个是吕迪。"

"吕迪?是不是武当的'白衣剑客'吕迪?"

"就是他。"

"他的武功比叶开高?"

"那倒不见得,叶开若不是已先伤在另一个人手下,这次绝不会死。"

"有谁能伤得了他？这个人又是谁？"

"是个女人，据说她本来是叶开最喜欢的女人。"

"为什么像叶开这么聪明的人，也会上女人的当？"

"因为英雄最难过美人关的。"

"这个女人是谁？"

"她姓丁，叫丁灵琳！"

丁灵琳睡在床上，屋子里很阴暗，被窝里却是温暖的。她已睡了很久，但却一直连动都没有动。

她觉得很疲倦，就像是刚走完一段又远又难走的路，又像是刚做了一个非常可怕的噩梦。在梦中，她好像曾经用力刺了叶开一刀。

那当然只不过是梦。她当然绝不会伤害叶开的，她宁可自己死，也不会伤害叶开。

屋子里有了脚步声。

"莫非是叶开？"

丁灵琳真希望自己一张开眼，就能看到叶开，可惜她看见的却是郭定。

郭定的脸色看来也很疲倦，很憔悴，可是眼睛里却带着欢喜欣慰之色："你醒了……"

丁灵琳不等他说完这句话，就已抢着问道："这里是什么地方？我怎么会到这里来的？叶开呢？"

郭定道："这里是客栈，你中了玉箫的迷药，我救你到这里来的。"

玉箫突然出现，当着叶开的面将她劫走，这些事丁灵琳当然还记得。以后又发生了什么事，郭定是怎么救她出来的，她就完全不清楚了。

可是她也不关心。她关心的只有一个人:"叶开呢?叶开在不在这里?"

郭定摇摇头:"他不在,我……我一直没有见到过他。"

他没有说出真相,因为他生怕丁灵琳还受不了这种刺激。

她若是知道自己一刀刺伤了叶开,会多么悲伤痛苦,郭定连想都不敢想。

丁灵琳的脸色沉了下去,道:"你一直没有见到叶开?是不是因为你一直没有去找他?"

郭定只有承认。

丁灵琳冷笑道:"你把我救到这里,却不去告诉他,你这是什么意思?"

郭定无法回答。他自己也不了解自己是什么意思。

他们似乎是素不相识的人,但他却陪着叶开,冒险去救出了她。

为了怕玉箫找去,他才将她带到这里来,为了照顾她,他已在这阴暗的斗室中待了三天,也不知受了多少苦、多少委屈。

一个神志已完全丧失的女人,并不是容易侍候的,何况他本就没有侍候别人的经验。

这三天来,他几乎连眼睛都没有合起过,换来的却是她的冷笑和怀疑。

可是他宁愿被怀疑,也不愿说出真相,不愿她再受刺激。

丁灵琳还在瞪着他,冷冷道:"我在问你话,你为什么不开口?"

郭定还是不开口。

他不能开口,他心里的话连一个字都不能说出来。

丁灵琳的手在被窝中摸索——她身上还是穿着衣服的。

所以她的脸色总算已稍微好看了些,却又问道:"我已在这里躺了多久?"

郭定道:"好像已经快三天了。"

丁灵琳几乎跳了起来:"三天,我已在这里躺了三天?你也一直都在这里?"

郭定点点头。

丁灵琳眼睛瞪得更大了:"这三天来,我难道一直都是睡着的?"

郭定道:"是的。"

他说的声音很轻,因为他说的是谎话。

这三天来,丁灵琳并不是一直睡着的,她做过很多事,很多令人意想不到、哭笑不得的事。

这些事只有郭定一个人知道,他永远也不会再向别人提起。

丁灵琳咬着嘴唇,迟疑了很久,终于还是忍不住说道:"你呢?"

郭定道:"我?"

丁灵琳道:"我睡着的时候你在干什么?"

郭定苦笑道:"我没有干什么。"

丁灵琳仿佛松了口气,却还是板着脸道:"我希望你说的不假,因为你若是在说谎,我迟早总会查出来的。"

郭定只有听着。

丁灵琳道:"你救了我,我以后会报答你,但我若查出你在说谎,我就要你的命。"

她竟似连看都懒得再看郭定一眼,冷冷道:"现在我只希望你出去,快点出去。"

郭定也没看着她。

他心里在问自己:"我究竟是在干什么?我为什么要受这种侮辱、委屈?"

他走了出去,头也不回地走了出去。

看着他瘦削疲倦的背影消失在门外,丁灵琳反而不禁有些歉意。

她并不讨厌这个人,也并不是不知道这个人对她的感情。

可是她只有装作不知道,她绝不能让这种感情再发展下去。

因为她心里只有一个人。

叶开!

她一定要赶快找到叶开。

她第一个要找的地方,当然是鸿宾客栈。

可是鸿宾客栈里的人看见她,都好像看见了鬼,又厌恶,又恐惧。

一个用刀刺伤了自己情人的女人,无论走到哪里,都不会受欢迎的。

"你们有没有见到那位叶公子?"

"没有。"

"你们也不知道他到哪里去了?"

"不知道——叶公子的事,我们完全不知道。你为什么不到镖局里去打听打听?"

于是丁灵琳就到了虎风镖局。

虎风镖局的镖头们听见"丁灵琳"这名字时,表情也和鸿宾客栈的伙计们差不多。

"我们和叶大侠一向没有来往,但若要打听他的消息,不妨到八方镖局去,那里的总镖头'铁胆震八方'戴高岗,听说是叶大侠的生死之交。"

丁灵琳心里在奇怪,为什么她一直没有听说叶开有这么一个"生死之交"的朋友?她不想再问,也没法子再问,她实在也很看不惯这些镖头的脸色。

"不管怎么样,反正只要找到戴高岗,就可以问出叶开的下落了。"

她心里总算觉得踏实了些,因为她还不知道她已永远没法子再从戴高岗的嘴里问出一句话来。

八方镖局的院子里,正有几个伙计在洗刷着一辆黑漆大车。

一个身材很高、脸色很沉重的中年人,背负着双手,站在石阶上看着,正是这里的副总镖头"铁掌开碑"杜同。

丁灵琳冲过去:"你就是戴高岗总镖头?"

她说话虽然不太客气,脸色虽然不太好看,但她毕竟还是很美的女孩子,而且很年轻。

杜同上上下下打量了她两眼,勉强笑了笑,道:"姑娘贵姓?找他有什么事?"

"我姓丁,想找他打听一个人。"

听到"丁"字,杜同的脸色已变了:"你姓丁?莫非是丁灵琳?"

丁灵琳点点头,道:"他在不在这里?我想当面问他几句话。"

杜同沉着脸,看着她,突然冷笑,道:"你是不是想找叶开?"

丁灵琳眼睛亮了道:"你也认得叶开?他在这里?"

杜同冷冷道:"不错,他在这里,他是跟戴总镖头一起回来的,就是坐这辆车回来的。"

他脸上的表情显然悲哀而愤怒,只可惜丁灵琳一点也没有看出来。

只要想到能再见叶开,别的事她已全都不在乎。

"他们在哪里?"

杜同冷笑着转过身:"你跟我来。"

大厅里阴森森的,就像是坟墓一样,因为这大厅现在本就已变成了坟墓。

丁灵琳一走进去，就看见了两口棺材。

两口崭新的棺材，还没有钉上盖。

棺材里有两个人的尸体，没有头的尸体。

杜同冷冷道："他们是一起坐车出去的，也是一起坐车回来的，只不过，他们的人虽然回来了，头却没有回来。"

丁灵琳根本没有听清楚他说的话，她已认出了其中一具尸体上穿着的衣裳。

——生死之交！

——据说叶开和戴高岗是生死之交，他们是一起出去的，现在又一起躺在棺材里。

丁灵琳只觉得整个屋子都在旋转，鸿宾客栈的伙计和八方镖局的镖头们，也都在围着她旋转，每个人脸上都带着种残酷的冷笑。

"他们早已知道叶开死了。"

"叶开难道真的死了？"

丁灵琳想放声大哭，却不知自己哭出来没有。

阴森森的大厅，阴森森的灯光。

丁灵琳醒来时，发现自己还是躺在刚才倒下去的地方。

没有人来扶她一把，也没有人来安慰她一句。

杜同还是背负着双手，站在那里，冷冷地看着她，脸上带着种说不出的憎恶之意。

丁灵琳勉强着站起来，咬着牙道："他……他是死在谁手上的？"

杜同冷冷道："你不知道？"

丁灵琳道："我怎么会知道？"

杜同道："你应该知道的。"

丁灵琳大声道:"你这是什么意思,究竟是谁杀了他?"

杜同也在咬着牙,从牙缝里吐出了两个字:"是你!"

这两个字就像是把铁锤,打得丁灵琳连站都站不住了:"是我?"

杜同冷冷道:"若不是你先一刀刺伤了他,他怎么能败在吕迪手下?戴总镖头若不是为了要带他去治伤,又怎么会跟他一起死在车上?"

丁灵琳的心已碎裂,整个人都似碎裂。

她又想起了噩梦的事,又想起玉箫盯着她时,那双充满了邪恶的眼睛。

——快用这把刀去杀了叶开……

难道那不是梦?难道她竟真的做出了那种可怕的事?

丁灵琳不信,死也不信。

她冲过去,一把揪住了杜同的衣襟,嘶声大呼:"你说谎!"

杜同冷冷道:"我是不是在说谎,你自己心里应该知道。"

丁灵琳大叫:"我知道你在说谎,你再说一个字我就杀了你。"

杜同冷笑,突然出手,斜砍丁灵琳的肩。

他想不到丁灵琳的武功竟远比他想象中高出很多。

他的铁掌削出,丁灵琳已突然转身,一个肘拳打在他肋骨上。

他的人立刻被打得撞在墙上,疼得弯下了腰。

丁灵琳却已又冲了过去,一把将他揪了起来,嘶声道:"你说,你是不是在说谎?"

杜同苍白着脸,冷汗滚滚而出,不停地喘息着,突又冷笑道:"好,你杀了我吧,你连叶开都能杀,还有什么人不能杀,只不过你就算杀了我,我还是只有这几句话。"

丁灵琳突然松开了手,全身都在发抖,抖得就像是疾风中的铜铃。

大厅四周,仿佛有千百对眼睛在看着她,每双眼睛里都充满了憎恨和厌恶。

"我本该杀了你,替戴总镖头和叶开报仇的,可是你这种女人,根本不值得我们杀你,你走吧……你走吧……你走吧……"

"我杀了叶开……我竟真的做出了这种可怕的事?"

丁灵琳掩着脸狂奔,奔出了镖局,奔上了长街。

街道似在旋转,天地似乎在旋转。

她倒了下去,倒在街上。

街上的泥泞也是冰冷的,泥泞里还带着冰碴子,可是她不在乎。

街道上的人都在看着她,好像都已知道她是个杀人的女凶手。

她也不在乎。她希望自己能变作泥泞,让这些人在她身上践踏,她希望自己能变作飞灰,让这刺骨的冷风将她吹散,散入泥泞中。

但这时却有一只手,将她拉了起来。一只坚强稳定的手,一张充满了悲伤和同情的脸。

她一直没有流泪,她已连哭都哭不出,看到了这张脸,她的眼泪才泉水般地迸发。

郭定扶起了她,她却已哭倒在他怀里。

他让她哭。他希望她的悲伤能发泄。

等她哭够了时,她才发现自己又回到了那阴暗的斗室里。

灯光昏暗,郭定正坐在孤灯下,看着她。他也并没有说什么安慰她的话,可是他的目光已是种安慰。

丁灵琳终于挣扎着,坐了起来,痴痴地看着那盏昏灯,也不知道过了多久,才痴痴地说道:"我杀了他……是我杀了他。"

郭定道:"不是你!"他的声音温柔而坚定,"这件事根本就不能怪你。"

丁灵琳道:"这件事你知道?"

郭定道:"是我和叶开救你出来的。"

丁灵琳道:"我刺他那一刀时,你也在旁边看着?"

郭定道:"就因为我在旁边看着,所以我才知道那根本不能怪你,因为,那时的你,已根本不是你自己。"

丁灵琳垂着头,看着自己的手。不管怎么样,刀总是在这双手上,这是事实,她自己知道自己心里的歉疚和痛苦,是永远无法解脱的。无论什么人,无论用什么话安慰她都没有用。

郭定慢慢地接着又道:"你若想替叶开报仇,就不该再折磨你自己,我们应该去找的人是玉箫,是吕迪。"

丁灵琳道:"我们?"

郭定点点头:"我们,我和你。"

丁灵琳道:"但这件事却完全跟你没有关系。"

郭定道:"怎么会没有关系,你是我的朋友,叶开也是我的朋友,你们的事就是我的事。"

丁灵琳霍然抬起头,凝视着他,过了很久,才慢慢道:"你一直不肯将这件事告诉我,宁可忍受我的侮辱也不肯告诉我,为的只不过怕我伤心。"

郭定道:"我……"

丁灵琳不让他开口,抢着又道:"现在你要去替叶开报仇,也只因为你知道我绝不是玉箫和吕迪的对手。"

郭定也低下头,看着自己的手,因为他不敢接触她的眼波。

丁灵琳的眼睛里已没有泪:"你的意思,我已经完全明白,现在我也希望你也明白我的意思。"

郭定在听着。

丁灵琳道:"这是我的事,我不想要你管,玉箫和吕迪无论是多么可怕的人,我都有法子对付他们,也用不着你担心。"

郭定忍不住问:"你有法子?"

丁灵琳握紧了双拳,道:"我是个女人,女人要对付男人,总会有法子的。"

她的声音也变得冷酷而坚定。她本是个天真而娇美的女孩子,但现在似已突然变成了另外一个人。

郭定的心在往下沉。

他忽然觉得有种说不出的恐惧,他已感觉到丁灵琳一定会做出些很可怕的事。他想阻止,却不知该怎么样阻止。

丁灵琳站起来,慢慢地走到小窗前,看着窗外的夜色。

夜色还不深。

她忽然回过头问:"你身上有没有银子?"

郭定道:"有。"

丁灵琳道:"有多少?"

郭定道:"不少。"

丁灵琳拢了拢头发,道:"现在时候还不太晚,我想上街去买点东西,吃顿饭,你陪我去好不好?"

酒楼果然还没有打烊,丁灵琳叫了七八样菜,她吃得很慢,还喝了点酒。

然后她就在长安城里最热闹的一条街上闲逛着,买了些胭脂花粉,买了几件色彩很鲜艳的衣服,还买了些价钱不贵,却很好看的首饰。

这些东西本就是女孩子们最喜欢的,尤其是像她这种年纪的女孩子。

这些事本来就很正常。

可是,在她这种情况下,居然还有心情做这些事,就很不正常了。

她显得很冷静。

只有一个已下了极大的决心的人，才会忽然变得这么冷静。

她究竟下了什么决心？

郭定心里的那种想法更深了，但却只有默默地跟着她走，什么话都不能说。

无论她已下定决心要做什么事，她毕竟还没有做出来。

逛着逛着，忽然又逛到八方镖局。

丁灵琳将手里的大包小包全都交给了郭定，从从容容地走进去。

门口的镖伙们，吃惊地看着她，居然没有人来拦阻。

因为他们都已发觉了这女孩子竟似忽然变了，变得太快，变得太可怕。

一个刚才是那么悲惨、那么激动的女孩子，竟会忽然变得如此冷静，这简直是件无法思议的事。

甚至连杜同看见她时，都觉得很吃惊："你又来干什么？"

丁灵琳道："我想请你去转告玉箫道人和吕迪，他们若想找上官小仙，若想得到那些秘笈和宝藏，就叫他们明天中午，在鸿宾客栈等我。"

杜同道："我……我怎么能找得到他们？"

丁灵琳道："想法子去找，若是找不到，你就最好自己一头撞死。"

她的声音也很平静，嘴角甚至还带着微笑。

但这种微笑却比什么表情都可怕，杜同竟连一句话都不敢说了。

丁灵琳已经从从容容地走出去，居然又找了个小面馆，吃了大半碗面，又喝了一点酒。

她微笑着道："今天我的胃口很好。"

看着她的微笑，郭定也连一句话都说不出了。

这时夜已很深，他们踏着严冬凄凉而平静的夜色，慢慢地回到了小客栈，回到那间阴暗的斗室。

丁灵琳道："我要睡觉了。"

郭定默默地点了点头，正准备出去。

丁灵琳却忽然笑了笑道："你不必出去，这张床够我们两个人睡觉。"

郭定怔住。

丁灵琳却已拉开了被褥："你先睡进去，我喜欢睡在外面。"

她的声音还是很平静，却像是母亲叫孩子上床睡觉一样。

郭定竟完全无法拒绝，只有直挺挺地睡下去，身子紧紧地贴着墙。

丁灵琳也睡了下去，微笑着道："今天晚上我也许会做噩梦的，你最好不要被我吓得跳起来。"

郭定点了点头。

除了点头外，他连动都不敢动。

丁灵琳忽然又轻轻地叹了口气，喃喃道："你知不知道，我从来也没有跟别的男人睡在一张床上过，我本来以为这一辈子再也不会跟别的男人睡在一张床上了……"

她的声音愈说愈低，过了半晌，竟似已真的睡着。

夜很静。她的呼吸很轻，轻得就像是春风。

郭定也倦了，也想睡一会儿；可是他怎么能睡得着？

他的心从来也没有像这样乱过，他想起了很多事，很多他应该想的事，也有很多他不该想的事。

他做梦也没有想到自己会跟丁灵琳睡在一张床上，也做梦都没有想到，他跟一个女孩子睡在床上时，会像现在这种情况。

他是个男人，血气方刚的男人。他也有过女人，在这方面，他并不像外表看来那么严肃。

现在睡在他身旁的，正是他一生中总是梦想能得到的那种女人，自从第一眼看见她，他就对这个女人有了种连自己都无法解释的感情。

可是现在他却完全没有那种心情，他心里只有恐惧和悲伤。

他已知道丁灵琳下定决心要去做的，是什么事了。只有一个已决心要死的女人，才会有这么可怕的改变。

他也已下了决心，他绝不能让丁灵琳死，只要能让这个女人活着，他不惜去做任何事。

夜更静，冷风在窗外呼啸，他忽然发觉丁灵琳身子已开始颤抖，不停地颤抖，不停地呻吟，不停地轻泣。

星光从窗外照进来，照在她脸上，她脸上已流满了泪。

他的心也像是在被刀割着，几乎已忍不住要翻过身去，紧紧地拥抱住她，告诉她生命中还有很多值得珍惜的事，无论什么深痛的伤痕，都会慢慢地平复。

可是他不敢这么做，也不能这样做。他只有陪她流泪，直到泪已将干的时候，他才朦胧地睡去。

然后他的身子也突然颤抖，不停地颤抖。

这时他若张开眼来，就会发现丁灵琳正在凝视着他，眼睛里也充满了悲伤、同情、怜惜和感激。

一种永远无法用言语来表达，也永远无法报答的感激……

郭定醒的时候，天已亮了。

丁灵琳已换了一身昨夜刚买来的衣服，正坐在窗前梳妆。

她的动作轻柔而优美，她的脸在窗外的日光下看来，显得说不出的容光焕发。

就连这阴暗的斗室，都似已因她这个人而变得有了生命，有了光彩。

郭定已看得痴了。

——假如这就是他的家，假如这就是他的妻子，他一觉醒来，看见他的妻子在窗下梳妆。

那么世上还有什么样的幸福能比得上这种幸福？

他的心又在刺痛。

他不想再想下去，连想都不敢想。

他知道这光辉灿烂，美丽的一刻，只不过是死亡的前奏。

死亡的本身，有时本就很美丽的。

丁灵琳忽然道："你醒了。"

郭定点点头，坐起来，勉强笑道："我睡得一定跟死人一样。"

丁灵琳柔声道："你应该好好睡一觉，我知道你已有好几天没睡了。"

郭定道："现在是什么时候？"

丁灵琳道："好像已经快到正午。"

郭定的心沉了下去。

正午。

——叫他们明天正午，在鸿宾客栈等我。

正午本是一天中最光明的时候，但现在对他们说来，却是死亡的时刻。

丁灵琳忽然站起来，在他面前转了个身，微笑着道："你看我打扮得美不美？"

她的确美。

她看来从来也没有像此刻这样辉煌美丽，因为她从来也没有这样打扮过。

她看来就像是一只初次展开彩屏的孔雀。

这也许只因她直到此刻，才真正变成一个成熟的女人。

这种辉煌的美丽，却使得郭定更痛苦。

他忽然想起他母亲死的时候，在入殓时，也正是她一生中打扮得最美丽的时候。

他心里在滴着血。

丁灵琳凝视着他，又在问："你为什么不说话？你在想什么？"

郭定没有回答这句话，只是痴痴地看着她，忽然问："你要走？"

丁灵琳道："我……我只不过出去一趟。"

郭定道："去见玉箫和吕迪？"

丁灵琳点了点头，道："你知道，我迟早总是非要见他们一次不可的。"

郭定道："我也迟早总是要见他们一次不可的。"

丁灵琳道："你要陪我去？"

郭定道："你不肯？"

丁灵琳嫣然道："我为什么不肯，有你陪我去最好。"

郭定又怔住。

他本来想不到丁灵琳会让他去的——"这是我的事，我不要你管。"

他想不到她今天居然会改变主意。

丁灵琳微笑道："你若要去，就得赶快起来，先洗个脸，洗脸水我已替你打好了。"

屋角果然放着一盆水。

郭定跳下床，眼睛里因兴奋而发出了光，只觉得全身都充满了力量。

他知道玉箫和吕迪都是极可怕的对手。

可是他不在乎。

这一战是胜是负，他都不在乎。

唯一重要的事,现在丁灵琳已不是一个人去死了,他忽然觉得这一战并不是没有希望的,他全身都充满了信心和力量。

他弯下腰,用双手捧起了一掬水。

冰冷的水,就像是刀锋一样,却使得他更清醒,更振奋。

丁灵琳已走过去,走到他身后,柔声道:"你也不必太着急,反正他们一定会等的。"

郭定笑道:"不错,叫他们多等等也好,我……"

这句话他没有说完,他忽然发觉一样东西撞在他后腰的穴道上。

他立刻倒了下去。

只听丁灵琳轻轻道:"我不能不这么做,不能让你去为我死,你一定要原谅我。"

郭定虽然听得见她的话,却不能动,也不能开口。

丁灵琳已扶起了他,扶到床上,让他躺下,站在床头看着他。

她的眼睛里,又充满了怜悯、感激和悲伤:"你对我的心意,我已完全知道,你是个怎么样的人,我也完全明白,只可惜……只可惜我们相见太晚了。"

第十九章

甘为情死

"只可惜我们相见太晚了。"

这就是丁灵琳对郭定说的最后一句话,也是她唯一能说的一句。

古往今来,不知有多少人说过这句话,也不知多少人听过。

可是除非你真的说过,真的听过,你绝对无法想象这句话里有多少辛酸,多少痛苦。

看着丁灵琳头也不回地走出去,郭定只觉得整个人都似已变成空的,空荡荡的,飘入冷而潮湿的阴霾中,又空荡荡的,沉入万劫不复的深渊里。

严冬中难得一见的阳光,刚从东方升起,照入了这阴暗的斗室里。

可是对郭定来说,这屋子里却已只剩下一片无际的寒冷和黑暗。

他知道自己一生中,已永远不会再有阳光和温暖,因为她这一去,是必定永远再也不会回来的了。

他知道自己已永远再也见不到她。

女人要对付男人,显然有很多法子,但是她要去对付的人,却实在太危险,太可怕。

何况,就算她真的能对付他们,她自己也绝不会再活着回来。

因为她本就决心去求死的。

她刺了叶开一刀，她的痛苦和悔恨，已只有"死"才能解脱。

她早已决心以"死"来赎罪。

现在玉箫和吕迪是不是已经在鸿宾客栈里等着她，等着将她宰割？

像他们那样的男人，要对付一个女人，也有很多法子的。

他们会用出什么样的法子来？

想到玉箫的丑恶，吕迪的冷酷，郭定已不敢再想下去。

寒冬中的阳光，永远是轻柔温暖的，就像是情人的抚摸。

阳光恰巧贴在他脸上，他的泪已流了下来。

正午，鸿宾客栈。

丁灵琳走进去的时候，阳光已照在外面那绿色的金字招牌上。

她身上并没有戴着她的夺命金铃，也没有带任何武器。

今天她准备要用的武器，是她的决心，她的勇气，她的智慧与美丽。

她对自己充满了自信。

世上也不知有多少男人，是死在女人这种武器下的。

她的确是个非常美丽的女人，而且今天又刻意打扮过。

看见她走进去，男人的眼睛里都不禁露出爱慕和欲望。

只有那善良的老掌柜，却显得有些忧虑担心，仿佛已看出今天必将有灾祸降到这年轻的女孩子身上。

最近他看见的凶杀和祸事已太多。

丁灵琳一进门，他就从柜台里迎出来，勉强作出笑脸，问道："是不是丁姑娘？"

"是的。"

"丁姑娘，你的两位客人，已经在后院里等着。"

玉箫和吕迪居然真的全都来了。

丁灵琳忽然发觉自己的心在跳，跳得很快。

虽然她已下了必死的决心，却还是不能不紧张。

她当然也知道这两个人的危险和可怕。

"来的只有两个人？"

老掌柜点点头，忽然压低声音，道："姑娘若是没什么要紧的事，不如还是回去吧。"

丁灵琳笑了笑，道："你明知是我约他们来此的，为什么又要我回去？"

老掌柜迟疑着："因为……"

他终于还是没有说出心里的忧虑和恐惧，只不过轻轻地叹了口气。

丁灵琳已微笑着走进去，心里却并不是不知道这老人的好意。

可是她已没有第二条路走，就算明知在里面等着她的是毒蛇恶鬼，她也非去不可。

后院里刚打扫过，厅堂已打扫干净，地上光秃秃的，显得更荒寒冷落。

"那两位客人就在厅里。"带路的伙计说过这句话，立刻就悄悄退出院子。

他显然已看出今天这约会并不是好玩的。

客厅的门开着，里面并无人声，玉箫道人和吕迪都不是喜欢说话的人，更不喜欢笑。

他们笑的时候，通常都只因为他们要杀的人，已死在他们面前。

丁灵琳深深地吸了口气，脸上露出最甜蜜的笑容，用最优雅的姿态走进去。

在里面等着她的，果然正是玉箫道人和吕迪。

这屋子里也只有阳光，但无论谁只要一走进来，都立刻会觉得自己好像是走入了个冰窖里。

玉箫道人就坐在迎门的一张椅子上，他要坐下来，选的永远都是最舒服的一张椅子。

他的服饰还是那么华丽，看来还是那么趾高气扬，不可一世。

屋子里虽然另外还有一个人，他却好像不知道。

他根本就从未将任何人看在眼里。

吕迪却在看着他，脸上的表情，就好像一个漠不关心的游人，正站在兽槛里，看着一条已垂老的狮子在笼中向他耀武扬威一样。

他苍白的脸上，带着种冷漠轻蔑的不屑之色，因为他知道这头狮子的皮毛虽华丽，但是牙已钝，爪已秃，已根本无法威胁他。

他的神色冷漠，装束简朴，屋子里虽然还有同样舒服的椅子，他却宁愿站着。

丁灵琳站在门口，看着他们，笑得更甜蜜。

这两个人正是极鲜明强烈的对比，她第一眼看见他们，就知道他们绝不能和平共处的。

"我姓丁。"她微笑着走进门，"叫丁灵琳。"

玉箫道人冷冷道："我认得你。"

丁灵琳道："你们两位彼此也认得？"

玉箫道人傲然道："他应该知道我是谁。"他的手在轻抚着他的白玉箫，"他应该认得这管箫。"

丁灵琳笑了："是不是每个人都应该认得这管箫，否则就该死？"

她用眼角瞟着吕迪，吕迪脸上却完全没有表情。

他显然并不是个容易被打动的人。

丁灵琳眼珠子转了转，嫣然道："我实在想不到吕公子也会来的，我……"

吕迪忽然打断了她的话，淡淡道："你应该想得到。"

丁灵琳道："为什么？"

吕迪道："上官金虹留下来的宝藏和秘笈，本就很令人动心。"

丁灵琳道："吕公子也动了心？"

吕迪道："我也是人。"

丁灵琳道："只可惜那宝藏和秘笈的地点，吕公子也绝不会知道的。"

吕迪承认。

丁灵琳的眼睛发着光，道："但我却知道，只有我知道。"

吕迪道："哦？"

丁灵琳道："这秘密我本不愿说出来的，但现在却已不能不说。"

吕迪道："为什么？"

丁灵琳叹了口气，笑得仿佛已有点凄凉："因为现在叶开已死了，就凭我一个人的力量，是绝对没法子得到那宝藏的。"

吕迪道："所以你找我们来？"

丁灵琳点点头："我算来算去，天下的英雄豪杰，绝没有任何人能比得上两位。"

吕迪只不过在听着，玉箫却在冷笑。

丁灵琳道："今天我请两位来，就为了要将这秘密告诉两位，因为……"

吕迪突然又打断了她的话："你不必告诉我。"

丁灵琳怔了怔："为什么？"

吕迪淡淡道："因为我不想知道。"

丁灵琳怔住，笑容似已僵硬。

吕迪道："但我却知道一件事。"

丁灵琳忍不住问："什么事？"

吕迪道："假如有两个人同时知道这秘密，能活着走出去的，就必定只有一个。"

丁灵琳却已笑不出了。

吕迪却笑了笑："那宝藏虽令人动心，但我却不想为了它和东海玉箫拼命。"

玉箫道人忽然也笑了笑，道："看来你是个聪明人。"

吕迪道："道长也已明白了她的意思？"

玉箫道人道："她不如你聪明。"

吕迪道："可是她也不太笨，而且很美。"

玉箫道人道："她总是喜欢自作聪明，我一向不喜欢自作聪明的女人。"

吕迪微笑道："世上的女人，又有几个不喜欢自作聪明？"

玉箫道人目光钉子般盯在他脸上，冷冷道："你究竟想说什么？"

吕迪淡淡道："我只不过在提醒道长，像她这样的女人，世上并不多。"

玉箫道人不由自主看了丁灵琳两眼，眼睛里也不禁露出赞赏之色，忽然叹了口气，喃喃道："可惜，实在可惜。"

吕迪道："可惜？"

玉箫道人道："一柄剑若已有了缺口，你看不看得出？"

吕迪点点头。

玉箫道人道："这女人已有了缺口。"

吕迪道："你看得出？"

他当然明白玉箫道人的意思，丁灵琳和叶开的关系，早已不是秘密。

玉箫道人道："我若看不出，她上次落在我手里，我已不会放过她。"

吕迪也曾听说,郭嵩阳从不用有了缺口的剑,玉箫从不用有过男人的女人。

他看着玉箫道人,不再开口,眼睛里又露出种讥刺的笑意。

玉箫道人道:"你还不懂?"

吕迪道:"我只不过在奇怪。"

玉箫道人道:"奇怪什么?"

吕迪道:"奇怪你为什么要选这张椅子坐下来?"

玉箫道人道:"你应该看得出,这地方只有这张椅子最好。"

吕迪淡淡道:"我看得出,可是我也知道,这椅子以前一定也有人坐过。"

他忽然结束了这次谈话,忽然从丁灵琳身旁大步走了出去。

丁灵琳的心在往下沉,血也往下沉,全身都已冰冷。

玉箫道人正在看着她,从头看到脚,又从脚尖再慢慢地看到她的眼睛。

他的目光似已穿透了她的衣服。

丁灵琳只觉得自己就好像是完全赤裸着的。

她并不是没有给男人看过,但现在她却是受不了,忽然转身,想冲出去。

她并不怕死,可是她也知道,这世上还有些远比死更可怕的事。

谁知她刚转身,玉箫道人已到了她面前,背负着双手,挡住了她的去路,还是用同样的眼色在看着她。

丁灵琳握着双拳,一步步向后退,退到他刚才坐的那张椅子上坐下,忽然道:"我……我知道你绝不会碰我的。"

玉箫道人道:"哦?"

丁灵琳道:"我的确已有了缺口,而且还是个很大的缺口。"

玉箫道人笑了，微笑着道："我本来以为你已长大了，因为你今天要来做的，本是大人做的事，现在我才知道你实在还是个孩子。"

丁灵琳从不肯承认自己是个孩子，尤其在叶开面前更不肯。

但现在她却只有承认。

玉箫道人悠然道："你知不知道，孩子要做大人的事，总是危险得很。"

丁灵琳鼓起勇气，道："我却看不出现在有什么危险。"

玉箫道人道："因为你知道我不会碰你。"

丁灵琳想勉强笑一笑，却笑不出，只有用力咬着嘴唇，不停地点头。

玉箫道人道："本来我的确从不碰已有过男人的女人，对你却可以破例一次。"

丁灵琳已不能动，从脚尖到指尖都已不能动，连头都不能动。

玉箫道人看着她的脸色已变了。

丁灵琳只觉得他的眼睛里仿佛忽然有了种奇异的吸引力，吸引住她的目光，将她的整个人都吸住。

她想挣扎，想逃避，却只能痴痴地坐在那里，看着他。

他的眼睛里仿佛在闪动着碧光，就像是忽然亮起了一点鬼火。

丁灵琳看着这双眼睛，终于完全想起了上次的事。

"……去杀叶开！拿这把刀去杀叶开。"

这次他要她做的事，是不是比上次更可怕？

她已用尽了全身力气挣扎，冷汗已湿透了她的衣服。

但她却还是摆不脱。

玉箫道人眼中的那点鬼火，似已将她最后的一分力气都燃尽。

她已只有服从。

无论玉箫道人叫她做什么，她都已完全无法反抗。

就在这时,突听"砰"的一声,门突然被撞开,一个人标枪般站在门外。

玉箫道人一惊,回身怒喝:"什么人?"

"嵩阳郭定。"

郭定毕竟还是及时赶来了。

他怎么能来的?是谁解开了他的穴道?

是上官小仙,还是吕迪?

他们当然知道,只要郭定一到这里,他和玉箫道人之间就必定只有一个能活着走出去。

阳光乍现,又沉没在阴云里,酷寒又征服了大地。

冷风如刀。

郭定和玉箫道人就站在这刀锋般的冷风里,两个人心里也都明白,他们之间必定要有一个倒下去。

无论谁要走出这院子里,都只有一条路——从对方的尸体上走过。

郭定的剑已在手。

剑是黝黑的,暗无光华,却带着种比寒风更凛冽的杀气。

这柄剑就像是他的人一样。

玉箫却莹白圆润。

这两个人恰巧也是个极强烈鲜明的对比。

郭定凝视着他手里的玉箫,一直在尽量避免接触到他的眼睛。

玉箫道人眼里的怒火又亮起,忽然问道:"你是郭嵩阳的后人?"

郭定道:"是。"

玉箫道人道:"二十年前,我已有心和郭嵩阳一较高低,只可惜他死了。"

郭定道:"我还活着。"

玉箫道人冷笑,道:"你算什么东西?嵩阳铁剑,在兵器谱中排名第四,你手里的剑却连一文都不值。"

郭定道:"哦?"

玉箫道人道:"你根本不配用这柄剑的。"

郭定闭上了嘴。

他也一直勉强控制着自己的怒气。

愤怒有时虽然也是种力量,但在高手相争时,却如毒药般能令人致命。

玉箫道人盯着他,徐徐道:"据说你也是叶开的朋友。"

郭定承认。

玉箫道人道:"你们是种什么样的朋友?"

郭定道:"朋友就是朋友,真正的朋友只有一种。"

玉箫道人道:"但你们这种朋友却好像很特别。"

郭定道:"哦?"

玉箫道人冷冷道:"叶开死了后,你居然立刻就准备接收他的女人,像你这种朋友,岂非少见得很。"

郭定突然觉得一阵怒火上涌,忍不住抬起了头。

玉箫道人的眼睛正在等着他。

他的目光立刻被吸住,就像是铁钉遇到了磁石一样。

丁灵琳一直坐在椅子上,喘息着,直到此时才走到门口。

她看见了玉箫道人的眼睛,也看见了郭定的眼睛。

她的心立刻又沉下。

玉箫道人眼中的鬼火,迟早也必定会将郭定全身的力量燃尽。

她绝不能眼看着郭定跟她一样往下沉,沉入万劫不复的深渊。

怎奈她却偏偏只有看着。

现在她绝不能提醒郭定，郭定若是分心，死得必定更快。

风更冷，阴云中仿佛又将有雪花飘落。

雪落下的时候，血很可能也已溅出。

当然是郭定的血。

他本不必和玉箫道人拼命的，他本来可以活得很好，很快乐。

现在他为什么会变成这样子？

丁灵琳知道，只有她知道。

——还没有享受到爱情的甜蜜，却已尝尽了爱情的痛苦。

——上天对他岂非太不公平？

丁灵琳的泪已将落，还未落，突听玉箫道人道："抛下你的剑，跪下。"

他的声音里，也仿佛带着种奇异的力量，一种令人无法抗拒的力量。

郭定握剑的手已不再稳定，整个人都似已在发抖。

玉箫道人慢慢道："你何必再挣扎？何必再受苦？只要你一松手，所有的痛苦就完全过去了。"

死人当然不会再有痛苦。

只要一松手，就立刻可以解脱。

这实在太容易。

郭定握剑的手背上，青筋刚刚消失，力量也刚刚消失。

玉箫道人暗自得意。

他的手正渐渐在放松……

这一战已将过去，他已不必再出手。

多年来他从未曾与人近身肉搏，他已学会了更容易的法子，不费吹灰之力，就可以将对方击倒。

这使他变得更骄傲，也变懒了。

他已走惯了近路，可是这次他终于走错了一步。

近路绝不是正路。

郭定手里的剑似已将落下，突又握紧，剑光一闪，飞击而来。

嵩阳铁剑的剑法，本不是以变化花俏见长的。

郭定的剑法也一样。

没有把握时，他绝不出手，只要一剑刺出，就必定要有效。

简单，迅速，确实，有效。

这正是"嵩阳铁剑"剑法的精华所在。

所以这一剑并没有刺向玉箫道人咽喉，胸膛的面积，远比咽喉大得多。

目标的面积愈大，愈不容易失手。

高手相争，只要有一点错误，就必定是致命的错误。

玉箫道人已将全部精神力量，都集中在他的眼睛上，自以为已控制了全局。

只可惜眼睛并不是武器。

无论多可怕的眼睛，也绝对无法抵挡住这雷霆闪电般的一剑。

他挥手扬起他的白玉箫时，剑锋已从他箫下穿过，刺入了他的胸膛。

雪花开始飘落，血也已溅出。

但却不是郭定的血——玉箫胸膛里溅出的血，也同样是鲜红的。

他的脸立刻扭曲，眼睛凸出，但眼中的鬼火却已灭了。

他还没有倒下去，一双凸出的眼睛，还在狠狠地瞪着郭定，忽然哼声道："你叫郭定？"

郭定点点头，道："镇定的定。"

玉箫道人长叹道:"你果然镇定,我却看轻了你。"

郭定道:"我却没有看轻你,我早已计划好对付你的法子。"

玉箫道人惨笑道:"你用的法子很不错。"

郭定道:"你用的法子却错了。"

玉箫道人道:"哦?"

郭定道:"以你的武功,本不必用这种邪魔外道的法子来对付我。"

玉箫道人一双眼睛空空荡荡地凝视着远方,慢慢道:"我本来的确不必用的,只不过一个人若是已学会了容易的法子求胜,就不愿再费力了……"

他说得很慢,声音里也充满了悔恨。

直到现在他才明白,胜利是绝没有侥幸的,你要得胜,就一定要付出代价。

郭定也不停地叹息。

玉箫道人忽然嘶声大呼:"拔出你的剑,让我躺下去,让我死。"

剑锋还留在他的胸膛里。

他已开始在不停地咳嗽,喘息。

若是不拔出这柄剑来,也许他还可以多活片刻。

但现在他只求速死。

郭定道:"你……你还有什么话要留下来?"

玉箫道人道:"没有,一个字也没有。"

郭定叹道:"好,你放心死吧,我一定会安排你的后事。"

他终于拔出了他的剑。

拔剑时,他的手肘向后撤,胸膛前就不免要露出空门。

突然间,"叮"的一声,白玉箫里突然有三点寒星暴射而出,钉入了他的胸膛。

郭定的人竟被打得仰面跌倒。

玉箫道人却还站着，喘息着，咯咯地笑道："现在我可放心死了，因为我知道你一定会跟着来的。"

他终于倒下去，倒在他自己的血泊中。

雪花正一片片落下来，落在他惨白的脸上……

"鸿福当头，宾至如归。"

鸿宾客栈的大门外，已贴起了春联，准备过年了。

今夜就是除夕。

有家的客人和伙计，都已赶回家去过年，生意兴隆的客栈，忽然间变得冷清清的。

厨房里却在忙着，因为老掌柜的家就在这客栈里，还有几个单身的伙计，也准备留下来吃年夜饭，吃完了再好好赌一场。

风中充满了烤鸡烧肉的香气，一阵阵吹到后院。

后院的厢房里，已燃起了灯。

只有久已习惯于流浪的浪子们，才知道留在逆旅中过年的滋味。

丁灵琳正坐在孤灯下，看着床上的郭定。

郭定发亮的眼睛已闭起，脸是死灰色的，若不是还有一点微弱的呼吸，看来已无异死人。

他还没有死，可是他还能活多久呢？

现在他还能活着，只因为玉箫道人的暗器上居然没有毒。

白玉永远是纯洁尊贵的。

玉箫道人的人虽然已变，他的白玉箫没有变。

他总算还是为自己保留了一点干净地，他毕竟还是个值得骄傲的人。

可是暗器发出时，两人的距离实在太近，那三枚白玉钉，几乎已打断了郭定的心脉。

他能活到现在，已经是奇迹。

丁灵琳就这么样坐在床头，已不知坐了多久，脸上的泪痕湿了又干，干了又湿。

外面忽然响起了敲门声。

"谁？"

敲门的是个年轻的伙计，勉强带着笑，道："我们掌柜的特地叫我来请姑娘，到前面去吃年夜饭。"

"吃年夜饭？"

丁灵琳心里蓦地一惊："今天已经是除夕？"

伙计点点头。

看着这个连过年都已忘了的年轻女人，他心里也不禁觉得很同情，很难受。

丁灵琳痴痴地坐在那里，既没有说话，心里也不知在想什么。

伙计又问了她两遍，她却已听不见。

暗淡的孤灯，垂死的病人，你若是她，你还有没有心情去吃人家的年夜饭？

伙计轻轻地叹息了一声，慢慢地关上门，退了出去，心里觉得酸酸的。

一个如此年轻、如此美丽的女孩子，遭遇为什么会如此可怜？

第二十章

除夕之夜

"又过年了……又是一年。"

从丁灵琳有记忆时开始,过年的时候,总是充满了欢乐的。

从初一到十五,接连着半个月,谁也不许生气,更不许说不吉祥的话。

这本就是个吉祥的日子。可是今年呢?

外面忽然响起了一阵震耳的爆竹声。

爆竹一声除旧,桃符万点更新——旧的一年已过去,新年中总是有新希望的。

可是她还有什么希望?

爆竹声惊醒了郭定,他忽然张开眼睛,仿佛想问:"这是什么声音?"

只可惜他的嘴唇虽在动,却说不出一个字。

丁灵琳明白他的意思,勉强露出笑脸,道:"明天就过年了,外面有人在放鞭炮。"

——又是一年,总算又过了一年。

郭定凝视着窗外的黑暗,希望还能看到阳光升起,可是就算看见了又如何?

他忽然开始不停地咳嗽。

丁灵琳柔声道:"你想不想喝碗热汤?今天晚上他们一定给你炖鸡汤。"

郭定用力摇头。

丁灵琳道:"你想要什么?"

郭定看着她,终于说出了三个字:"你走吧。"

丁灵琳道:"你……你要我走?"

郭定笑了笑,笑得很凄凉:"我知道我已不行了,你不必再陪着我。"

丁灵琳用力握住他的手:"我一定要陪着你,看着你好起来,我知道你一定可以活下去。"

郭定又摇了摇头,闭上眼睛。

一个人若连自己都已对自己的生命失去信心,还有谁能救他?

丁灵琳咬着嘴唇,忍着眼泪:"你若真的觉得自己要死了,你就对不起我。"

"为什么?"

"因为……因为我已准备嫁给你。"丁灵琳柔声道,"难道你要我做寡妇?"

郭定苍白的脸上,突然有了红晕:"真的?"

"当然是真的。"丁灵琳又下了决心,"我们随时都可以成亲。"

只要能让郭定活下去,无论要她做什么,她都是心甘情愿的。

"明天就是个吉祥的好日子,我们已不必再等。"

"可是我……"

"所以你一定要活下去,一定!"

老掌柜坐在柜台里,脸上已带着几分酒意。

这柜台他已坐了二十年,看来还得继续坐下去,看着人来人往。

各式各样的人,各式各样的悲欢离合,生老病死。

他看得实在太多,每当酒后,他心里总会有说不出的厌倦之意。

所以他现在情愿一个人坐在这里。

他没有想到丁灵琳会来,忍不住试探着问:"姑娘还没有睡?病人是不是已好了些?"

丁灵琳勉强笑了笑,忽然道:"明天你能不能替我办十几桌酒?"

"明天?明天是大年初一,恐怕……"

"一定要明天,"丁灵琳笑得很凄凉,"再迟,恐怕就来不及了。"

老掌柜迟疑着:"姑娘要请人喝春酒?"

"不是春酒,是喜酒。"

老掌柜睁大了眼睛,"喜酒!难道姑娘你明天就要成亲?"

丁灵琳垂下头,又点点头。

老掌柜笑了,立刻也点点头,道:"冲冲喜也好,病人一冲喜,病马上就会好的。"

丁灵琳本就知道他绝不会明白,却也不想解释:"所以我希望这喜事能办得热闹些,愈热闹愈好。"

老掌柜的精神已振作,最近凶杀不祥的事他已看得太多,他也希望能沾些喜气:

"行,这件事就包在我身上。"

"明天晚上行不?"

老掌柜拍着胸:"准定就是明天晚上。"

自从认得叶开那一天开始,丁灵琳就从来没想到自己还会嫁给别人。

可是明天晚上……

红楼，红窗，红桌子，红罗帐，什么都是红的。

上官小仙甜甜地笑着，看着叶开："你说这样像不像洞房？"

叶开道："不像。"

上官小仙嘟起了嘴，道："什么地方不像？难道我不像新娘子？"

她穿着红袄，红裙，红绣鞋，脸也是红红的。

叶开的眼睛一直都在回避着她："你像新娘子，我却不像新郎。"

他也穿着一身新衣裳，脸也被烛光映红了。

上官小仙看着他，嫣然道："谁说你不像？"

叶开道："我说。"

上官小仙道："你为什么不去照照镜子？"

叶开淡淡道："用不着照镜子，我也看得见我自己，而且看得很清楚。"

上官小仙道："哦？"

叶开道："我这一辈子最大的长处，就是永远都能看清我自己。"

他忽然站起来，推开窗子。窗外一片和平宁静，家家户户门上都贴着鲜红的春联，几个穿着新衣、戴着新帽子的孩子，正掩着耳朵，在门口放爆竹。这一切显然都是上官小仙特地为他安排的，她希望这种过年的气象让他变得开心些。最近这两天他一定很闷。

上官小仙又在问："你喜不喜欢过年？"

叶开道："不知道。"

上官小仙道："怎么会不知道？"

叶开凝视着远方，除夕夜的苍穹，也和别的晚上同样黑暗。

"我好像从来也没有过过新年。"

"为什么？"

叶开的眼睛里,仿佛带着种说不出的困惑和寂寞,过了很久,才慢慢道:"你应该知道,这世上本就有种人是绝不过年的。"

"哪种人?"

"没有家的人。"

流浪在天涯的浪子们,他们几时享受过"过年"的吉祥和欢乐,别人在过年的时候,岂非也正是他们最寂寞的时候。

上官小仙忽然轻轻叹了口气,道:"其实我……我一样也从来没有过过年。"

"哦?"

"你当然知道我母亲是个什么样的人,但你却永远也不会知道她晚年过的是什么样的日子,别人在过年的时候,她总是抱着我,偷偷地躲在被窝里流泪。"

叶开没有回头,也没有开口。他能想象到那种情况——无论谁都必须为自己的罪孽付出代价。

林仙儿也不能例外。可是上官小仙呢?难道她一生下来就有罪?她为什么不能像别的孩子一样,享受童年的幸福欢乐?她今天变成这么样一个人,是谁造成的?是谁的错?

叶开也不禁轻轻叹息。

"同是天涯沦落人,相逢何必曾相识?"上官小仙幽幽地叹息着,"其实你也该知道我们本是同样的人,你对我为什么总是这么冷淡?"

叶开道:"那只因你已变了。"

上官小仙走过来,靠近他:"你认为我现在已变成个什么样的人?"

叶开沉默,只有沉默。他从不愿当着别人的面,去伤害别人。

上官小仙突然冷笑,道:"你若认为我已变得和……和她一样,你就错了。"

叶开也知道她说的"她"是谁。

他的确认为上官小仙已变得和昔年的林仙儿一样，甚至远比林仙儿更可怕。

上官小仙忽然转过他身子，盯着他的眼睛，道："看着我，我有话问你。"

叶开苦笑道："你问。"

上官小仙道："我若告诉你，我这一辈子还没有男人碰过我，你信不信？"

叶开没有回答，也无法回答。

上官小仙道："你若以为我对别的男人，也跟对你一样，你就更错了。"

叶开忍不住问道："你……你为什么要这样对我？"

上官小仙咬着嘴唇，道："你心里难道还不明白？为什么还要问？"

她看着他，眼睛里充满了幽怨，无论谁看到她这对眼睛，都应该明白她的感情。

难道她对叶开竟是真心的？

叶开真的不信？

——也许并不是不信，而是不能相信，不敢相信。

叶开忽然笑了笑，道："今天是大年夜，我们为什么总是要说这种不开心的事。"

上官小仙道："因为不管我说不说，你都是一样不开心的。"她不让叶开分辩，抢着又道，"因为我知道你心里总是在想着丁灵琳。"

叶开不能否认，只有苦笑道："我跟她认识已不止一天了，她实在是个很好的女孩子，对我也一直都很好。"

上官小仙道:"我对你不好?"

叶开道:"你们不同。"

上官小仙道:"有什么不同?"

叶开叹息着,道:"你是个很了不起的女人,你有才能,也有野心,你还有很多事可以做,可是她……她却只有依靠我。"

这是他的真心话,也是他第一次对上官小仙说出真心话。现在他已不能不说,他并不是个完全不动心的木头人。

上官小仙垂下头:"你是不是认为不管你到什么地方去了,不管你去了多久,她都会等你?"

叶开道:"她一定会等。"

上官小仙突又冷笑。

叶开道:"你不信?"

上官小仙道:"我只不过想提醒你,有些女人,是经不起试探的。"

叶开道:"我相信她。"

上官小仙道:"你有没有听说过庄周的故事?"

叶开听过。

上官小仙道:"他们本来也是对恩爱夫妇,可是庄周一死,他的妻子立刻就改嫁给别人。"

叶开笑了笑,道:"幸好我既没有妻子,也没有庄周那么大的神通,更不会装死。"

他已不想继续争辩这件事。丁灵琳对他的感情,本是他们两个人之间的事,本就不必要别人了解。

鞭炮声已寥落,夜更深,家家户户都已关起了门,窗子里的灯光却还亮着,孩子们已回去,等着拿压岁钱。除夕夜本就不是狂欢之夜,而是为了让家人们围炉团聚,过一个平静幸福的晚上。可是像叶开这种浪子，要等到什么时候才能享受这种幸福和平静？

他竟忽然变得很萧索，正准备转过身去找杯酒喝。就在这时，夜空中忽然响起了一阵轻微而奇特的呼哨声。一只鸽子远远地飞来，落在对面屋檐上，羽毛竟是漆黑的，黑得发亮，看来竟像是只黑鹰一样。

叶开从来也没有看见过这么不平凡的鸽子，忍不住停下脚步，多看了几眼。然后他才发现上官小仙眼睛里似已发了光，忽然也从身上拿出了个铜哨，轻轻一吹。这黑鸽子立刻飞过来，穿窗而入，落在她的手掌上，钢喙利爪，闪闪有光的眼睛，看来竟似比鹰更健壮雄猛。这是谁家养的鸽子？

叶开心里已隐隐感觉到，这鸽子的主人，一定也是个很可怕的人。

鸽爪上系着个乌黑的铁管，上官小仙解下来，从里面取出了个纸卷，绯红的纸笺上，写满了比蝇头还小的字。上官小仙已走到灯下，很仔细地看了一遍，又看了一遍。她看得很专心，仿佛连叶开都已忘了。

叶开却在看着她，灯光照着她的脸，她嫣红的脸已变得苍白，神情严肃而沉重，在这一瞬间，她似已变成了另外一个人，变成了上官金虹。这封书信显然非常秘密，非常重要。叶开并不想刺探别人的秘密，但对这只鸽子却还是觉得很好奇。他看着鸽子，鸽子居然也在狠狠地盯着他。他想去摸摸它发亮的羽毛，这鸽子却突然飞起来，猛啄他的手。

叶开叹了口气，喃喃道："这么凶的鸽子倒真是天下少有。"

上官小仙忽然抬起头来笑了笑，道："这种鸽子本来就很少有，据我知道，天下一共也只有三只。"

叶开道："哦？"

上官小仙又叹了口气，道："要养这样一只鸽子，可真不是容易事，能养得起它的人，天下也绝不超出三个。"

叶开更奇怪："为什么？"

上官小仙反问道："你知不知道这种鸽子平常吃的是什么？"

叶开摇摇头。

上官小仙道："我就知道你永远也想不到的。"

叶开勉强笑了笑，道："它吃的至少总不会是人肉吧？"

上官小仙也笑了笑，却没有回答，忽然拍了拍手，唤道："小翠。"

一个笑得很甜、酒窝很深的小姑娘，应声走了进来。

上官小仙道："你的刀呢？"

小翠立刻就从怀里拿出了一把弯弯的，柄上镶着明珠的银刀。

上官小仙道："很好，现在你可以喂它了。"

小翠立刻解开了衣服，从身上割下片血淋淋的肉来，脸上虽已疼出了冷汗，却还是在甜甜地笑着。

那鸽子已飞起，鹰隼般飞过去，叼起了这片肉，飞出窗外。

它也像很多人一样，吃饭的时候，也不愿有别人在旁边看着。

叶开悚然动容，道："它吃的真是人肉！"

上官小仙道："非但是人肉，而且一定要从活人身上割下的肉，还一定要是年轻的女孩子。"

叶开只觉得胃在收缩，几乎已忍不住要呕吐。

上官小仙道："你知不知道这只鸽子是从哪里飞来的？"

叶开摇摇头。

上官小仙道："它已飞了几千里路，而且还为我带来了一件很重要的消息，就算要我自己割块肉给它吃，我也愿意。"

叶开忍不住问："什么消息？"

上官小仙道："魔教的消息。"

叶开又不禁动容，道："这只鸽子的主人难道是魔教的教主？"

上官小仙道："不是教主，是一位公主，很美的公主。"

叶开道:"她怎么会跟你通消息?"

上官小仙道:"因为她也是人,只要是人,我就有法子收买。"

她忽又轻轻叹息了一声,道:"也许只有你是例外。"

叶开道:"难道她敢将魔教的秘密出卖给你?"

上官小仙又叹了口气,道:"只可惜她知道的秘密并不太多。"

叶开道:"她知道些什么?"

上官小仙道:"她只知道魔教的四大天王中,已有三个人到了长安,却不知道他们在这里用的是什么身份。"

叶开道:"她也不知道这三个人的名字?"

上官小仙叹道:"就算知道也没有用,无论谁入了魔教后,都得将自己过去的一切完全放弃,连本来的名字也不能再用。"

叶开道:"所以她只知道这三个人在魔教中用的名字?"

上官小仙点点头,道:"魔教中的四大天王,名字都很绝,一个叫'牒儿布',一个叫'多尔甲',一个叫'布达拉',一个叫'班察巴那'。"这都是古老的藏文。"牒儿布"的意思象征着智慧;"多尔甲"的意思,象征着权法;"布达拉"是孤峰;"班察巴那"是爱欲之神。

上官小仙道:"现在除了多尔甲天王还留守在魔山之外,其余的三大天王,都已到了长安。"

叶开道:"这消息可靠?"

上官小仙道:"绝对可靠。"

叶开道:"你也猜不出他们是谁?"

上官小仙道:"我只想到了一个人,'班察巴那'天王,很可能就是玉箫道人。"

玉箫道人这一生中,的确充满了爱欲。

叶开道:"你能不能从玉箫道人口中,问出那两个人来?"

上官小仙道:"不能。"

叶开道:"你也不能?"

上官小仙道:"我就算有法子能让各种人说实话,也有一种人是例外。"

叶开道:"死人?"

上官小仙点点头。

叶开道:"怎么死的?"

上官小仙道:"有人杀了他。"

叶开道:"是谁杀得了东海玉箫?"

上官小仙淡淡道:"在这长安城里,能杀他的人并不止一个。"

叶开沉思着,忽然长长叹息,道:"我在这里才不过十来天,长安城里却似已有了很多变化,发生了很多事。"

上官小仙凝视着他,轻轻道:"你是不是已想走?"

叶开勉强笑了笑,道:"我的伤已好了。"

上官小仙目中又露出幽怨之色,道:"伤一好就要走?"

叶开避开了她的眼睛,道:"我迟早总是要走的。"

上官小仙道:"你准备什么时候走?"

叶开道:"明天……"他勉强笑着道:"我若是明天走,还可以到长安城去拜拜年。"

上官小仙咬着嘴唇,居然也笑了笑,道:"除了拜年外,你还可以赶上一顿喜酒。"

叶开道:"谁的喜酒?"

上官小仙淡淡道:"当然是你的朋友,一个跟你很要好的朋友。"

第二十一章

鸿宾客栈

叶开真的走了。

上官小仙居然没有留他,只不过挽住他的手,一直送他到街头。

无论谁看到他们,都一定会认为他们是珠联璧合,很理想的一对。但他们究竟是情人,是朋友,还是冤家对头,这只怕连他们自己都分不清楚。

上官小仙很沉默,显得心事重重。叶开这一走,是不是还可能回到她身边来?他们还有没有相聚的时候?

未来的事,又有谁能知道?谁敢预测?

叶开忽然道:"我想了很久,却还是想不出牒儿布和布达拉天王会是什么人。"

上官小仙幽幽地一笑,道:"既然想不出,又何必去想?"

叶开道:"我不能不想。"

上官小仙轻轻叹息:"人们为什么总是要去想一些他本不该想的事?"

叶开不敢回答这句话,也不能回答。

他只有沉默,沉默了很久,却又忍不住道:"我想,牒儿布天王一定是个很有智谋的人,布达拉天王一定很孤高骄傲。"

上官小仙点点头:"魔教中取的名字,当然绝不会是没有道理的。"

叶开道:"以你看,现在长安城里最有智慧的人是谁?"

上官小仙道:"是你!"

上官小仙接道:"只有智者,才有慧剑。"

——只有你的慧剑,才能斩断我要缠住你的情丝。

这句话她并没有说出来,也不必说出来,叶开当然能了解。

他在苦笑:"大智若愚,真正的聪明人,看起来也许像个呆子。"

上官小仙也笑了笑,道:"长安城里,看来像呆子的人倒不少,真正的呆子也不少。"

叶开道:"你认为最骄傲的人是谁?"

上官小仙道:"你!"

叶开苦笑道:"又是我。"

上官小仙淡淡道:"只有最骄傲的人,才会拒绝别人的真情好意。"

她说的"别人"当然就是她自己。

——难道她对叶开真的是一番真情?

叶开转过头,遥视着远方的一朵白云,世上又有几个人能像白云般悠闲自在,无拘无束?

每个人心里岂非都有把锁链?

上官小仙忽然又问道:"除了你之外,也许还有一两个人。"

叶开道:"谁?"

上官小仙道:"吕迪、郭定。"

叶开道:"他们当然都绝不是魔教中的人。"

上官小仙道:"是不是因为他们的出身好,家世好,所以就不会入魔教?"

叶开道:"我只不过觉得他们都没有魔教门下的那种邪气。"

上官小仙道:"不管怎么样,牒儿布和布达拉都已在长安城,也许就是你最想不到的两个人,因为他们的行踪一向都是别人永远想不到的,这才真正是魔教最邪的地方。"

叶开叹了口气,也不禁露出忧虑之色。

魔教门下,不到绝对必要时,是永远也不会露出形迹来的,往往要等到已死在他们手里时,才能看出他们的真面目。

他们这次到长安来,真正要找的对象是谁?

是上官小仙?还是叶开?

叶开勉强笑道:"只要他们的确已到了长安城,我迟早总会找到他们的。"

上官小仙道:"可是今天你还不能开始找。"

叶开道:"为什么?"

上官小仙道:"因为,今天你一定要先到鸿宾客栈去喝喜酒。"她美丽的眼睛里,带着种针尖般的笑容,"因为你若不去,有很多人都会伤心的。"

但叶开却没有到鸿宾客栈去,直到黄昏前,他还没有在鸿宾客栈出现过。

大年初一,午后。

今天上午时,天气居然很晴朗,蓝天白云,阳光照耀,大地已有了春色。

郭定的气色看来也好得多了,"人逢喜事精神爽",一句已说了几千年的话,多多少少总是有些道理的。

丁灵琳正捧着碗参汤,在一口一口地喂着他。

他们一直很少说话,谁也不知道该说些什么,心里更不知是甜?是酸?是苦?

人生岂非本就是这样子的?

命运的安排,既然没有人能反抗,那么他们又何必?

丁灵琳也打起了精神,露出了笑脸,看来就像是这冬天的阳光一样。

郭定想多看她几眼,又不敢,只有垂着头看着她一双白生生的手,忽然道:"这人参是不是很贵?"

丁灵琳点点头。

郭定道:"我们能买得起?"

丁灵琳道:"买不起。"

郭定道:"那么你是……"

丁灵琳突然一笑,道:"是我赊来的,因为我想今天一定有很多人会送礼来,长安城里,一定有很多人想来看我们,喝两杯我们的喜酒,这些人一定都不会是很小气的人。"

郭定迟疑着,道:"我们的事,已经有很多人知道?"

丁灵琳点点头,道:"所以我已叫掌柜的替我们准备了十二桌喜酒。"

郭定忍不住抬起头,看着她,也不知是欢喜,还是悲伤道:"其实你本不必这么做的,我……"

丁灵琳没有让他说下去,握住了他的手,柔声道:"你只要打起精神来,赶快把伤养好,千万不要让我做寡妇。"

郭定也笑了,笑得虽辛酸,却也带着几分甜蜜。

不管怎么样,他都已下了决心,要好好照顾这个可爱的女人,照顾她一辈子。

就凭这点决心,他也不会死。

一个人自己心里求生的斗志,往往比任何药都有效。

老掌柜的忽然在门外呼唤:"丁姑娘你已该出来打扮打扮了,我也已找人来替郭公子洗澡换衣裳。"

丁灵琳拍了拍郭定的手，推门走出去，看着这善良的老人，忍不住轻轻叹息："你真是个好人。"

原来这世界上还是到处都有好人的。

老掌柜微笑道："今天是大年初一，我只盼望今年大家都过得顺遂，大家都开心。"

他是个好人，所以才会有这种愿望，可是他的愿望是不是能实现？

丁灵琳心里忽然觉得一阵酸软，泪珠已几乎忍不住要流下来。

大家都开心，每个人都开心，可是叶开……

她振作精神，勉强笑了笑，忽然道："现在是不是已经有人送了礼来？"

老掌柜笑道："送礼的人可真不少，我已把送来的礼都记了账，丁姑娘是不是想去看看？"

丁灵琳很想去看看。

她已想到一定会有很多奇怪的人，送一些奇怪的礼物来。

丁灵琳想到了很多事，却还是没有想到第一个送礼来的人，竟是"飞狐"杨天。

账簿上第一个名字就是他。

杨天：礼品四包，珠花一对，碧玉镯一双，赤金头面全套，纯金古钱四十枚，共重四百两。

纯金古钱，这意思显然是说，他的礼是代表金钱帮送的，也就是代表上官小仙送的。

丁灵琳握紧双拳，心里不禁在冷笑。她希望上官小仙晚上来喝喜酒。

吕迪居然也送了礼来，是和八方镖局的杜同一起送来的，除了礼品四包外，还有"极品伤药一瓶"。

丁灵琳又不禁冷笑。

她已决心不用这瓶药，不管吕迪是不是真的好意，她都不能冒这种险。

还有些人的名字，丁灵琳似曾相识，却又记不太清了，这些人好像都是丁家的世交旧友。

丁家本就是武林的世家，故旧满天下，其中当然也有很多人到了长安。

可是丁家的人呢？这个也曾在武林中显赫一时的家族，如今已变成什么样子？

丁灵琳连想都不敢想。

她继续看下去，又看到一个意外的名字。

崔玉真。

她居然还没有死。

这些日子来，她为什么一直都没有出现过？她是不是也已知道叶开的死讯？

老掌柜在旁边微笑着，道："我实在想不到丁姑娘在长安城里竟有这么多朋友，今天晚上，想必一定热闹得很。"

他们的喜事看来确实已轰动了长安。

丁灵琳忽然发现自己原来也是个名人——那是不是因为叶开？

她又禁止自己再想下去，无论如何，她今天绝不能去想叶开。至少今天……今天绝不想。

她看到最后一个名字，心忽然沉了下去。

"南宫浪，字画一卷。"

她知道这名字，也知道这个人。

每个世家大族中,都必定会有一两个特别凶狠恶毒的人。

南宫浪就是"南宫世家"中最可怕的人。

他是个声名狼藉的大盗,是南宫世家的不肖子弟,但他却也是南宫远的嫡亲叔叔。

南宫远已伤在郭定剑下,南宫浪忽然在这里出现,是为了什么?

丁灵琳忍不住问:"你看过这人送来的字画没有?"

老掌柜摇摇头,道:"丁姑娘若是想看看,我现在就可以去拿出来。"

丁灵琳当然也很想看看。

画卷已展开,上面只画着两个人。

一个人手握长剑,站在一对红烛前,剑上还在滴着血。

他身上的衣着剑饰,都画得很生动,但一张脸却是空白的。

这个人竟没有脸。

另一个人已倒在他剑下,身上穿的,赫然竟是郭定的打扮。

丁灵琳脸色已变了。

南宫浪的意思已很明显,他是来替南宫远复仇的,他今天晚上就要郭定死在他的剑下,死在喜堂里的那对龙凤花烛前。

郭定已受了重伤,已没有反抗之力。

老掌柜的也已看出她的恐惧,急着要将这卷画收起来,竟听外面有人问:"这里是不是鸿宾客栈?"

问话的是个黄袍黑发的中年人,身上的长袍盖膝,黄得发亮,黄得像是金子,一张脸却是阴惨惨的,全无表情。

就这么样一个人,看来已经很奇秘诡异,更奇怪的是,他身后还有三个人,装束神情居然也跟他完全一模一样。

老掌柜心里虽然有点发毛,却不能不打起笑脸:"小号正是鸿宾。"

黄衣人道:"郭定郭公子和丁灵琳丁姑娘的喜事,是不是就在这里?"

"正是在这里。"

老掌柜偷偷看了丁灵琳一眼,丁灵琳脸上也带着很惊奇的表情,显然也不认得这四个人。

她既然没有反应,老掌柜只有搭讪着问道:"客官是来找郭公子的?"

黄衣人道:"不是。"

"是来送礼的?"

"也不是。"

老掌柜勉强赔笑,道:"不送礼也一样可以喝喜酒,四位就请后面坐,先请用茶。"

黄衣人道:"我们不喝茶,也不是来喝喜酒的。"

丁灵琳忽然笑了笑,道:"那么你们莫非想来看新娘子?"

黄衣人冷冷地看了她一眼,道:"你就是新娘子?"

丁灵琳点点头,道:"所以你们假如要看,现在就可以看了。"

黄衣人翻了翻白眼,道:"我们要来看的并不是新娘子。"

丁灵琳道:"你们来看什么?"

黄衣人道:"来看今天晚上有没有敢到这里来惹是生非的人。"

丁灵琳眨了眨眼,道:"假如有呢?"

黄衣人冷冷道:"不能有,也不会有。"

丁灵琳道:"为什么?"

黄衣人道:"因为我们已奉命来保护这里的安全,保护新人平平安安地进洞房。"

丁灵琳道:"有你们在这里,就不会再有人来惹是生非?"

黄衣人道:"若是有一个人敢来,长安城里今夜就要多一个死人。"

丁灵琳道:"若有一百个人敢来,长安城里就要多一百个死人?"

黄衣人道:"多一百零四个。"

这句话已说得很明白,他们四人显然不是一百个人的敌手,可是来的人也休想活着回去。

丁灵琳轻轻吐出口气,道:"你们是奉了谁的命令而来的?"

黄衣人已闭上嘴。

丁灵琳道:"你们是不是金钱帮的人?"

黄衣人一句话也不再说,板着脸,一个跟着一个,走进了摆喜酒的大厅。

然后四个人就分成四个方向,动也不动地站在四个角落里。

老掌柜也不禁吐出口气,还没有开口,突然外面已有人在问:"这里是不是鸿宾客栈?"

这次来的,竟是个鹑衣百结、披头散发的乞丐,还背着口破破烂烂的大麻袋。

他当然不会是来送礼的,世上只有要钱要米的乞丐,从来也没有送礼的乞丐。

老掌柜皱了皱眉,道:"你来得太早了,现在还没有到发赏的时候。"

这乞丐却冷笑了一声,道:"你怎么知道我是来讨赏的?"

老掌柜怔了怔:"你不是?"

乞丐冷冷道:"你就算把这客栈送给我,我也未必会要。"

这乞丐的口气倒不小。

老掌柜苦笑道:"难道你也是来喝喜酒的?"

"不是。"

"你来干什么?"

"来送礼。"

像送礼的不送,不像送礼来的,反而送来了。

老掌柜叹了口气:"礼物在哪里?"

"就在这里。"

乞丐将背上的破麻袋往柜台上一掷,十几颗晶莹圆润的珍珠,滴溜溜从麻袋里滚了出来。

老掌柜怔住。

丁灵琳也吃了一惊。

就只这十几颗珍珠,已价值不菲,她虽然生长在豪富之家,却也很少见到过。

谁知麻袋里的东西还不只这些,一打开麻袋,满屋子都是珠光宝气,珍珠、玛瑙、猫儿眼、祖母绿,奇珍异宝,数也数不清,也不知有多少。

老掌柜已张大了眼睛,连嘴都合不拢来,他连做梦都没看见过这么多珠宝。

乞丐道:"这些都是送给丁姑娘添妆的,你好生收下。"

老掌柜倒抽了口凉气,赔笑道:"大爷高姓?"

乞丐冷冷道:"我不是大爷,我是个穷要饭的。"

他身子一转,人已到了门外,身手之快,江湖中也不多见。

丁灵琳想拦住他,已来不及了,再赶出去,街上人来人往,却已看不见那乞丐的影子。

他究竟是什么人?为什么要送如此重的礼?

老掌柜忽然道:"这里还有张拜帖。"

鲜红的拜帖，上面写着：郭公子、丁姑娘大喜！落款是：牒儿布、多尔甲、布达拉、班察巴那同贺。

丁灵琳又怔住。

老掌柜道："丁姑娘也不认得他们四位？"

丁灵琳苦笑道："非但不认得，连这四个名字都没听过。"

像这么稀奇古怪的名字，听过的人确实不多。

老掌柜皱眉道："姑娘若连他们的名字都未听过，他们怎么会送如此重的礼？"

丁灵琳也想不通。

老掌柜只好笑了笑，道："不管怎么样，人家送礼来，总是好意。"

丁灵琳叹了口气，还没有开口，外面居然又有人在问："这里是不是鸿宾客栈？"

完全同样的一句话，来的却是完全不同的三个人。

前两次来的人，已经是怪人，这次来的人却更奇怪。

如此严寒天气，这个人身上居然只穿着件蓝衫，头上却戴顶形式奇古的高帽，蜡黄的脸，稀稀疏疏的山羊胡子，看来仿佛大病初愈，却又偏偏一点都不怕冷。

他本来拿着把雨伞，右手提着口箱子，雨伞很破旧，箱子却很好看，看来非革非木，虽不知用什么做的，但无论谁都可以看得出这是口很值钱，也很特别的箱子，手把上甚至还镶着碧玉。

他身上穿的虽单薄，气派却很大，两眼上翻，冷冷道："这里是不是有个姓郭的在办喜事？"

老掌柜点点头，看着他手里的箱子，试探着问："客官是来送礼的？"

"不是。"

"是来喝喜酒的？"

"也不是。"

老掌柜只有苦笑，连问都没法子再问下去了。

丁灵琳却忽然问道："你就是南宫浪？"

蓝衣人冷笑，道："南宫浪算什么东西。"

丁灵琳松了口气，展颜笑道："他的确不是个东西。"

蓝衣人道："我是东西。"

丁灵琳又怔了怔，自己说自己是"东西"的人，她也从来没见过。

蓝衣人板着脸，道："你为什么不问，我是什么东西？"

丁灵琳道："我正想问。"

蓝衣人道："我是礼物。"

丁灵琳道："你姓李？"

蓝衣人道："不是姓李的李，是礼物。"

丁灵琳瞪大了眼睛，看着他，这个人的确像是个怪物。

怪物她倒见过，可是一个会说话、会走路的"怪物"，她简直连听都没听过。

蓝衣人道："你就是丁灵琳？"

丁灵琳点点头。

蓝衣人道："今天就是你大喜的日子？"

丁灵琳又点点头。

蓝衣人道："所以有人送我来做贺礼，你懂不懂？"

丁灵琳还是不懂，试探着问道："你是说，有人把你当作礼物送给我？"

蓝衣人叹口气，道："你总算懂了。"

丁灵琳道:"我不懂。"

蓝衣人皱眉道:"还不懂?"

丁灵琳苦笑道:"我要你这么样一个礼物干什么?"

蓝衣人道:"当然有用。"

丁灵琳道:"有什么用?"

蓝衣人道:"我能救人的命。"

丁灵琳道:"救谁的命?"

蓝衣人道:"救你老公郭定。"

丁灵琳动容道:"你能救得了他?"

蓝衣人冷冷道:"我若救不了他,天下就绝没有第二个人还能救得了他。"

丁灵琳看着他奇异的装束,蜡黄的脸,看着他左手的雨伞,右手的箱子。

她的脸忽然间兴奋而发红。

蓝衣人沉着脸道:"我不是来给你看的,也不喜欢女人盯着我看。"

丁灵琳道:"我知道。"

蓝衣人道:"你知道?"

丁灵琳眼睛里发着光,道:"我也知道你是什么人了。"

蓝衣人道:"我是谁?"

丁灵琳道:"你姓葛,你就是'万宝箱,乾坤伞,阎王没法管'葛病。"

蓝衣人道:"你见过葛病?"

丁灵琳道:"我没有见过,可是我听叶开谈起过。"

蓝衣人道:"哦?"

丁灵琳道:"他说葛病从小就多病,而且没有人能治得了他的病,所以他就想法子自己治，到后来竟成了天下第一神医，连阎王都管不了他，因为死人也常常被他救活。"

蓝衣人突然又冷笑，道："叶开又算是什么东西？"

丁灵琳道："他不是东西，他是你的朋友，我知道……"

她忽然过去，用力握住蓝衣人的手，喘息着道："是不是叶开叫你来的，他是不是还没有死？"

蓝衣人冷冷道："你找错人了。"

丁灵琳道："我没有。"

蓝衣人道："你是新娘子，你应该去找你的老公，为什么拉住我？"

他话里显然还有深意。

——你既然已嫁给了郭定，就不该再拉住我，也不该再找叶开。

丁灵琳的手慢慢松开，垂下，头也垂下，黯然道："也许我真的找错人了。"

蓝衣人道："但我却没有找错。"

丁灵琳道："你……你要找郭定？"

蓝衣人点点头，道："你若不想做寡妇，就赶快带我去。"

珠宝还堆在柜台上，蓝衣人一直连看都没有看一眼，门外的冷风，却偏偏要将那张血红的拜帖吹到他脚下。

他也没有去捡，只不过低头看了一眼。

只看了一眼，他脸上也已露出种奇怪的表情，忽然道："这是谁送来的？"

丁灵琳道："是个乞丐。"

蓝衣人道："什么样的乞丐？"

丁灵琳迟疑着，她没有看清楚，她的心太乱。

老掌柜总算还比较清醒冷静:"是个年纪不太大的乞丐,总是喜欢翻白眼,说起话来,总像是要找人吵架。"

丁灵琳也想起了一件事:"他的身法很快,而且很奇怪。"

蓝衣人道:"哪点奇怪?"

丁灵琳道:"他身子打转的时候,就像是个陀螺一样。"

蓝衣人沉着脸,过了很久,忽然又问道:"这些珠宝里,是不是有块上面刻着四个妖魔的玉牌?"

有的。

老掌柜很快就找了出来,上面刻着的,是四个魔神,一个手执智盘,一个手执法杖,一个手托山峰,还有一个手里竟托着赤裸的女人。蓝衣人看着这块玉牌,瞳孔似在收缩。

丁灵琳忍不住问:"你知道这四个人是谁?"

蓝衣人没有回答,却在冷笑。

郭定居然已能站起来。这蓝衣人的神通,竟似真的连阎王都没法子管。可是丁灵琳要谢他的时候,就发现他的人已不见了。丁灵琳也没法子去找他。她已穿上了新娘子的吉服,老掌柜请来的喜娘,正在替她抹最后一点胭脂。

客人们已到了很多,其中是不是有他们的熟人?杨天和吕迪是不是已来了?丁灵琳完全不知道。她现在当然不能再出去东张西望,她坐在床沿,全身似已完全僵硬。

外面乐声悠扬,一个喜娘跑出去看了看,又跑回来,悄悄道:"客人已快坐满了,新郎官也已经在等着拜天地,新娘子也该出去了。"

丁灵琳没有动。

——葛病是不是叶开找来的?叶开是不是还没有死?

她的心在绞痛。

在外面等着的若是叶开,她早已像燕子般飞了出去。

——叶开呢?

丁灵琳勉强忍耐着,控制着自己,现在绝不能让眼泪流下来。这本是她自己心甘情愿的。郭定是个好人,也是条男子汉,对她的感情,也许比叶开更深厚真挚。

叶开对她总是忽冷忽热,吊儿郎当的样子。何况,郭定还救了她的命,为了报恩而嫁的女人,她并不是第一个。她在安慰自己,劝自己,可是她心里还是忍不住要问自己:"这样究竟是对,还是错?"

这问题永远也没有人能回答的。

乐声渐急,外面已有人来催了。丁灵琳终于站起来,仿佛已用尽了全身力气,才站起来。喜娘用红巾蒙住了她的脸,两个人扶着她,慢慢地走了出去。走过长廊,走过院子,大厅里吵得很,有各式各样的声音。只可惜其中偏偏少了一种她最想听的声音——叶开的笑声。

现在无论叶开是不是还活着,都已不重要了。

她已走到郭定身旁,已听见了喜官在大声道:"一拜天地。"

喜娘们正准备扶着她拜下去,突听一声惊呼,一阵衣袂带风声来到她面前。

南宫浪?丁灵琳立刻想起了那幅画,想起了画上那个没有脸的人,那柄滴着血的剑。她再也顾不了别的,忽然抬起手,掀起了蒙在脸上的红巾。她立刻看到了一个人。

一个黑衣佩剑,脸色惨白,就像是幽灵般突然出现的人。这人就站在她面前,手里还提着个檀木匣子。

守在四角的黄衣人已准备围过来,郭定的脸上也已变了颜色。

丁灵琳忽然冷笑,道:"南宫浪,我就知道你会来的。"

黑衣人摇摇头,道:"我不是南宫浪。"

丁灵琳道："你不是？"

黑衣人道："我是来送礼的。"

丁灵琳道："为什么直到现在才来送礼？"

黑衣人道："虽然送得迟了些，总比不送好。"

丁灵琳看着他手里提着的檀木匣子，道："这就是你送来的礼？"

黑衣人点点头，一只手托起木匣，一只手掀盖子。站在丁灵琳旁边的喜娘忽然大叫一声，晕了过去。她已看见了匣子装的是什么。这黑衣人送来的礼物，竟是颗血淋淋的人头。

是谁的人头？

龙凤花烛高燃，是红的，鲜红。血也是红的，还没有干。丁灵琳的脸却已惨白。

黑衣人看着她，淡淡道："你若认为我送的礼有恶意，你就错了。"

丁灵琳冷笑道："这难道还是好意？"

黑衣人道："非但是好意，而且我可以保证，今天来的客人里，绝没有任何人送的礼比我这份礼更贵重。"

丁灵琳道："哦？"

黑衣人指着匣子里的人头，道："因为这个人若是不死，两位今天只怕就很难平平安安地过你们的洞房花烛夜。"

丁灵琳道："这个人是谁？"

黑衣人道："是个一心要来取你们项上人头的人。"

丁灵琳悚然失声，道："是南宫浪？"

黑衣人道："不错，就是他。"

丁灵琳轻轻吐出口气，道："你是谁？"

黑衣人道:"本来也是南宫浪的仇人。"

丁灵琳道:"现在呢?"

黑衣人道:"现在是个已送过了礼,正等着要喝喜酒的客人。"

丁灵琳看着他,忽然发现自己好像已没有什么话可以再问。

大厅中拥挤着各式各样的人,人丛里突然有个针一般尖锐的声音冷冷道:"戴着人皮面具来喝喜酒,只怕很不方便。"

黑衣人脸上虽然还是全无表情,瞳孔却已突然收缩,厉声道:"什么人?"

那声音冷笑道:"你永远不会知道我是谁的,我却知道你就是南宫浪。"

黑衣人突然出手,连匣子带人头一起向丁灵琳脸上砸了过去,背后的剑已出鞘。剑光一闪,直指郭定胸膛。这变化实在太快,他的出手更快。郭定能站着已很勉强,哪里还能避得开他这闪电般的一剑。

丁灵琳也只有看着。一颗血淋淋的人头迎面砸过来,无论谁都会吃一惊的。等她躲过去时,剑锋距离郭定的胸膛已不及一尺。

她手里纵然有夺命的金铃,也未必来得及出手,何况新娘子身上,当然绝不会带着凶器。

——没有脸的人,滴着血的剑。

眼看着那幅图画已将变为真实,眼看着郭定已将死在他剑下。这世上几乎已没有人能救得了他。就在这一瞬间,突然又有刀光一闪。雪亮的刀光,比闪电还快,比闪电还亮,仿佛是从左边的窗外射入的。

刀光一亮起,丁灵琳已穿窗而出,抛下了满堂的宾客,抛下了剑锋下的郭定。

抛下了一切!

因为她知道这一刀必定能救得了郭定,必定能击退这黑衣人,这是救命的刀,已救过无数人的命,她知道世上只有一个人能发出这一刀。

只有一个人。

她绝不能让这个人就这么样一走了之,她就算死,也要再看一看这个人。

第二十二章

四大天王

夜色深沉。

夜空中只有几点疏星,淡淡的星光下,远处仿佛有人影一闪。

她追得虽然快,这个人却更快。

她穿窗而出,这个人已到了十丈外。

可是她绝不放弃,她明知自己是绝对追不上这个人的,可是她一定要追。

她用出了全身的力量追过去。

远处更黑暗,连人影都看不见了,横巷里有个古老的祠堂,还燃着盏孤灯。

在这古老的长安城里,到处都可以看到这种祠堂,破旧,冷落,无人。

她忽然停下来,放声大呼:"叶开,我知道是你,我知道你还没有走远,一定还听得见我说话。"

黑暗中寂无回应,只有几株还未凋零的古柏,在寒风中叹息。

"不管你想不想出来见我,你都该听完我要说的话。"她咬着嘴唇,勉强忍住眼泪,"我并没有做对不起你的事,你若不愿再见我,我也不怪你,但是……但是我可以死。"

她忽然用力撕开衣襟,露出赤裸的胸膛。在黑暗中看来,她的胸膛像缎子般发着光,风却冷如刀。

她身子已开始不停地发抖。

"我知道你也许不相信我,我知道……但是这一次,我却要死给你看。"

她伸出颤抖的手,从头上拔下根八寸长的金钗,用尽全身力气,往自己心口刺了下去。

她是真的想死。对她来说,这世界已没有什么值得留恋的了。

家门惨变,兄弟飘零,天上地下,她已只剩下一个可以依赖的人。

她本已决心一辈子跟着这个人,可是现在这个人却已连见都不愿再见她一面。

金钗刺入胸膛,鲜血溅出。

就在这时,黑暗中忽然有条人影精灵般飞过来,握住了她的手。

"叮"的一声,金钗落在屋脊上。

鲜红的血,流过白雪般的胸膛。

她终于看见了这个人,这个令她魂牵梦萦,无论死活都忘不了的人。

她终于见到了叶开。

夜色凄迷,淡淡的星光,照着叶开的脸。

他看来仿佛还是老样子,眼睛还是那么明亮,嘴角还是带着微笑。

可是你若仔细看一看,你就会发现,他的眼睛发亮,只不过是因为泪光。

他虽然还是在笑,笑容中却充满了凄凉和悲伤。

"你不必这么样做的,"他轻轻叹息,柔声道,"你为什么要伤害自己？"

丁灵琳看着他，痴痴地看着他，整个人都似已痴了。

相见不如不见。

……为什么苍天一定要安排他们再见这一次？为什么？

叶开显然也在勉强控制着自己："我知道你没有对不起我，你也没有错，错的是我。"

"你……"

叶开不让她说下去："你什么都不必说，我什么都知道。"

"你……你真的知道？"

叶开点点头，黯然道："我若是你，我一定也会这么样做，郭定是个很有前途的年轻人，是个好人，你当然绝不能看着他为你而死。"

丁灵琳泪水又春泉般涌出："可是我……"

"你是个很善良的女孩子，你知道只有这么样做，才能让郭定觉得还可以活下去。"

叶开叹息着："一个人若已连自己都不想再活下去，天下就绝对再也没有人能救得了他，连葛病也一样不能。"

他的确了解郭定，更了解她。世上绝没有任何事能比这种同情和了解更珍贵。

丁灵琳就像是个受了委屈的孩子，忽然扑在他怀里，放声痛哭起来。

叶开就让她哭。

哭也是种发泄。他希望她心里的委屈和悲痛，能随着她的眼泪一起流出来。

可是他自己呢？

他绝不能哭，甚至连默默地流几滴眼泪都不行，他知道在他们两个人之间，至少，要有一个人是坚强的。

他一定要坚强起来，无论多么大的委屈和悲痛，他都一定要想法子隐藏在心里，咬着牙忍受。

他能忍受。

夜更深，风更冷。

也不知过了多久，她的痛哭终于变成了低泣，叶开才轻轻推开她，道："你应该回去了。"

丁灵琳愕然道："你叫我回去？回到哪里去？"

叶开道："回到你刚才出来的地方。"

丁灵琳道："为什么？"

叶开道："别人一定已等得很着急。"

丁灵琳突又冰冷僵硬："你……你还是要我回去嫁给郭定？"

叶开硬起了心肠道："你绝不能就这么抛下他。你也应该知道，你若像这么样一走，他一定没法子再活下去。"

丁灵琳也不能不承认，郭定之所以还有求生的斗志，全是因为她。

叶开的心已抽紧："郭定若真的死了，非但我绝不能原谅你，你自己也一定永远不会原谅自己的。"

——那么，我们两个人就算能在一起，也必将痛苦一辈子。

他没有说出下面的话，他知道丁灵琳一定也能了解。

丁灵琳垂着头，过了很久，才凄凉道："我回去，你呢？"

"我能活得下去的。"叶开想勉强自己笑一笑，却笑不出，"你应该知道我一向是个坚强的人。"

"我们以后难道永远也不能再见？"

"当然还能再见。"

叶开的心在刺痛，这是他第一次对她说谎，他不能不这么样说："……只要事情过去，我们当然还能再见。"

丁灵琳忽然抬起头，盯着他："好，我答应你，我回去，可是你也要答应我一件事。"

"你说。"

"若是事情已过去，我还是找不到你，所以你一定要告诉我，你在哪里？"

叶开避开了她的目光："只要知道事情已过去，用不着你找我，我会去找你。"

丁灵琳道："我若能好好解决所有的事，郭定若能好好地活着，你就会来找我？"

叶开点点头。

"你说的是真话，你真的没有骗我？"

"真的。"

叶开的心已碎了。

他自己知道自己说的并不是真话，但丁灵琳却已完全相信。

——人们为什么总是要欺骗一个对自己最信任的人？

因为他无可奈何。

——生命中为什么要有这么多无可奈何的悲伤和痛苦？

他不知道，也无法了解。

他只知道自己只有这一条路可走，一条寂寞而漫长的路。

——一个真正的男子汉，若是到了必要的时候，总是会牺牲自己，成全别人的。

丁灵琳终于下定决心："好，我现在就走，我相信你。"

"我……我以后一定会去找你。"

丁灵琳点点头，慢慢地转过身，仿佛已不敢再多看他一眼。

她生怕自己会改变主意。

她转过身，将星光留在背后，将生命也留在背后，她用力握紧双

拳,用出了所有的力量,终于说出了三个字:
"你走吧。"

叶开走了。

他没有再说一句话,他不敢再说。他也用出了所有的力量,才控制住自己。

寒风如刀,他迎风飞奔,遇到黑暗处,然后就弯下了腰,开始不停地呕吐。

人们到了最悲伤痛苦的时候,为什么总是会变得无泪可流,反而会呕吐?

丁灵琳也在呕吐。她不停地呕吐,连胆汁苦水都已吐出来。

可是她已下定决心,叶开既然还没有死,她就绝不能嫁给别人。

无论在什么情况下都不能去嫁别人,就算死,也不能。

她已决心要回去告诉郭定,将她的感情,她的痛苦都告诉郭定。

郭定若真的是个男子汉,就应该了解,就应该自己站起来,活下去。

她相信郭定是个男子汉。

她相信这一切事都会圆满解决的,到那时,叶开一定就会来找她。

用不了多久,所有的苦难,很快就会过去。她有信心。

鸿宾客栈的大厅里,灯火依旧辉煌,还有一阵阵悠扬的笛声传出来。

现在那黑衣人一定已逃走,郭定一定还活着,大家一定还在等着她。

她跃下屋脊，走入大厅。

她的人忽然完全冰冷，就像是忽然落入了一个寒冷黑暗的万丈深渊里。

就像是忽然落入了地狱里。

大厅里甚至已变得比地狱里还可怕。

地狱里燃烧着永不熄灭的火焰，火焰是红的。

这大厅里也是红的，但最红的却不是那对龙凤花烛，也不是人身上的衣服，而是血。

鲜血！

她能看得到的人，都已倒了下去，倒在血泊中，这大厅里已只剩下一个活人，一个人还在吹笛。

他的脸上已完全没有血色，眼睛发直，人已僵硬，但却还在不停地吹。

他虽然还活着，却已失去了魂魄。

没有人能形容这种笛声听在丁灵琳耳里时，是什么滋味，甚至没有人能想象。

郭定已永远听不到她的解释和苦衷，他已倒在血泊中，和那黑衣人倒在一起，还有那个善良的老人，还有……

丁灵琳没有再看下去，她的眼前只有一片鲜红的血，已看不到别的。

这究竟是谁下的毒手？究竟是为了什么？

她也已无法思索，她倒了下去。

丁灵琳再次睁开眼时，第一眼看见的，是口华贵而精美的箱子。

万宝箱。

那蓝衣高冠的老人，正站在床前，凝视着她，眼睛里也充满了悲痛和怜悯。

丁灵琳想挣扎着坐起来，葛病却按住了她的肩，她只有再躺下。

她知道是这老人救了她，可是……

"郭定呢？你有没有救他？"

葛病黯然摇头，长长叹息，道："我去迟了……"

丁灵琳突然大叫："你去迟了？……你为什么要溜走？"

葛病道："因为我要赶着去找人。"

丁灵琳还在叫道："你为什么要去找人？为什么？"

她已完全无法控制自己，她已接近崩溃。

等她的激动稍稍平静，葛病才沉声道："因为我一定要去找人来制止这件事。"

丁灵琳道："你早已知道会有这件事发生？"

葛病叹道："看见了那袋珠宝，看见了那四个人的名字时，我就已知道。"

丁灵琳道："你知道那四个人是谁？"

葛病点点头。

"他们究竟是谁？"

"是魔教中的四大天王。"

丁灵琳又倒下，就像是突然被一柄铁锤击倒，连动都不能动了。

葛病徐徐地道："当时我没有说出来，就因为我怕你们听了后，会惊慌恐惧，我不愿意影响到你们的喜事。"

喜事！那算是什么样的喜事？

丁灵琳又想跳起来，又想大叫，却已连叫的力气都没有。

葛病道："何况我也看见了那四个黄衣使者，我认为金钱帮既然已插手要管，就算魔教的四大天王，也不能不稍有顾忌。"他黯然叹息，又道,"但我却想不到这件事中途竟又有了变化。"

"你是不是认为叶开一定会在暗中照顾的?"

葛病只有承认。

"所以你想不到叶开会走,也想不到我会走。"

丁灵琳的声音很虚弱。

她整个人都似已空了。

葛病叹道:"我应该想到他可能会走的,因为他并没有看见那块玉牌,也没有看见那袋珠宝。"

丁灵琳忍不住问:"他们送那袋珠宝来,难道也有特殊的意思?"

"有!"

"是什么意思?"

葛病一字字道:"他们送那袋珠宝来,是来买命的。"

丁灵琳骇然道:"是买命的?"

葛病道:"魔教中的四大天王,一向很少自己出手杀人。"

丁灵琳道:"为什么?"

葛病道:"因为他们相信地狱轮回,从不愿欠下来生的债。所以他们每次自己出来杀人前,都会先付出一笔代价,买人的命。"

丁灵琳忽然又问:"你怎么会知道我走了,叶开也走了?"

"有人告诉我的。"

"什么人?"

"那个吹笛人。"

想起了那凄凉的笛声,丁灵琳不禁打了个寒噤:"他亲眼看见了这件事?"

葛病长叹,道:"从头到尾,他都在看着,所以若不是遇见了我,他只怕终生都要变成个疯癫的废人了。"

无论谁看见这种事,都会被吓疯的。

丁灵琳又问:"他也看见了那四大天王的真面目?"

"没有。"

"为什么?"

"因为四大天王为复仇杀人时,脸上总是戴着魔神的面具。"

"复仇?他们是为了谁复仇?"

"玉箫道人。"

葛病道:"玉箫道人是死在郭定手下的。"

"玉箫道人也是四大天王之一?"

"他就是爱欲天王,班察巴那。"

丁灵琳用力握紧了双手,身子还是在不停地发抖:"郭定杀玉箫道人,是为了我。"

"我知道。"

"我若不追出去,叶开就不会走。"

"……"

丁灵琳又在流泪:"叶开若不走,也许就不会发生这件事。"

葛病却摇摇头,道:"你用不着埋怨自己,这一切本就在他们的计划之中。"

丁灵琳不懂。

葛病道:"那黑衣人并不是南宫浪,我认得南宫浪。"

丁灵琳又吃了一惊:"他不是南宫浪是谁?"

葛病道:"他也是魔教中的人。"

丁灵琳道:"他忽然出现,就是为了要逼叶开出手?"

葛病叹道:"他们的确早已算准了叶开一定会出手救郭定,也算准了只要叶开一现行踪,你就一定会追出去。"

——他们当然也算准了只要丁灵琳一追出去,叶开就一定会走。

魔教中的四大天王行动之前,一定都早已有了极完美周密的计划。

所以他们只要出手，就很少落空。

丁灵琳恨恨道："这么样看来，那个故意揭破黑衣人阴谋，故意说他是南宫浪的人，很可能就是四大天王之一。"

"很可能。"葛病忽然又道，"你听不听得出他的声音？"

丁灵琳听不出。

"我只觉得那人说话的声音，比尖针还刺耳。"

"你听不听得出他是男是女？"

"是男的。"

"一个人说话的声音，是从喉咙里一条带子般的器官发出来的。"葛病缓缓道，"男人成长之后，这条带子就会渐渐变粗，所以男人说话的声音，总比女人低沉粗哑些。"

丁灵琳从来也没有听见过这些事，可是她每个字都相信。

因为她知道葛病是天下无双的神医，对人类身体的构造，当然比任何人懂得都多。

她也听说过，魔教中有种功夫，可以使一个人喉咙里这条带子收缩，声音改变。

葛病道："所以一个正常的男人，说话的声音绝不会太尖锐，除非……"

丁灵琳抢着道："除非他是用假嗓子说出来的。"

葛病点点头，道："你再想想，他说话为什么要用假嗓子？"

丁灵琳道："因为他怕我听出他的声音来。"

葛病道："为什么？"

丁灵琳道："因为我一定见过他，听过他的声音。"

葛病道："那天去贺喜的都有些什么人？其中又有几个是你见过的？"

丁灵琳不知道。"我根本没有机会看。"她咬着牙道，"有机会看见的人，现在已全都被杀了灭口。"

葛病也不禁握紧了双拳。

魔教行动的计划，不但周密，而且狠毒。

"但他们还是留下了一条线索。"葛病沉思着说。

"什么线索？"

葛病道："主持这次行动的凶手，当时一定在那喜堂里。"

丁灵琳道："一定在。"

葛病道："当时在喜堂中的人，现在还活着的一定就是凶手，凶手很可能就是四大天王。"

丁灵琳眼睛里发出了光："所以我们只要能查出当时在喜堂中有些什么人，再查出现在还有些什么人活着，就知道四大天王究竟是谁了。"

葛病点点头，他的眼睛并没有发光。因为他知道这件事说来虽简单，要去做却很不容易。

"只可惜我们现在既不知道当时在那喜堂中有些什么人，更不知道现在还活着的有些什么人。"

丁灵琳道："但我们至少可以先查出有些什么人送过礼，死的又是些什么人。"

葛病的眼睛也亮了。

丁灵琳道："每个来送礼的人，我们都已记在礼簿上。"

葛病立刻问道："那礼簿呢？"

丁灵琳道："想必还在鸿宾客栈的账房里。"

葛病道："现在天还没有亮，那些死尸想必也还在喜堂里。"

丁灵琳道："这里是什么地方？"

葛病道："离鸿宾不远。"

丁灵琳跳起来，道："那我们还等什么？"

葛病看着她，目中露出忧虑之色。她受的刺激已太多，现在若是再回到那喜堂里，再看见那些鲜血和尸体，甚至很可能会发疯。他想说服她，要她留下来，可是他还没有开口，丁灵琳已冲出去，这女孩子竟远比他想象中坚强得多。

礼堂中没有人——连死人都没有。葛病的担心，竟完全是多余的，他们到了鸿宾客栈，立刻就发现所有的尸体都已被搬走。账房里也是空的，没有人，更没有礼簿，所有的礼物也全都被搬空。

丁灵琳怔住。现在夜还很深，她离开这里并没有多久，魔教的行动，实在快得可怕。

葛病忽然问道："四大天王送来那袋珠宝，本来是不是也在这账房里？"

丁灵琳点点头。

葛病道："那么这件事就一定不是魔教中人做的。"

丁灵琳道："为什么？"

葛病道："因为那袋珠宝本是他们用来买命的，现在命已被他们买去，他们就不会收回那些珠宝。"

丁灵琳道："所以尸体也不是他们搬走的。"

葛病道："绝不是。"

丁灵琳道："不是他们是谁？除了他们外，还有谁会有这么快的手脚？"

要搬空那些尸体和礼物，并不是件容易事。别人要那些尸体，也完全没有用。

丁灵琳实在想不通，葛病也想不通。

风从窗外吹进来，吹到她身上，她忽然激灵灵打了个寒噤。风吹进来的时候，竟赫然又有一阵笛声随风传了进来。

笛声凄凉而悲哀，丁灵琳立刻又想起了那吹笛人苍白的脸。她忍不住问："你刚才没有把他带走？"

葛病摇摇头。

"他为什么还留在这里？"

"他又看见了什么？"

葛病和丁灵琳已同时穿窗而出，他们都知道，能回答这问题的只有一个人。

他们一定要找到这个吹笛的人。

第二十三章

吹笛的人

没有人。死人活人都没有。

有的灯火已残,有的灯光已灭,冷清清的客栈,冷清清的院子。

尸体虽然已被搬走,院子还是充满了血腥气,晚风更冷得可以令人血液凝结。

那吹笛的人呢?

缥缥缈缈的笛声,听来仿佛很近,又仿佛很远。

他们在屋里时,笛声仿佛就在院子里,他们到了院子里,笛声却又在墙外。

墙外的夜色浓如墨。

他们掠过积雪的墙头,无边的夜色中,只有一盏孤灯,闪烁如鬼火。

灯下仿佛有条幽灵般的人影,仿佛正在吹笛。

这个人是谁?

是不是刚才那个吹笛人?

他为什么要一个人在孤灯下吹笛?莫非是特地在等他们?

如此恶夜,他还孤零零地留在这里等他们,是为了什么?

这些问题,也只有一个人能回答。

孤灯悬在一根枯枝上随风摇晃。

丁灵琳看过这种灯笼，是鸿宾客栈在晚上迎客用的灯笼。

但她却看不清这个人。

她想冲过去，葛病已拉住了她，她可以感觉到这老人的手心全是冷汗。

一个人年纪愈大，愈接近死亡的时候，为什么反而愈怕死？

丁灵琳咬着嘴唇，压低声音，道："你不妨先回客栈，我一个人过去看看。"

葛病叹了口气。

他知道她误会了他的意思，他并不是在为自己担心，而是在为她。

"我已是个老人，已没有什么可怕的，不过……"

丁灵琳打断了他的话，道："我明白你的意思，可是我一定要过去看看。"

笛声忽然停顿，黑暗中忽然有人冷冷道："我知道你们一直在找我，现在为什么还不来？"

声音尖锐，比尖针还刺耳。

丁灵琳手心也沁出了冷汗。

她听过这声音。

无论谁听过这声音，只要听过一次，就永远也忘不了。

这个人难道就是魔教中的四大天王之一？

葛病脸色已变了，低声道："你究竟是什么人？"

孤灯下有人在冷笑："你为什么不过来看看我是什么人？"

丁灵琳当然要过去。

她纵然明知道一过去就必死无疑，也非过去看看不可。

但葛病却还是在紧紧握着她的手，抢着道："我迟早总会知道你是谁的，我并不着急。"

丁灵琳道："我着急。"

她突然回身一撞，一个肘拳打在葛病肋骨上，她的人已冲过去。

灯光却忽然灭了。

寒风吹过大地，大地一片黑暗。

可是丁灵琳已冲到这个人面前，已看清了这个人的脸。

一张苍白而扭曲的脸，一双充满了惊吓恐惧的眼睛，眼睛已凸出，正死鱼般瞪着丁灵琳。

丁灵琳也看过这张脸，看过这个人。

这正是那个痴痴地站在血泊中，已被吓疯了的吹笛人；也正是喜堂中唯一还活着的人。

难道他就是杀人的凶手？

丁灵琳握紧双拳，忽然发觉一滴鲜血正慢慢从他眼角沁出，流过他苍白的脸。

寒风吹过，她忍不住又激灵灵打了个寒噤。

她忽然发现这个人竟已是个死人。

死人怎么会说话？

死人怎么会吹笛？

死人绝不会说话，更不会吹笛。

他手里根本没有笛。

刚才的笛声，是从哪里发出来的？

丁灵琳一步步向后退，刚退出两步，突然间，一只手伸出来，闪电般握住了她的手。

冰冷的手，冰冷而僵硬。

死人怎么还能出手?

丁灵琳的手也已冰冷,几乎又要晕了过去。

她没有晕过去,因为她已发现这只手是从死人身子后面伸出来的。

但这只手实在太冷,比死人的手还冷。

不但冷,而且硬,比铁还硬。

这实在不像是活人的手,丁灵琳用尽全身力气,也挣不脱。

死人身后又传出了那比针尖还细的声音:"你是不是真的想看看我是谁?"

丁灵琳用力咬着嘴唇,嘴唇已被咬出血来。

"你若知道我是谁,你就得死。"他的手更用力,"现在你还想不想看我?"

丁灵琳突然用力点头。

一个人若是活到她这种情况,死还有什么可怕的?

她盯着这个人的手,这只手在黑暗中看来,就像是金属般发着光。

他的衣袖是藏青色的,上面绣着青色的山峰。

"布达拉"天王。

孤峰。

丁灵琳的心也在发冷。

她甚至希望自己遇着的是鬼。

在江湖中人心里,魔教中的四大天王,实在比厉鬼还可怕。

她不怕死。

可是她也知道,一个人若是落入魔教手里,那遭遇也一定比死更可怕。

她从这个人的手,看到衣袖,再慢慢地往上看……她终于看到了他的脸。

一张死人般苍白冷漠的脸。

在丁灵琳眼中看来,这张脸已比死人更可怕。她终于忍不住叫了起来,大叫:"是你?"

"你想不到是我?"

"你……你就是布达拉?"

"不错,我就是布达拉,就是孤峰之王,高不可攀,孤立云霄的山峰,无论谁看到了我的真面目,都只有两条路可走。"

两条路?除了死路外,居然还有条别的路?

"你并不是非死不可的,只要你肯入我们的教,就是我们的人,就可以永远活下去。"

"永远活下去?"丁灵琳突然冷笑,"我至少已看过七八个你们魔教的人,像野猫一样被人割下了脑袋。"

"他们就算死,也死得很愉快。"

"愉快?有什么愉快?"

"因为杀他们的人,都已付出代价。"

想到喜堂中的血泊和尸体,丁灵琳几乎忍不住要呕吐。

孤峰天王道:"现在你虽然活着,也是生不如死,可是只要你肯入我们的教,无论你是死是活,都没有人敢欺负你。"

丁灵琳又用力咬住了嘴唇,这句话的确已打动了她。

最近她受的委屈实在太多。

孤峰天王看着她,兀鹰般的眼睛里,带着种轻蔑的讥诮之意,冷冷道:"我知道你并不是真的想死,没有人真的想死。"

丁灵琳垂下了头。

她还年轻,还没有真正享受过人生,为什么一定要死?

一个受尽了委屈和折磨的女孩子,有机会去折磨折磨别人,岂非也是件很愉快的事。

这诱惑实在太大。

能拒绝这种诱惑的女孩子，世上本就不多，何况丁灵琳本是个争强好胜的人。

孤峰天王当然知道这一点，淡淡道："你不妨考虑考虑，只不过我还要提醒你两件事。"

丁灵琳在听着。

孤峰天王道："要入我们的教，并不是件容易的事，你能有这么样一个机会，实在是你的运气。"

他慢慢地接着道："只因为现在正是本教重开教门，另立教宗的时候，你错过这次机会，一定会后悔终生的。"

丁灵琳忽然问道："你是不是要我拜在你的门下？"

孤峰天王傲然道："能拜在我的门下，也是你的运气。"

丁灵琳道："我是不是对你有用？"

孤峰天王没有否认。

丁灵琳道："我对你有什么用？"

孤峰天王道："以后你自然会知道的。"

丁灵琳道："现在……"

孤峰天王打断了她的话："你对我有用，我对你更有用，人与人之间，本就是在互相利用，你能够有被人利用的价值，所以你才能活下去。另外我还要提醒你一件事。"

丁灵琳迟疑着，道："你说你还要提醒我一件事？"

孤峰天王道："你也不必再等葛病来救你，他绝不会救你的，他也不敢。"

丁灵琳又忍不住问："为什么？"

孤峰天王道："因为他也是本教中的弟子，多年前就已入了教。"

丁灵琳怔住。

孤峰天王道:"你不信?"

丁灵琳实在不信。

她认得葛病虽不久,可是她对这个人一向都很尊敬。

因为她知道葛病是叶开的朋友,是个极孤高、极有才能的人。

她绝不相信叶开的朋友,会是个脸上一直戴着伪善面具的卑鄙小人。

可是葛病已走过来,垂着手,站在孤峰天王身旁,就像是奴才站在主人身旁一样。

丁灵琳的心沉了下去。

孤峰天王冷冷道:"现在你信不信?"

丁灵琳虽然已不能不信,却还是忍不住要问葛病:"你真的是魔教门下?"

葛病居然承认。

丁灵琳握紧双拳,冷笑道:"我还以为你一直都在关心我,帮着我,我还以为你是我的朋友,想不到你竟是这种无耻的小人。"

葛病的脸上全无表情,就像是已变成了个聋子。

丁灵琳道:"你知不知道我一直都很尊敬你,不但尊敬你的医道,也尊敬你是个君子,你为什么要自甘堕落呢?"

孤峰天王道:"加入本教,并不是自甘堕落。"

丁灵琳长长吐出口气,道:"好,很好,你赶快杀了我吧。"

孤峰天王道:"你已决定?"

丁灵琳道:"不错。"

孤峰天王道:"你宁愿死?"

丁灵琳道:"是的。"

孤峰天王也不禁显得很惊讶:"为什么?"

丁灵琳又叫了起来："因为我现在已知道，无论谁只要一入了你们魔教，都会变成个见不得人的卑鄙小人。"

孤峰天王的瞳孔在收缩，缓缓道："你不想再考虑考虑？"

丁灵琳断然道："我已不必再考虑。"

孤峰天王看着她，忽然叹了口气，道："葛病。"

葛病道："在。"

孤峰天王道："她这条命，好像是你刚救回来的。"

葛病道："是。"

孤峰天王道："所以你已不必再买她的命。"

葛病道："是。"

孤峰天王道："现在你不妨再把她这条命拿走。"

葛病道："是。"

他慢慢地放下万宝箱，右手的乾坤伞，已向丁灵琳眉心点了过去。

万宝箱是救人的，乾坤伞却是杀人的。

他杀人的动作快而准确，完全不像是个老人的出手。他比大多数人都了解，一个人身上有些什么地方是真正致命的要害。

眉心之间就是真正致命的要害。

没有人能受得了他这一击，可是丁灵琳没有闪避，反而冷笑着迎了上去，她知道已无法闪避。

她的手腕还被握在孤峰天王钢铁般的手里。

乾坤伞的铁尖，已闪电般到了她眼前，她看见寒光在闪动，忽然又听见"叮"的一声轻响，就仿佛有两根钢针撞击。

接下去的事，就快得使她连看都看不清。

她只感觉到孤峰天王的手突然松开，突然凌空跃起翻身。她还仿佛看见孤峰天王身子跃起时，伸手在葛病背上一拍，这一招快如闪电，她实在也没有看清楚。

她唯一看清楚的事，是孤峰天王已走了，葛病已倒了下去，但她却还是好好地站在那里。

她实在不懂这究竟是怎么回事？

夜色更深，风更冷，那破旧的灯笼，还在枯枝上摇晃，吹笛人的尸身还在枯枝上摇晃。

孤峰天王却已消失在黑暗中。

葛病正伏在地上，不停地咳嗽，每咳一声，就有一股鲜血溅出。

风吹过他背上时，他背上的衣服突然有一片被风吹成了灰，露出了一个掌印。

鲜红的掌印。

丁灵琳从来也没看见过这么可怕的掌力，却已总算明白了这是怎么回事。

她还活着，还能好好地站在这里，只因为葛病非但没有杀她，反而救了她。

他冒着生命的危险救了她，而葛病自己现在却已命如游丝，这种救命的恩情，也像是一根针，忽然刺痛了她的心。

无论是悲伤也好，是感激也好，一种感情只要太强烈，就会变得像尖针般刺人。

她蹲下来，抱住了葛病。

她的心在刺痛，胃在收缩，却完全不知道应该怎么帮助这个救命恩人。

她的眼泪已滴在他身上。

葛病喘息着，总算忍住了咳嗽，忽然道："快……快打开我的箱子。"

丁灵琳立刻抓起了箱子，打开。

葛病道："里面是不是有个黑色的木瓶？"

里面是有的。

丁灵琳刚找出来，葛病就抢过去，咬断瓶颈，把一瓶药全都倒进嘴里。

然后他的喘息才渐渐平息。

丁灵琳也松了口气。

"万宝箱，乾坤伞，阎王没法管。"连阎王都没法管的人，当然不会死。

他既然能救别人的命，当然也能救自己。

可是葛病的脸色还是那么可怕，连眼睛里的神采都已消失。

现在他的脸色绝不比那吹笛人的脸色好看多少。

丁灵琳又不禁为他忧虑："我扶你回客栈去好不好？"

葛病点点头，刚站起来，又跌倒，又是一口鲜血呛了出来。

丁灵琳咬紧牙，恨恨道："他为什么要如此狠心，为什么要下这种毒手？"

葛病忽然勉强笑了笑，道："因为我对他也下了毒手。"

丁灵琳不懂，她根本没有看见葛病向孤峰天王出手。

葛病道："你看看我的伞。"

丁灵琳看见了。

葛病道："你看看伞柄。"

丁灵琳这才发现，伞柄是空的，顶端还有个尖针般大的洞。

她终于明白："这里面藏着暗器？"

葛病在笑，痛苦却使得他的笑看来比哭还令人悲伤："这里不但有暗器，而且是种很毒的暗器。"

他的乾坤伞，本就是杀人的。

"我对你出手时,伞柄正对着他。"

丁灵琳完全明白:"你用伞尖刺我时,伞柄里的暗器就射了出来。"

葛病点点头,仿佛想大笑:"他做梦也想不到我会对他出手的,他毕竟还是上了我的当。"

丁灵琳眼睛亮了:"他已中了你的暗器?"

葛病又点点头,道:"所以他的掌力虽可怕,我们也不必怕他了。"

喜堂里灯光阴森而暗淡,可是鸿宾客栈里,已只剩下这地方还有灯光。

所以丁灵琳只有把葛病带到这里来,这里虽没有床,却有桌子。

地上的血渍已干了,她从账房里找来几条棉被,垫在葛病身下。

他的脸色还是很可怕,只要一咳嗽,嘴角还是有血丝沁出。

幸好他还有个救命的万宝箱。

丁灵琳看着他脸上的痛苦表情,忍不住问:"箱子里还有没有别的药可以让你吃了舒服些?"

葛病摇摇头,苦笑道:"要命的药有很多种,可是真正能救命的药,通常却只有一种。"

丁灵琳也勉强笑了笑,道:"不管怎么样,你总算已救了你自己的命。"

葛病看了她一眼,慢慢地闭上眼睛,仿佛想说什么,却没有说出来。

丁灵琳道:"我知道你一定很快就会好的,因为你实在是个好人。"

葛病又笑了。

丁灵琳却情愿他不要笑,他的笑容连看的人都觉得痛苦。

冷风如刀。

丁灵琳已将门窗全都关了起来,刀锋般的冷风,却还是一阵阵从门缝窗隙里刺进来。

她忽然道:"你知道我在想什么?"

"你想喝酒?"

丁灵琳笑了,这次是真的笑了,因为她已看见屋角里摆着几坛酒。

她搬来一坛,拍碎了封泥。

酒很香。丁灵琳嗅到了酒香,心里却忽然一阵刺痛,这本是她的喜酒,现在呢?

酒虽香,她又怎么能忍心喝下去。

她想起了郭定,想起了叶开,想起了为叶开去找酒的韩贞。

——她当然还不知道韩贞并没有死。

她只知道,若不是她刺了叶开那一刀,韩贞就不会死。她也知道,若不是魔教的邪法,她死也不会刺叶开那一刀。

"魔教……"她忍不住问道,"像你这种人,怎么会入魔教?"

葛病沉默着,终于长长叹息了一声,苦笑道:"就因为我是这么样一个人,所以才会入魔教。"

"是你自己心甘情愿的?"

"是。"

"我想不通。"丁灵琳也只有苦笑,"我实在想不通。"

葛病道:"这也许因为你根本不知道我是个什么样的人。"

丁灵琳道:"可是我知道你绝不是他们那种狠毒的小人。"

葛病又沉默了很久,才慢慢道:"我学医,本来是为了救我自已,因为我发现世上的名医们,十个中有九个是蠢才。"

丁灵琳道："我知道。"

葛病道："可是到了后来，我学医已不是为了救自己，也不是为了救人。"

丁灵琳道："你是为了什么？"

葛病道："到后来我学医，只因为我已经完全入了魔。"

无论做什么事，若是太沉迷，都会入魔的。

"所以你就入魔教？"

葛病道："魔教中虽然有很多可怕的杀人邪术，却也有很多神奇的救命秘方，譬如说，他们的摄魂大法，若是用得正确，在疗伤治病时，往往可以收到意想不到的奇效。"

水能载舟，也能覆舟。

无论什么事都是这样子的。

"你若是用得正确，砒霜也是救命的良药。"

"可是他们的摄魂大法，对治病又有什么用？"

丁灵琳还是不懂。

葛病道："医者意也，这句话你懂不懂？"

"不懂。"

"这就是说，一个人自己的意志力，是否坚强，往往可以决定他的生死。"

他这种解释不但深奥，而且新鲜，他也知道丁灵琳一定还是听不懂的。

所以他又解释："这也就是说，一个病重的人，是不是能活下去，至少有一半要看他自己是不是想活下去。"

丁灵琳终于懂了，因为她忽然想起个很好的例子，她想起了郭定。若不是她激发了郭定求生的意志，用不着等魔教中的人下手，他就早已死了。

她的心又在刺痛，忍不住捧起酒坛子，喝了一大口。

葛病忽然道："给我也喝一口。"

丁灵琳道："你的伤这么重，还能喝酒？"

葛病笑了笑，道："既然喝不喝都是一样的，为什么不喝？"

丁灵琳的心在往下沉。

"为什么喝不喝都是一样的？你刚才吃的药难道没有效？"

葛病没有回答，也不必回答。

丁灵琳忽然发现他苍白的脸，已变得通红滚热，就像是有火焰燃烧着一样。

刚才那瓶药，显然并不能救他的命，只不过暂时提住了他一口气而已。

看着他愈来愈可怕的脸色，丁灵琳的眼泪又急得流了下来："你……你觉得怎么样？"

"我觉得很好。"葛病闭上眼睛，"我说过，我已是个老人，已没什么可怕的。"

他并不怕死，一点也不怕。

丁灵琳忽然明白，刚才他担心的并不是自己，而是她。

这想法也像是一根针，刺入了她的心。

她不知道该说什么，也不知道该怎么样才能报答这种恩惠和感情。

葛病忽又笑了笑，道："我也说过，我对医道已入了魔，所以我既没有朋友，也没有亲人，因为我对任何人都不关心。"

可是他对丁灵琳却是关心的。

她知道，她看得出，但却不知道是为了什么？

无论如何，他已是个老人，他们之间的年纪实在相差太多，当然不会有她连想都不敢想的那种感情。

他关心她,也许只不过像父亲对儿女的那种关心一样。

可是葛病已睁开眼睛,正在凝视着她。

他的脸更红,眼睛里也仿佛有火焰在燃烧着,这种火焰已使得他失去了平时的冷漠与镇定。

他已渐渐无法控制自己的理智。

丁灵琳竟不由自主,避开了他的目光,竟不敢再去看他。

葛病忽然又笑了笑,笑得很凄凉道:"我已是个老头子,我们的年纪实在相差太多了,否则……"

否则怎么样?他没有说下去,也不必再问下去。

丁灵琳已明白了他的意思,也已明白了他的感情。

老人也是人。只要是人,就有去爱别人的权利。

老人也和年轻人一样,是有感情的,有时他们的情感甚至比年轻人更真挚,更深刻,因为他们已了解这种感情的可贵,因为他们对这种感情已有患得患失之心,还没有得到时,已唯恐它会失去。

可是葛病毕竟不是平凡的人,毕竟还没有完全失去理智。

所以他只叹息了一声,淡淡道:"不管怎么样,你却不必为我担心。我刚才还说过,我既没有朋友,也没有亲人……我的死活跟别人根本完全没有关系。"

——可是跟我有关系——丁灵琳心里的针刺得更深。

若不是为了她,他根本不会死;若不是因为他,她早已死了。他的死活,怎么会跟她没有关系,她怎么能看着他死?可是她又有什么法子能救他呢?

——一个病重的人,是不是能活下去,至少有一半要看他自己是不是想活下去。

这些话仿佛忽然又在丁灵琳耳边响起,她知道他现在并不想活下去,他已是个老人,他没有朋友,也没有亲人,甚至连心里的感情,都不敢对人说出来。

你若是他，你活着还有什么意思？

葛病的眼睛又合起，忽然道："你走吧……快走……"

"你为什么要我走？"

"因为我不喜欢别人看见我死时的样子。"

葛病的身子已开始痉挛，显然在勉强控制自己："所以你一定要走。"

丁灵琳用力握紧了自己的手，左手握住了右手，就像生怕自己的决心会改变一样的。

"我不走！"

她忽然大声道："绝不走。"

"为什么？"

丁灵琳的手握得更用力："因为我要嫁给你。"

葛病霍然张开了眼睛，吃惊地看着她："你说什么？"

"我说我要嫁给你，一定要嫁给你。"她真的又下了决心。

在这一瞬间，她已忘了郭定，忘了叶开，忘了所有的人，所有的事。

在这一瞬间，她只知道一件事。

——她绝不能就这么样看着葛病死在她面前，只要能救他，就算要她去嫁给一头猪、一条狗，她也会毫不考虑就答应。她本就是个情感丰富的女孩子，她做事本就常常是不顾一切的。别人欺负了她害了她，她很快就会忘记，可是你只要对她有一点好处，她就会永远记在心里。

她做的事也许很糊涂，甚至很荒谬，但她却绝对是个可爱的人，因为她有一颗绝对善良的心。

"你要嫁给我？"葛病在笑，笑容中带着三分辛酸，三分感激，还有三分是什么？他自己也不知道，自己也分不清他是不是个十分清醒的人。

丁灵琳跳起来，她忽然发现这里唯一亮着的灯火，就是那对龙凤花烛。这本是为她和郭定而准备的，就在这对龙凤花烛前，郭定穿着一身新郎的吉服，倒了下去。

现在，这对花烛还没有燃尽，她却已要嫁给另外一个人。

若是别人要做这种事，无论谁都会认为这个人是个荒唐无情的疯子。可是丁灵琳不是别人，无论谁对她都只有怜悯和同情，因为她这么做，不是无情，而是有情，不是报复，而是牺牲，她不惜牺牲自己一生的幸福，为的只要报答别人对她的恩情。除此之外，她实在不知道还有什么别的法子能救葛病。

这法子当然并不一定有效，这种想法也很荒谬幼稚。可是一个人若是肯牺牲自己，去救别人，那么她做的事无论多荒唐，多幼稚，都值得尊敬。

因为这种牺牲才是真正的牺牲，才是别人既不肯做，也做不到的。

第二十四章

悲欢离合

　　花烛已将燃尽，烛泪还未干。

　　烛泪一定要等到蜡烛已成灰时才会干，蜡烛宁愿自己被烧成灰，也只为了照亮别人。

　　这种做法岂非也很愚蠢？

　　但人们若是肯多做几件这种愚蠢的事，这世界岂非更辉煌灿烂？

　　丁灵琳扶起了葛病，站在花烛前，柔声道："现在我就要嫁给你，做你的妻子，终生依靠你，所以你一定要活下去。"

　　葛病看着她，一双灰暗的眼睛，忽然又有了光彩，脸上的笑容，也已变得安详恬静。

　　丁灵琳泪痕未干的脸上，也已露出了微笑。

　　她知道他已能活下去。

　　现在他已有了家，有了亲人，他已不能死。

　　她含着泪笑道："这里虽然没有喜官，但我们却一样还是可以拜天地，只要我们两个人愿意，有没有别人做见证都一样。"

　　这并不是儿戏，更不算荒唐，因为她确是真心诚意的。

　　葛病慢慢地点了点头，目中带着种异样的光彩，看着她，看着面前的花烛。

　　能和自己喜爱的女子结合，岂非正是每个男人最大的愿望。

他微笑着:"我这一生中,一直都在盼望能有这么样一天……我本来以为我已永远不会有这么样一天了,可是现在……"

现在他终于达成了他的愿望。

他的语声也变得安详而恬静,可是他并没有说完这句话,他忽然倒了下去。

死亡来得比闪电还快,忽然就击倒了他。

他完全不能抵抗。

没有人能抵抗。

黎明前总是一天中最黑暗的时候。

丁灵琳已跪下,跪在葛病的尸体前,眼泪就像是泉水般涌出来。

就在这同一个地方,同一对花烛前,就在同一天晚上,已有两个准备跟她结合的男人倒了下去。

这打击实在太大。

也许他们本就要死的,没有她,他们也许反而死得更快。

可是她自己却不能不这么想。她忽然觉得自己是个不祥的女人,只能为别人带来灾祸和死亡。

郭定死了,葛病死了,叶开也几乎死在她的刀下。

她自己却偏偏还活着。

——我为什么还要活着?为什么还要活在这世界上?

这是个什么样的世界?

每个她认得的人,竟都可能是魔教中的人,从铁姑开始,到玉箫道人、葛病,还有那冷酷如恶魔的孤峰天王,每个人都是她想不到的。

在这世界上,还有什么是她可信赖的?

只有叶开!可是叶开又在何处?

酒还在她身旁,烈酒喝下去时,就像是喝下了一团火。

她喝了一口，又一口。

"叶开你说过，只要等一切事解决，你就会来找我，现在什么事都完了，你为什么还不来？为什么……"

她放声大叫，忽然将手里的酒坛子用力砸出去，砸得粉碎，烈酒鲜血般流在地上。

桌上已将燃尽的龙凤花烛也被震倒了，落在地上，立刻将地上的烈酒燃烧了起来。

火也是无情的，甚至比死亡更无情，甚至比死亡来得更快。

这种猛烈的火势，又有谁能抵抗。

没有人能抵抗！

但丁灵琳却还是痴痴地跪在那里，连动都没有动。

看着火焰燃烧，她心里忽然泛起种残酷的快意。

她要看着这种火焰燃烧，把所有的一切全都烧光，她已不再有什么留恋。

毁灭岂非也是种发泄？

她需要发泄，她想毁灭。

木板隔成的厅堂，转眼间就已被火焰吞没，所有的一切事，现在真的已全都解决了。

可是叶开呢？

叶开，你为什么还不来？

烈火照红了大地苍穹时，黎明终于来了。

叶开却还是没有来。

叶开醉了。

他一向很少醉，从来也没有人能灌醉他，唯一能灌醉他的人，就是他自己。

他很想灌醉自己。

喝醉酒并不是件很愉快的事，尤其第二天早上更不愉快——这一点他比谁都知道得清楚。

可是昨天晚上，他却硬是把自己灌醉了，醉得人事不省。

因为他毕竟不是圣人。

知道自己的情人正在拜天地，新郎官却不是自己，又有谁还能保持清清醒醒，高高兴兴地在街上逛来逛去？

所以他逛到第一个卖酒的地方时，就停了下来，停了一个多时辰。

可是出来的时候还没有醉。

——这地方的酒好像太淡了，好像兑了水。

所以他又逛到第二个卖酒的地方，用一种很不稳定的脚步逛了进去。

这次他是怎么出来的，他已记不清，以后是不是到过第三个地方，他更记不清了。

他唯一还记得的事，是把一个带着婊子去喝酒的土流氓头上打了个洞。

那个洞究竟有多大，他也已完全不记得。

他醒来的时候，发现自己竟睡在一条死弄中的垃圾堆里。

又脏又臭的垃圾堆，连野狗都绝不肯在这种地方睡一下子。

他可以保证这绝不是他自己愿意的，他一向没有睡在垃圾堆里的习惯。

——一定是那个头上有洞的土流氓，找了人来报仇，先修理了他一顿，再把他抛到这里来。

他不久就证实了这件事。

因为他站起来的时候不但头疼欲裂，而且全身都在发疼。

那一定要很重的拳头才能把他打成这样子，他还没有学会打人前就已先学会挨打的。

然后他又发现头疼并不是完全因为酒醉，他头上也多了个洞。

无论谁若是发现自己被人抛在垃圾堆里，被整得一塌糊涂，都免不了要很生气，很难受的。

——偶而能被人痛揍，岂非也是件蛮有趣的事。

何况，他相信揍他的那些家伙们，现在一定也很痛。

走出巷子，是条斜街，就像长安城里大多数街道一样，古老而陈旧。

街对面有家小酒铺，门口挂着个很大的酒葫芦，是铁铸的。

叶开忽然想起，昨天晚上他打架喝酒，都是在这小酒铺里。

酒铺后面，好像就是个"暗门子"，那土流氓带出来的，就是这暗门子里的女人。

从这里往左转，再转过两条街，就是鸿宾客栈。

叶开这一辈子，大概是再也不会到鸿宾客栈去的了，那里的伤心事实在太多。

现在应该到哪里去？应该做些什么事？叶开连想都没有想。

他决定暂时什么都不去想，现在他脑子里还是昏沉沉的。

他只知道绝不能往左边走。

今天居然又是晴天，太阳照在人身上，暖暖和和的，很舒服。

街上的人都穿着新衣服，脸上都带着喜气，一见面就作揖，不停地说"恭喜"，叶开这才想起来，今天还是大年初二。

别的人在大年初二这一天，应该做些什么事呢？

——带着孩子到亲戚朋友家去拜年，收些压岁钱，然后再回家，准备些金锞元宝，等着别人来拜年，把压岁钱再还给别人的孩子。

这一天大家都不许说不吉利的话，更不许吵架、生气。

可是既没有家，又没有朋友的异乡浪子，在这一天又该干什么？

叶开在街上逛来逛去，东张西望，其实眼睛里什么都没有看到，心里什么都没有去想，也许只在想一件事。

丁灵琳现在正干什么？

他本来已决定，永远再也不想她了，但却不知为了什么，他这昏沉沉的脑袋里，想来想去，偏偏都只有她一个人。

他刚才还决定，绝不再到鸿宾客栈去，可是现在一抬起头，就发现自己还是又走到这条路上来了。

奇怪的是，他并没有看见鸿宾客栈那块高高挂着的金字招牌，只看见一大堆人，围在那里，有的在窃窃私议，有的在摇头叹息，甚至还有些人正在那里抱着头放声大哭着。

这里究竟出了什么事？

叶开忍不住逛了过去，挤进人丛，然后他整个人就忽然变得冷冷冰冰，就像是一下子掉进了深不见底的冷水潭里。

长安城里气派最大的鸿宾客栈，现在竟已变成了一片瓦砾。

鸿宾客栈昨夜的惨案，直到天亮才有人知道；因为昨天是个很特别的日子，是大年初一。

大年初一的晚上，大家通常都是待在家里的，谁也不会到街上来闲逛，就算有人，也是些已赌得头昏脑涨的人，谁也不会逛到客栈里去。

待在家里的人，也大多都在喝酒、赌钱，更不会关心到外面的事。

老掌柜请去喝喜酒的人，大都是些无家可归的光棍，没有人关心的光棍。

就因为这是个特别的日子，所以才会发生那些特别的事。

这并不是巧合。

每件事的发生和存在，都一定有它的原因。

"这里是什么时候走水的？"

"不知道。"

"昨天夜里我在赌叶子牌，就算天塌下来，我也不会知道。"

"听说昨天晚上有人在这里做喜事？"

"好像是的。"

"那些来喝喜酒的人，怎么连一个都不在？"

"不知道。"

"那对新人呢？"

"不知道。"

这地方虽然已被烧成了瓦砾，却连一个人的骸骨都没有。

"这里的老掌柜呢？"

"不知道。"

昨天晚上这里究竟出了什么事，简直连一个知道的人都没有。

"我别的事都不奇怪，只奇怪那对新人居然也不在这洞房里，连老掌柜都不见了。"

大家议论纷纷，愈说愈奇："难道这里昨天晚上出了狐仙？出了鬼？"

若不是有鬼，客栈被烧光，那老掌柜总该回来看看的。

叶开知道没有鬼，他从来不相信这种活见鬼的事。

但这件事情却真的好像活见了鬼，他就算再把脑袋打出个洞来，也还是想不通的。

他只觉得整个人都已变成了一块木头，一块又冷又硬的木头。

这里究竟怎么会起的火?

丁灵琳和郭定到哪里去了?

他一定要问出他们的行踪来,却又不知道应该去问谁。

就在这时,人丛里忽然有个人在拉他的衣角。

他一低头,就看见了一只柔美而秀气的手——一只女人的手。

是谁在拉他?

是不是丁灵琳?

叶开抬起头,拉他的人已转过身,往人丛外走了出去。

她身上披着件乌黑的风氅,长发垂落,用一枚玉环束住。

她究竟是不是丁灵琳?

叶开看不出。

他只好跟着她走出人丛,看着她轻盈的体态,他心里忽然泛起种说不出的滋味,又希望她是丁灵琳,又希望她不是。

她若是丁灵琳,两人相见后,心里又是什么滋味?又有什么话说?

她若不是丁灵琳,会是谁呢?

这次叶开居然没有退缩,也没有逃避,他知道无论她是不是丁灵琳,都一定有很多话要告诉他。

她慢慢地在前面走,既没有停下来,也没有回头,走过了这条长街,忽然转入条横巷。

巷子很窄。

叶开追过去时,只看见她的人影一闪,走进了一个窄门里。

门是虚掩着的。

从外面看来,这不过是个很平凡的人家,门外的雪积得很厚,仿佛已很久没有打扫。

叶开走到门口,心就跳了起来。

他忽然想起这地方是他来过的，现在他用不着走进去，也知道她是谁了。

崔玉真。

这户人家正是她带叶开来养过伤的地方。

想起了那两天中的事，叶开心里又涌起种说不出的滋味，却不知是欢喜，是怅惘，还是失望？

欢喜的是崔玉真还活着。

怅惘的是往事已成过去，旧梦已无处追寻。

失望的是什么呢？

难道他心底深处，还是在盼望着她就是丁灵琳？

旧梦并不是完全无处追寻，至少在这寒冬清晨的冷风里，还可以找到一点影子。

风从后面的厨房里吹过来，吹过这小而幽静的院子。

风中充满了郁郁的香气。

叶开不禁又想起那天早上，他也嗅到了粥香，正盼望着一碗芳香扑鼻的热粥，由她一双柔美而秀气的手捧给他。

谁知粥竟是从门外飞进来的。

他没有看见她柔美的手，看见的却是一只杀人的血手。

从那天之后，他就从未再见过她，也从未想到他们还有再见的一天。

他本来以为他和丁灵琳一定可以永远厮守的，谁知现在却觉得可能永不再见。

人生中的离合悲欢，又有谁能预测？

叶开叹息着，推开门，走进屋子，那张床，那个小小的衣柜，都依然无恙。

甚至连屋角的阳光，都跟那天早上完全一样。

叶开也不知是人已虚弱，还是心在发软，走进去，就躺在床上。

枕上竟仿佛也还留着发香。

无论如何，那两天平静安适的日子，都是他永远也无法忘记的。

他心里甚至在想，那天她若没有遇着意外，他是不是直到现在还在这里陪着她？

门外响起了一阵很轻的脚步声，她已捧着碗热气腾腾的粥走进来，美丽的脸上，带着甜蜜而温柔的微笑。

这正是那天早上叶开在心里盼望着的情况，只不过现在距离那天早上，已不知又过了多少天，又发生了多少事。

现在的情况纵然还是和那天早上一样，但彼此的心情却已不一样。

世上又有谁能拉得回那一去永不复返的时光？

叶开勉强笑了笑，道："早。"

"早。"崔玉真笑得更温柔，"粥已熬好了，你就躺在床上吃？"

叶开点点头。

于是一碗香气扑鼻的热粥，又由她一双柔美秀气的手捧了过来。

现在他的确很需要这么样一碗粥，他的胃是空的，整个人都是空的。

粥的滋味，也还是跟以前一样，可是叶开只喝了几口，就再也咽不下去。

崔玉真凝视着他，轻轻道："你昨天晚上一定醉得很厉害。"

叶开又勉强笑了笑，道："醉得简直就像是条死狗。"

崔玉真又看了很久，才轻轻叹了口气，道："我若是你，我也要醉的。"

叶开道："你知道昨天晚上的事？"

"本来我还不知道。"她美丽的眼睛里，忽然露出种说不出的幽怨，慢慢地开始叙说往事，"那天早上我被伊夜哭逼着回到玉箫道人那里去，他就……就再也不许我出来。"

叶开黯然。

他知道她一定吃了不少苦，她就算不说，他也看得出。

"我本来这一辈子已完了，我实在想不到那恶魔也有死在别人手里的一天。"

"玉箫道人一死，你就到这里来？"

崔玉真道："姐妹们一听到他的死讯，就像是刚飞出笼子的鸟，都恨不得飞得远远的，每个人分了他一点东西，不到一个时辰就全都走了，只有我。"

她垂下头，没有再说下去。

——只有她没有走，因为她忘不了叶开，所以又重到这里，想找回一点昔日的旧梦。

这句话她用不着说，叶开也知道。

"我一个人在这屋子里待了一整天，既不想出去，也睡不着。"她在笑，笑得却很辛酸，"其实我也知道你是绝不会再回到这里来的。"

叶开心里又何尝不是酸酸的。

他忽然发觉自己实在是个很无情的人，实在没有想到过要重回这里。

"直到昨天早上，我听到了外面的爆竹声，才想起已经是大年初一。"她慢慢地接着道，"我不想一个人再闷在屋子里，又饿得发慌了，忍不住想到外面去走走，可是我想不到刚出去，就听见个很可怕的消息。"

"什么消息？"

"我听说丁姑娘要成亲了。"

叶开笑得更勉强："这消息并不可怕。"

"可是……"崔玉真又垂下头，"那时候我还以为她……她要嫁的人是你。"

一个女孩子，若是听见自己心爱的男人要娶亲的消息，当然会认为这消息可怕得很。

叶开了解她的心情，他自己也有过这种心情。

他已忍不住在叹息。

"我听见丁姑娘要嫁的人，是个受了伤的人，我更以为他就是你。"崔玉真垂着头道，"那时我心里虽然难受，却又希望能在喜筵上再见你一次，所以我就买了份礼，送到鸿宾客栈去。"

叶开苦笑。

他也送了份礼去，一份很特别的礼。

知道丁灵琳的婚讯后，他就决心要想法子将郭定的伤治好。

可惜他自己没有治伤的本事，所以他就在一夜间，来回赶了七百里路，把葛病找来。

崔玉真咬着嘴唇，又道："可是到了晚上，我又不敢去喝喜酒了。"

"你不敢？"叶开忍不住问道，"你怕什么？"

"我……我忽然又怕见到你。"

"那时你还不知道新郎官并不是我？"

"我还不知道。"崔玉真幽幽地说道，"所以我又把自己关在这屋子里，一个人买了点酒，躲在这里喝，我想，我也可以算是在喝你们的喜酒了。"

叶开看着她，忍不住轻轻握住了她的手。

世上居然还有个这么样的女孩子，对他有这样的感情。

他居然一点都不知道。

叶开只觉得心里一阵刺痛:"我若知道你在这里,我一定来陪你。"

崔玉真终于嫣然一笑,过了很久,才接着道:"我喝了一点酒后,又忍不住想去看看你了。"

"你去了没有?"

"我迟疑了很久,反反复复地拿不定主意,我既怕看见你们后会受不了,可是就这么样永不相见,我也不甘心。"

叶开也了解这种心情,世上也许没有人能比他更了解这种心情。

崔玉真道:"到最后我终于拿定主意。"

"什么主意?"

"我就算不去喝你们的喜酒,也得在外面偷偷地看你一眼。"

"你去了?"

崔玉真点点头:"昨天是大年初一,到了晚上,街上几乎连一个人都没有,我在街上逛了很久,才鼓起勇气,从客栈后面溜了进去,一进去我就知道不对了。"

叶开道:"什么地方不对?"

崔玉真道:"那么大的客栈里,竟连一点声音都没有,非但一点也不像有人在办喜事,就是办丧事的人家,都没有那么静。"

叶开也听出不对了,立刻问道:"我知道去喝喜酒的人有不少,怎么会连一点声音都没有?"

崔玉真道:"我找到了办喜事的那个大厅,从窗口往里面一看……"

她脸上忽然露出种受了极度惊吓的表情,就好像又看到了当时那种惨不忍睹的情况。

叶开的心也在往下沉,又忍不住问道:"你看见了什么人?"

崔玉真道:"我……我……"

她的声音也在发抖,过了很久,才能说出话来:"我只看见喜堂里到处全是血,全是死人,竟连一个活着的都没有。"

叶开怔住,整个人仿佛忽然又坠入万劫不复的黑暗中。

"当时我还以为你也在里面,所以我立刻就不顾一切,冲了进去。"她轻轻吐出口气,接着道,"直到那时,我才知道丁姑娘要嫁的人并不是你。"

"你……你看见了那个新郎官?"叶开的声音也在发抖。

"他也死了?"

崔玉真点了点头,黯然道:"他死得很惨。"

"丁灵琳呢?"叶开虽然不敢问,却还是忍不住要问,"她是不是也……"

崔玉真道:"她没有死,当时她根本不在那喜堂里。"

叶开也不禁吐出口气,却又不禁觉得奇怪,他和丁灵琳分手之后,难道她竟没有回去?

郭定他们又是怎么死的?是谁下的毒手?

当时在喜堂中的人并不少,能下得了这种毒手的人并不多。

崔玉真道:"当时我虽然又吃惊,又害怕,可是看见你不在里面,我总算松了口气。"

叶开忽然问道:"你有没有看见四个黄衣人的尸体?"

崔玉真道:"我没有注意别人,也不敢仔细去看。"她想了想,又道,"那些尸体里面,好像是有几个穿着黄衣服的人。"

叶开皱起了眉:"他们若是也死了,凶手会是谁呢?"

崔玉真道:"我也想不透,世上怎会有这么心狠手辣的人,当时我只想赶快离开那地方,谁知我刚想走的时候,忽然听见外面有夜行人的衣袂带风声。"

她接着又道:"因为那地方实在太静,所以我听得很清楚,来的人非但身法都很快,而且还不止一个人。"

叶开动容道:"莫非是那些凶手又回来了?"

崔玉真道:"当时我也这么想,所以吓得连走都不敢走了,更不敢留在那里,让他们看见,幸好我还有点武功,情急之下,武功好像反而比平时好了些,居然一跳就跳起来很高。"

叶开道:"你是不是跳上了大厅里的那根横梁?"

崔玉真点点头,道:"我躲在上面,连气都不敢喘,却又忍不住想往下面看看。"

叶开道:"你看见了什么?"

崔玉真道:"我看见了几个穿着黄衣服的人,从外面一蹿进来,立刻就将地上的死人,一个个抛出了窗外,窗外好像有人在用东西接着,不到片刻,屋子里的死人居然全都被他们搬空了。"

叶开的脸已发青:"你看清楚他们身上穿的是黄衣服?"

崔玉真道:"我看得很清楚,因为他们的衣服黄得很特别,在灯光下看起来,就好像有金光在闪动着一样。"

叶开握紧双拳,道:"果然是他们下的毒手。"

崔玉真道:"可是我并没有看见他们杀人。"

叶开冷笑道:"人若不是他们杀的,他们为什么要替别人收尸?"

崔玉真道:"他们杀了人后,难道还想毁尸灭迹?"

叶开恨恨道:"杀人灭口,毁尸灭迹,本就是金钱帮的一贯作风。"

崔玉真道:"金钱帮?……金钱帮又是些什么人?"

叶开道:"他们不是人。"

崔玉真看着他脸上的愤怒之色,也不敢再问下去,迟疑了半晌终于道:"后来我又看见了丁姑娘。"

叶开失声道:"你在哪里看见她的?"

崔玉真道:"就在那里。"

叶开道:"她又回去了?"

崔玉真道:"那些黄衣人把尸体搬空之后,她就去了。"

叶开道:"那时你还没有走?"

崔玉真道:"那时候我整个人都已吓得发软,在大梁上待了半天,刚喘过一口气,他们就来了。"

叶开道:"他们?她不是一个人去的?"

崔玉真道:"去的有两个人。"

叶开道:"还有个人是谁?"

崔玉真道:"是个奇形怪状的老头子,半夜里手里还拿着把雨伞。"

叶开恍然,道:"是葛病。"

崔玉真道:"你认得他?"

叶开道:"不但认得,而且还是老朋友。"

崔玉真又不禁叹了口气,道:"那么现在你的老朋友就又少了一个。"

叶开变色道:"他也死了?"

崔玉真黯然道:"死得也很惨。"

叶开道:"是谁杀了他?是谁下的毒手?"

崔玉真道:"他们看见尸身被搬空,也觉得很意外,可是他们并没有停留,也没有发现梁上还有别人在。"

叶开道:"后来呢?"

崔玉真道:"他们一走,我就溜了下去,忽然听到外面有人在吹笛子,他们听见了这笛声,也赶了回来,在院子里看了看,就越墙而出。"

叶开道:"你呢?"

崔玉真道:"我看他们的神情很慌张,也不禁觉得有点好奇。"

叶开道:"所以你也跟了过去?"

崔玉真道:"我没有跟过去,只不过躲在墙头往外面看。"

叶开道:"你又看见了什么?"

崔玉真道:"外面一棵树上,好像挂着盏灯笼,下面还站着个人。"

叶开道:"是什么人?"

崔玉真道:"我隔得太远,根本看不清楚,幸好当时四下一点声音都没有,所以他们说话的声音,我倒全都听见了。"

叶开道:"他们说了些什么?"

崔玉真道:"丁姑娘过去后,好像惊叫了一声,然后就问那个人,是不是布……"

叶开动容道:"布达拉?"

崔玉真立刻点头,道:"不错,布达拉,丁姑娘说的就是这三个字。"

叶开立刻追问:"那个人怎么说?"

崔玉真道:"他承认了,还说自己是座很高的山峰。"

叶开道:"孤峰天王?"

崔玉真道:"后来我才知道,那个人就是魔教中的四大天王之一。"

叶开道:"葛病就是死在他手里的?"

崔玉真道:"葛老先生是为了救丁姑娘,才被他掌力所伤,可是他也中了葛老先生的暗器,我听葛老先生告诉丁姑娘,那是种很厉害的暗器。"

她叹了口气,道:"可是他的掌力更可怕,葛老先生只被他轻轻拍了一掌,就已无救了。"

叶开又怔住。

他了解葛病的武功,也了解葛病的医道。以这种武功和医道,就算有人能击伤他,他自己也能救得了自己的。

叶开实在不能相信,世上竟有如此可怕的掌力,竟能一掌就拍散葛病的魂魄。

"可是我亲眼看见葛老先生倒下去的,就倒在第一个新郎官倒下去的地方。"

她话中显然还有话——除了第一个新郎官,难道还会有第二个?

这件事别人连做梦都不会想到。

可是叶开却想到了,他了解丁灵琳,就好像了解自己的手掌一样,所以崔玉真说出了她所看见的事,叶开并不觉得意外。

意外的反而是崔玉真。她本来以为无论谁听见这种事,都难免有些特别的反应。

但叶开却只是轻轻叹了口气,道:"我知道她一定会这么样做的。"

崔玉真忍不住道:"你不怪她?"

叶开摇摇头,道:"你若是她,我相信你一定也会这么样做的,因为你们都是心地善良的女孩子,你们都宁愿牺牲自己,也不忍看着别人受苦。"

他的声音忽然变得很温柔,因为他心里只有爱和关切,并没有嫉妒和埋怨。

崔玉真当然知道那是对谁的爱和关切。

她忍不住也轻轻叹息了一声,垂下头,道:"只可惜我不是她,我……"

叶开没有再让她说下去,已急着问道:"你走的时候,她还留在火窟里？"

崔玉真点点头，勉强笑道："但是你可以放心，她现在一定还好好地活着。"

叶开道："因为火窟里并没有她的尸骨？"

崔玉真道："也因为她是个善良的女孩子，吉人自有天相，我相信你们很快就会再见的。"

叶开转过头，不忍再看她的表情。

窗外阳光灿烂，晴天仿佛已将来临了。

他忽然站起来，走过去，推开窗户，喃喃道："不管怎么样，现在我总算已确定了两件事。"

崔玉真在听着。

叶开道："不管那布达拉天王是什么人，现在他一定已受了重伤，我已不难找到他。"

崔玉真道："你一定要去找他？"

叶开点点头，道："可是我还要先去找另外一个人。"

崔玉真道："找谁？"

叶开道："去找那杀人的凶手。"

崔玉真又咬起了嘴唇，道："你……你现在就要去？"

叶开硬起了心肠，道："我现在就要去，你……你可以在这里等我，我会回来的。"

他的心并不太硬，他的声音已嘶哑。

崔玉真垂着头，看着自己的脚尖，过了很久，忽然道："你用不着回来了。"

"为什么？"

"因为我……我不会在这里等你的。"

她的声音也已嘶哑颤抖。

叶开还是忍不住回过了头,又问道:"为什么?"

崔玉真头垂得更低,一字字道:"因为我不是她,我……"

她没有再说下去。就只这一句话,已令她的心都碎了。

叶开的心里也在刺痛:"你要到哪里去?"

"我有很多地方可去,我也早就想到处去看看,到处去走走,将来……"她勉强忍住了眼泪,做出了笑脸,"我说不定会找个老实的男人,嫁给他,替他生很多很多儿子,也说不定会开个小酒店,做一个当垆卖酒的老板娘……"

她的心已碎成千千万万片,每说一个字,一片又碎成千千万万片。

叶开笑道:"到那时我一定会到你的酒店里去大醉一场。"

他在笑,他不能不笑,因为他生怕自己一停下来,眼泪就会流下。

崔玉真微笑道:"到那时候我一定会替你再熬一锅鸡粥,有燕窝的鸡粥。"

她也在笑。可是她笑的时候,眼泪已滴下面颊……

阳光灿烂。

叶开大步走在阳光下。他脸上虽然还有泪,可是他知道眼泪就和鲜血一样,在阳光下很快就会干的。

第二十五章

惊魂一刀

泪已干了，血也已干了。

泪痕是看不见的，可是鲜血留下来的痕迹，却一定要用血泪才洗得清。

"以牙还牙，以血还血。"

叶开一向都是在用"宽恕"来代替"报仇"，他的刀一向不是杀人的刀，但是现在他的心，竟也充满了愤怒和仇恨。

他忽然发觉自己就像是一个可笑的小木偶，一直都被人用一根看不见的线，提在手里。

他不愿再被人这么样愚弄下去，更不愿再受人利用，没有人愿意做木偶的。无论谁的容忍都有限度，叶开也一样。

积雪的大地，正在阳光下露出光秃的黄土。

长安城外的大路上，泥泞已干，却还是看不见赶路的人。

没有人愿意在大年初二这一天赶路。

只有叶开。

他找了辆车，却找不到赶车的人。

可是他不在乎，他就躺在这辆载煤的木板车上，任凭拉车的驴子沿着大路往前走。

车上的煤渣子，刺得他全身都在发痛，可是他也不在乎。

拉车的驴子走得居然不慢，后面没有人用鞭子抽它，它走得反而比平时更带劲。

驴子本就是这种脾气的。

奇怪的是，这世上有很多人的脾气，也跟驴子完全一样。

叶开居然去买了包花生，躺在车上慢慢地剥着，剥一颗，抛起来，才用嘴接住，慢慢地咀嚼。

他自己也不知道这是在什么时候养成的习惯，也许他还没有忘记那个在杀人前，一定要吃几颗花生的路小佳。

只可惜现在没有酒，他忘了买酒。

大醉之后，第二天能喝几杯"还魂酒"，立刻就会觉得舒服些。

他想到酒的时候，就看见一角青布酒旗，从前面路旁的枯林里斜斜挑出。

就算在大年初二，也并不是绝对没有人想赚钱的。

叶开笑了，喃喃自语："看来我的运气已渐渐变好了。"

想喝酒的时候，立刻就可以有酒喝，这种运气确实不错。

他跳起来，将驴车赶入了道旁，慢慢地走入那些积雪的枣树林。

树林中果然有个小小的酒亭，还有七八个人动也不动地站在酒亭外，直着眼睛，张着嘴，就好像是一堆泥人。

其中有一个人，头上用白布包住，一看见叶开走了过来时，脸上就露出了惊骇之色。

叶开却笑了。

他认得这个人，就是昨天晚上一定要找他拼刀的土流氓。

"土豹子，土大哥。"

叶开忽然想起了别人称呼他的名字，微笑着走过去，道："土大哥，你的酒也醒了？"

土豹子脸色发青，想点点头，可是脖子却似已发硬，整个人都好像硬得像干泥巴。

不但是他，其余的六七个人也一样。

叶开微笑道："挨揍的人没有害怕，揍人的人为什么反而害怕了？是不是我的骨头太硬，把各位的手打痛了？那就实在抱歉得很。"

他没有猜错，这些人的手果然全都又青又肿。

一个人的武功若是能练到叶开这样子，纵然在烂醉如泥的时候，也一样有防身自卫的本能。

叶开笑道："可是各位用不着害怕，我并不是来找你们麻烦的，能在垃圾堆上睡一晚，也是蛮有趣的事，我正想好好地谢谢你们。"

他拍了拍土豹子的肩，道："来，让我请你们喝两杯。"

土豹子脸上的表情却更恐惧。

叶开道："你还怕什么？"

土豹子终于道："老大，我们已知道你有种，只不过我们怕的倒不是你。"

叶开怔住。

弄了半天，人家怕的原来并不是他。

叶开苦笑道："你们怕的是什么？"

土豹子道："我们只怕你把我们头上的东西碰下来，我们就真的是死路一条了。"

叶开这才发现，这些人的头顶上，全都端端正正地摆着一枚铜钱。

铜钱在太阳下闪着光，就像是黄金一样。

"金钱帮。"

土豹子吐出口气，道："你既然也知道金钱帮的规矩，我就放心了。"

叶开眨了眨眼，道："什么规矩？"

其实他当然知道金钱帮的规矩。

这枚铜钱，就是他们的信符，他们若是把铜钱放在你头上，你就连一动都不能动了。

土豹子道："你真的不知道？只要你把我们头上的铜钱碰下来，我们就得死，你也得死，我们大家就全都是死路一条。"

叶开又笑了，摇着头，笑道："哪有这么大的规矩？我不信。"

他忽然伸出手，把土豹子头上的铜钱拿了下来，喃喃道："这一文钱不知道能不能买杯酒喝。"

土豹子却已吓傻了，就像是忽然被人抽了一鞭子，两条腿都已发软，忽然一下子就跪了下去，叶开却好像没看见，又道："一文钱想必不够买酒的，还好这里还有。"

他身子忽然掠起，落下来时，六七个人头顶的铜钱，就全都已到了他手里。

这些人都骇傻了，他们这一辈子，从来也没有看见过这么快的身手。

土豹子忽然跪在地上大叫："这是他干的，完全不关我们的事。"

叶开微笑道："这本来就不关你们的事。"

他拈起颗花生，放在土豹子手里："你知不知道这是什么意思？"

土豹子当然不知道。

叶开道："这意思就是说，你们现在已可以站起来去喝酒了，随便到哪里去都行，金钱帮的人若敢来找你们的麻烦，就叫他们来找花生帮的帮主，就说花生帮的帮主，已接下了这档子事。"

土豹子忍不住问道："花……花生帮的帮主是谁？"

叶开指着自己的鼻子，道："就是我。"

土豹子也怔住。

突听一个人冷冷道:"很好,那么我们现在要找的就是你。"

冷冰冰的声音,冷冰冰的口气。

这个人也是冷冰冰的,蜡黄的脸,鹞眼鹰鼻,脸上有条很深的刀疤,使得他看来更是满脸杀气。

叶开却没有看着他的脸——叶开注意的,只不过是他的衣裳。

一身很扎眼的黄衣裳,在阳光下看来,也像是黄金一样。

他就在酒亭的石阶上,还有三个人站在他身旁,穿的也都是同样的衣裳。

叶开又在笑,道:"你们身上这套衣裳倒不错,不知道能不能脱下来给我,我正好拿去给我那条驴子穿上。"

黄衣人瞪着他,瞳孔已收缩,居然还能沉得住气,冷冷道:"你知不知道本帮的规矩?"

叶开道:"刚才听说。"

黄衣人道:"四十年来,江湖中从来也没有人敢触犯过本帮的规矩,你知不知道是为了什么?"

叶开道:"你说为什么?"

黄衣人道:"只因为无论谁敢犯本帮的规矩,就必死无疑。"

另一个黄衣人冷笑道:"无论你是花生帮的帮主也好,是瓜子帮的帮主也好,都一样必死无疑。"

叶开叹了口气,道:"可是无论什么规矩,迟早总是要被人犯一犯的,也就好像处女迟早总得嫁男人一样。"

黄衣人对望了一眼,沉着脸,一步步走下石阶,走过来。

四个人的脚步都很沉稳,尤其是那脸带刀疤的大汉,两旁太阳穴隐隐凸起,一双手青筋暴现,显然是内功很深的武林高手。

叶开看着他的手,忽然道:"阁下莫非是练过大鹰爪功的?"

黄衣人冷笑。

叶开道:"看阁下脸上这条刀疤,莫非就是淮西的'铁面鹰'?"

黄衣人冷笑道:"你的眼力倒不错。"

叶开忽然沉下脸,道:"你知不知道郭定是什么人?"

铁面鹰道:"好像听说过。"

叶开道:"他是我的朋友。"

铁面鹰道:"是你的朋友又如何?"

叶开道:"你知不知道花生帮的规矩?"

铁面鹰道:"什么规矩?"

叶开道:"花生帮的规矩,就是不许别人杀我的朋友,否则……"

铁面鹰道:"否则怎么样?"

叶开道:"就是这样!"

他忽然出手,挥拳痛击铁面鹰的脸。

铁面鹰并不是无名之辈,也不是无能之辈,他不但在淮西一带的名头极响,在江湖中也可以算是一等一的好手。

因为他的确有真功夫。

他的鹰爪功,的确得过"鹰爪王"门下的真传,昔年曾在兵器谱上列名的"淮西大刀",虽然一刀砍在他脸上,居然没有砍死他,淮西大刀反而死在他的鹰爪功下,"铁面鹰"这名字,也正是因此而来。

鹰爪快,鹰眼也快。可是等他看到叶开挥拳,拳头已痛击在他鼻梁正中。

他并不觉得痛。要能感觉到痛苦,已经是很久以后的事了。

现在他只觉得眼前忽然一阵黑暗,忽然有无数颗金星,从眼前扩散。

他并没有立刻倒下去。直等到已飞出去一丈多远,撞在酒亭的门框上,他才倒下去。

他也没有听见自己脸上骨头碎裂的声音,可是别的人却全都听得清清楚楚。

叶开看着他碎裂的脸,淡淡道:"原来他并不是真的铁面,原来他的脸也一样可以打烂的。"

另外的三个黄衣人咬着牙,连看都没回头去看他们的同伴。

寒光闪动着,三个人已同时亮出了兵刃,一把刀,一口剑,一对判官笔。

三个人四件兵刃,忽然间已全都向叶开身上招呼了过去。

两招过后,叶开已发现这些人中武功最好的,并不是铁面鹰,也不是用判官笔的老者,而是个使剑的年轻人。

他的剑法迅急而犀利,变化很多,他用的剑也是精品。

十三招过后,叶开还是没有出手。

他一出手就绝不落空。

现在他已出手,只听一声惊呼,一阵肋骨折断声,接着"格"的一响。

用判官笔的老者已被点住穴道,使刀的大汉手抱肋骨,倒在地上,一柄刀已被折成两段。

只有使剑的年轻人没有倒下,但脸上却已吓得全无血色。

叶开随手将两截断刀甩掉,忽然问这年轻人:"你知不知道我为什么要折断他的刀?"

年轻人摇头。

叶开淡淡道:"因为他出手太阴毒,像他这种人,根本不配用刀。"

年轻人紧握他的剑,忍不住问道:"你也用刀?"

叶开点点头。

世上也许没有人比他更懂得用刀，也没有人比他更了解刀的价值。

"我对刀一向很尊敬。"叶开道，"你若不尊敬你的刀，就根本不配用刀；你若尊敬你的刀，用的时候就应该特别谨慎。"

年轻人看着他，眼睛里已不禁露出惊异之色。

他已看出叶开不是个平凡的人，平凡的人绝对说不出这种道理。

他忍不住问："你究竟是谁？"

"我姓叶，叫叶开。"

年轻人脸色又变了："叶开！"

"不错，树叶的叶，开心的开。"

年轻人突然一个大翻身，凌空掠起，往亭外蹿了出去。

可是他的脚刚点地，就忽然听见急风一响，刀光一响。

闪电般的刀光，已从他头顶飞过，飞出五六丈，余势未歇，"夺"的一声钉在一棵树上，刀锋入木，直没至柄。

年轻人一惊，停步，头发已披散下来，束发的金环，已被削断。

他全身却已僵硬。

他从来也没有见过这样快的刀。

飞刀！

刀柄犹在震颤。

叶开走过去，拔出来，手腕一翻，刀已不见。

年轻人这才长长吐出口气："你真的是叶开？"

"我本来就是叶开。"

年轻人苦笑道："你为什么不早说？"

叶开笑了笑，忽然反问："你是不是金坛段先生的门下？"

年轻人又吃了一惊:"你怎么知道的?"

叶开微笑道:"铁面鹰刚才岂非也说过,我的眼力一向不错。"

年轻人承认:"实在是好眼力。"

叶开又问:"你是段先生第几个弟子?"

"第三个。"

"你姓什么?"

"姓时,时铭。"

"你有没有赶过驴车?"

"没有。"

"我也知道你没有。"

叶开淡淡地笑道:"可是无论什么事,都有第一次的。"

"带我去见你们的上官帮主,无论她在哪里,都得带我找到她。"

叶开又坐上了那载煤的驴车,躺下去,甚至连眼睛都已闭起。

他知道这年轻人绝不会想逃走,也不会不听话的;无论谁看见了他的飞刀,都绝不会再做出愚蠢的事来。

时铭果然已在赶着驴车上路,这的确是他平生第一次。

有人在后面鞭策,驴子反而走得比刚才慢了。

叶开又剥了颗花生,抛起,等花生落进他的嘴,他忽然道:"听说金坛段先生,是个最讲究饮食衣着的人。"

时铭道:"嗯!"

叶开道:"听说他收的弟子,也全都是出身很好的世家子。"

时铭道:"嗯!"

叶开道:"你也是?"

时铭道:"嗯!"

他显然不愿谈论这个话题,叶开却偏偏要谈下去。

"你不愿我提起这件事,是不是也觉得不好意思?"

时铭终于忍不住道:"为什么不好意思?"

叶开道:"因为你也知道,以你的师门和家世,本不该在金钱帮里做奴才的。"

时铭的脸又涨红,道:"我不是奴才。"

叶开道:"我也知道你投入金钱帮,本是为了想摆脱你的家世,自己做一番事业出来,每个年轻人大都会这么想的。"

他笑了笑,淡淡地接着道:"可是你现在做的,却是奴才做的事。"

时铭红着脸道:"这是因为你。"

叶开道:"不错,这是我叫你做的,但是往别人头上摆铜钱,难道就不是奴才做的事?"

时铭闭上了嘴。

叶开道:"何况,我叫你做这种事,只因为你本已是金钱帮的奴才,否则我情愿趴在地上做驴子,让你骑在我身上。"

时铭的脸更红,目中却已不禁露出痛苦之色。

叶开忽然又问道:"你知不知道我刚才为什么要发出那一刀?"

时铭迟疑着,慢慢道:"我也听说过,你的刀不是杀人的,而是救人的。"

叶开道:"不错,我发出那一刀,就是要让你知道,你在金钱帮里,也一样做不出大事来的。"

时铭咬着牙,道:"那只因为我的武功……"

叶开打断了他的话,道:"一个人是不是受人尊敬,和他的武功并没有关系,你做的若是光明正大的事,就绝没有人会看不起你,我的刀也绝不会飞到你头上去。"

他叹了口气,又道:"否则我纵然不杀你,迟早也一定有别人会杀你的。"

时铭又闭上了嘴。

现在他已明白叶开的意思,叶开也知道他不是个愚蠢的人。

"我相信你一定不会让我失望的。"

叶开又剥了颗花生,抛起来,等着它落下。

他知道,花生既然已被抛起,就一定会落下来的。

驴车已驰入了街道——和长安城里完全同样的一条街道。

只不过这条街上的鸿宾客栈,并没有被烧成一片瓦砾。

看着鸿宾客栈的金字招牌在太阳下闪着光,叶开心里又不禁有了种奇异的感觉,就好像看见一个死人又复活了一样。事实上,他的确也看见过"死人"复活。

人生中有些事,的确就像是梦境,是真是假,本就很少有人能分得清。

叶开心里在叹息,脸上却带着微笑。他知道街上的人都在看着他。

现在正是中午,街上的人并不多,也正如长安城里的情况一样,大多数人都留在家里吃饭。

可是在街上走动的人,每个人的表情都很严肃,看来都很紧张,就像是已知道有什么大事要发生,心里都已有了种说不出的预兆。

叶开也知道这里就要有件大事发生了,他还知道这件大事就是他造成的。

现在他已到了这里,他已不准备像上次那样,平平安安地走出去。

驴车又在鸿宾客栈外停下。叶开一走进去,就看见上官小仙正坐在柜台里,正在翻着本账簿。

她看来的确像是个老板娘的样子,只不过比大多数老板娘都漂亮得多。

听见了叶开的脚步声,她立刻抬起头来嫣然一笑,道:"我就知道你一定会来的,我正在等着你。"

叶开站在柜台前,看着她,也不知为了什么,心里忽然又觉得一阵刺痛。

无论她是真是假,她对他总算不错。他们在一起共同生活的那几天,也是他永远都忘不了的。他实在不希望他们会变成仇敌。无论怎么看,上官小仙都绝不像是他的仇敌。

她笑得温柔而妩媚,就像是个刚看见老板回来的老板娘:"我已替你准备了几样你喜欢吃的菜,现在想必就快开饭了。"

叶开冷冷道:"我不是来吃饭的。"

上官小仙嫣然道:"可是无论谁都要吃饭的,你也一样不能例外。"

叶开并不想跟她争辩,也没争辩,他忽然问道:"你在算账?"

"嗯?"

"是不是在算你昨天晚上杀了多少人?"

上官小仙又笑了:"我就算杀了人,也不会记在账簿上。"

"账簿记的是什么?"

"这是本礼簿。"上官小仙道,"上面记着很多奇怪的人,送了很多奇怪的礼。"

叶开道:"送给你的?"

上官小仙叹了口气,道:"我还没有这么好的福气。"

她忽然又笑道:"你要不要我把上面记的念给你听听?"

叶开没有拒绝。

上官小仙道:"崔玉真,送的是一只老母鸡,一斤燕窝;南宫浪,送的是一幅画;叶开,送的是活人一个。"

叶开脸色变了,他当然已知道这是谁的礼簿。

上官小仙吃吃地笑着道:"崔玉真为什么要送鸡呢?难道她以为新郎官是你,想让你煮一锅鸡粥,在洞房里吃宵夜?"

她不让叶开说话,又笑道:"这上面最奇怪的一份礼,恐怕就是你送的了,可是最贵重的一份礼,你一定猜不出是谁送的。"

叶开忍不住问:"是谁?"

"是四个人。"

上官小仙慢慢地念出了四个名字:"牒儿布,多尔甲,布达拉,班察巴那。"

叶开脸色又变了:"他们送的是什么?"

"是一袋珠宝,里面还有一块玉牌。"

上官小仙又道:"就是这块玉牌。"

她已从柜台里将那上面刻着四个天魔的玉牌拿了出来。她显然也早就准备让叶开看的。玉牌晶莹而美丽,上面刻着的天魔,却令叶开触目惊心。

上官小仙又在问:"你知不知道这玉牌是什么意思?"

叶开不知道。

"这是复仇玉牌。"上官小仙道,"魔教的四大天王复仇时,一定会有这种玉牌出现。"

叶开紧握双拳:"他们是不是为玉箫道人复仇?"

上官小仙点点头,道:"那袋珠宝,就是他们买命的钱。"

"什么是买命的钱?"

"四大天王在杀人之前,一定要先将那些人的命买过来,因为他们不愿欠来生的债。"

上官小仙叹了口气:"他们送的珠宝实在不少,杀的人也实在不少。"

叶开忍不住问道:"杀人的难道是他们?"

上官小仙又叹了口气,道:"你就算是呆子,也该看出杀人的是谁了。"

叶开道:"但收尸的却是你。"

上官小仙淡淡道:"杀人是坏事,收尸却是做的好事。"

叶开道:"你为什么要替他们收尸?"

上官小仙道:"因为我想查出一件事来。"

叶开追问:"什么事?"

上官小仙道:"我要查出多尔甲和布达拉究竟是什么人?"

叶开冷冷道:"只可惜死人是不会说话的,你收了他们的尸也没有用。"

上官小仙道:"有用。"

叶开道:"有用?"

上官小仙道:"我算准他们当时一定也在那喜堂里。"

叶开承认,他们若不在那喜堂里,又怎么能出手杀人。

上官小仙道:"所以当时喜堂里若有一百个人,死的一定只有九十八个。"

叶开道:"没有死的两个,一定就是多尔甲和布达拉。"

上官小仙嫣然一笑,道:"我就知道你并不是个呆子。"

叶开道:"所以你就将死尸全收回来,看看死的是些什么人,死了多少人。"

上官小仙道:"不错。"

叶开道:"但你却还是查不出,那没有死的两个人是谁。"

上官小仙道:"所以我就把礼簿也拿来了,看看送礼的是些什么人。"

叶开道:"送礼的人并不一定会去喝喜酒,去喝喜酒的人,并不一定送了礼。"

上官小仙道:"我至少总可以看出一点头绪来,我也不是呆子。"

叶开道:"你看出来了?"

上官小仙叹了口气,道:"你一来,我的心就乱了,怎么还看得下去?"

她站起来,走出柜台,忽然又道:"我还有句话要问你。"

叶开只好让她问。

上官小仙道:"人是不是都要吃饭的?"

叶开只好承认。

上官小仙道:"你是不是人?"

叶开也只有承认。

上官小仙拉起他的手,嫣然道:"那我们现在就该吃饭去。"

叶开在吃饭。

他自己一到了上官小仙面前,就好像真的变成了个呆子。可是他肚子实在很空,走了半天路,胃口也开了,不坐下吃饭倒也没什么,一坐下来,拿起了筷子,就很难再放下来。

何况这些菜也的确都对他的口味,尤其是一样又酸又辣的豆腐乳,不但开胃,而且醒酒。

上官小仙柔声道:"我没有替你准备酒,因为我知道你肚子是空的,吃完了饭,我再陪你喝。"

无论谁来看,无论怎么样看,她都是个又温柔、又体贴的女人。

一个男人若是遇着了这种女人,应该怎么办呢?叶开已拿定了主意——不理她,就算她能说出一朵花来,也不理她。

上官小仙轻轻叹了口气,道:"我知道你心里一定在怨我,不该把你留在这里,否则丁姑娘就绝不会嫁给郭定的,她若不嫁给郭定,也就不会有昨天晚上那些事发生了。"

这正是叶开心里想说的话。自己还没有说,上官小仙反而先替他说了出来。

"可是你也应该替我想想,我也是个女人,并不是妖怪。"她幽幽地接着道,"女人喜欢上一个男人时,总会忍不住想要留住他的,无论什么样的女人都一样。"

叶开在冷笑。但是他心里也不能不承认,她说的话并不是没有道理的。爱并没有错,也不是罪恶。

一个女人爱上了一个男人,本来就是天经地义的事,一点错都没有。一个女人爱上一个男人时,当然就绝不会希望他赶快走的。这一点也没有人能说她错了。

叶开忽然发觉自己的心又已被她打动,立刻站起来,道:"你的话说完了没有?"

上官小仙道:"还没有。"

叶开道:"我的饭却已吃完了。"

上官小仙道:"你不想喝酒?"

叶开道:"不想。"

上官小仙道:"你也不想查出多尔甲和布达拉是什么人?"

叶开道:"我自己会去找。"

上官小仙道:"你就算真的能找出来,又怎么样?难道你一个人就能对付整个魔教?"

她又叹了口气,道:"你知不知道魔教中有多少门人子弟?你知不知道他们有多大力量？"

　　叶开知道。魔教的可怕，很少有人能比他知道得更清楚。

　　上官小仙道："所以你也应该知道，要对付魔教只有一种法子。"

　　叶开忍不住问："什么法子？"

　　上官小仙脸上温柔的笑容已消失，美丽的眼睛里，忽然闪出了一种逼人的光彩。

　　现在她已不再是个温柔而体贴的老板娘，而是威震江湖的金钱帮的帮主。

　　她凝视着叶开，缓缓道："放眼天下，能和魔教对抗的，只有我们金钱帮！"

　　叶开道："哦？"

　　上官小仙道："经过多年来的筹划准备，现在金钱帮无论人力物力，都已达到巅峰。"

　　叶开道："哦？"

　　上官小仙道："少林、武当、昆仑、点苍、华山，每一个门派中，现在都已有我们的人……"

　　叶开打断了她的话道："所以你现在又想收买我？"

　　"不是收买。"上官小仙道，"只不过你若要对付魔教，就只有和金钱帮联手。"

　　叶开冷笑道："你是不是又想要我做你们金钱帮的护法？"

　　上官小仙道："只要你愿意，我甚至可以将帮主让给你做。"

　　叶开道："你为什么要如此牺牲？"

　　上官小仙叹了口气，眼波又变得春水般温柔，轻轻道："一个女人为了她真正喜欢的男人，本来就不惜牺牲一切的，何况……"

　　叶开道："何况魔教本来就是你们的对头？"

　　上官小仙道："非但是我们的对头，而且是誓不两立的对头，尤其是最近……"

叶开道:"最近怎么样?"

上官小仙道:"最近我就算不去找他们,他们也会来找我。"

叶开知道这不是谎话。金钱帮和魔教最近都准备重振声威,称霸江湖,他们之间的冲突,当然会愈来愈尖锐。鹬蚌相争,渔翁得利。这实在是他的好机会,他虽然并不想做渔翁,但至少可以趁这个机会,做很多他早已想做,也早已该做的事。

上官小仙又道:"你的情况也一样,现在四大天王中,已有两个人到了长安,为的绝不只是要对付金钱帮,也是为了要对付你。"

叶开道:"所以就算我不去找他们,他们也一样不会放过我的。"

上官小仙道:"他们是你的对头,我至少还是你的朋友,所以你应该和我们联合起来的。"

叶开已坐下。

上官小仙道:"现在你心里也许会认为我是想利用你。"

叶开道:"你不是?"

上官小仙道:"就算是我在利用你,你岂非也可以同样利用我,趁这个机会,将魔教消灭?"

叶开忽然叹了口气,道:"你实在是个很会说话的女人。"

上官小仙道:"我是不是已经说动了你?"

叶开苦笑道:"好像是的。"

上官小仙又笑了,笑容又变得温柔而妩媚:"那么我们现在是不是已应该喝杯酒?"

叶开叹道:"现在我只奇怪一件事。"

上官小仙眨着眼,道:"什么事?"

叶开道:"你要我做的事,我为什么总是没法子拒绝?"

第二十六章

风流寡妇

酒已摆上来。醉人的却不是酒,而是上官小仙。

她的温柔,她的体贴,她的眼泪,她的微笑,每一样都足以令男人沉醉。

叶开是不是又醉了?他毕竟也是个男人,而且并不是他自己想象中那么无情的男人。他甚至已经在怀疑自己,是不是早已被她的温柔沉醉?她不但是个女人,而且是个女人中的女人,这种女人本就是男人无法抗拒的。

她也许没有丁灵琳的明艳,也没有崔玉真的娇弱。可是她远比她们更了解男人,更懂得捉住一个男人的心。叶开的心是不是已被她捉去?

"你醉了没有?"

"现在虽然还没有醉,迟早总是会醉的。"

"你准备醉?"

"只要一开始喝,就准备醉。"

"所以我若有话说,就得趁你还没有醉的时候说。"

"一点也不错。"

"这账簿你已看过?"

"看过。"

"你看出了什么？"

"我只看出金钱帮的出手，好像还没有魔教大方。"

上官小仙笑了："金钱帮不想买别人的命，所以也用不着送太重的礼。"

叶开凝视着杯中的酒，缓缓道："也许你早已看出来，无论送多重的礼，他们都收不到的。"

上官小仙道："我若真的能看出来，也许就会多送些了。"

叶开道："为什么？"

上官小仙道："因为我无论送了多少，现在都已收回来。"

叶开也笑了："你看出了什么？"

上官小仙叹了口气，轻轻道："我只看出你实在是个很多情的人。"

叶开道："哦？"

上官小仙道："所以你绝不会是魔教中的四大天王，魔教中全都是无情人。"

叶开苦笑道："这一点你现在才看出来？"

上官小仙嫣然道："现在看出来还不迟。"

叶开道："你以前难道也怀疑我？"

上官小仙承认，道："因为够资格做魔教天王的人实在不多。"

叶开道："除了我之外，长安城里还有几个人够资格？"

上官小仙道："最多四五个。"

叶开道："第一个当然是吕迪。"

上官小仙道："不错！"

叶开道："韩贞当然也算一个。"

上官小仙道："当然。"

叶开道:"还有呢?"

上官小仙笑了笑,道:"你难道已忘了你那个老朋友?"

叶开道:"杨天?"

上官小仙笑道:"不会飞的狐狸已经够可怕了,何况会飞的。"

叶开道:"他岂非是你的亲信?"

上官小仙道:"我没有亲信。"

她抬起头,凝视着叶开:"我唯一信任的人就是你,只可惜……"

叶开笑了笑,道:"只可惜我却不信任你,也许我唯一不能信任的人就是你。"

上官小仙轻轻叹息,道:"我并不怪你,可是总有一天,你会知道自己错了的。"

叶开没有争辩,微笑着改变话题,道:"吕迪、韩贞、杨天,加起来只有三个。"

上官小仙道:"还有一个人也很可疑。"

叶开道:"谁?"

上官小仙道:"一个昨天才到长安的人。"

叶开道:"你认得他?"

上官小仙道:"不认得。"

叶开道:"你知道他是谁?"

上官小仙道:"不知道。"

叶开又笑了。

上官小仙的表情却很严肃,道:"但我却知道他一定有资格做魔教的天王。"

叶开道:"为什么?"

上官小仙道:"因为我派出去打听他行踪来历的人,都已不见了。"

叶开不懂："不见了是什么意思？"

上官小仙道："不见了的意思，就是那些人出去之后，就没有再回来过，甚至连消息都没有，我再派人出去找，找的人也没有回来。"

叶开道："你一共派出去多少人？"

上官小仙道："一共三次，第一次两个，第二次四个，第三次六个。"

叶开道："加起来一共是十二个。"

上官小仙道："而且是十二个好手，最后一次那六个，更是好手中的好手。"

叶开道："这些好手全都不见了？"

上官小仙点点头，道："十二个人出去了之后，就立刻无影无踪，就好像忽然从地上消失了一样。"

叶开道："他们就算是十二个木头人，要找个地方把他们藏起来，也不是件容易事。"

上官小仙叹道："所以我才认为那个人很可能比吕迪他们更可怕。"

叶开的表情也变得很严肃，道："直到现在，你还不知道他是个什么样的人？"

上官小仙道："我只知道他是昨天才出现的，在这么冷的天气里，他身上穿得却很单薄，头上居然还戴着顶大草帽。"

叶开道："还有呢？"

上官小仙道："没有了。"

叶开道："你难道连他是从哪里来的都不知道？"

上官小仙道："不知道。"

她叹了口气，苦笑道："就因为我不知道，所以才派人去打听。"

叶开也叹了口气，道："看来你知道的事也并不太多。"

上官小仙道:"你知道的难道比我多?"

叶开道:"只多一点。"

上官小仙道:"你还知道什么?"

叶开道:"我至少已有点线索,可以找得到布达拉。"

上官小仙道:"孤峰天王?"

叶开点点头。

上官小仙道:"你已知道他是个什么样的人?"

叶开道:"他的手上功夫很厉害,而且已受了重伤。"

上官小仙眼睛亮了,道:"手上功夫最厉害的是吕迪,却不知道他是不是已受了重伤?"

叶开道:"要查出这一点并不难。"

上官小仙道:"你准备去找他?"

叶开道:"你反对?"

上官小仙摇摇头,道:"我只不过……"

叶开笑了笑,替她说了下去:"只不过怕我也像那些人一样忽然不见了。"

上官小仙也笑了,看着他甜甜地笑着道:"这次我绝不会让你又不见了的,我……"

这次叶开没有替她说下去,也没有让她说下去,忽然站起来,道:"所以我最好还是趁没有醉的时候赶快走。"

上官小仙道:"你现在就要去?"

叶开道:"我要找的人,不止吕迪一个,杨天和韩贞的手上功夫也不错。"

上官小仙道:"莫忘记还有那个冬天戴草帽的人。"

叶开道:"这个人在哪里?"

上官小仙道:"你知不知道大相国寺后面,还有个十方竹林寺。"

叶开点点头，道："听说那里的素斋很不错。"

上官小仙道："他昨天晚上就住在那里。"

叶开道："杨天呢？"

上官小仙道："你要先去找他？"

叶开笑了笑，道："莫忘记他是我的老朋友。"

上官小仙也笑了笑，道："你既然是他的老朋友，就该知道他最喜欢的是什么了。"

叶开道："女人。"

上官小仙道："哪种女人？"

叶开道："寡妇。"

上官小仙微笑道："这条街跟长安城里的那条完全一样。"

叶开道："这条街上也有个王寡妇豆腐店？"

上官小仙笑道："这条街上的王寡妇也是个很风流的寡妇。"

叶开故意叹了口气，道："只可惜杨天已经先去了。"

上官小仙嫣然道："所以你现在赶着去也没有用，为什么不先到隔壁的茶馆里去看看？"

叶开道："茶馆里有什么好看的？"

上官小仙道："有个很好看的锥子。"

叶开微笑着走出去，道："我只希望这锥子莫要把我锥出个大洞来。"

无论多好看的锥子，若是锥到你身上时，你就不会觉得它好看了。

韩贞既不是个很好看的锥子，也不能算是个很好看的人。无论谁的鼻子被人打扁了之后，都不会很好看的。可是他今天气色看来倒不错，不但红光满面，而且精神抖擞。无论谁都看得出他绝不像是个受了重伤的人。

他看见叶开，立刻就站起来，微笑着招呼："坐下来喝杯茶如何？"

叶开摇摇头。

韩贞道："来喝杯酒？"

叶开又摇摇头。

韩贞道："这里的点心也不错，你想不想吃点什么？"

叶开忽然笑了笑，道："现在我唯一想吃的，只有豆腐。"

王寡妇豆腐店卖的并不是生豆腐，是那种一块块煮熟了的，煮得上面已有了一个个蜂窝般小洞的老豆腐。王寡妇却不老。豆腐是煮老了的好吃，人却是半老的风流。半老的徐娘，卖熟透了的老豆腐，生意当然不错。只可惜这里并不是长安城。王寡妇穿着一身黑缎子的小棉袄，满头黑漆漆的头发，松松地绾了个髻，更显得一张清水鸭蛋脸白里透红，红里透白。她的人看来一点也不老，简直比嫩豆腐还要嫩得多。

最要命的，却还是她那双眼睛，小小的，弯弯的，笑起来的时候就像是一弯新月，又像是个钩子，好像一下子就会把你的魂勾走。

现在她这双眼睛正在瞟着叶开，嫣然道："客官的豆腐上要用什么作料？"

叶开道："我不吃豆腐。"

王寡妇道："这豆腐不好？"

叶开道："这豆腐好极了，我也很想吃两块，只可惜我不敢。"

王寡妇笑得更媚，道："这么大一个大男人，连豆腐都不敢吃？"

叶开叹了口气，道："别人的豆腐我敢吃，你的豆腐我却不敢吃。"

王寡妇忽然不笑了，冷冷道："你是来找杨天的？"

叶开点点头，道："他在不在？"

王寡妇用一根水葱般的手指往后面点了点，好像连看都懒得再看叶开一眼。

有很多女人只喜欢有野心的男人。你若对她没有野心，她对你也不会有兴趣。

叶开笑了。他微笑着走进去，忽又回过头，笑道："其实我的胆子也并不是一直都这么小的。"

王寡妇又瞪了他一眼，咬着嘴唇道："今天你的胆子为什么特别小？"

叶开恨恨道："因为我不想被狐狸咬一口。"

杨天看来并不像是条会咬人的狐狸。无论多可怕的人，在洗澡的时候，都会变得和善些的。

杨天正在洗澡。他泡在一大盆热水里，尽量放松了四肢，看来倒有点像是条懒洋洋的水獭。他的皮肤也像是水獭般光滑，全身上下连一点伤痕都没有。叶开忍不住叹了口气。

杨天看着他，微笑道："好朋友见面，你为什么要叹气？"

叶开道："因为你没有受伤。"

杨天道："我受伤了，你才高兴？"

叶开忽然笑了笑，道："因为我想吃豆腐。"

杨天大笑，道："现在我正在洗澡，岂非正是你的好机会？"

叶开道："是什么好机会？"

杨天道："现在随便你在外面干什么，我总不能赤条条地跑出去。"

叶开道："只可惜朋友妻，不可戏。"

杨天道："要戏朋友妻，要等朋友死。"

叶开叹道："只可惜你还没有死。"

杨天道："那么我们现在还是朋友？"

叶开道："本来不是的，现在又是了。"

杨天盯着他，眼睛里渐渐发出了光，刀锋般的光，冷冷道："你也来下水？"

叶开道："你想不到？"

杨天道："你为什么要下水？"

叶开笑了笑，道："你不该问我的，你自己岂非也泡在水里？"

杨天道："那只因为我已出不去。"

叶开道："若有人来拉你一把呢？"

杨天道："谁肯拉我？"

叶开道："我。"

他果然伸出了手。

杨天却没有接过去，淡淡道："出去太冷，还是水里暖和。"

叶开道："无论多暖和的水，总有冷的时候。"

杨天道："那么你就该趁早跳出去。"

叶开又笑了，道："你是在劝我，还是在赶我走？"

杨天道："你看呢？"

叶开道："你是不是嫌水里的人已太多，太挤？"

杨天冷笑，道："走不走都随便你，只不过我们总算还是朋友，有句话我不能不说。"

叶开道："你说。"

杨天道："千万不要去找那个戴草帽的人。"

叶开道："为什么？"

杨天闭上了眼睛，不再开口。

叶开又问道："你怎么知道我要去找他？"

杨天还是不开口。水很热，热气腾腾，就好像是雾一样。

叶开忽然又笑了笑，道："你的确还是泡在水里的好，从这么热的水里出来，一定会着凉。"

叶开已走了。

杨天却还是闭着眼睛，泡在水里，等到水的热气消散时，才看出他的脸色惨白，就好像真的已没有力气站起来。可是，水已快凉了，他已不能不站起来。水从他的肩头流下，水里竟带着血丝。

血是从哪里来的？

王寡妇已悄悄地走进来，看着他，眼睛里充满了怜惜。

杨天站起来时，惨白的脸竟已因痛苦而扭曲，嘎声道："外面会不会有人闯进来？"

王寡妇摇摇头，忽然问道："你究竟是怎么受的伤？为什么怕人看见？"

杨天咬咬牙，没有回答这句话，却从肩头上撕下一层皮。一层和他皮肤同样颜色的薄皮，他撕下来，鲜血就流满了他的胸膛……

一辆大车停在路口。上官小仙倚在车轮上，等着。她看见叶开走过来时，被阳光晒得发红的笑脸更美如春花。你只要看见她，就会觉得春天已不远了。

叶开心里在叹息，因为他忽然想起了以前别人描述林仙儿的话。

——一个仙子般美丽的女人，却专门引诱男人下地狱。

这句话若用来形容上官小仙，是不是也同样恰当？

上官小仙正等着问："你已找到了他们？"

"嗯。"

"他们两个人都没有受伤？"

"没有。"

叶开叹了口气:"至少我看不出。"

"所以他们都不会是孤峰。"

叶开点点头。他的确没有看出杨天的伤口,贴在杨天肩上的那层皮在水中看来,就跟肉色完全一样。他也想不到一个受了伤的人,还会泡在水里。

上官小仙道:"只不过,就算他们没有受伤,也并不能证明他们不是魔教中的人。"

叶开道:"不错。"

上官小仙道:"但你却已不准备再追查下去?"

叶开道:"他们是你的人,要追查下去,也是你的事。"

上官小仙道:"所以你已准备走?"

叶开笑了笑,道:"你岂非也早就替我准备好一辆马车?"

上官小仙也笑了,笑得却有些幽怨:"那只因为我也知道我是留不住你的。"

叶开跳上马车,忽然又道:"杨天刚才劝了我一句话。"

上官小仙道:"什么话?"

叶开道:"他劝我千万不要去找那个戴草帽的人。"

上官小仙道:"那么你现在准备到哪里去?"

叶开道:"去找那个戴草帽的人。"

上官小仙叹了口气,道:"别人劝你的话,你为什么从来都不听?"

叶开闭上车门,却又从窗子里伸出了头,微笑道:"因为我这人一向有种病。"

上官小仙道:"什么病?"

叶开道:"笨病。"

马车扬起了一片沙尘。车尘已远,上官小仙脸上却还带着甜蜜的微笑,因为叶开的头还伸在窗子外面,看着她。她微笑着,扬起手里的丝巾。就在她的手臂抬起时,她的笑容忽然消失,被阳光晒得发红的脸,也突然变得惨白。只可惜这时叶开已转过山坳,看不见了。

第二十七章

寒夜黑星

禅院里清静而幽雅,因为院子里有竹。

竹林。

有竹林的院子,总是会令人觉得分外幽雅的。

尤其是在黄昏时,风吹着竹叶,声音传来就仿佛是海浪。

叶开正徘徊在竹林前。

"我若早知道长安城里还有个这么幽静的地方,我也会住在这里的。"

他叹息着道:"知道这地方的人好像是不太多。"

他并不是一个人在自言自语,这句话他是对苦竹说的。

苦竹就是十方竹林寺的知客僧。

他人如其名,清瘦如竹,虽无肉,却不俗。他正在微笑着争辩:"小寺的施主虽不多,也不太少。"

叶开笑了。

从外面到这里,他还没有看见一个进香随喜的人,院子里的禅房也寂无人声。

苦竹道:"这七间禅房都是客房,本来并不是空的。"

叶开道:"哦?"

苦竹道:"昨天晚上之前,还有几位施主住在这里,都是很风雅的人。"

叶开道:"现在呢?"

苦竹叹了口气,道:"现在人都已到了大相国寺。"

叶开道:"他们都是昨天晚上走的?"

苦竹点点头,道:"那位戴草帽的白施主一来,别的人就全都走了。"

叶开道:"是他赶走的?"

苦竹苦笑道:"他并没有赶人走,可是他一来,别人就没法子再住下去。"

叶开道:"为什么?"

苦竹又叹了口气,清瘦的脸上,忽然露出种很奇怪的表情。

他并没有直接回答叶开的话,却沉吟着道:"我带你到他房里去看看,你就会明白的。"

禅房里四壁萧然,什么都没有,既没有桌椅,也没有床。

这么大一间禅房里,只有两根钉子,一根钉在左面的墙上,一根钉在对面。

叶开又不禁在笑。

现在他的确已明白,别人为什么没法子在这里住下去了。

"就连我也一样住不下去。"

他微笑着道:"我不是苍蝇,也不是蜻蜓,总不能睡在一根钉子上。"

苦竹道:"这里有两根钉子。"

叶开道:"两根钉子和一根钉子好像也没什么分别。"

苦竹道:"有分别。"

叶开道:"我却看不出分别在哪里。"

苦竹道："但你却应该想得到的。"

叶开道："哦？"

苦竹道："两根钉子，就可以挂条绳子。"

叶开还是不懂："绳子有什么用？"

苦竹道："绳子上可以挂衣服，也可以睡人。"

叶开道："那位戴草帽的白施主，晚上就睡在绳子上？"

苦竹道："而且是条很细的绳子。"

叶开怔住。

一个人若是喜欢睡在绳子上，那不但脾气古怪，武功也一定很古怪。

苦竹道："这屋子里本来不是空的。"

叶开道："哦？"

苦竹道："这里本来不但有桌有床，还有很多壁虎。"

叶开道："桌椅是他要搬出去的？"

苦竹道："不错。"

叶开道："壁虎呢？"

苦竹脸上又露出那种奇怪的表情，道："壁虎全都被他吃了。"

叶开又怔住。

这个人不但喜欢在冬天戴草帽，喜欢睡在绳子上，还喜欢吃壁虎。

这么古怪的人，连叶开都从未看见过。

他脸上也不禁露出和苦竹同样的表情，苦笑道："看来他的食量好像并不大，吃几条壁虎，居然就能吃饱了。"

苦竹道："除了壁虎外，他当然还吃别的。"

叶开道："吃什么？"

苦竹道："住在这里的施主们，一到晚上，通常都很少出去走动。"

叶开道："哦？"

苦竹道："因为外面有蛇，毒蛇。"

叶开愕然道："蛇也被他吃光了？"

苦竹道："除了蛇之外，还有蜈蚣。"

叶开苦笑道："原来他的食量并不小。"

苦竹道："所以我已经开始在担心一件事。"

叶开道："什么事？"

苦竹叹了口气，道："这里的壁虎和毒蛇若是全都被他吃光了，那时他吃什么？"

叶开忍不住笑道："你难道怕他吃你？"

苦竹叹息着，还没有开口，突听一个人冷冷道："人有时我也吃，却很少吃和尚。"

风在吹，日已沉，黄昏时的禅院，岂非总是会显得分外寂寞寒冷。

这禅院里非但寒冷，而且还仿佛有种说不出的肃杀诡异之意。

因为院子里忽然出现了一个人。

一个戴草帽的人。

在这种酷寒的天气里，他居然还穿着件很单薄的白葛麻衣，头上的草帽形状更奇怪，看来就像是个捕鱼的竹篓子。

他戴得很低，几乎已将脸全都掩住，只露出一张薄薄的嘴，不说话的时候总是闭得很紧，就像是刀锋削成的。

叶开忽然笑了。

愈是别人笑不出的时候，他反而愈是偏偏要笑。

他微笑着道："你是很少吃和尚，还是从来不吃？"

戴草帽的白衣人冷冷道："我通常只吃一种人。"

叶开道："哪种人？"

白衣人道:"该死的人。"

"可是真正该死的人并不多。"

"的确不多。"

叶开道:"那么你为什么不也像别人一样,吃些比较容易找到的东西?"

白衣人道:"你吃什么?"

叶开道:"我吃猪肉,也吃牛肉,尤其是红烧肉,小葱炒牛肉丝也不错。"

白衣人忽道:"张三是个恶毒狡猾的小人,李四是个诚实刻苦的君子,这两人若是一定要你杀一个,你杀谁?"

叶开道:"张三。"

白衣人道:"现在你杀的却是李四。"

叶开道:"我已杀了李四?"

白衣人点点头。

叶开苦笑道:"只可惜我连他的人在哪里都不知道。"

白衣人道:"你应该知道,他就在你肚子里。"

叶开不懂。

这白衣人说的话,实在有点颠三倒四,莫名其妙。

白衣人冷笑道:"毒的是蛇,不是牛,你杀的却是牛,杀了它后,还将它的尸骸葬在肚子里。"

叶开只觉得胃里发酵,几乎已忍不住要呕吐。

他肚子里的确还有牛肉,今天中午他吃的牛肉一定还没有完全消化。

可是下次假如再有人请他吃牛肉时,他一定很难咽得下去了。

白衣人的眼睛在草帽里盯着他,道:"现在你是不是已明白了我的意思?"

叶开叹了口气，苦笑道："你的话听来倒也不是完全没有道理。"

白衣人道："这道理你从来没有听过？"

叶开笑道："我连想都没有想到过。"

——把牛的尸骸葬在肚子里，这种话真亏他想得出来。

白衣人道："看来你虽然不是诚实刻苦的君子，却也不是恶毒卑鄙的小人。"

叶开道："你看得出？"

白衣人道："就因为我看得出，所以你现在还活着。"

叶开道："你呢？你是个什么样的人？"

白衣人道："你看不出？"

叶开笑了笑，道："你当然并不是真的姓白的。"

白衣人承认。

叶开道："你是从青城来的？"

白衣人也没有否认。

叶开盯着他，慢慢道："据说青城山里，有位高人，名字叫墨五星。"

白衣人打断了他的话，冷冷道："你知道的事好像还不少。"

叶开微笑道："虽然不太多，倒也不太少。"

白衣人道："只可惜应该知道的事，你反而不知道。"

叶开道："哦？"

白衣人道："你知不知道多尔甲是谁？"

叶开道："不知道。"

白衣人道："你知不知道布达拉是谁？"

叶开又叹了口气，道："看来我知道的事确实也不算多。"

白衣人道："你想不想见见他们？"

叶开道："我能见得到他们？"

白衣人道:"只要你愿意在这里等,就一定能见得到。"

叶开的眼睛亮了。

他当然愿意在这里等:"就算要我等三天三夜,我也愿意。"

白衣人道:"你用不着等三天三夜,你来得正巧。"

叶开精神一振,道:"难道他们今天也会到这里来?"

白衣人冷冷道:"你既然愿意等,就不必多问;你若不愿等,也没有人留你。"

叶开立刻闭上了嘴,眼睛却张得更大了。

他本来就不是多嘴的人。

白衣人忽然道:"和尚本不该多嘴的。"

苦竹垂下了头。

白衣人道:"你这和尚说的话却太多。"

苦竹也闭上了嘴,连一个字都不敢多说。

白衣人道:"和尚不但要懂得应该在什么时候闭上嘴,也该懂得在什么时候闭上眼睛。"

苦竹立刻闭上眼睛,摸索着走出去。

叶开忍不住笑道:"看来他的确是个很懂事的和尚。"

白衣人道:"真正不懂事的和尚只有一种。"

叶开道:"哪种?"

白衣人道:"该死的和尚。"

叶开又笑了,道:"从你眼里看来,天下的人好像一共只有两种。"

白衣人道:"本来就只有两种,一种不该死,一种该死。"

叶开道:"今天晚上要来的是哪种人?"

白衣人道:"该死的一种。"

夜。

白衣人用一个很小的木瓶子，在地上撒了一层银色的粉末，就像是灰尘一样。

可是等到星光升起的时候，这些灰尘也开始在闪动着银光。

叶开笑道："今天晚上你是不是准备将这院子吃下去，所以先在上面撒点胡椒？"

白衣人冷冷道："你的话说得太多。"

叶开道："哦？"

白衣人道："你也笑得太多。"

叶开笑道："那只因我已看出了一件事。"

白衣人道："什么事？"

叶开道："我看得出你并不是个很冷酷的人，有时你心里也想笑一笑，只不过总是勉强忍住而已。"

白衣人道："我为什么要勉强忍住？"

叶开道："因为你想叫别人怕你。"

白衣人转过身，推开了窗户，过了很久，才慢慢道："你还看出了什么？"

叶开笑道："你若肯让我看看你的脸，我一定还可以看出很多事来的。"

白衣人霍然回头，掀起了草帽。

他的脸本来也跟别人没什么不同，但却比别人多了九颗星。

九颗漆黑的星。

在冬天的晚上看来，天上的疏星总是分外遥远，分外明亮。

这白衣人脸上的星却更冷，更亮。

九颗星在他脸上排列成一种奇异而诡秘的图案，每颗星都钉子般地钉在肉里。

叶开叹了口气，道："你这是在自己惩罚自己？"

白衣人居然点点头，道："每个人都有罪。"

叶开道："你也不例外？"

白衣人道："我也是人。"

叶开道："你的罪是什么？"

白衣人道："我只恨不能杀尽这世上恶毒卑鄙的小人。"

叶开叹道："这并不能算是你的罪，你受的惩罚未免太重了些。"

白衣人道："若是遇见罪更重的人，这九颗星就是杀人的利器。"

叶开道："杀人的利器？"

白衣人道："你看不出？"

叶开摇摇头，苦笑道："我也连想都没有想到。"

白衣人又用草帽掩住了脸，冷冷道："能看到我这张脸的人本就不多，能活着的更少。"

叶开道："你脸上本来是不是只有五颗星？"

白衣人又点点头。

叶开道："五颗星为什么变成了九颗星？"

白衣人道："因为世上的罪人愈来愈多，我的罪也愈来愈重。"

叶开道："所以墨五星变成了墨九星。"

白衣人道："现在已没有墨五星，只有墨九星。"

叶开道："这就难怪她会弄错了。"

墨九星道："她是什么人？"

叶开笑了笑，道："你猜不出？"

墨九星道："是不是上官小仙？"

叶开道："你也知道她？"

墨九星冷笑。

叶开道："你知道她是个什么样的人？"

墨九星道："这次我是来杀人的，杀三个人。"

叶开道："她也是其中之一？"

墨九星道："她本来是的。"

叶开道："现在呢？"

墨九星道："现在我才发现，这世上比她更该死的人还有很多。"

叶开道："最该死的是哪几个？"

墨九星道："多尔甲和布达拉。"

叶开又叹了口气，道："要杀这两个人，只怕很不容易。"

墨九星道："我本就没有打算活着回去。"他慢慢地接着道，"魔教中的四大天王，只要还有一个活在世上，我就绝不回青城。"

叶开道："可是你就是杀了他们两个，也还有两个活着。"

墨九星道："没有了。"

叶开道："怎么会没有了？"

墨九星道："班察巴那已死在郭定手里。"

叶开道："牒儿布呢？"

墨九星忽然从身上拿出块玉牌，抛给了叶开。晶莹无瑕的玉牌上，刻着个手执智慧之磬的魔神。

"这就是牒儿布的护身符，他活着的时候，总是随身带着的。"

"现在怎么会到了你身上？"

墨九星冷冷道："因为他已是个死人。"

叶开动容道："是你杀了他？"

墨九星点点头。

叶开道："你在哪里遇见他的？"

墨九星道："长安城外。"

叶开道："他也下了魔山？"

墨九星道："他们的魔山本就在虚无缥缈间，他们的人在哪里，哪里就是他们的魔山。"

叶开道："所以现在他们的魔山就在长安城？"

墨九星道："他们的人若不死，九九八十一天之内，这长安城就要变成座魔城。"

叶开失声道："魔城？"

墨九星道："魔教中也有两种人。"

叶开道："哪两种？"

墨九星道："一种是他们魔教的弟子，还有一种是死人。"

叶开吐出口气，道："幸好他们的秘密已被你发现了。"

墨九星傲然道："对我来说，这世上根本没有秘密。"

叶开叹道："你知道的事确实不少。"

墨九星承认。

叶开道："我只奇怪，你怎会知道这么多事的，你本是个不出山的隐士。"

墨九星道："你错了。"

叶开道："哦？"

墨九星道："墨家的精神并不是出世的，而是入世的，为了急人之难，墨家子弟一向不惜摩顶放踵，刀斧加身。"

叶开看着他，眼睛里露出尊敬之色。这个人看来虽冷酷古怪，其实却有一颗善良伟大的心。这世上真正能为别人牺牲自己的人并不多，叶开一向最尊敬这种人。

禅房里没有燃灯。墨九星的草帽里，一直在闪闪地发着光，却不知道是他的眼睛，还是那杀人的星。

他盯着叶开，忽然道："我也早就知道你。"

叶开道："哦？"

墨九星道："你姓叶，叫叶开。"

叶开微笑道:"木叶的叶,开心的开。"

墨九星道:"你总是很开心?"

叶开道:"因为我很少去想那些不开心的事。"

墨九星道:"据说你的飞刀,现在可算是当世第一。"

叶开苦笑道:"我也听人这么样说过,所以我的麻烦也总是天下第一。"

若论麻烦之多,倒的确很少有人能比得上他。

墨九星沉默着,过了很久,才缓缓道:"总有一天我会知道的。"

叶开道:"知道什么?"

墨九星道:"你的飞刀究竟是不是天下第一?"

叶开叹道:"你若真的想知道,我的麻烦就又多了一件。"

墨九星道:"你不想看看我的星究竟是不是能杀人?"

叶开道:"我不想。"

墨九星道:"为什么?"

叶开道:"因为我们已经是朋友。"

墨九星冷笑道:"你的朋友只怕太多了。"

叶开道:"朋友多些,总比没有朋友好。"

墨九星道:"也许就因为你的朋友比别人多,所以麻烦也比别人多。"

叶开道:"麻烦多些,也比没有麻烦好。"

墨九星道:"哦?"

叶开道:"因为真正没有麻烦的,也只有一种人。"

墨九星道:"死人?"

叶开微笑着点了点头,突然"轰"的一声,院子里的短墙被撞破了个大洞,一个人背负着双手,施施然走了进来。

第二十八章

身外化身

寒星在天。

冷清清的星光,照在这人脸上。

他的脸也在发着光。

青光!

没有人的脸上会发出这种青光来的,除非他脸上戴着个青铜面具。

这人的脸上就戴着青铜面具,在星光下看来,显得更狰狞而怪异。

他身上穿着的,却是件美丽的绣花长袍,腰带上斜插着三柄弯刀。

惨碧色的刀鞘上,缀满了明珠美玉。

"来了,果然来了。"

叶开轻轻吐出口气,道:"来的是多尔甲,还是布达拉?"

"你看不出?"

叶开已看出来,这人长袍上绣着的,是象征权法的魔杖。

"多尔甲。"

"也许他还不是多尔甲。"

"还不是?"

"多尔甲的身外化身还有三个。"

——什么叫身外化身?

叶开还没有问,已看见了一个。

一阵风吹过，一个人随着风从墙外飘了进来，绣花的长袍，狰狞的面具，腰带上也斜插着三柄缀满珠玉的弯刀。

几乎就在同一瞬间，竹林后和屋檐下也出现了两个人。

完全同样的两个人。

叶开怔住。

他实在分不出谁才是真的多尔甲天王。

"你就算能杀了他们三个，那真的一个还是一样可能会走。"

墨九星冷笑。

"他既然来了，就休想再走。"

"你怎么知道他真的来了，你看得出？"

"我看不出。"墨九星冷冷道，"我只知道他非来不可。"

"为什么？"

"因为我在这里。"

叶开没有再问下去，也不能再问下去，他已看见一个人踏着星光走过来。

银粉也在发着光。

他每走一步，地上就多出个浅浅的脚印。

——只凭这脚印，难道就能分得出他是不是真的多尔甲？

叶开又不禁叹息，至少他是分不出的。

这个人背负着双手在禅院中漫步，一个人背负着双手走过来。

他们不但装束打扮完全相同，连走路的姿态都完全一样。

墨九星凭什么能分辨出他们的表情？

多尔甲终于道："青城墨九星？"

墨九星点点头。

多尔甲道："是你要我来的？"

墨九星又点点头。

多尔甲道："现在我已来了。"

墨九星忽然道："滚出去。"

多尔甲冷笑道："我既然已来了，要我走只怕就很不容易。"

墨九星道："你一定要死在这里？"

多尔甲的手已握住了刀柄。

墨九星道："你本不配我出手，可是现在……"

多尔甲道："现在你不出手，就死。"

刀光一闪，他的刀已出鞘，惨碧色的弯刀，眨眼间已劈出三刀。

墨九星没有动，连指尖都没有动。

他已看出这三刀都是虚招。

多尔甲手腕一翻，第四刀直劈下去，已不是虚招。

刀光削破墨九星头上的草帽，擦着墨九星的鼻尖削下，只差半寸墨九星的脸就要被这一刀削成两半。

只可惜他还是差了半寸。

墨九星居然还没有出手，却皱了皱眉。

突然间，一点寒星飞出，打在多尔甲肩头上。

多尔甲并不是没有闪避，只可惜这一点寒星来得太快，太意外。

他看见寒星飞出时，想闪避已来不及了，突然咬了咬牙，反手一刀，刺在自己肚子上。

血光飞溅，他的人已倒下。

墨九星还是没有动，连指尖都没有动，可是眉心之间的一点寒星，已不见了。

这种暗器竟用不着动手，就可以发出来，他只要皱一皱眉，就可以致人于死地。

叶开叹了口气，道："果然是杀人的利器，果然不假。"

墨九星道:"这个多尔甲却是假的。"

叶开道:"你看得出？"

墨九星点点头，冷笑道:"这人的死，也是假的。"

叶开笑道:"这就连我也看得出来。"

墨九星道:"哦？"

叶开道:"这种刀锋可以缩回去的魔刀，我已看过不止一次，却连一次都没有插过我。"

墨九星淡淡道:"要骗过你，的确也不容易。"

倒在血泊中的"多尔甲"果然又"复活"了，突然抽出了另一柄刀，翻身站起。

可是他这一刀并没有劈出来，又是一点寒星飞出，钉入了他的咽喉。

他又倒下。

叶开叹道:"看来这次已不是假的。"

墨九星冷冷道:"他本不必来送死。"

叶开道:"他也不配你出手。"

墨九星道:"我并没有出手。"

他的确连指尖都没有动过，无论谁也看不出这种暗器会在什么时候发出，当然更没法闪避。

叶开又叹道:"看来上官小仙果然没有说错。"

墨九星道:"她说什么？"

叶开道:"她说你是这世上最可怕的三个人其中之一，甚至就是最可怕的一个。"

墨九星冷冷道:"她的确没有说错。"

院子里有人在冷笑，却不知是谁在冷笑。

三个同样的人，全都背负着双手，站在星光下。

墨九星刀锋般的目光在他们脚下一转，忽然停留在一个人的脸上，冷冷道："你不必再要别人来送死了。"

这人道："我？"

墨九星道："就是你。"

他的眼睛在草帽里发着光，这人的眼睛也在青铜面具里发着光。

两个人的目光相遇，就像是刀剑相击。

风也冷如刀锋。

这人突然大笑，笑声比刀锋更冷，更尖锐："好！好眼力！你是怎么看出来的？"

墨九星道："你们的人可以作假，脚下的脚印却是假不了的。"

你有多深的功夫，就会留下多深的脚印，功夫愈深，脚印愈浅。

这的确是假不了的。

叶开这才明白墨九星为什么要在院子里遍撒银粉的用意。

多尔甲也叹了口气道："想不到你对本门的功夫，居然也很熟悉。"

墨九星道："天魔十三大法，在我眼里看来，根本不值一文。"

多尔甲冷笑道："好，很好。"

他挥了挥手，另外的两个人就退了下去。

叶开忽然发现他的手在星光下看来，也像是刀锋般冷厉。

他的手显然也是种杀人的利器。

能杀人的，就是武器。

要命的武器。

他们身上都有绝对致命的武器，这种武器竟已成为他们身体的一部分。

没有人能夺走他们的武器，他们的武器已经与生命结合。

你最多也不过能夺走他们的生命。

这就是他们最可怕之处。

生命的力量,岂非就是世上最可怕的力量。

叶开叹了口气。

他虽然知道这一战必将改变江湖中很多人的命运,对这一战的结局,他也同样关心。

可是他几乎已不忍再看下去。

因为他也知道,要制成一件这种武器,也不知要流多少汗,多少血,多少泪。

他实在不忍看着它被毁灭。

这一战的结局,却只有毁灭。

毁灭之前,总是分外安静平和。

院子里更静,杀气岂非也是看不见,听不见的。

能感觉这种杀气的人,他本身的感觉也一定比别人敏锐。

叶开忽然觉得很冷。

一缕刺骨的寒意,就像是刀锋般刺入了他的骨髓。

这就是杀气。

草帽已破裂,却还没有摘下来,叶开还是看不清墨九星的脸。

但是他可以看见多尔甲的眼睛。

多尔甲的瞳孔在收缩,忽然道:"现在我已只剩一个人。"

另外的两个人,的确已退出禅院。

多尔甲道:"你们有两个人。"

叶开抢着道:"出手的却只有一个。"

多尔甲道:"你虽不出手,也已威胁到我。"

叶开道:"为什么?"

多尔甲道："因为你的刀。"

叶开道："我的刀并不是用来暗算别人的。"

多尔甲道："可是只要有刀在，就已威胁到我。"

叶开道："你要我走？"

多尔甲道："你也不能走。"

叶开道："为什么？"

多尔甲冷冷道："我们三个人既然都已来了，至少就得有两个人死在这里。"

叶开笑道："你杀了他，还要杀我？"

多尔甲道："所以你不能走。"

叶开笑道："难道你要我先交出我的刀，然后坐在这里等死？"

多尔甲道："我只要你答应一件事。"

叶开道："你说。"

多尔甲道："你已说过，你们绝不会两个人同时出手。"

叶开道："不错。"

多尔甲道："你说的话我相信，你并不是言而无信的小人。"

叶开微笑道："多谢。"

多尔甲道："所以他活着时，你的刀就绝不能出手。"

叶开道："他若死了呢？"

多尔甲道："只要看见我一招得手，就可以发你的刀。"

叶开道："怎么样才叫作一招得手？"

多尔甲道："只要我的手已打在他身上，就叫作一招得手。"

叶开道："只要你的手打在他身上，他就已必死无疑？"

多尔甲傲然道："我的手本就是武器，能一招杀人的才能算作武器。"

叶开道："现在我明白了。"

多尔甲道："你答应？"

叶开看着他，眼睛里带着很奇怪的表情，过了很久，才缓缓道："我答应，因为我欠你的情。"

多尔甲盯着他，过了很久，才缓缓道："你几时欠了我的情？"

叶开笑了笑，道："那次的事我既然没有忘记，你当然也不会忘记。"

多尔甲道："我并不欠你的。"

叶开摇摇头，道："所以你这次若杀了我，我绝不怪你。"

多尔甲道："很好，这句话我的确绝不会忘记。"

他忽然转身，盯着墨九星，冷冷道："只不过第一个要死的还是你。"

墨九星冷笑道："你好像还是忘记了一件事。"

多尔甲道："哦？"

墨九星道："我若没有把握杀你，怎么会特地约你来？"

多尔甲道："也许你本来的确有几分把握，只可惜你也忘记了一件事。"

墨九星道："什么事？"

多尔甲道："你不该泄露了你的秘密。"

墨九星又问道："什么秘密？"

多尔甲道："杀人的秘密。"

墨九星在冷笑，却不由自主看了地上的死人一眼。

多尔甲道："你不该用这种法子杀他的，你本该留着这一招来对付我。"

墨九星冷笑道："我不用这法子，也一样可以杀你。"

多尔甲大笑。

无论谁在笑的时候，精神都难免松弛，戒备都难免疏忽。

他一开始笑，叶开已发现他露出了空门。

"空门"的意思，就是死。

就在这一瞬间，墨九星已扑过去。

他的身法轻灵如烟雾，敏捷如燕子，但他的出手却锐利如鹰喙，猛烈如雷电。

他已看准了多尔甲的空门。

多尔甲还在笑。

可是等到墨九星扑过去时，他的空门已不见了——就在这间不容发的一刹那间，他的空门已奇迹般不见了。

他的手已在那里。

别人的手，只不过是一只手，但他的手却是种致命的武器。

墨九星一招击出，忽然发现这一招打的不是空门，而是他的手。

——是多尔甲的手，只不过是一只手。

没有人能用一只手去硬拼一件致命的武器。

墨九星想收回这一招，已来不及了。

他这一击，已用出了全力。

他的手接近多尔甲的手时，就可以感觉到一种冰冷的杀气。

就像是剑锋上发出的剑气一样。

多尔甲冷笑。

叶开却不禁叹息。

他知道无论谁的手打在多尔甲这只手上，都是个悲剧。

他几乎已可想象到墨九星这只手粉碎的情况。

只听"啪"的一声，双手拍击。

墨九星的手没有粉碎。

他竟在这一刹那间，将手上的力量完全消泄了出去，他竟已能将自己全身的力量，收放自如。

这用力的一击，竟变成了轻轻一招，轻得几乎就像是抚摸。

抚摸是绝不会伤人的——不会伤害别人，也不会伤害自己。

只要你用的力量够轻，就算去抚摸一柄利剑，也不会伤了你。

多尔甲怔住。

这轻轻的一招，竟似比重逾泰山的一击更令他吃惊。

他从来也没有接过这么轻的一招。

高手较技，往往只不过是一招之争。

这一招却是千变万化，无奇不有的。

墨九星这一招的奇妙，并不在他的变化快，出手重。

他这一招能制敌，只不过因为他的出手够轻。

叶开也不禁叹为观止。

直到现在他才明白，武功中的变化奥妙，的确是不可思议，永无止境的。

多尔甲一怔间，墨九星的手已沿着他手背滑过去，扣住了他的脉门。

他又一惊，虽惊而不乱。

他的另一只手突然从下翻出，猛切墨九星的肘。

可是他又忘了一件事。

一个人脉门若是被扣住，纵然有千斤神力，也使不出来了。

叶开已听见一阵骨头碎裂的声音——不是墨九星的骨头，是多尔甲的。

多尔甲失声惊呼："你……"

他只说出了一个字："你。"

这就是他这一生中，说出的最后一个字。

一颗寒星已打入了他的咽喉。

一颗杀人的星。

没有声音，一点声音都没有，甚至连风都静止。

多尔甲倒在血泊中，他一倒下去，他的人就似已在干瘪收缩。

他活着时无论是霸王也好，是魔王也好，现在却已只不过是个死人。

死人就是死人。就算是世上最可怕的人，死了后看来也跟别的人没什么不同。

唯一不同的，是他的手。他的手还是在夜空下闪着光，仿佛还在向墨九星示威。

"你虽然杀了我，毁灭了我这个人，却还是没有毁灭我这双手。"

"我这双手还是天下无双的武器。"

墨九星站在星空下，动也不动地站着。

激战过后，纵然是胜利者，也难免会感觉到一种说不出的空虚与寂寞。

他是不是也不能例外？

过了很久，他才转过头。

叶开正走过来。

墨九星看着他，忽然道："你不想揭开他的面具来看看？"

叶开叹息着，道："不必。"

墨九星道："你已知道他是谁？"

叶开道："我认得这双手。"

手还在发着光。

叶开看着这双手，又不禁叹息，道："这的确是天下无双的武器。"

世上的确永远再也找不出这么一双手。

墨九星淡淡道:"只可惜无论多可怕的武器,本身都不能杀人的。"

叶开明白。

杀人的并不是武器,杀人的是人。

墨九星道:"一件武器是否可怕,主要得看它是在什么人手里。"

这道理叶开当然也明白。

墨九星道:"我那一招若是出手重了些,我的手很可能被他毁了。"

叶开点点头,道:"很可能。"

墨九星道:"可是我那一招出手够轻,这就是胜负的关键。"

叶开苦笑道:"那一招的确妙得很。"

墨九星道:"高手相斗,胜负的关键,往往就在一招间。"

叶开沉默着,忽然俯下身,去揭"多尔甲"脸上的面具。

墨九星道:"你既然已知道他是什么人,现在还想再看看他?"

叶开道:"嗯。"

墨九星道:"死人并没有什么好看的。"

叶开道:"但我却想看看,他临死前是不是也已明白这道理。"

第二十九章

魔教血书

青铜的面具,在星空下发着青光。

吕迪的脸也是铁青的,却已扭曲,一双凸出的眼睛里,充满了恐惧和不信。

他至死也不能相信一件事。

一件什么事呢?

叶开叹道:"他好像至死也不相信你能杀了他。"

墨九星冷冷道:"就因为他不信,所以他才会死。"

叶开叹息着,徐徐道:"有些事的确是一个人至死也不会明白的……"

叶开也有件事还不明白。

"多尔甲"既然是吕迪,那么"布达拉"孤峰天王是谁呢?

死人已搬走,屋子里却还没有燃灯。

叶开道:"晚上你自己从不点灯?"

墨九星反问道:"为什么要点灯?"

这句话问得很妙,叶开竟被问得怔了怔,苦笑道:"每个人到了晚上都要点灯的,点起灯来,才可以看清楚很多事。"

墨九星道:"不点灯我也一样可以看得很清楚。"

叶开道："我看不清楚。"

墨九星冷冷道："你随时都可以走，我并没有留你。"

叶开又笑了，道："可是你也没有赶我走。"

墨九星道："我不必。"

叶开道："不必？"

墨九星道："该走的时候，你总是要走的。"

叶开道："什么时候才是该走的时候？"

墨九星道："找到孤峰的时候。"

叶开眼睛又亮了，立刻追问道："你也知道孤峰是谁？"

墨九星没有回答，却又反问道："你一定认为吕迪是孤峰？"

叶开不能否认，苦笑道："因为他的确是个孤高骄傲的人。"

墨九星道："现在你已能确定他不是孤峰？"

叶开道："孤峰已受了伤，吕迪却没有。"

他已仔细看过，吕迪身上唯一的伤痕，就是墨九星留下的。

墨九星道："你能确定孤峰已受伤？"

叶开道："有人亲眼看见的。"

墨九星道："是什么人亲眼看见的？"

叶开道："一个我绝对信任的人。"

墨九星冷笑，道："你信任的人也好像不少。"

叶开叹道："我也知道这是我的大毛病，只可惜我总是改不了。"

墨九星不再说话。

草帽虽然已破了，却还是恰好能遮住他的脸，谁也看不见他脸上的表情。

也许他脸上根本就没有表情。

叶开忍不住又道："你为什么还是戴着这草帽？"

墨九星道："因为外面有狗在叫。"

叶开怔了怔，道："外面有狗叫，跟你戴草帽又有什么关系？"

墨九星冷冷道："我戴不戴草帽，跟你又有什么关系？"

叶开笑了。

他忽然发现这人看来虽沉默寡言，其实却是个很会说话的人，说出来的话，往往能一下子就封住别人的嘴，令人非但无法辩论，也无法再问下去。

叶开却偏偏还有些话要问，而且非问不可。

墨九星在钉子上挂起了条长绳，竟真的躺在绳子上，而且还像是很舒服的样子似的。

他睡觉的时候还是戴着那顶草帽。

禅房里连凳子都没有，叶开只有站着，搭讪着道："据说青城是道家的三十六洞天之一，洞天福地，风物美不胜收。"

墨九星不理他。

叶开道："你们隐居的那个地方，一定更是个世外桃源，却不知我是不是有福气去看一看？"

墨九星还是不理他。

叶开道："那地方据说从来也没有外人去过，你们也从来不跟外面的人来往，可是你一出山就找到了多尔甲，你的本事倒不小。"

墨九星闭上眼睛，似已睡着。

叶开却还不死心，又问道："你怎么会知道多尔甲就是吕迪，你怎么找到他的？"

墨九星忽然翻了个身，从绳子上跳下来，大步走了出去。

叶开当然也在后面跟着，道："你要到哪里去？"

墨九星道："去找样东西。"

叶开道："去找什么？是不是找布达拉？你能找得到他？"

墨九星道："我找的东西，你若想要，我可以分一半给你。"

叶开道:"你想到哪里去找?"

墨九星道:"就在这里。"

叶开道:"这里有什么好找的?"

墨九星不再回答,却又从身上拿出个木瓶,瓶子里装的也是粉末,却是暗黄色的。

他将瓶里粉末撒在地上,撒成个圆圈,却又留下个缺口。

然后他就站在旁边,等着。

叶开看不懂:"你这是干什么?"

墨九星道:"我在做饭。"

叶开道:"做饭?"

他更不懂。

墨九星道:"每个人都要吃饭的,我也是人。"

叶开还想再问,忽然看见院子里出现了一点灯光,一个瘦瘦长长的和尚,左手提着一盏灯笼,右手端着个木盘,从前面走入了院子,脸上还带着三分恐惧,二分犹疑,想过来,又不敢。

这和尚正是苦竹。

墨九星道:"你来干什么?"

苦竹道:"我是送东西来的。"

墨九星道:"送什么?"

苦竹举了举手里的木盘,道:"尸身我已收殓,这是我从他们身上找到的东西,全都在这里。"

墨九星冷冷道:"你这和尚倒还老实。"

苦竹苦笑道:"和尚有时虽然也贪财,却还不至于吞没死人身上的东西。"

他走过来,放下木盘,立刻就溜了。

和尚总是怕麻烦的,更不想多管闲事。

叶开道:"看来一个人只要做了和尚,想不老实也不行了。"

墨九星道:"所以你也应该去做和尚的,做了和尚,你至少可以活得久些。"

盘子里有五柄弯刀,一块玉牌,七八颗珍珠,还有封开了口的信。

玉牌上刻着的果然是根权杖,魔教中的四大天王,每个人身上好像都有块这样的玉牌。

这并不奇怪,奇怪的是这封信。

这是用血写的,只有十几个字:

"初三正午入长安,会于延平门,请相信。"

下面没有具名,却画了座山峰。

孤峰。

叶开长长吐出口气,道:"这一定是孤峰写给多尔甲的,要多尔甲在延平门等他。"

墨九星道:"初三就是明天。"

叶开道:"明天他真的会来?"

墨九星道:"当然会来,他并不知道多尔甲已是个死人。"

叶开道:"现在他在什么地方?那地方难道没有笔墨?他为什么要用血来写信?"

墨九星道:"血书通常只有两种意思。"

叶开道:"哪两种?"

墨九星道:"一种是临危时的绝笔,一种是表示情况的危急严重。"

叶开忽然笑了笑,道:"也许这只不过因为他已受了伤,本就有血要流出来。"

墨九星道："魔教中人写血书，通常都不是用自己的血。"

叶开道："你认为这封信是真的？"

墨九星道："绝对不假。"

叶开道："你怎么能确定？"

墨九星又闭上了嘴。

就在这时，竹林里忽然响起了一阵奇异的声音。

一种无法形容，不可思议的声音。

无论谁听见这种声音，都一定会毛骨悚然，甚至会忍不住呕吐。

叶开看见的事，却比这声音更可怕。

他忽然看见大大小小，也不知有多少条毒蛇、壁虎、蜈蚣蠕动着，从竹林里爬了出来，爬入了墨九星用粉末围成的圆圈。

叶开只觉得胃在收缩，勉强忍耐住，道："这就是你的晚饭？"

墨九星点点头，喃喃道："我一个人吃已够了，两个人吃就还少了些。"

叶开骇然道："两个人吃？还有谁要来？"

墨九星淡淡道："没有别人了，我一向很少请客。"

叶开道："现在你只有一个人。"

墨九星道："你不是人？"

叶开倒抽了口凉气，苦笑道："这么好的东西，还是留给你一个人享受吧，我不敢奉陪。"

墨九星冷冷道："你不肯赏光？"

叶开道："我……我还有约会，我要到外面去吃饭，吃完了我就回来。"

话还没有说完，他已溜之大吉。

他这一生，从来也没有被人吓得逃走过，可是现在却逃得比一只中了箭的兔子还快。

墨九星忽然大笑,道:"你若在外面吃不饱,不妨再回来吃点心,我可以留两条最肥的蜈蚣给你。"

叶开已越墙而出,连头都不敢回。

这是他第一次听见墨九星的笑声,也是最后一次。

这饭铺很小,却很干净。

现在已过了吃晚饭的时候,除了他之外,饭铺里已没有别的客人。

叶开要了两样菜,一壶酒。

他本不想喝酒的。

——酒入愁肠,化作相思泪。

也许只要一杯酒,就能勾起他的伤心事。

现在不是伤心的时候,他就算要伤心,也得等到这件事过去以后。

只可惜一个人愈是想勉强控制自己不喝酒的时候,反而忍不住要去喝两杯。

"我只喝两杯。"

他在心里警告自己,绝不能多喝,夜还很长,明天一定是非常艰苦的一天。

可是两杯酒喝下去后,他就觉得世界上有很多事都没有他刚才想的那么严重了。

所以他又喝了两杯。

他忽然想起了丁灵琳。

丁灵琳若是在这里,一定也会陪他喝两杯的。

他们常常坐在这种小店里,喝两杯酒,剥几颗花生,过一个平静的晚上。

当时他总是觉得这种生活太单调，太平静，可是现在他已知道自己错了。

现在他才知道，平静就是幸福。

——人们为什么总是要等到幸福已失去了时，才能真正明白幸福是什么？

风很冷，很冷。

夜也很冷。

在如此寒冷的冬夜里，一个寂寞的浪子，又怎么能心不酸？

寂寞，刀一样的寂寞。

对一个幸福的人来说，寂寞并不可怕，有时甚至反而是种享受。

可是等到他的幸福已失去时，他就会了解寂寞是件多么可怕的事了。

有时那甚至比刀锋更尖锐，一下子就能刺入你的心底深处。

叶开的心在刺痛。

若不是外面突然传来一声惨呼，他一定会心酸的。

他已无法控制自己。

可是就在他第七次举杯的时候，寒风中忽然传来一声惨呼。

呼声是从十方竹林寺那边传来的。

这小店铺就在竹林寺后。

惨呼声响起，他的人已箭一般蹿了出去。

然后他就看见了两个人。

两个死人，像麻袋般搭在禅院外的短墙上，绣花长袍，青铜面具，正是多尔甲的身外化身。

叶开松了口气。

他并不是个没有同情心的人，可是对这两个人的死，他实在并不太同情。

他们既然已走了,为什么还要回来送死?

他们既然要回来,墨九星当然就不会让他们再活着走出去。

这也不值得吃惊。

叶开只不过叹了口气而已,等到他看见墨九星时,才真的吃了一惊。

他实在想不到墨九星竟也已是个死人。

院子里还是没有燃灯。

墨九星就倒在院子里,整个人都已扭曲收缩,就像是个缩了水的布娃娃。

叶开怔住。

他知道墙头上的两个人是死在墨九星手里的,但他却想不出墨九星是怎么会死的。

他看见过墨九星的武功。

一个人若已能将自己的功力练得收放自如,别人要杀他,就很不容易。

何况,墨九星的沉着和冷静,也是很少有人能比得上的。

是谁杀了他?有谁能杀他?

叶开俯下身。

草帽还在墨九星头上,可是现在他已不能再拒绝别人摘下来。

叶开摘下这顶草帽,就看见了一张惨碧色的,已扭曲变形的脸。

他是中毒而死的。

是谁下的毒?

叶开动也不动地站着,刀锋般的冷风,一阵阵刺在他脸上。

他终于明白墨九星是怎么死的了。

但他却还是不明白,墨九星为什么总是要将这顶草帽戴在头上。

这顶草帽并没有特别的地方。

墨九星的脸上,也并没有什么地方是叶开看不得的。

除了脸上的寒星外,他也是个很平凡的人,只不过比叶开想象中苍老些。

一个很平凡的人,一顶很平凡的草帽,这其中难道还有什么不平凡的秘密?

叶开慢慢地放下草帽,盖住了墨九星的脸,苦笑着道:"你为什么不也像别人一样吃牛肉呢?至少牛肉总是毒不死人的。"

墨九星的尸身也已收殓。

苦竹双掌合十,叹息着道:"天有不测风云,人有旦夕祸福。我佛慈悲,阿弥陀佛。"

他嘴里虽然在念着佛号,脸上却连一点悲伤的样子都没有。

对墨九星的死,他显然也并不太同情。

叶开笑了笑,道:"出家人不该幸灾乐祸的。"

苦竹道:"谁幸灾乐祸?"

叶开道:"你。"

苦竹苦笑道:"出家人应该有好生之德,可是,他死了我的确不太难受。"

叶开道:"你这和尚虽然多话,说的倒好像都是老实话。"

苦竹叹了口气,道:"老实说,若不是因为我有多话的毛病,现在我早已当了大相国寺的住持。"

叶开笑了。他觉得这和尚非但不俗,而且很有趣。

苦竹又开始在念经,超度墨九星的亡魂。

叶开忍不住又打断了他的经文,道:"这里做法事的只有你一个人？"

苦竹道："别的和尚都已睡着，这里虽然是个庙，可是到这里来做法事的人并不多，到这里来的施主们，大多数都是为了吃素斋，看风景的。"

他叹息着又道："老实说，这个庙简直就跟饭馆、客栈差不多。"

这的确又是老实话。

叶开又笑了笑，忽然问道："你知不知道他是怎么死的？"

苦竹摇头。

叶开道："就是因为你太多话，所以他才会死。"

苦竹脸色变了变，勉强笑道："施主一定是在开玩笑。"

叶开道："我从不在死人面前开玩笑。"

苦竹道："施主难道还看不出他是被毒死的？"

叶开道："你看得出？"

苦竹道："这里的蛇大多数都有毒，何况还有蝎子、蜈蚣。"

叶开道："有些人天生就能吃五毒，有毒的毒蛇也毒不死他。"

苦竹道："可是除了他自己抓的那些毒虫外，他并没有吃别的。"

叶开道："那些毒虫既然是他自己抓的，怎么能毒得死他？"

苦竹怔了怔，喃喃道："看来这件事倒的确有点古怪。"

叶开却又笑道："其实这件事并不古怪。"

苦竹不懂。

叶开道："他的确是被那些毒虫毒死的，只因为那些毒虫身上，又被人下了种他受不了的毒。"

苦竹道："是谁下的？"

叶开道："死在墙头上的那两个人。"

苦竹松了口气，道："这跟我多话又有什么关系？"

叶开道："有关系。"

苦竹道:"哦?"

叶开道:"若不是你多话,别人怎么会知道他吃的是五毒?"

——别人若不知道他吃的是五毒,又怎么会在那些毒虫身上下毒?

苦竹说不出话来了。

叶开道:"下毒的人想看看他是不是已经被毒死,想不到他临死之前,还能把他们杀了报仇。"

这解释的确合情合理。

叶开道:"像他这种人,无论谁对他不起,他无论死活,都一定不会放过的。"

苦竹喃喃道:"活着时是凶人,死了也一定是恶鬼。"

叶开道:"所以你千万要小心些。"

苦竹变色道:"我……我小心什么?"

叶开盯着他,缓缓道:"小心他忽然从棺材里跑出来,割下你的舌头,让你以后再也没法子多话。"

苦竹脸色变得更难看,忽然道:"我的头疼得很,我也要去睡了。"

叶开道:"你不能走。"

苦竹仿佛又吃了一惊,道:"为什么?"

叶开道:"你若走了,谁来超度他的亡魂?"

苦竹道:"他用不着别人超度,这种人反正一定要下地狱的。"

星光闪烁。大殿里充满了一种说不出的阴森诡秘之意。黑暗中仿佛真的有些含冤而死的恶鬼,在等着割人的舌头。苦竹简直连片刻也待不下去了,连手里敲木鱼的棒槌都来不及放下,掉头就走,走过门槛时几乎被绊了个跟斗。

叶开看到他走出去,眼睛里忽然露出种很奇怪的表情。

出家人本不该怕鬼的，除非他做了些见不得人的亏心事。他做了什么亏心事？他是真的怕鬼，还是怕别的？

五口崭新的棺材，并排摆在大殿里。

叶开还没有走。他不怕鬼，他没有做过亏心事。

他站在冷风中，看着这五口崭新的棺材，喃喃道："这庙里虽然很少做法事，准备的棺材倒不少，难道这里的和尚都能未卜先知，早已知道今天晚上会死很多人？"

他说的声音很轻。因为他知道这些问题谁也不能答复，他本是说给自己听的。就在这时，苦竹忽然又从外面冲了进来，张大了嘴，伸出了舌头，仿佛想叫，却叫不出声音来。叶开忽然发现他不但脸色变了，舌头的颜色也已变了，变成种可怕的死黑色。他指着自己的舌头，好像要对叶开说什么，却又说不出。

叶开冲过去，才发现他舌头上有两个牙印，竟显然是毒蛇的牙印。

他的舌头在嘴里，毒蛇怎么会咬到他舌头上去的，莫非这里真有恶鬼要封住他的嘴。

苦竹忽然说出了一个字："刀！"

"你要我用刀割下你的舌头？"这句话说出，叶开也不禁激灵灵打了个寒噤。

只见苦竹的舌头愈肿愈大，呼吸愈来愈急促，突然用尽全身力气一咬。

一截舌头被他自己咬了下来，血溅出。血也是黑的。

苦竹终于发出了一声惨呼。叫声戛然停顿时，他的人也已倒下，临死之前，竟还是咬下了自己的舌头。

这多嘴的和尚，无论死活都已不能多嘴了。

第三十章

久别重逢

风更冷。

叶开迎着风走出去,身上的冷汗被风一吹,就像是一粒粒冰珠一样。

他实在也不敢在那大殿中待下去。

他不怕鬼。

可是那大殿里却像是隐藏着一些比鬼更可怕的事。

远处传来更鼓。

三更已过。

这古老的城市里,灯火已寥落,无论走到哪里,都是一片黑暗。

若是在夏天,也许还可以找到一两处喝酒吃宵夜的地方。

只可惜现在还是春天。

也许就因为现在绝对找不到酒喝,所以叶开忽然觉得很想喝两杯。

他叹了口气,走出横巷,实在不知道该到哪里去,今天晚上他甚至连睡觉的地方都没有。

就在这时候,突听有人带着笑道:"我知道一个地方还有酒喝,你跟不跟我走?"

虽然有星光，巷子里却还是黑暗的，一个人大袖飘飘，在前面走。

叶开在后面跟着。

前面的人一直没有回头。

叶开也一直没有问，更没有赶上去。

前面的人走得并不快，但是对这里的街道巷弄却很熟悉。

叶开跟着他七转八转，连方向都已几乎无法分辨，只见前面一道高墙，里面的庭院仿佛很深，这人长袖一拂，居然轻飘飘地越过高墙。

这人不但轻功极高，身法也极美妙，连叶开都很少见到轻功这么高的人。

高墙内也是一片黑暗，冷风中浮动着一阵阵沁人心脾的暗香。

星光下疏枝横影，尽是梅花。

叶开跟着越墙而入，才发现这地方就是他初到长安时来过的冷香园。

经过了那一次诡秘惨厉的恶战后，这昔日的长安第一名园，竟已荒无人迹。

连灯光都没有，只有寒风吹着花枝，发出一阵阵仿佛叹息一般的声音。

是谁在叹息，在为谁叹息？

是不是为了那些屈死在这里的鬼魂？

冷香园，曲径通幽。

前面的人对这里的地势竟似也很熟悉，叶开又跟着他七转八转，穿过一道门，来到一重小院。

院子里也没有人，没有灯光，没有声音。

门是开着的。

这人走过去推开了门,自己却闪到旁边,道:"请进。"

叶开没有进去。

那人道:"你不进去?"

叶开道:"我为什么要进去?"

那人道:"里面有人在等你。"

叶开道:"谁?"

这人道:"你进去看看就知道了。"

叶开道:"你不进去?"

这人道:"人家等的是你,不是我。"

他的声音很奇怪,脸上蒙着块和衣服同样颜色的丝巾。

叶开盯着他,忽然笑了,微笑着道:"你明明知道我能认得出你,为什么偏偏不肯见我?"

这人仿佛吃了一惊,失声道:"你……你认得出我?"

叶开叹了口气,道:"我若认不出,就不仅是个瞎子,而且还是个呆子。"

这人垂下头,轻轻地问:"为什么?"

叶开道:"你不知道?"

这人的声音更轻,道:"是不是因为你心里已有了我?"

叶开没有回答,眼睛里的表情忽然又变得很奇怪。

无论这种表情是什么意思,至少不是在否认。

这人终于抬起头,掀开了脸上的丝巾,星光就照在她脸上。

如此静夜,如此星光,她的脸看来美丽得就像是梅花的精灵,天上的仙子。

她的眼睛更美,却又仿佛带着种无法向人叙说的幽怨和感伤。

她凝视着叶开,轻轻道:"我的确应该知道你能认得出我来的,因为,你就算化成了灰,我也认得出你。"

她的声音也美，美得就像是春天傍晚吹过大地的柔风。

如此美丽的眼睛，如此美丽的声音，除了上官小仙还有谁？

叶开也在凝视着她，道："但是你却希望我认不出你。"

上官小仙点点头。

叶开道："为什么？"

上官小仙迟疑着，道："你进去看看，就知道是为什么了。"

叶开道："你不进去？"

上官小仙道："我可以在外面等着。"

叶开道："为什么要在外面等？"

上官小仙笑了笑道："因为你进去了之后，一定也希望我在外面等着。"

她笑得不但很凄凉，而且很神秘。

她实在是个神秘的女人，总是会做出一些令人意想不到的事。

叶开没有再问。

因为他了解她，她不肯说的事，无论谁也问不出的。

门开着，被风吹得"吱吱"地响。

叶开终于走了进去，走入了黑暗中……

外面还有星光，屋子里更黑暗。

叶开什么也看不见，却听到一阵阵很轻很轻的呼吸声。

屋子里果然有人。

"是谁？"

没有人回应，连呼吸声都似已停止。

这个人既然是在屋子里等叶开，为什么又不肯回答叶开的话？

难道这又是上官小仙的阴谋，难道这地方又是个陷阱？

否则她带叶开来的时候，为什么不肯以真面目跟他相见？

假如是别的人,说不定早已退了出去。

可是叶开没有。

他心里忽然有了种连他自己都无法解释的奇异感觉。

一阵风吹过,"砰"的一声,门忽然关了起来。

现在他就算想走,也没法子走了。

屋子里更暗,的确已伸手不见五指,但那呼吸声却又响了起来。

呼吸声本来是在前面的,现在已退入了屋角。

他为什么要退?

是不是因为他也在害怕?

叶开沉住了气,道:"不管你是谁,你既然在等我,就该知道我是谁。"

没有回答。

叶开道:"我并不是个凶恶的人,所以你根本不必怕我。"

他一面在说话,一面已走过去。

他走得很慢。

突然间,一阵冷风迎面向他吹过来。

他什么都没有看见,但是他可以感觉得到,只有刀风才会这么冷。

这柄刀他却已看不见。

——看不见的刀,才是杀人的刀。

这人是谁,为什么要杀他?

刀风不但冷,而且急。

叶开身形一闪,突然闪电般出手,扣住了这人的手。

手冰冷。

这只手他当然也看不见,可是他也能感觉得到,所以能抓住。

真正的武林高手，都有种奇异的、无法解释的感觉，就像是野兽的本能一样。

这人的手在发抖，却还是不肯开口。

叶开的手也突然发抖，因为他已隐约猜出了这个人是谁。

他嗅到了这人身上的气息。

每个人都有他自己特殊的气息，这个人的气息他永远也不会忘记。

死也不会忘记。

就在这一瞬间，这个人已摆脱他的手，又退入了屋角。

这次叶开并没有再逼过去，事实上，他整个人都已僵硬，就像是块木头般怔住。

他想不到这个人会在这里，更想不到这个人会杀他。

冷汗已开始从他额上流下。

"我是小叶。"他尽力控制自己，"难道你听不出我的声音？"

还是没有回应。呼吸声却更急促，仿佛充满恐惧。

叶开咬了咬牙，非但没有再往前走，反而一步步向后退，退到门口，突然转身，用力拉门。

门居然一拉就开了。

他冲出去，上官小仙居然真的还在院子里等着。

看到了他的表情，她眼睛里充满了同情和关切，迎上来问道："你已知道屋子里的人是谁？"

叶开点点头，握紧双拳，道："你为什么不点起灯来？"

上官小仙道："我又不在屋子里。"

叶开道："你没有火折子？"

上官小仙道："我有。"

叶开道："既然有，为什么刚才不给我？"

上官小仙没有回答这句话，只是默默地将火折子交给了他。

叶开立刻又冲进去，打亮了火折子。

一个人痴痴地站在屋角，赫然竟是丁灵琳。

叶开终于看见了她，终于找到了她。

没有人能形容他此刻的感觉，也没有人能想象。

可是丁灵琳却突然疯狂般大叫了起来，指着他手里的火折子，大叫道："火……火……"

看见了火光，她就像是突然变成了一只惊吓负伤的野兽。她整个人都缩成了一团，不停地发抖，美丽的脸也已因惊吓而变了形，一直不停地大叫："火……火……"

她只看见了火，却没有看见叶开。她竟似已不认得叶开。火光立刻熄灭，屋子里又是一片黑暗。

叶开的心也沉入了黑暗里，无边无际的黑暗。也不知过了多久，他又悄悄地退了出去，无言地将火折子还给了上官小仙。

上官小仙苦笑道："你现在是不是已明白，刚才我为什么不肯给你火折子？"

叶开无语。

上官小仙叹道："她是从火窟中逃出来的，她受的惊吓太大，可是……可是我实在想不到，她竟已连你都不认得。"

叶开黯然，过了很久才问道："你是在哪里找到她的？"

上官小仙道："就在这里。"

叶开道："几时找到的？"

上官小仙道："她逃出火窟后，想必就已躲到这里来，可是我直到今天晚上才找到她。"

她垂下头，又道："我知道你看见她这样子，一定会很难受，可是我又不能不带你来。"

叶开道："你……"

上官小仙打断了他的话，道："我本不想让你知道是我带你来的，因为……因为……"

叶开道："因为什么？"

上官小仙垂着头，沉默良久，才凄然道："我也不知道究竟为了什么，也许是因为我不愿让你为了这件事而感激我，也许是因为我害怕。"

叶开道："害怕？"

上官小仙神情更悲伤，道："她变成这样子，我也有责任，我怕你怪我，恨我……我更怕你见了她之后，会从此不理我。"

叶开道："但你却还是带我来了。"

上官小仙道："所以我自己也不知道自己究竟是在做什么。"

星光照在她脸上，她泪已流下。无论谁都应该能看得出，她心里是多么矛盾，多么痛苦。

叶开却好像看不见，忽然走到院子中央，翻了三个跟斗，站起来，站得笔直，长长吸了口气，拉平了身上的衣服，地上的积雪未融，一枝梅花也不知被谁折断，落在积雪上。

他拾起来，摘下一朵，插在衣襟上，然后再走回来，忽然对上官小仙笑了一笑，道："你猜我现在想干什么？"

上官小仙吃惊地看着他，似已看得发怔。

叶开道："我想去找个地方睡一觉。"

上官小仙更吃惊，道："现在你想去睡觉？"

叶开点点头，道："明天中午我还有事，我一定要养足精神。"

上官小仙道："你……你睡得着？"

叶开道："我为什么睡不着？"

上官小仙道："可是丁灵琳……"

叶开道："不管怎么样，我们现在总算已找到了她，别的事都可以等到以后再说。"

上官小仙道："她这样子你能放心得下？"

叶开微笑道："有金钱帮的帮主在这里保护她，我还有什么不放心的。"

上官小仙看着他，就好像从来也没有看见过像他这种人。这种人实在少见得很。无论谁遇见这种事，都一定会很懊恼忧虑，可是他翻了三个跟斗，就忽然将一切忧虑全都远远地抛开了。

上官小仙叹了口气，苦笑道："看来就算有天大的烦恼，你也能一下子就抛开。"

叶开道："这世上本没有什么值得烦恼的事。"

上官小仙叹道："你实在是个很有福气的人。"

叶开居然没有否认。

上官小仙忍不住又问道："明天中午，你有什么事要做？"

叶开道："我有个约会。"

上官小仙道："什么约会？"

叶开道："孤峰和多尔甲约好了明天中午在延平门相见。"

上官小仙皱眉道："这是他们的约会，你……"

叶开打断了她的话，道："现在多尔甲既然已死了，这约会就变成我的。"

上官小仙道："你想趁此机会，找出孤峰来？"

叶开道："嗯。"

上官小仙道："每天正午，出入延平门的人也不知有多少，你怎么知道谁是孤峰？"

叶开道："我总有法子找到的。"

上官小仙道："什么法子？"

叶开又笑了笑，道："现在连我自己也不知道，可是到时候我就能想出来。"

他微笑着，又道："这世上本就没有什么不能解决的事，对不对？"

上官小仙只有苦笑。

冷香园里可以睡觉的地方当然很多，叶开居然真的说走就走。

上官小仙看着他走出去，又忍不住大声道："你自己去睡觉，却要我替你在这里保护她？"

叶开微笑着挥了挥手，已走得人影不见。

上官小仙不禁又叹了口气，苦笑着道："现在我才知道他为什么总是没有烦恼了，因为他总是能将他的烦恼送给别人。"

这的确是叶开的本事。他若没有这种本事，现在只怕早已一头撞死。

初三，上午。

叶开大步走进了院子。他身上穿的衣服又脏又皱，至少已有好几天没洗澡。他的发髻蓬乱，衣襟上的花也已枯了。

最近他遇见的事，若是换了别人早已活不下去。可是他走进院子来的时候，却显得容光焕发，精神抖擞，就像是刚发了财，又中了状元，要想再找个比他神气的人都很难。

上官小仙正倚着窗户，看着他脸上的表情也不知是想哭，还是想笑。

叶开大步走过去，微笑道："早！"

上官小仙咬着嘴唇，道："现在好像已不早了。"

叶开道："虽然不早，也不太晚。"

上官小仙道："看来你一定睡得很熟。"

叶开笑道:"睡得简直就像死人一样。"

上官小仙苦笑道:"我实在想不到你居然真的能睡着。"

叶开道:"我想睡时,就算天塌下来,我也照睡不误。"

丁灵琳也睡着了,也睡得沉,手里却还是握着把刀。

叶开道:"她什么时候睡了?"

上官小仙道:"天亮了才睡。"

桌上有个汤碗,是空的。

叶开道:"看来她好像也吃了点东西。"

上官小仙道:"吃了一碗炖鸡面,吃完了才肯睡。"

她苦笑着,又道:"幸好她总算睡了,否则我连门都进不来。"

叶开道:"为什么?"

上官小仙道:"无论谁一走进来,她就拿着刀要杀人。"

叶开笑道:"不管怎么样,能吃得下,睡得着,总是好事。"

上官小仙叹道:"只可惜我吃也吃不下,睡也睡不着,我实在没有你们这么好的福气。"

她眼珠子转了转,忽又问道:"你想出法子来没有?"

叶开道:"我还没有开始想。"

上官小仙道:"你准备什么时候才开始想?"

叶开道:"到了城门再想。"

上官小仙苦笑道:"你倒是一点也不着急。"

叶开道:"船到桥头自然直,这句话我一直都很相信。"

上官小仙道:"现在你想干什么?"

叶开道:"想吃一大碗滚烫的炖鸡面。"

第三十一章

漫天要价

阳光普照，今天居然又是好天气。

叶开大步走出了冷香园，看来更神气十足，因为一大碗滚烫的炖鸡面已下了肚。

面是在冷香园里吃的。

今天一大早，上官小仙就叫人在厨房里开了伙。

——有钱能使鬼推磨，金钱帮无论做什么事，好像都比别人快得多。

而且那碗炖鸡面的滋味，竟比叶开所吃过的任何一碗面都好得多。

这并不是因为他的肚子特别饿，而是因为做面的师傅，竟是特地从杭州奎元馆找来的。

——金钱帮里无论做什么事的人，都绝对是第一流的人才。

看来这并不是吹嘘。

叶开吃光了那碗面，心里却不太舒服。

他愈来愈看不透金钱帮究竟有多大的力量，他甚至无法想象。

转过几条街，就是很热闹的太平坊。

叶开花了三十文钱买了一大包花生，又花了五十文钱买了两根长竹竿。

他已学会了在紧张的时候剥花生。

手里有件事做，总可以使人的神经松弛些。

可是他买竹竿干什么呢？

延平门在城南。

穿过丰泽坊和待贤坊，就是延平门。

——每天中午，也不知有多少人出入延平门。

这句话也不假。

站在待贤坊的街头看过去，城门内外，人群熙来攘往，各式各样的人都有。

——你还是一样看不出孤峰是谁。

叶开的确看不出。

他先坐在茶馆里喝了壶茶，问伙计要了根绳子，又要了张红纸。

然后他就用柜上的笔墨，在红纸上写了八个大字。

"高价出售，货卖识家。"

虽然已有很久未曾提笔，这八个字居然写得还不错。

叶开用两根竹竿将这张红纸张起来，放在城门口，又看了两遍，对自己觉得很满意。

可是他要"高价出售"的究竟是什么？

难道是他自己？

叶开当然不会出卖自己。

日色渐高，已近正午。

他忽然从怀里拿出个青铜面具和块玉牌，用绳子系起来，高挑在竹竿上。

这正是多尔甲的遗物。

狰狞的青铜面具,在太阳下闪闪地发着青光,玉牌却晶莹圆润,珍贵可爱。

进出城门的人,都不免要多看它两眼,却没有人来问津。

这面具实在太可怕,谁也不愿买这么样个面具带回去。

叶开当然也不会着急。

这面具只不过是他的鱼饵,他要钓的是条大鱼。

——一条会吃人的大鱼。

忽然间,一辆黑漆大车在前面停住。

这辆车是从城外来的,本要驰过去,停得很突然。

一个服饰很华丽,白面微须的中年人伸出头盯着竹竿上的面具和玉牌看了两眼,就推开车门走下。

终于有生意上门了。

叶开却还是很沉得住气。

要想钓大鱼,就一定要沉得住气。

这中年人背负着双手走过来,一双看来很精明、很锐利的眼睛,始终盯在竹竿上,忽然问道:"这是不是要卖的?"

叶开点点头。

指了指红纸的八个字。

中年人淡淡道:"这块玉倒是汉玉,只可惜雕工差了点。"

叶开道:"非但雕工差了些,玉也不太好。"

中年人面上露出笑容,道:"你这人做生意倒还很老实。"

叶开道:"我这人本来就老实。"

中年人道:"却不知你想卖什么价钱?"

叶开道:"高价。"

中年人道:"高价是多少?"

叶开道:"你不妨先出个价钱。"

中年人上上下下打量了他几眼，又看了眼竹竿上的玉牌，道："三十两怎么样？"

叶开笑了。

中年人也笑了，道："这价钱我虽已出得太高了些，可是君子一言，我也不想再杀你的价。"

叶开道："三十两？"

中年人道："十足十的纹银三十两。"

叶开道："你是想买哪一样？"

中年人道："当然是这块玉牌。"

叶开道："三十两却只能买这根竹竿。"

中年人脸上的笑容一下子就看不见了，沉下了脸，道："你想要多少？"

叶开道："三万两。"

中年人几乎叫了起来："三万两？"

叶开道："十足十的纹银三万两。"

中年人吃惊地看着他，就好像在看一个疯子。

叶开悠然道："这块玉牌的玉质虽然不太好，雕工也很差，可是你若要买，就得出三万两，少一文我都不卖。"

中年人一句话都不再说，掉头就走。

叶开又笑了。在旁边看热闹的人也在笑。

"一块玉牌就想卖三万两，这小子莫非是穷疯了？"

"这种价钱，也只有疯子才会来买。"

当然已没热闹可看。那辆黑漆大车已转过街角，看热闹的人也已准备走。

谁知街角后突又传来马嘶声，那辆黑漆大车忽然又赶了回来，来时竟比去时还快。

赶车的马鞭高举，呼哨一声，马车又在前面停下。

那中年人又推门走了下来，一张白白净净的脸上，带着种很奇怪的表情，大步走到叶开面前，道："你刚才要三万两？"

叶开点点头。

中年人忽然从身上拿出一叠银票，数了又数，正是三十张。

"拿去。"他居然将这三十张银票全都递过去给叶开。

叶开却没有伸手接，反而皱了眉，问道："这是什么？"

中年人道："这是银票，全是京城四大恒开出来的，保证十足兑现。"

叶开道："保证十足兑现？"

中年人道："我姓宋，城西那家专卖玉器古玩的'十宝斋'就是我开的，这里的街坊邻居们，想必也有人认得我。"

"十宝斋"是多年的金字招牌，宋老板也是城里有数的富翁之一。

人丛中的确有人认得他。

可是，做生意一向最精的宋老板，怎么肯花三万两银子买块玉牌？莫非他也疯了？

叶开却偏偏还不肯伸手去接，又问道："这银票是多少？"

宋老板道："当然是三万两，这是一千两一张的银票，一共三十张，你不妨先点点数。"

叶开道："不必点了，我信得过你。"

宋老板终于松了口气，道："现在我是不是已可将这块玉牌拿走？"

叶开道："不行。"

宋老板怔了怔，道："为什么还不行？"

叶开道："因为价钱不对。"

宋老板的白脸已变黄了，失声道："你刚才岂非说好的三万两？"

叶开道："那是刚才的价钱。"

宋老板道："现在呢？"

叶开道："现在要三十万两。"

"三十万两？"

宋老板终于叫了起来，脸上的表情，就好像一条忽然被人踩住了尾巴的猫。

旁边看热闹的人，表情也跟他差不了多少。

叶开脸上却连一点表情也没有，悠然道："这块玉并不好，雕工也差，可是现在无论谁要买，都得三十万两，少一文也不卖。"

宋老板跺了跺脚，扭头就走，走得很快，可是走到马车前，脚步反而慢了下来，脸上又露出那种奇怪的表情，竟像是在恐惧。

他恐惧的是什么？

他自己的马车里，有什么能令他恐惧的事。

最奇怪的一点，还是三万两这价钱明明已将他气走了，他为什么又去而复返？

叶开的眼睛里在发着光，一直盯着马车的窗子，只可惜车厢里太暗，从外面的阳光下看过去，什么也看不见。

宋老板已准备去拉车门，但却也不知道为了什么，刚伸出手，又收了回来。

车厢里却像是有个人轻轻说了句话，谁也听不见他说的什么。

宋老板却听见了，脸上的表情，就像是忽然又被人踢了一脚。

是谁在车厢里？

为什么一直躲在里面不露面？

他在说什么？

宋老板听了他这句话，为什么会如此吃惊？

叶开眼睛里光芒闪动,竟好像已找出了些问题的答案。

——现在要买这块玉牌的,并不是宋老板,而是躲在车厢里的这个人。

——他自己不肯出面,就逼着宋老板来买。

——宋老板显然被他威胁住了,想不买都不行。

——这人是用什么手段来威胁宋老板的?为什么一定要买到这块玉牌?

——除了魔教中的人外,还有谁肯出这么高的价钱来买一块玉牌?

——难道这人就是孤峰?

寒冬时的阳光,当然不会太强烈,风吹在人身上,还是冷得很。

可是宋老板却已满头大汗。

他站在车门前发着怔,一双手抖个不停,忽然长长叹了口气,又转身走了回来,脸上的表情看来又像是个被人绑上法场的死刑犯。

叶开看着他走过来,悠然道:"你现在已肯出三十万两?"

宋老板紧握了双拳,居然真的点了点头,满头大汗涔涔而落,咬着牙恨恨道:"三十万就三十万。"

叶开笑了。

宋老板吃惊地看着他,道:"你笑什么?"

叶开道:"我在笑你。"

宋老板道:"笑我?"

叶开道:"我在笑你刚才为什么不买。"

宋老板道:"现在……"

叶开道:"现在的价钱跟刚才又不一样了,现在要三百万两,少一文都不卖。"

宋老板跳了起来："三百万两？"

这气派很大的大老板，现在竟像是个孩子般大叫大跳："你……你……你简直是个强盗！你好黑的心！"

叶开淡淡道："你若认为这价钱太高，可以不买，我并没有勉强你。"

宋老板狠狠地瞪着他，就像是恨不得咬他一口，张大了嘴想说什么，一口气却已接不上来，忽然一跤跌倒在地上，竟被气得昏了过去。

看热闹的人也在瞪着叶开，大家都觉得这个人不但是个强盗，简直比强盗的心还黑。

叶开却一点也不在乎，忽然对着那辆马车笑道："阁下既然想要这东西，为什么自己不来买？"

马车里没有动静。

叶开道："阁下若肯自己出面，我也许一文都不要，就奉送给阁下。"

一直全无动静的马车里，忽然有人发出了一声刀锋般的冷笑。

"真的？"

叶开微笑着道："我是个老实人，我从不说假话。"

"好！"

这个字刚说出来，突听"轰"的一声大震，崭新的黑漆车厢，突然被撞得四分五裂。

赶车的几乎一个跟斗跌下，拉车的马昂首惊嘶——

车厢里已出现了一个人。

一个铁塔般的巨人，赤着上身，穿着条大红的扎脚裤，腰上系着一条比巴掌还宽的金板带，一双铜铃般的眼睛，狠狠地瞪着叶开，看来活活像是个刚挣脱樊笼的妖魔恶怪。

人群大乱。

这巨人已握紧了双比醋瓮还大的拳头，一步步向叶开走过来。

无论是人是马，突然受到惊骇之后，第一个反应通常都是同样的。

——跑。

跑得愈快愈好，愈远愈好。

可是现在拉车的两匹马都没有跑出去。

只不过惊嘶着，人立而起。

因为这巨人反手一拉车辕，两匹马就已连一步都跑不出去。

人群虽乱，也没有跑。因为大家都想看看这件事的结局。

不管怎么样，这都可以算是件百年难遇的怪事。

大家看着这只用一只手就可以力挽奔马的巨人，再看着叶开，无论是谁都可以看得出倒霉的一定是叶开。

看来这巨人只要用一根手指，就可以把叶开的脑袋敲扁。

叶开却笑了。

他微笑着，忽然问道："你有多高？"

这种时候，这句话虽然问得奇怪，巨人还是回答道："九尺半。"

叶开道："九尺半的确已不能算矮。"

巨人傲然道："比我再高的人，这世上只怕还没有几个。"

叶开道："兵器是讲究一寸长，一寸强，你若是杆枪，一定是杆好枪。"

巨人道："我不是枪。"

叶开道："还有很多别的东西，也是以长短来分贵贱的，譬如说，长的竹竿就比短的贵，所以你若是根竹竿，一定也很值钱。"

他叹了口气道："只可惜你也不是竹竿。"

巨人道："我是人。"

叶开道:"就因为你是人,所以实在可惜得很。"

巨人瞪起眼,道:"有什么可惜?"

叶开淡淡道:"只有人是从不以长短轻重来分贵贱的,一个人的四肢若是太发达,头脑就往往会很简单,所以愈长的人,往往反而愈不值钱。"

巨人怒吼一声,就像是头大象般冲过来,看来他根本用不着出手,就可以把叶开活活撞死。

就算是棵大树,也受不了他这一撞的。

只可惜叶开也不是棵树。

这巨人当然撞不倒他——没有人能一下子撞倒他。

可是就在这巨人撞过来的时候,本来已气得晕倒了的宋老板,却忽然从地上蹿了起来,就像是一根箭射出了弦。他不但出手快得要命,出手的时候更要命。

可惜他并没有要了叶开的命。

巨人从前面扑过来,宋老板从后面发出了这致命的一击。

叶开人已到了竹竿上。

没有人能想到宋老板会突然出手,更没有人想得到叶开能闪避开。

他的人竟似被风吹上竹竿的,竟似已变成了一片飞云,一片落叶。

宋老板吃了一惊。

——这明明已十拿九稳的一击,怎么会忽然落空的?

他的左肘点地,右手已抽出柄刀,刀光一闪,直削竹竿。

巨人已张开了一双蒲扇般大的手掌,在下面等着。

竹竿一断,竹竿上的人就要跌下来。

只要叶开一跌下来,就得落入这巨人的掌握,无论谁落入了他的掌握，都无疑是件很悲惨的事。

他要捏碎一个人的头颅，简直比孩子捏碎泥娃娃的头还简单。

"格"的一声，竹竿折断。

有的人甚至已不由自主发出了惊呼——叶开果然已向这巨人的手掌落下。

只听又是"砰"的一声，一个人倒了下去，两个人飞了起来。

倒下去的竟是那巨人，飞起来的却是叶开和宋老板。

叶开刚落下来，突然反肘一撞，膝盖和右肘同时撞在巨人身上。

巨人倒下时，他已借势飞起。

宋老板也跟着飞起，刀光如长虹经天，急削叶开的腰。

谁知叶开的腰突又水蛇般一摆，左手已扣住了宋老板的右腕。

刀落下，斜插在马车上。

他们的人也落在马车上，马车的车厢虽然已碎裂，底盘却没有裂。

两个人同时跌在上面，拉车的马又一惊，惊嘶着狂奔出去。

这次没有人再拉它们，也没有人能拉得住它们了。

车夫早已吓得不知去向，两匹受了惊吓的健马，一辆没有人赶的马车，在街道上狂奔，除了疯子外，还有谁会去挡住它的路。街上的人纷纷闪避。

宋老板在车上打了个滚，还想跳起来，可是一只拳头已在眼前等着他。

他刚跳起来，就看见这只拳头，接着，就看见了无数颗金星。这次他真的晕了过去。

叶开轻轻吐出口气，不管这个宋老板究竟是个什么样的人，却是个很不简单的人，能叫他躺下来，也并不是件容易事。

健马还在往前奔，叶开并没有拉住它们的意思，反而坐上前面车夫的座位,打马前行。

他要去追一个人。

现在已过了正午。

叶开并没有找到布达拉。他要追的人是谁?

第三十二章

飞狐归天

古老的城市,古老的街道。

这条街是用青石板铺成的,狭窄而倾斜。

前面有辆驴车,车上堆满了鸡笼,笼子里装满了鸡,显然是从城外送鸡进城来卖的。

赶车的是个老头子,喂鸡的是个老太婆,两个人头发都白了。

老太婆蹲在驴车上喂鸡,连腰都直不起来,老头子坐在前面赶车,连鞭子都扬不起。

每个城市里都有人吃鸡,天天都有人吃鸡。

既然有人吃鸡,就有人卖鸡,这本是很平常的事。

这老头子和老太婆看来更没有一点特别的地方。

但叶开追的好像就是他们。

看见他们在前面,叶开打马更急。

老头子回头看了他一眼,一双昏花的老眼里,突然发出了光。

老太婆忽然提起个鸡笼,吆喝一声,把笼子里的鸡全都倒出来。

大大小小的十几只,有的飞,有的叫,有的跳,路旁的野狗也冲了出来,又叫又跳。

鸡飞狗跳,街上又乱成了一团。

拉车的马又惊嘶着人立而起,等到叶开再打马冲过去时,前面的驴车已经转过街角。

叶开冷笑,突然跃起,掠上屋脊。

他已下了决心,绝不让那老头子溜走。

他为什么一定要追他们?

他们为什么要逃?

驴车还在跑,鸡还在叫,车上的人却已不见了。

这是条很窄的横巷,稍为大一点的车子,根本就走不进来。

巷子里居然连一个人都没有,两旁的门都关着,院子里也没有人。

那老头子和老太婆怎么会忽然不见了?

他们躲进了哪个院子里?

叶开并没有一家家去找,他还是去追那辆没有人的驴车。

穿过横巷,有个斜坡。

驴车虽然没有人驾驭,居然还是转了个弯,才沿着斜坡冲下去。

叶开突然一掠四丈,凌空翻身,落下来时,正好落在驴子背上。

过了斜坡,驴车就慢了下来。

叶开还是四平八稳地坐在上面,忽然笑了笑,道:"我本来认不出你的,只可惜你来的时候太巧。"

他是在跟谁说话?

车上没有别的人,只有鸡和驴子,一个正常的人,是绝不会跟驴子说话的。

但是他居然又接着说了下去:"你们进城的时候,正是最乱的时候,我本来也不会看见你们,可惜那时我恰巧站在竹竿上。那时进城来的人,也不止你们两个,本来我就算看见你们,也绝不会疑心,可惜你们的样子却跟别的人都不一样。"

他说到这里，驴车下面忽然有人叹了口气，道："我们的样子有哪点跟别人不一样？"

叶开又冷笑："你自己不知道？"

"一点也不知道。"驴车下面的人道，"我觉得我们的样子连一点特别的地方都没有。"

叶开微笑道："也就因为你们的样子连一点特别的地方都没有，所以才特别。"

这句话非但驴车下面的人听不懂，除了他自己外，能听懂的人只怕还不多。

所以他又解释道："因为那时候别人的样子都很特别……"

那时每个人都很吃惊，很紧张，很兴奋，就算刚进城来的，也不禁要瞪大了眼睛，吃惊地去看叶开和那巨人。

可是这老头子和老太婆却好像什么都没看见，甚至连头都没有回。

叶开道："你们连看都不看一眼，只因为你们早就知道那地方会发生那件事，只因为那件事根本就是你们安排的，好掩护你们进城。"

驴车下又没有声音了。

叶开也不再开口，赶着驴子，慢慢地往前走。

也不知过了多久，下面的人才冷笑着道："我看错了你，我想不到你竟是这样一个人。"

叶开道："我是怎么样个人？"

"是个该死的人。"

一句话还没有说完，驴子突然惊嘶，跳了起来，叶开也跟着跳了起来。

就在这同一刹那间，两个人从驴车下蹿出，一个往东，一个往西。

两个人的身法都极快，赫然正是那两个腰都直不起来的老头子和老太婆。

叶开追的是老头子。

老头子轻功本极高，本来也未必能追得上的。

但是现在他身手却像是有些不便，显然受了很重的伤。

难道他就是伤在葛病伞下的孤峰？

叶开并没有用他的刀。

不到万不得已时，他绝不用他的刀，他的刀并不是用来杀人的。

可是他的人本身就像是一柄刀。

飞刀！

三个起落后，他已追上了这老头子，再凌空一翻，已挡住了这老头子的去路。

老头子还想扑上去，身子却突然一阵抽缩，就像是突然有条看不见的鞭子，重重地抽在他身上。

他的脸是经过易容改扮的，当然绝不会有任何表情。

可是他眼睛里却充满了痛苦、愤怒和怨毒，正刀锋般盯着叶开。

这次叶开居然没有笑。

他也许想笑的，却笑不出口，因为他已认出了这个人。

"若不是你受了伤，我本来追不上你的。"他叹息着道，"你的轻功，果然是天下无双的轻功。"

老头子握紧双拳，道："你已认出了我？"

叶开点点头，黯然道："莫忘记我们本来是朋友，老朋友。"

老头子冷笑道："我没有你这种朋友。"

他还想用力握起拳，抱起胸，只可惜他的人已萎缩。

就连他眼睛的光芒都已消失。

现在这双眼睛就算还像是一把刀，也已是把生了锈的刀。

叶开道："你的伤很重。"

老人咬紧牙，不开口。

叶开叹道："你既然受了重伤，就不该泡在热水里的。"

他果然已认出了这个人。

——除了"飞狐"杨天外，还有谁的轻功能令叶开佩服？

——一个人若想隐藏自己的伤势，还有什么地方能比水盆里更好？

叶开道："可是江湖中的人，无论谁都难免受伤的，这并不是见不得人的事，你为什么要瞒我？"

杨天道："因为……"

他没有说下去。

这是不是因为他根本没法子解释？根本没法子说下去？

叶开道："你要瞒着我，只因为你算准我一定已知道孤峰受了伤，你要瞒着我，只因为你就是魔教中的'布达拉天王'。"

杨天的身子在颤抖，却连一个字都没有说。

这是不是因为他自己也知道这件事是否认不了的？

叶开长长叹息，道："你的聪明我也一直都很佩服，所以我实在想不通，像你这么样一个人，为什么要入魔教？"

杨天终于发出了声音。

一种无论什么人都没法子形容的笑声。

他"咯咯"地笑着，声音愈来愈大，可是他的人却愈来愈小。

他竟真的在萎缩。

在这一瞬间，他似乎已真的变成了个老人。

突然笑声断绝。

他倒了下去。

阳光依旧辉煌，可是叶开已感觉不到它的温暖。

杨天当然更感觉不到。

他是带着笑而死的，一个人临死时还能笑，并不是件容易事。

可是他本来并没有理由笑。

一个人的秘密若被揭穿，无论他是死是活，都一定笑不出。

他为什么要笑？为什么能笑？

叶开的手冰冷，额上却在流着汗，冷汗。

他听得出杨天的笑声中，仿佛带着种很奇怪的讥诮之意。

但他却猜不出那究竟是什么意思。

无论那是什么意思，现在都已变得没有意义，人死之后，他拥有的一切就都已随着生命消失。

死人唯一能带走的，只有一样事。

秘密——

杨天是不是也带走了什么秘密？

——死人有时候也能说话的，只不过说话的方式不同而已。

——他是不是还能将这秘密说出来？

活人用口说话，死人用什么说话呢？

用他的伤口。

伤口已溃烂，流出来的血都是乌黑的，可是伤口并不大。

叶开若不是亲眼看见，实在很难相信这针孔般大的一点伤口，就能要了"飞狐"杨天的命。

风冷如刀，却没有声音。

杀人的刀，岂非也总是没有声音的。

叶开听见的声音，是一个人的脚步声，他没有回头，因为他知道来的人是谁。

来的是刚才从另一方向逃走的老太婆。

现在她身上穿的，当然已不是那套紧身的黑缎子小棉袄。

她那张白生生的清水鸭蛋脸，现在当然已变了样子。

变不了的，是她的眼睛，那双小小的，弯弯的，笑起来时像钩子般的眼睛。

杨天就在她面前，她却连看都没有看一眼。

她在盯着叶开，好像一下子就想把叶开的魂勾走。

叶开卷起死者的衣襟，站起来，过了很久，才说出三个字："他死了。"

"我看得出。"

"他是你的男人？"

"他活着时是的。"

"自己的男人死了，无论什么样的女人都会有点难受的。"叶开也在盯着她，"但我却看不出你有一点难受的样子。"

"我本就是寡妇。他并不是我第一个男人，我看见过的死人，也不止他一个。"

王寡妇道："无论什么事，只要习惯了，也就不会难受了。"

她虽然在叹息，可是无论谁都听得出，她的叹息声中并没有什么悲伤之意。

叶开无话可说。

她说的至少是真话，真话总是令人无法反驳的。

王寡妇忽然又问道："是你杀了他？"

叶开道："你应该知道他早已受了伤。"

王寡妇道："可是他刚才还是活生生的一个人，为什么现在忽然死了？"

叶开道："因为他受的伤并不重，中的毒却很重。"

王寡妇道:"哦?"

叶开道:"他虽然用药物勉强压制住毒性,可是一奔跑用力,毒势就发作了。"

王寡妇忽又冷笑,道:"你知不知道他是什么人?"

叶开当然知道。

王寡妇道:"你知不知道'飞狐'杨天不但轻功高,而且还有很多别的本事?"

叶开道:"治伤疗毒,也是他的专长之一。"

王寡妇道:"但是你现在却还要说他是被毒死的?"

叶开道:"世上只要有一种他不能解的毒,他就可能被毒死。"

王寡妇道:"真的不是你杀了他?"

叶开道:"我从不杀朋友。"

王寡妇道:"他真是你的朋友?"

叶开长长叹息,黯然道:"只要他做过我一天朋友,就永远是我的朋友。"

王寡妇眼珠子转了转,忽然笑了笑,道:"我也听说过你是他的朋友。"

叶开道:"哦?"

王寡妇道:"我还听说过一句话。"

叶开道:"什么话?"

王寡妇道:"朋友妻,不可戏。要戏朋友妻,要等朋友死。"

她笑得眼睛媚如新月:"这句话我好像也听你说过。"

叶开苦笑。

王寡妇道:"现在他已死了,我还活着,你……"

她没有说下去。

他知道她的意思,只要是男人,都应该明白的。

叶开看着她，忽然道："你见过韩贞没有？"

王寡妇当然见过。

她带着笑道："那小子本来也在打我的主意，可惜我一看见他就想吐。"

叶开道："为什么？"

王寡妇道："因为他的鼻子。"

叶开也笑了。

王寡妇道："他那鼻子看起来简直就像是烂茄子。"

叶开微笑着，问道："你知不知道他那鼻子怎么会变成那样子的？"

王寡妇道："是不是被人打的？"

叶开道："对了。"

王寡妇道："你知道是被谁打的？"

叶开笑道："我不但知道，而且知道得比谁都清楚。"

王寡妇也知道了，笑道："一定就是被你打的，对不对？"

叶开道："对。"

他慢慢地接着道："所以你现在最好赶快走，带着你的男人走，好好地将他埋葬。"

王寡妇很意外："你要我走？为什么？"

叶开道："因为现在我的手很痒，你若再不走，我保证你的鼻子很快就要变得跟韩贞一样。"

王寡妇没有再说话，连一个字都没有再说。

她至少还算很识相。

等她把杨天的尸体载上驴车，叶开才沿着原来的路走回去。

他走得很慢。

在思考的时候，他总是走得很慢。

走出横巷，走上大车，前面围着一堆人，围着一辆破马车。

宋老板已死在马车上，身上只有一点针孔般大的伤口。

伤口在他的眉心。

叶开挤进人丛，看了看，又挤出来，脸上居然并没有吃惊的样子。

这件事竟似早已在他意料之中。

他又走回延平门，那巨人也死了，也同样只有一点伤口。

一点比针孔大不了多少的伤口，却已将这铁塔般的巨人置于死地。

围着他看的人更多。

叶开正想悄悄地溜走，忽然间，一个人揪住了他的衣襟，冷冷道："你走不了的。"

一个人无论有没有做亏心事，若是忽然被个官差一把揪住了衣襟，都难免要吓一跳。

揪住叶开衣襟的这个人，正是个戴着红缨帽，提着短棍的捕快。

旁边已有人在叫："刚才跟宋老板打架的就是他。"

"我知道是他。"

这捕快又扣住了叶开的手腕，用的居然是小擒拿手。

他冷笑着道："你伤了两条人命，居然还敢露面，你的胆子倒不小。"

叶开当然很容易就能甩脱这双手，对"七十二路小擒拿手"，他至少有一百四十四种破法。

可是他并没有这么样做。

他并不是怕这个捕快，而是尊敬。

不管这捕快是个什么样的人，他都同样尊敬。

因为他尊敬的并不是这个人，而是这个人所代表的法律。

他甚至连分辩都没有分辩。

这种事本就不是这种捕快能了解的，他根本没法子分辩。

这里也不是说话的地方。

这捕快已押着他上了辆马车，厉声道："人命关天，王法如炉，你就算有天大的胆子，我也不怕你不招。"

叶开就跟着他上了马车，等到车子开始往前走，才忍不住问道："你究竟想把我怎么样？"

捕快道："不管怎么样，先关起来再说。"

叶开道："然后呢。"

捕快道："然后再用上好的人参炖一只鸡，做四五样精致的下酒菜，烫几壶陈年的竹叶青，请你连酒带菜一起吃下去。"

"他"的眼睛忽然充满笑意，声音也变得春风般温柔。

叶开叹了口气，苦笑道："现在我总算明白了，原来你想胀死我。"

第三十三章

情深似海

用人参炖的鸡，还在冒着热气。

几样下酒菜是一小碟炒猪头肉，一碟蜜炙火腿，一碟油爆鲜虾，一碟新切冬笋，一碟风鸡拌鱼，一碟干爆鳍鳝。

竹叶青也温得恰到好处。

北方人喝酒也有很多讲究，不但黄酒花雕温热了喝，白干竹叶青也一样。

叶开已三杯下肚，深夜中的激战，伤口中的脓血，仿佛都已离他很远了。

上官小仙正在看着他，抿着嘴笑道："要胀死你，好像并不容易。"

叶开没有开口，他的嘴没空。

上官小仙道："你的菜虽然吃得很快，酒却喝得太少。"

叶开用眼睛瞟了她一眼，道："你究竟是想胀死我，还是想灌醉我？"

上官小仙道："我本来是想吓死你的。"

叶开道："哦？"

上官小仙道："你明明知道那附近的人全都看见你跟宋老板交手，居然还敢在那里溜来溜去，你的胆子也未免太大了些。"

叶开道:"你怕我被人认出来,捉将官里去?"

上官小仙道:"不管怎么样,多一事不如少一事,你何必去惹那种麻烦。"

叶开道:"所以你就先扮成个捕快把我抓走?"

上官小仙道:"其实我也有点怕。"

叶开道:"你怕什么?"

上官小仙道:"怕遇见真捕快。"

叶开叹了口气,道:"想不到世上居然也有能让上官帮主害怕的事。"

上官小仙也叹了口气,道:"我害怕的事又何止这一件。"

叶开道:"你还怕什么?"

上官小仙道:"还怕叶帮主。"

叶开道:"叶帮主?"

上官小仙嫣然道:"花生帮的叶帮主是谁,难道连你自己都忘了?"

叶开大笑。

他大笑着举杯,一饮而尽,忽然问道:"以你看,是花生好,还是金钱好。"

上官小仙笑道:"我不知道,我只知道一文钱就可以买一大堆花生。"

叶开道:"可是花生至少有一点比金钱强。"

上官小仙道:"哪一点?"

叶开道:"花生可以吃。"

他剥了颗花生,抛起来,用嘴接住,慢慢咀嚼,又喝了口酒,道:"你若能用你的金钱来下酒,才真的算你有本事。"

上官小仙微笑道:"你说的话好像总是很有道理。"

叶开道："当然。"

上官小仙道："可惜你忘了一点。"

叶开道："哦？"

上官小仙道："没有钱，酒也没有了，花生也没有了。"

叶开想了想，终于承认："你说的话好像也不是没有道理。"

上官小仙笑道："当然。"

叶开道："可惜你也忘了一点。"

上官小仙道："哦？"

叶开道："只有钱还是不够的，金钱并不能真的使人快乐。"

上官小仙连想都没有想就已承认："所以我一直都在找。"

叶开道："找什么？"

上官小仙看着他，美丽的眼睛温柔如春水："找一样真正能让我快乐的东西。"

叶开冷冷道："除了'金钱'之外，这世上还有什么能让你快乐？"

上官小仙道："只有一样。"

叶开道："一样什么？"

上官小仙道："花生。"

叶开笑了。

他又剥了颗花生，笑道："你又忘了一点。"

上官小仙道："哦？"

叶开道："金钱和花生并不是好搭档。"

上官小仙道："钉子与锤子也不是好搭档。"

叶开同意。

上官小仙道："可是它们在一起的时候，彼此都很快乐。"

叶开道："彼此都很快乐？"

上官小仙点点头，道："因为没有锤子，钉子就完全没有用，没有钉子，锤子也不能发挥所长。"

她微笑着道："一个人若不能发挥所长，就等于是个废物，废物是绝不会快乐的。"

叶开也同意。

上官小仙道："所以它们只有在一起，才能得到快乐。"

她凝视着叶开，叶开却避开了她的目光。

他在逃避？

上官小仙慢慢道："我知道你心里一定也很明白，我说的话绝对有道理。"

叶开不能否认。

上官小仙道："现在多尔甲、布达拉和班察巴那都已死了，四大天王已去其三，魔教纵然还没有完全被毁灭，也已一蹶不振。"

她春水般的眼波，又变得钉子般尖锐。

但她却不是钉子，她是锤子。

"魔教一倒，放眼天下，还有哪一帮、哪一派能和我们争一日之短长？"

"我们？"

叶开没有笑。

"我们。"上官小仙也没有笑，"现在金钱加上花生，所代表的意思已不只是快乐而已。"

叶开在咀嚼着花生。

花生是被咀嚼的，钉子是被敲打的。

可是，若没有人咀嚼，花生也一样会腐烂；若没有人敲打，钉子也一样会生锈。

生命的价值是什么？

花生岂非一定要经人咀嚼,钉子岂非一定要被人敲打,然后它们的生命才有价值。

叶开似乎已被打动了。

上官小仙柔声道:"我知道你心里一定认为我想要你做钉子。"

叶开道:"你不是?"

上官小仙道:"你应该看得出,我并不是个很可怕的锤子。"

她伸出手,握住了他的手。

她的手柔软如丝缎。

叶开叹了口气,道:"你的确不是,只可惜……"

上官小仙道:"只可惜花生和金钱之间,还有个铃铛?"

叶开苦笑。

上官小仙道:"丁灵琳的确是个很好的女孩子,我若是男人,我也会喜欢她的。"

叶开道:"你不是男人。"

上官小仙道:"我至少并不讨厌她。"

叶开道:"真的?"

上官小仙道:"我若讨厌她,为什么要带你来跟她见面?"

叶开盯着她,道:"为什么?"

上官小仙轻轻叹息了一声,道:"因为我现在已明白,像你这样的男人,绝不是一个女人能完全占有的,我已没有这种奢望。"

她凝视着叶开,眼睛更温柔:"金钱可以打造成铃铛,铃铛也可以铸成钱,我跟她为什么不能变成一个人呢?"

叶开又避开了她的目光。

上官小仙道:"假如你也能把我跟她看成一个人,我们就一定都很快乐,否则……"

叶开忍不住问道:"否则怎么样?"

上官小仙叹道："否则金钱、花生和铃铛，说不定全都会痛苦终生。"

叶开终于回过头，看着她。

又是黄昏。

夕阳正照在窗户上，艳丽如春霞，屋子里燃着火，也温暖如春天。

她的眼睛却比夕阳更美丽，更温暖。

也许春天就是她带来的。

一个能将春天带来的女人，岂非已是男人们的最大梦想？

上官小仙咬着嘴唇，道："你好像从来也没有这么样看过我。"

叶开道："我……"

上官小仙道："你很少看我，所以你根本没有看清我是个什么样的女人，就因为你根本不知道我是个什么样的女人，所以才很少看我。"

叶开承认。

上官小仙的眼波中又露出幽怨，道："我知道你一定会认为我是个很随便的女人，有过很多男人，其实……其实你以后就会知道……"

叶开道："知道什么？"

上官小仙垂下头，轻轻道："你以后就会知道，你不但是我第一个男人，也是我最后一个。"

这绝不是说谎。

聪明的女人，绝不会说这种随时都可能被揭穿的谎话。

她当然是个绝顶聪明的女人。

叶开的心似已融化，情不自禁反握住她的手，柔声道："用不着等到以后，我现在就已相信。"

上官小仙的眼睛亮了，忽然跳起来，道："走，我们去找铃铛去。"

叶开道:"她……"

上官小仙道:"她既然还知道躲到这里来,神志一定还没有完全丧失,只要我们好好地照顾她,她一定很快就会复原的。"

叶开目中露出感激之色,看来他的确一直都没有认清她。

上官小仙道:"刚才我出去的时候,她已睡觉了,我就叫韩贞在那里看着她。"

叶开道:"锥子?"

上官小仙嫣然道:"只要你会用,锥子的用处很大。"

叶开道:"你已能信任他?"

上官小仙道:"他并不是个好人,可是我已经看出来,他绝不敢做背叛我的事。"

他们喝酒的地方,当然就在冷香园。

穿过角门,就是丁灵琳的小院。

暮色已深了。

院子里和平而安静,门是虚掩的,屋里还没有燃灯。

他们穿过寂静的小院,走到门口,上官小仙就放开叶开的手。

她不但温柔,而且体贴。

女人的体贴,总是能令男人感动的。

"她一定还在睡。"

"能睡得着总是福气。"

上官小仙微笑着,轻轻推开了门,叶开跟在她身后,还没有走进门,忽然发觉她整个人都已僵硬。

屋子里也是和平而安静的,夕阳的温暖还留在屋角,可是人已不见了。

丁灵琳不见了,韩贞也不见了。

上官小仙吃惊地看着空床，眼泪都已急得流了下来。

叶开反而比较镇静，先燃起了灯，才问道："你是叫韩贞守在这里的？"

上官小仙点点头。

叶开道："他会不会离开？"

上官小仙道："绝不会，我吩咐过他，没有我的命令，他绝不能离开半步。"

叶开道："你有把握？"

上官小仙道："他绝不敢不听我的话，他还不想死。"

叶开道："可是现在他的人并不在这里。"

上官小仙脸色苍白，道："我想这一定有原因，一定有……"

叶开道："你想他是为了什么走的？"

上官小仙没有回答，也不能回答。

叶开道："他不但自己走了，还把丁灵琳也带走了，他……"

上官小仙打断了他的话，道："丁灵琳绝不是他带走的。"

叶开道："你能确定？"

上官小仙点点头。她并不是轻易下判断的人，她的判断通常都很准确："她受的惊吓太大，所以一直都很紧张，绝不能再受到一点刺激。"

叶开道："你认为这里又有什么事，让她受了惊，所以她忽然逃了出去？"

上官小仙道："一定是的。"

叶开道："她逃走了，韩贞当然要追。"

上官小仙道："所以他们两个人都不在。"

叶开道："他去追的时候，为什么不留下点标记，让我们知道他们的去向？"

上官小仙道:"她的逃走一定很突然,仓促之间,他来不及。"

叶开叹了口气,没有再说什么。

他一向不是那种一着急就会六神无主的人,他一向很沉得住气。

受到的压力愈大,他反而愈能沉得住气。

上官小仙咬着嘴唇,道:"他既然已去追了,不管追不追得上,都一定会有消息回来的。"

叶开道:"嗯。"

上官小仙道:"现在我们就算要去找,也没法子找。"

叶开道:"嗯。"

上官小仙道:"所以我们暂时只有在这里等他的消息。"

叶开道:"嗯。"

上官小仙看着他,忍不住又道:"你好像并不太着急。"

叶开道:"着急有没有用?"

上官小仙道:"没有。"

叶开道:"既然没有用,我为什么要着急?"

他说得虽从容,脸色还是很难看,慢慢地坐下来,坐在床上。

——既然有地方坐,为什么不躺下去?

他索性躺了下去。

上官小仙却已急得连坐都坐不住了,皱着眉道:"这地方太冷,我们不如……"

这句话还没有说完,叶开忽然跳起来,就像是被人砍了一刀。

灯光照在他脸上。他的脸看来也像是被人砍了一刀。

上官小仙从来也没有看见他如此惊骇过,忍不住问道:"什么事?"

叶开没有开口。他竟似连喉头的肌肉都已僵硬,连声音都已发不出。

上官小仙走过去，走到床头，一张美丽的脸，忽然也变了颜色。

她忽然嗅到一种很奇特的气味，一种令人作呕，又令人战栗的气味。

血的气味。

他们并没有流血，血腥气是从哪里来的？

是从床下来的。

床下面怎么会有血腥气，难道床下会有个死人？死的是什么人？

床并不重，一伸手就可以掀起来，这些问题立刻就全都可以得到答案。

可是叶开没有伸手。他的手已僵硬，连手指都已僵硬，他实在没有勇气掀起这张床。

——假如真有人死在床下，死的不是丁灵琳是谁？

上官小仙却已伸出了手。床下果然有个死人，刚死了不久，身上的血渍还没有干透。

死的却不是丁灵琳，是韩贞。

第三十四章

双重身分

叶开怔住，上官小仙更吃惊。死的怎么会是韩贞？叶开想不到，上官小仙更觉得意外。

韩贞既然已死在这里，丁灵琳呢？

上官小仙轻轻地放下床，慢慢地转过身，走到窗前，推开了窗户。窗外一片黑暗，夜色无情，忽然又已来临。

她面对着这无情的夜色，沉默了很久，才长长吐出口气，道："原来她先杀了韩贞才走的。"

叶开道："你认为是她杀了韩贞？"

上官小仙道："你认为不是？"

叶开道："绝不是。"

上官小仙道："你能确定？"

叶开道："武功也有很多种，最可怕、最有效的却只有一种。"

上官小仙道："哪一种？"

叶开道："只有杀人的武功，才是真正有效的武功。"

上官小仙同意。她也知道有很多人的武功虽高，却不能杀人，也不敢杀人。

叶开道："杀人的武功，丁灵琳绝对比不上韩贞。"

上官小仙道："所以你断定韩贞绝不是死在她手里的？"

叶开道:"绝不是。"

上官小仙道:"可是现在丁灵琳已走了,韩贞却已死在这里。"

这是事实。事实是谁都不能反驳的。

上官小仙道:"若不是丁灵琳杀了他,是谁杀了他?"

能杀韩贞的也不多,何况,这屋子里除了他和丁灵琳外,并没有第三人。

上官小仙道:"他若不死,绝不会让丁灵琳走,难道有人先杀了他,再绑走了丁灵琳?"

这些问题有谁能回答?叶开也走过来,推开了另一扇窗子。窗子虽不同,窗外的夜色却是相同的,同样寒冷,同样无情。他痴痴地站在那里,动也不动,他的眼睛就如同窗外的夜色般深沉黑暗。

上官小仙垂着头,终于轻轻道:"我刚才不该问那些话。"

叶开沉默。

上官小仙道:"现在最重要的一件事,是赶紧想法子去找丁灵琳,她……"

叶开忽然打断了她的话,道:"不必找了。"

上官小仙很意外,她从未想到叶开会说出这种话,忍不住转过头,吃惊地看着他,道:"你是说,不必去找了?"

叶开道:"嗯。"

上官小仙道:"为什么?"

叶开道:"既然已有人知道她的下落,又何必再去找?"

上官小仙道:"谁知道她的下落?"

叶开道:"你。"

上官小仙更吃惊,道:"你是说我知道她的下落?"

叶开淡淡道:"我已说得很清楚,你也听得很清楚。"

上官小仙看着他,没有动,没有开口,像是已完全怔住。

叶开道:"魔教中的四大天王,的确已死了三个,可是孤峰并没有死。"

上官小仙道:"杨天还没有死?"

叶开道:"杨天不是孤峰,吕迪也不是。"

上官小仙道:"杨天没有受伤?"

叶开道:"他受了伤,伤得很重,可是受伤的人并不一定就是孤峰。"

——球是圆的,圆的东西并不一定就是球。

上官小仙道:"他若不是孤峰,为什么不敢让人知道他受了伤?为什么要瞒着你?"

叶开道:"因为他以为我是你的奴才,以为我也入了金钱帮。"

上官小仙忽然叹了口气,道:"你说的话,我连一句也不懂。"

叶开道:"你应该懂的,也只有你才懂。"

上官小仙道:"为什么?"

叶开道:"因为出手伤他的人就是你。"

上官小仙在苦笑,道:"我若不是很了解你,一定以为你已醉了。"

叶开道:"我从来也没有像现在这么样清醒过。"

上官小仙道:"杨天本是我的好帮手,我为什么要出手伤他?"

叶开道:"因为他先要杀你。"

上官小仙笑了。她的笑,就跟叶开在无可奈何时那种笑完全一样。

叶开却没有笑。事实上,他脸上的表情也从来没有像现在这么样严肃过。

他沉着脸道:"他久已想杀了你,却一直没有机会,只有冒险行刺。"

上官小仙道:"行刺?"

叶开点点头,道:"也许他低估了你的武功,也许他在无意间发现你已受了伤,所以决定趁此机会,冒险试一试。"

上官小仙在听着。她不再辩驳,好像觉得这件事根本不值得辩驳。

叶开道:"他决定动手的时候,想必就在初一的晚上。"

上官小仙居然笑了笑,道:"假如要暗中去刺杀一个人,大年初一的晚上的确是好时候。"

叶开道:"他去行刺时,当然是蒙着脸的。"

上官小仙道:"当然。"

无论谁要做刺客时,都绝不会以真面目示人。

叶开道:"他本来以为自己这一击必定十拿九稳,谁知你的武功竟比他想象中还要好得多,所以他非但没有得手,反而伤在你手下。"

上官小仙又笑了笑,道:"要杀我的确不是件容易事。"

叶开道:"可是你也低估了他。"

上官小仙道:"哦?"

叶开道:"他的轻功极高,虽然没有得手,却还是逃走了。"

上官小仙道:"想要捉住一条会飞的狐狸,当然也不是件容易事。"

叶开道:"你以为他既然中了你的毒针,就算能逃走,也逃不远的,但是他还有种专解百毒的灵药,居然能暂时保住了他的性命。"

上官小仙道:"可是我只要查出是谁受了伤,就知道刺客是谁了。"

叶开道:"所以他才会瞒着我,不敢让我看见他的伤口。"

上官小仙道:"他一定以为是我派你去调查刺客的。"

叶开叹了口气,道:"他当然想不到你早已知道刺客就是他了。"

上官小仙道："我怎么会知道？"

叶开道："他以为王寡妇已死心塌地跟着他，以为王寡妇会替他保守秘密，想不到……"

上官小仙道："想不到王寡妇却将这秘密告诉了我。"

叶开叹道："无论多精明的男人，都难免会被女人出卖的。"

上官小仙也叹了口气，道："这也许只因为男人总认为女人都是弱者，都是傻瓜。"

叶开同意这句话。

上官小仙道："我既然已知道他就是刺客，为什么不杀了他？"

叶开道："因为你杀人时总喜欢借别人的刀。"

上官小仙道："能借别人的刀，去杀自己想杀的人，倒的确是件很愉快的事。"

叶开道："你愉快，我就不愉快了。"

上官小仙道："为什么？"

叶开道："因为这次你想借的，是我的刀。"

上官小仙道："哦？"

叶开道："孤峰受了伤，我在找孤峰，杨天又恰巧受了伤，而且不敢把受伤的事说出来，这件事就好像一加一，再加一，必定是三。"

上官小仙道："所以我认为你只要找到杨天，就一定会以为他就是孤峰。"

叶开苦笑道："我本来几乎以为他是的。"

上官小仙道："你的解释听来好像很合理，只可惜你又忘了一点。"

叶开道："哦？"

上官小仙道："杀人都有动机，要杀我，更一定要有很好的理由，因为无论谁都应该知道那绝不是件容易事。"

叶开承认。

上官小仙道："杨天很了解我，我对他并不坏，他为什么要冒险杀我？"

叶开道："我也很了解他，他是个野心很大的人，所以才会入金钱帮。"

这点上官小仙也同意。

叶开道："他愈深入，愈了解金钱帮势力的庞大，野心就愈大。"

上官小仙道："难道他还想做金钱帮的帮主？"

叶开道："他一定想得要命，只可惜……"

上官小仙道："可惜只要我活着，他就永远没有这一天。"

叶开道："所以他无论冒多大的险，也要杀了你。"

野心就像是洪水，一发作起来，就没有人能控制，连他自己都不能。所以野心不但能毁灭别人，也同样能毁灭自己，而且往往在毁灭别人之前，就已先毁了自己。可是一个人假如完全没有野心，活着岂非也很乏味？这岂非也是人类的悲哀之一？

上官小仙叹了口气，道："现在你的推测好像已渐渐变得完整些了。"

叶开道："还不算完整。"

上官小仙笑道："你自己也知道？"

叶开道："我知道的事，也许比你想象中要多些。"

上官小仙道："哦？"

叶开道："现在我的推测还有几点漏洞。"

上官小仙道："你说。"

叶开道："杨天一直不敢对你下手，为什么忽然有了勇气？"

上官小仙道："这是第一点。"

叶开道："我等的本是孤峰，他为什么也恰巧在那时入城？"

上官小仙道:"这是第二点。"

叶开道:"杨天若不是孤峰?谁才是孤峰?"

上官小仙道:"这是第三点。"

叶开道:"孤峰若没有和多尔甲约好在延平门相见,多尔甲身上怎么会有那张血书?"

上官小仙道:"这是第四点。"

叶开道:"墨九星本是个隐士,为什么一到长安,就能找出多尔甲的下落?"

上官小仙道:"这是第五点。"

叶开道:"墨九星既然终年常食五毒,怎么会那么容易就被毒死?"

上官小仙道:"这是第六点。"

叶开道:"而且苦竹本是个局外人,为什么也会忽然惨死?"

上官小仙笑道:"现在你的推测好像已有了六点漏洞。"

叶开道:"只有六点。"

上官小仙道:"无论谁的推测,若是有了六点漏洞,这推测根本不能成立。"

叶开道:"可是我这推测一定能成立。"

上官小仙道:"哦?"

叶开道:"因为这六点漏洞,我都能解释。"

上官小仙道:"你说。"

叶开道:"漏洞虽然有六点,解释却只有一个,只要用两句话就能说出来。"

上官小仙道:"我在听。"

叶开道:"孤峰就是你,墨九星也是你!"

上官小仙又笑了。

——你若很喜欢一个人,常常和这个人见面,他的毛病,你也一定会传染上的。上官小仙显然已学会了叶开的毛病,到了无可奈何的时候,遇着了困难危险的事,她也会笑,只不过她笑得比叶开更甜。

叶开道:"就因为你是孤峰,所以杨天才敢下手,因为他发现你已受了伤。"

上官小仙道:"这是第一个解释,好像还很合理。"

叶开道:"就因为你是孤峰,所以才要杨天做你的替罪羔羊。"

上官小仙道:"这也有理。"

叶开道:"只有你才知道吕迪是多尔甲,也只有你才能约他到十方竹林寺去。"

上官小仙道:"所以墨九星也是我?"

叶开道:"你故意在脸上嵌起九颗寒星,又始终不肯摘下那顶草帽,只因为你的易容术虽精妙,还是怕我认出你来。"

上官小仙道:"可是我为什么要扮成墨九星呢?"

叶开道:"因为你要杀多尔甲。"

上官小仙道:"我要杀他?为什么要你去?"

叶开道:"因为你要让我亲眼看见多尔甲的死,是死在墨九星手里的。"他接着又道,"多尔甲很可能也知道墨九星是你,所以他那最后一招杀手并没有真的使出来,想不到你却趁机杀了他。"

上官小仙在听着。

叶开道:"那本是故意演给我看的一出戏,多尔甲也是串通好了演戏的,就连你们说的那些话,也像是出戏。"

上官小仙道:"他为什么要来演这出戏?"

叶开道:"因为你们演这出戏本是为了要杀我,所以他再三跟我约定,不许我的飞刀出手,好让你有机会杀我。"

上官小仙道:"我并没有杀你。"

叶开道："你没有，因为你真正要杀的并不是我，而是多尔甲，他至死也想不到那出戏最后的结局竟会忽然变了。"

想到多尔甲临死时眼睛里的惊讶和痛苦，叶开也不禁叹了口气，道："他死得实在很冤枉。"

上官小仙道："你同情他？"

叶开道："我只同情他的死。"

上官小仙淡淡道："每个人都要死的，他死得冤枉，只因为他本就是个愚蠢的人。"

叶开道："他愚蠢？"

上官小仙道："愚蠢也有很多种，傲慢自大岂非也是其中的一种？"

叶开无法辩驳。傲慢自大的确是种愚蠢，而且很可能就是最严重的一种。

上官小仙道："但是我并不愚蠢，现在我总算已明白你的意思了。"

叶开道："你应该明白。"

上官小仙道："你说我扮成了墨九星，再将吕迪找去，计划杀你，到最后却反而杀了他。"

叶开道："听起来这的确是件很荒谬的事，可是这计划却绝对有效。"

上官小仙道："也许就因为它不可思议，所以才有效。"

叶开道："那封血书当然也是这计划的一部分。"

上官小仙道："哦？"

叶开道："杨天自己当然也知道他的秘密迟早会被你发现，已决定逃走。"

上官小仙道："金钱帮的势力遍布天下，他能逃到哪里去？"

叶开道:"他已受过这一次教训,这次的行动,当然特别小心,所以他选来选去,才选了个你料想不到的地方。"

上官小仙道:"什么地方?"

叶开道:"长安城。"

上官小仙道:"这里就是长安。"

叶开道:"他算准你一定会认为他已逃到了很远的地方去,所以就偏偏选了个最近的地方。"

上官小仙也承认这地方的确选得不错。

叶开道:"只可惜他又将这计划告诉了王寡妇。"

上官小仙道:"他不能不告诉她,一个受了重伤的人要脱逃,一定要人帮忙的。"

叶开道:"他告诉了王寡妇,就等于告诉了你。"

上官小仙道:"我知道他逃亡的计划后,就伪造了那封血书。"

叶开道:"你算准我看到那封血书后,一定会在延平门等着的。"

上官小仙道:"这封血书又怎么会到了吕迪身上?"

叶开道:"血书本不在吕迪身上,是苦竹特地送来的。"

上官小仙道:"苦竹也是这件事的同谋?"

叶开道:"所以他才会被你杀了灭口,所有跟这件事有关的人,都已被你杀了灭口。"

上官小仙道:"宋老板和那巨人呢?"

叶开道:"他们是杨天的朋友,看见我在延平门,也故意演了出戏,好掩护杨天入城,杨天是怎么受了伤,他们当然知道。"

上官小仙道:"这秘密当然不能让你知道,所以我就将他们也杀了灭口。"

叶开道:"我早已算准你有这一着,所以他死了,我并不意外。"

上官小仙叹了口气,道:"这么样说来,我杀的人倒真不少。"

叶开道："的确不少。"

上官小仙道："我甚至还会自己杀自己。"

她又叹了口气，道："假如我就是墨九星，岂非自己杀了自己？"

叶开道："死的墨九星并不是你。"

上官小仙道："不是？"

叶开道："你知道我一定不会有那么好的胃口陪你吃那毒食，所以早已准备了替死鬼，等我一走，你就毒杀了他。"

上官小仙道："墨九星是墨门的第一高手，怎会这么容易被毒杀？"

叶开道："或许不是毒杀，而是你布局暗算了他。也或许，你早先已暗算了他，后来出现在我面前的墨九星，本就是你的手下乔装扮演的。总之，你巧妙布局，无非是要让我认定墨九星的确已死了。"

上官小仙道："因为墨九星一死，这件事就死无对证了。"

叶开道："这本就是个极周密的计划。"

上官小仙微笑道："也是个很好听的故事。"

叶开道："我也希望这只不过是个故事。"

上官小仙仿佛很吃惊，道："难道这不是故事？"

叶开道："这件事的巧合太多，只有真实的事才会有这么多巧合。"

上官小仙道："难道真实的事比故事还离奇？"

叶开道："通常都是这样的。"

上官小仙嫣然道："听你这么说，连我自己都有点相信这件事是真的了。"

她笑得还是那么纯真甜美："可是，我的计划既然极周密，怎么会被你看破的？"

叶开道："无论多周密的计划，都难免有漏洞。"

上官小仙道："这计划也有？"

叶开道："我推测中的那些漏洞，也正是你这计划的漏洞。"

上官小仙道："哦？"

叶开道："因为你若不是孤峰，就绝不能造成这么多巧合。"

上官小仙道："现在你已完全确定了？"

叶开道："直等到我看到他们的伤口后，才完全确定的。"

上官小仙道："他们是些什么人？"

叶开道："杨天、宋老板、巨人和苦竹，他们本是各不相关的人，本不可能死在同一个人手里，可是他们致命的伤口却完全一样。"

上官小仙叹了口气，道："这实在巧得很。"

叶开道："巧合也就是漏洞。"

上官小仙道："所以我不但是金钱帮的帮主，也是魔教中的四大天王之一。"

叶开道："是孤峰。"

上官小仙道："莫忘记金钱帮和魔教本是势不两立的对头。"

叶开道："我没有忘记。"

上官小仙道："那么金钱帮的帮主怎么会入魔教？"

叶开道："因为这个金钱帮的帮主是聪明人，他知道将敌人消灭并不是最好的法子。"

上官小仙道："什么才是最好的法子？"

叶开道："收服他，利用他，将敌人的力量，变成自己的武器。"

上官小仙道："这法子的确不错。"

叶开道："可是魔教的组织太秘密，力量太庞大，要想收服他，也只有一个法子。"

上官小仙道："什么法子？"

叶开道："做魔教的教主。"

上官小仙道："要想做魔教的教主，就一定要入魔教。"

叶开道:"所以你入了魔教。"

上官小仙道:"魔教自从老教主去世后,权力就被四大天王分走了,谁也不愿再选新的教主,把自己已得到的权力再交回去。"

叶开道:"四大天王若是已死了三个呢?"

上官小仙嫣然道:"那么剩下的一个,就算想不做教主,只怕都困难得很。"

叶开道:"只可惜像多尔甲他们那种人,是绝不会死得太快的。"

上官小仙道:"当然不会。"

叶开道:"你当然也不能亲自出面对付他们。"

上官小仙道:"我做事一向不愿太冒险。"

叶开道:"他们也许至死都不知道金钱帮的帮主就是你。"

上官小仙道:"他们连做梦都没有想到。"

叶开道:"所以你只有用一种法子才能杀得了他们。"

上官小仙道:"你说用什么法子最好?"

叶开道:"借别人的刀。"

上官小仙拊掌道:"对了,要杀他们那样的人,一定要借别人的刀,而且还要借一把特别的刀。"

叶开道:"可是你也知道,我的刀虽快,却很少杀人。"

上官小仙道:"所以我才费了那么多心思,绕了那么多圈子。"

叶开道:"你一定也连做梦都没有想到,还是有个人看穿了你的秘密。"

上官小仙盯着他,过了很久,叹道:"你既然什么事都能看得穿,为什么看不穿我的心?"

叶开道:"我……"

上官小仙道:"我对你是真是假,你难道一点也看不出?"

她美丽的眼睛里,有种说不出的幽怨和悲伤。这究竟是真是假?

第三十五章

一决胜负

叶开再次转过头,避开了她的目光。

无论是真的也好,是假的也好,现在都已不重要了。

叶开不禁长长叹息,道:"我来的时候,还不想揭穿这件事的。"

上官小仙道:"为什么?"

叶开道:"因为……"

上官小仙道:"是不是因为你还有点不忍?"

叶开苦笑。

他不能否认,他并不是真的完全看不出她对他的感情。

上官小仙道:"你非但不忍,也不敢。"

叶开道:"不敢?"

上官小仙道:"因为你根本连一点证据都没有,只凭推测,是不能定人罪的。"

叶开也不能否认。

上官小仙道:"可是丁灵琳出了事,你就立刻不顾一切了。"

她眼睛里的悲伤,忽然又变成了妒恨:"她究竟为你做了些什么事,能让你这么死心塌地地对她?我又有哪点比不上她?"

叶开沉默。

上官小仙道:"她到处闯祸生事,到处惹麻烦,还几乎一刀把你杀死；你不在的时候，她连半天都等不得，就急着要嫁人，嫁一次还不够，一夜间她就嫁给了两个男人。像这么样一个女人，有哪点值得你为她如此牺牲？"

叶开道："我也想不通。"

上官小仙道："那么你……"

叶开打断了她的话，道："我只知道，就算她再杀我十次，再嫁给十个男人，我还是一样会这么样对她的。"

上官小仙道："为什么？"

叶开道："因为我知道她对我是真心的，我信任她。"

上官小仙霍然站起来，又慢慢地坐下。

她坐下时，已不再是个情感激动的女人。

她站起来时，情感仿佛要崩溃，可是等到她坐下时，她已变成了冷酷如冰山、锐利如刀锋的金钱帮帮主。

也许女人本就是多变的，她只不过变得比任何人都快而已。

也许她根本没有变，变的只不过是她的伪装。

叶开道："现在你还有什么话说？"

上官小仙道："没有了。"

叶开道："但我却还有一点不能不说。"

上官小仙道："哦？"

叶开道："我的确连一点证据都没有，这些事你本不必承认的。"

上官小仙道："我也不必否认。"

叶开道："为什么？"

上官小仙冷冷道："因为我不但是金钱帮的帮主，还是魔教的教主，我不但掌握了天下最可怕的两大帮派，还掌握了丁灵琳的性命，我无论是承认也好，是否认也好，你都只有听着。"

叶开怔住。

他忽然发现自己的确没法子对付她,连一点法子都没有。

上官小仙道:"现在你还有什么话说?"

叶开的确已无话可说。

上官小仙道:"丁灵琳现在还活着,你想不想要她活下去?"

叶开道:"想。"

上官小仙道:"那么我说的话,你就要听着,每个字都仔细听着。"

叶开没有听。

因为他忽然听见了另一个人说话的声音:"她说的话,你连一个字都不必听,因为,她根本就是在放屁。"

声音是从床下发出来的。

床下面明明只有一个人,一个死人。

死人怎么能说话?

上官小仙是个绝顶聪明的人,叶开也是的,但却连他们也想不通这是怎么回事?

一件事若连他们都想不通,这世上还有谁能想得通呢?

床下面明明只有一个死人,他们刚才还抬起这张床来看过。

现在这张床又被抬了起来——被人从下面往上抬。

上官小仙的心却在往下沉。

——刚才说话的人,赫然竟是丁灵琳,她听得出丁灵琳的声音。

可是丁灵琳怎么会在床下的?死了的韩贞怎么会变成活的丁灵琳?

上官小仙就想不通了。

叶开也想不通。

——一件事若连他们也想不通,世上还有谁能想得通?

只有一个人。

这个人当然就是丁灵琳自己。

丁灵琳并没有真疯。

这世上会装疯的并不止上官小仙一个人，丁灵琳也会。

"你会的事，我都会。"

她从床下走出来，看着上官小仙，眼睛里发着光："你会骗人，我也会，你会杀人，我也会，而且绝不比你差。"

"你要韩贞来杀我，再想法子让小叶以为我是发疯而死的。"

"你一定想不到我反而杀了他。"

"你会在我的炖鸡面里下迷药，我也会在他喝的茶里下迷药。"

"他当然不会提防一个已发了疯的女人，就好像我们以前没有提防你一样。这法子本是我从你那里学来的。"

——死了的韩贞还在床下，这次他无疑是真的死了。

"我把他的尸体送到床下去的时候，才发现床下面有个地窖，是藏酒的地方。原来冷香园的酒都是藏在这种地窖里的，所以那天我们在外面连一瓶酒都找不到。我知道你们一定会来，所以我就藏入地窖里，却将尸体摆在外面。我算准你看到韩贞死了后，一定会大吃一惊，绝不会再注意到下面还有个地窖。"

"我还想听听你们在上面说些什么，看他是不是会被你骗走。"

她看着叶开，眼睛里充满了幸福的光辉，柔声道："其实我也知道你这次绝不会再上她当的，你果然没有让我失望。"

她说得很简单。

无论多曲折离奇的事，一说穿了，你就会发现它并不像你想象中那么复杂。

世上本就有很多事都是这样子的。

上官小仙一直在听着，苍白美丽的脸上，居然连一点表情都没有。

等到丁灵琳说完了,她才慢慢地抬起手,放在桌上。

她那双纤柔秀气的手,竟忽然变得金属般的坚硬。

灯也在桌上。

她的手在灯下发着光——并不是她的手在发光,是一双金属般锐利,却又像冰一般透明的手套。

那天晚上,在鸿宾客栈的后墙外,丁灵琳看见的就是这双手。

崔玉真在短墙头远远看见的也是这双手。

上官小仙道:"这就是传说中的金刚不坏,大搜神手。"

叶开道:"哦?"

上官小仙道:"这手本是准备用来对付吕迪和郭定的。"

叶开道:"我看得出。"

上官小仙道:"可惜他们却让我失望了。"

他们根本没有给她机会,让她用出这种武器。

她摊开手,掌心有一枚比绣花针还细的乌针:"这是我的上天入地,大搜魂针。"

叶开道:"哦?"

上官小仙道:"杨天他们四个人,就是死在我这种针下的。"

叶开道:"我也看得出。"

上官小仙道:"昔年梅花盗的梅花针,已令天下武林中人丧胆。"

叶开道:"我听说过。"

上官小仙道:"但是我可以保证,我这种针远比梅花针更可怕。"

叶开叹了口气,道:"你这种针想必是准备用来对付我的。"

上官小仙承认。

她盯着叶开,忽又问道:"你的刀呢?"

叶开道:"刀在。"

上官小仙道:"在哪里?"

叶开没有回答。

天上地下，从来也没有人知道他的"飞刀"在哪里，也没有人知道刀是怎么发出来的。

刀未出手前，谁也想象不到它的速度和力量。

大家只知道一件事——刀一定在它应该在的地方。

上官小仙慢慢道："我也知道你的刀是无所不在，无所不至的。"

叶开并没有谦虚。

因为刀虽然是他的，虽然在他身上，可是这种刀的神髓，却还是别人。

一个伟大的人。

天上地下，你绝对找不到任何人能代替他。

若不能了解他那种伟大的精神，就绝不能发出那种可以惊天动地的刀。

飞刀！

飞刀还未在手，可是刀的精神已在。

那并不是杀气，但却比杀气更令人胆怯。

上官小仙的瞳孔已在收缩，道："你的刀无所不在，无所不至，我的针也一样。"

叶开道："哦？"

上官小仙道："你也永远无法想象，我的针会从什么地方发出来，更无法想象它是怎么发出来的。"

叶开道："我不会去想，也不必想。"

上官小仙冷笑，道："你若认为你能封住我的出手，你就错了。"

叶开沉默。

上官小仙道："我的针如恒河沙数，你的刀却有限。"

叶开道:"我的刀只要一柄就已足够。"

上官小仙连眼角都在收缩,过了很久,忽然长长叹息,道:"也许这就是命运。"

叶开道:"命运?"

上官小仙道:"也许我命中注定,迟早总要和你一决胜负的。"

她眼中又露出一抹悲伤:"正如昔年的上官帮主,是命中注定了要和小李探花一决胜负一样。"

叶开也不禁叹息,道:"昔年的上官帮主,的确不愧为一世之雄,只可惜现在……"

上官小仙没有让他说下去,冷冷道:"昔年的上官帮主虽已不在,今日的上官帮主却还在。"

叶开道:"飞刀也在。"

上官小仙道:"昔年他们那一战,虽足以惊天地,泣鬼神,却没有人能亲眼看到。"

丁灵琳忍不住道:"今日你们这一战,却一定会有人亲眼看到。"

上官小仙道:"没有。"

丁灵琳道:"有。"

上官小仙霍然转头,盯着她,冷冷道:"你想看?"

丁灵琳道:"我一定能看得到。"

上官小仙冷笑道:"那么你就只有看着叶开死。"

丁灵琳也在冷笑。

上官小仙道:"你若在这里,我的飞针出手,第一个要对付的就是你,他若为你分心他就只有死。"

丁灵琳怔住。

上官小仙既没有再说一句话,也没有再看她一眼,她却只有走出去。

她走出去时,全身都已冰冷。

门关起,把生命中所有的一切,全都关在门外。

门里剩下的只有死?

死的是谁?

丁灵琳的腰弯下,几乎已忍不住要呕吐。

她又有了那种无可奈何的感觉,这种感觉才真的能让她发疯。

可是发疯也没有用。

昔年那一战,她虽然没有见到,却听说过。

就连小李探花自己也承认,上官金虹的确有很多机会可以杀他,甚至还可以令他无法还手。

上官金虹故意将那些机会全都错过了,只因为他始终想赌一赌。

——赌他是不是能躲得过小李探花那"例不虚发"的出手一刀。

这次上官小仙自然绝不会再犯同样的错误。

丁灵琳嘴里在流着苦水。

叶开也许正在这扇门里,受着死的折磨,她却只有在门外看着。

就像孙小红和阿飞在等李寻欢时一样。

可是他们还有两个人。

在上官金虹的密室外,那扇门是铁铸的,无论谁也撞不开。

现在她面前的这扇门,她随时都可以闯进去,却偏偏不敢闯进去。

她绝不能让叶开分心。

她实在希望面前的这扇门,也是扇撞不开的铁门,那样她至少不必再忍受这种"控制自己"的痛苦。

没有亲身经历过的人,绝对想象不到这种痛苦有多么可怕。

她简直恨不得能将自己的一双脚用钉子钉起来。

夜已深了。

丁灵琳还在等,整个人都已因"等待"而崩溃,悲哀的是,她竟不知道自己是在等什么?

她等的也许只不过是叶开的死。

想到上官小仙的机智和武功,她实在不知道叶开能有几分机会活着走出来。

所以在这扇门打开的那一瞬间,她几乎连心跳都已停止。

直到她又看见叶开。

叶开看来很疲倦,但却是活着的。

活着,这才是最重要的事。

丁灵琳看着他,眼泪终于慢慢地流了下来——当然是欢喜的泪。

欢喜时也和悲哀时一样,除了流泪外,什么话都说不出,什么事都不能做,甚至连动都不能动。

"上官小仙呢?"

过了很久,她才能问出这句话。

回答只有三个字:"她败了。"

她败了。

这是多么简单的三个字。

决定胜负,也只不过是一刹那间的事。

但是又有谁能想象,这一刹那的紧张和刺激。

这一刹那对江湖的影响,又是何等深巨。

一刹那!

一刀!

那一闪的刀光，又是何等惊心，何等壮丽？

你甚至不必亲眼去看，只要去想一想，你的呼吸都不禁要停顿。

可是丁灵琳并没有想。

所有的一切事，对她都不重要，重要的是，叶开还活着。

只要叶开还活着，她就已心满意足了。

门里还有哭泣声，死人是不会哭的。

难道上官小仙还没有死？

叶开的刀，本不是杀人的刀。

他让她活下去，是不是因为他知道她以后已不会再是和以前同样的一个上官小仙了？

——宽恕远比报复更伟大。

以牙还牙，以血还血，这句话对叶开是不适用的。

他用的是小李飞刀。

这种刀的力量是爱，不是恨。

上官小仙是不是也能懂得这道理？

丁灵琳也没有再问，因为现在她心里只有爱，没有恨，她正在看着叶开的眼睛……

生命如此美好，爱情如此奇妙，一个人若还不能忘记仇恨，岂非愚蠢得很？

《小李飞刀3：九月鹰飞》完

相关情节请看《小李飞刀4：天涯·明月·刀》

读客文化将出版以下古龙经典作品

《小李飞刀：多情剑客无情剑》

《小李飞刀2：边城浪子》

《小李飞刀3：九月鹰飞》

《小李飞刀4：天涯·明月·刀》

《陆小凤传奇：金鹏王朝》

《陆小凤传奇2：绣花大盗》

《陆小凤传奇3：决战前后》

《陆小凤传奇4：银钩赌坊》

《陆小凤传奇5：幽灵山庄》

《陆小凤传奇6：凤舞九天》

《陆小凤传奇7：剑神一笑》

《楚留香新传：借尸还魂》

《楚留香新传2：蝙蝠传奇》

《楚留香新传3：桃花传奇》

《楚留香新传4：新月传奇·午夜兰花》

《七种武器：长生剑·孔雀翎》

《七种武器2：碧玉刀·多情环》

《七种武器3：离别钩·霸王枪》

《七种武器4：愤怒的小马·七杀手》

《萧十一郎》

《火并萧十一郎》

《绝代双骄》

《欢乐英雄》

《三少爷的剑》

《流星·蝴蝶·剑》

《武林外史》

《白玉老虎》

《圆月弯刀》

《大人物》

《绝不低头》

《碧血洗银枪》

《彩环曲》

《苍穹神剑》

《大地飞鹰》

《风铃中的刀声》

《护花铃》

《剑毒梅香》

《剑客行》

《猎鹰·赌局》

《名剑风流》

《飘香剑雨》

《七星龙王》

《失魂引》

《血鹦鹉》

《英雄无泪》

《游侠录》

《月异星邪》

激发个人成长

多年以来,千千万万有经验的读者,都会定期查看熊猫君家的最新书目,挑选满足自己成长需求的新书。

读客图书以"激发个人成长"为使命,在以下三个方面为您精选优质图书:

1、精神成长

熊猫君家精彩绝伦的小说文库和人文类图书,帮助你成为永远充满梦想、勇气和爱的人!

2、知识结构成长

熊猫君家的历史类、社科类图书,帮助你了解从宇宙诞生、文明演变直至今日世界之形成的方方面面。

3、工作技能成长

熊猫君家的经管类、家教类图书,指引你更好地工作、更有效率地生活,减少人生中的烦恼。

每一本读客图书都轻松好读,精彩绝伦,充满无穷阅读乐趣!

认准读客熊猫

读客所有图书，在书脊、腰封、封底和前后勒口都有"**读客熊猫**"标志。

两步帮你快速找到读客图书

1、找读客熊猫　　　　2、找黑白格子

马上扫二维码，关注**"熊猫君"**

和千万读者一起成长吧！